高职高专"十二五"规划教材
21世纪全国高职高专土建系列技能型规划教材

建设工程法规

（第2版）

主　编　皇甫婧琪

副主编　赵海玲　韩永华　张廷瑞

主　审　高玉兰

北京大学出版社

PEKING UNIVERSITY PRESS

内 容 简 介

本书根据《中华人民共和国建筑法》《中华人民共和国招标投标法》《中华人民共和国合同法》《中华人民共和国安全生产法》《中华人民共和国招标投标法实施条例》《建设工程安全生产管理条例》和《建设工程质量管理条例》等相关法律法规，以及《建设工程监理规范》（GB/T 50319—2013）、《建设工程监理合同（示范文本）》（GF—2012—0202）、《建设工程施工合同（示范文本）》（GF—2013—0201），结合相关执业资格考试内容修订、编写而成，对建设工程法规概述、建设工程许可法规、建设工程发包与承包法规、建设工程合同法规、建设工程监理法规、建设工程安全生产管理法规、建设工程质量管理法规、劳动与社会保险法规和建设工程其他相关法律制度，共9章内容进行了较为系统的阐述。

本书具有四个显著的特点：新颖性，本书以最新颁布或修订的法律法规为依据；实用性，本书体系和内容与学生将要参加的资格考试相衔接；科学性，本书结构合理，紧扣教学目标，在编写过程中，均附有学习要求、导入案例、特别提示、知识链接和应用案例等；可操作性，各章内容后附有习题，在学习理论的同时及时演练。

本书适合于高职高专院校建筑类专业学生使用，同时也可供建设行业工作者作为培训、资格考试的参考。

图书在版编目(CIP)数据

建设工程法规/皇甫婧琪主编 . —2 版 . —北京：北京大学出版社，2014.8
（21 世纪全国高职高专土建系列技能型规划教材）
ISBN 978-7-301-24493-7

Ⅰ. ①建… Ⅱ. ①皇… Ⅲ. ①建筑法—中国—高等职业教育—教材 Ⅳ. ①D922.297

中国版本图书馆 CIP 数据核字(2014)第 152907 号

书　　　　名：	建设工程法规(第 2 版)
著作责任者：	皇甫婧琪　主编
策划编辑：	赖 青　杨星璐
责任编辑：	杨星璐
标准书号：	ISBN 978-7-301-24493-7/TU · 0414
出版发行：	北京大学出版社
地　　　址：	北京市海淀区成府路 205 号　　100871
网　　　址：	http://www.pup.cn　　新浪官方微博:@北京大学出版社
电子信箱：	pup_6@163.com
电　　　话：	邮购部 62752015　　发行部 62750672　　编辑部 62750667　　出版部 62754962
印刷者：	北京富生印刷厂
经销者：	新华书店

787 毫米×1092 毫米　16 开本　20 印张　471 千字
2010 年 3 月第 1 版
2014 年 8 月第 2 版　2018 年 1 月第 7 次印刷(总第 21 次印刷)

定　　　价：40.50 元

第 2 版前言

本书首版出版发行期间，国家不断有新的法律法规出台和修订，如《中华人民共和国建筑法》《中华人民共和国招标投标法实施条例》《中华人民共和国安全生产法》《建设工程监理合同（示范文本）》（GF—2012—0202）、《建设工程监理规范》（GB/T 50319—2013）、《建设工程施工合同（示范文本）》（GF—2013—0201），以及建设部门出台的其他相关法规等。为了与时俱进，我们根据新的法律法规，结合相关执业资格考试内容，对本书第 1 版的内容进行了修订和调整，编写了本书。

本书将第 1 版中的第 10 章改为第 9 章，并将"建设工程招标投标法规"的内容并入"建设工程发包与承包法规"一章中，同时在第 8 章中增加了"社会保险法规"的内容，并根据最新法律法规对有关章、节内容做了重大更新与修改，同时，重新调整、增加了应用案例与课后习题。

修订后的本书在保留第 1 版特色的基础上，更加体现了国内建筑立法的发展变化，具有更强的新颖性、实用性、科学性和可操作性。不仅更加适合作为高职高专院校土建类专业的教学用书，同时也更加适合作为广大建设行业工作者的自学、培训和资格考试的参考用书。

随着"建设工程法规"在建造师等资格考试中所占比例的逐年加大，本课程建议安排40～60 学时进行授课，有条件的学校可以安排 60～80 学时，教师讲授时可以重点讲解理论知识，案例和习题可以由学生自学和课后练习。如果学时较少，第 9 章内容可以选学。

因法律法规更新频繁，为便于读者了解最新的法律法规动态，我们在书中通过"二维码"链接了最新的拓展学习内容，同时也将每章的习题答案通过"二维码"链接到对应位置，读者可以用手机扫描查看。

本书由山西建筑职业技术学院皇甫婧琪任主编，山西建筑职业技术学院高玉兰任主审，内蒙古建筑职业技术学院赵海玲、韩永华和浙江建设职业技术学院张廷瑞任副主编。皇甫婧琪对全书进行了总体的修订和完善，并进行了全书统稿。同时，感谢本书第 1 版的各位编者，以及参考文献资料的著作者们。

拓展学习资源汇总

由于编者水平有限，加上时间仓促，本书难免有疏漏和不当之处，敬请广大读者和同行批评指正。

编　者

2014 年 4 月

第1版前言

本书根据《中华人民共和国建筑法》《中华人民共和国招标投标法》《中华人民共和国合同法》《中华人民共和国劳动合同法》《建设工程安全生产管理条例》和《建设工程质量管理条例》等相关法律法规，结合相关执业资格考试内容，对建设工程法规概述、建设工程许可法规、建设工程发包与承包法规、建设工程招标投标法规、建设工程合同法规、建设工程监理法规、建设工程安全生产管理法规、建设工程质量管理法规、劳动合同法规、建设工程其他相关法律制度共 10 章内容进行了较为系统的阐述。本书在编写过程中，聘请建设行业企业专家共同研究，在建设思路和编写提纲时，结合建设行业企业技术领域和职业岗位（群）任职要求，参照建造师执业资格考试标准，与本书各章内容进行了紧密的结合。

本书主要针对全国高职高专院校土木建筑类专业学生教学设计，可以作为建设行业培训参考教材；从学生对接工作岗位上来说，本书力求结合学生将来可能从事的工作的性质和需要而编制其学习范围，结合行业培训，突出行业特点，选择与相关执业资格考试相衔接的内容，突出本书的针对性和实用性特点；从建设法规的效力上来讲，竭力关注建设法规的前沿动态，渗透最新的法律思想，吸收最新的法律内容，尽量使学生接受新观点，阅读新内容，突出新颖性；在其结构体系上，以"法理、法条、法案"为体例，以规范建设活动的建设法规为基础，以法律为主线，以行政法规、部门规章为辐射，对建设工程法律法规进行系统阐释。

本书具有三个显著的特点：第一，新颖性，本书以最新颁布或修改的法律法规为蓝本；第二，实用性，本书体系和内容与学生将要参加的建造师考试相衔接；第三，科学性，本书各章节安排合理，紧扣教学目标，在编写过程中，均附有特别提示、知识链接和应用案例等，各章内容后附有复习思考与案例分析，力争通俗易懂，体现"教学做合一"的改革思想。

"建设工程法规"在建造师等资格考试中所占比例逐年加大，因此建议本课程安排 80～120 学时，分两个学期授课，以便学生能够更好地理解和掌握知识点。

本书由山西建筑职业技术学院高玉兰任主编，山西建筑职业技术学院皇甫婧琪、浙江建设职业技术学院张廷瑞、内蒙古建筑职业技术学院赵海玲和韩永华任副主编，山西建筑职业技术学院田恒久任主审。具体编写分工如下：第 1、2 章由张廷瑞编写，第 3 章由太原市第二建筑公司鲁选民编写，第 9、10 章由皇甫婧琪编写，第 4 章由赵海玲编写；第 6 章由内蒙古建筑职业技术学院宋丽雯编写，第 7 章由山西四建集团公司李时旭编写，第 8 章由韩永华编写，第 5 章由高玉兰编写，全书由高玉兰统稿。田恒久和山西四建集团有限公司高级工程师张平对本书进行了审读并提出许多的宝贵意见，在此表示感谢！

由于编者水平有限，加上时间仓促，本书难免有不当之处，敬请广大读者和同行批评指正。

编　者
2010 年 1 月

CONTENTS

目 录

第1章 建设工程法规概述 ⋯⋯⋯⋯⋯ 1

　　1.1 建设工程法规相关概念 ⋯⋯⋯ 2

　　1.2 建设工程法律、法规体系 ⋯⋯⋯ 3

　　1.3 建设工程法律关系 ⋯⋯⋯⋯⋯ 7

　　1.4 建设工程法律责任 ⋯⋯⋯⋯ 12

　　本章小结 ⋯⋯⋯⋯⋯⋯⋯⋯⋯⋯ 20

　　习题 ⋯⋯⋯⋯⋯⋯⋯⋯⋯⋯⋯⋯ 21

第2章 建设工程许可法规 ⋯⋯⋯⋯ 23

　　2.1 建设工程报建 ⋯⋯⋯⋯⋯⋯ 24

　　2.2 建设工程施工许可 ⋯⋯⋯⋯ 26

　　2.3 从业单位资格许可 ⋯⋯⋯⋯ 32

　　2.4 专业技术人员执业资格许可 ⋯⋯⋯ 45

　　本章小结 ⋯⋯⋯⋯⋯⋯⋯⋯⋯⋯ 54

　　习题 ⋯⋯⋯⋯⋯⋯⋯⋯⋯⋯⋯⋯ 54

第3章 建设工程发包与承包法规 ⋯⋯ 57

　　3.1 建设工程发包与承包概述 ⋯⋯ 58

　　3.2 建设工程招标 ⋯⋯⋯⋯⋯⋯ 65

　　3.3 建设工程投标 ⋯⋯⋯⋯⋯⋯ 78

　　3.4 建设工程开标、评标和中标 ⋯⋯ 83

　　3.5 招标投标的投诉与处理 ⋯⋯⋯ 90

　　本章小结 ⋯⋯⋯⋯⋯⋯⋯⋯⋯⋯ 91

　　习题 ⋯⋯⋯⋯⋯⋯⋯⋯⋯⋯⋯⋯ 91

第4章 建设工程合同法规 ⋯⋯⋯⋯ 96

　　4.1 建设工程合同概述 ⋯⋯⋯⋯ 97

　　4.2 建设工程合同的订立 ⋯⋯⋯ 101

　　4.3 建设工程合同的效力 ⋯⋯⋯ 107

　　4.4 建设工程合同的履行 ⋯⋯⋯ 113

　　4.5 建设工程合同的变更与终止 ⋯⋯ 120

　　4.6 建设工程合同的违约责任 ⋯⋯ 124

　　4.7 建设工程合同争议的解决 ⋯⋯ 127

　　本章小结 ⋯⋯⋯⋯⋯⋯⋯⋯⋯⋯ 141

　　习题 ⋯⋯⋯⋯⋯⋯⋯⋯⋯⋯⋯⋯ 142

第5章 建设工程监理法规 ⋯⋯⋯⋯ 146

　　5.1 建设工程监理概述 ⋯⋯⋯⋯ 147

　　5.2 建设工程监理的范围、依据、任务和工作内容 ⋯⋯⋯⋯⋯⋯ 153

　　5.3 建设工程监理合同 ⋯⋯⋯⋯ 159

　　5.4 建设工程监理各方关系 ⋯⋯⋯ 166

　　本章小结 ⋯⋯⋯⋯⋯⋯⋯⋯⋯⋯ 169

　　习题 ⋯⋯⋯⋯⋯⋯⋯⋯⋯⋯⋯⋯ 169

第6章 建设工程安全生产管理法规 ⋯⋯⋯ 171

　　6.1 建设工程安全生产管理概述 ⋯⋯ 172

　　6.2 建设工程安全生产许可制度 ⋯⋯ 173

　　6.3 建设工程安全生产责任制度 ⋯⋯ 175

　　6.4 建设工程安全生产教育培训制度 ⋯⋯⋯⋯⋯⋯⋯⋯⋯⋯ 185

　　6.5 建筑安全生产劳动保护制度 ⋯⋯ 187

　　6.6 生产安全事故的应急救援和调查处理 ⋯⋯⋯⋯⋯⋯⋯⋯⋯ 190

　　本章小结 ⋯⋯⋯⋯⋯⋯⋯⋯⋯⋯ 198

　　习题 ⋯⋯⋯⋯⋯⋯⋯⋯⋯⋯⋯⋯ 198

第7章 建设工程质量管理法规 ⋯⋯⋯ 202

　　7.1 建设工程质量管理概述 ⋯⋯⋯ 203

　　7.2 建设工程质量责任制度 ⋯⋯⋯ 204

　　7.3 建设工程质量标准化制度 ⋯⋯ 212

　　7.4 建设工程质量监督制度 ⋯⋯⋯ 216

　　7.5 建设工程质量检测制度 ⋯⋯⋯ 220

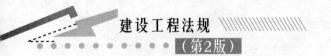

7.6 建设工程竣工验收制度 ·········· 223

7.7 建设工程质量保修制度 ·········· 226

7.8 建设工程质量奖励制度 ·········· 230

7.9 建筑企业质量体系认证制度 ······ 231

本章小结 ························· 233

习题 ···························· 233

第 8 章 劳动与社会保险法规 ········ 236

8.1 劳动合同法规 ················· 237

8.2 劳动争议的处理 ··············· 257

8.3 社会保险法规 ················· 263

本章小结 ························· 268

习题 ···························· 268

第 9 章 建设工程其他相关法律

制度 ···························· 271

9.1 环境保护法律制度 ············· 272

9.2 节约能源法律制度 ············· 287

9.3 消防法律制度 ················· 291

9.4 档案法律制度 ················· 295

9.5 税收法律制度 ················· 301

本章小结 ························· 308

习题 ···························· 308

参考文献 ························· 310

第1章

建设工程法规概述

学习目标

通过学习，了解建设工程法规的概念及调整对象，熟悉建设工程法律体系，掌握建设工程法律关系和建设工程法律责任。

学习要求

能力目标	知 识 要 点	权重
了解建设工程法规基础知识	建设工程法规概念、调整对象	10%
熟悉建设工程法规体系	建设工程法律体系、建设工程法规的形式、建设工程法规的颁布情况	20%
掌握建设工程法律关系	建设工程法律关系的概念、构成要素以及产生、变更和消灭	30%
掌握建设工程法律责任	建设工程法律责任的构成要件、民事责任、行政责任、刑事责任	40%

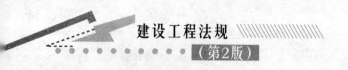

导　入　案　例

　　某建筑公司与某学校签订了一份教学楼施工合同，明确施工单位要保质、保量、保工期地完成学校的教学楼施工任务。工程竣工后，承包方向学校提交了竣工报告。学校为了不影响学生上课，还没组织验收就直接投入了使用。在使用过程中，校方发现了教学楼存在质量问题，要求施工单位修理。施工单位认为该工程未经验收，学校提前使用出现质量问题，施工单位不应再承担责任。

　　请思考：本案中建设工程法律关系的三要素分别是什么？

1.1　建设工程法规相关概念

1.1.1　法的概念

　　法是由国家制定或认可的，以权利和义务为调整机制，并通过国家强制力保证实施，调整行为关系的社会规范。法的特征如下：

　　（1）法是通过调整人的行为进而调整社会关系的规范。

　　（2）法是由国家规定认可和解释，并有普通约束力的社会规范。

　　（3）法是规定权利和义务的社会规范。

　　（4）法是由国家强制力保证实施的社会规范。

1.1.2　建设工程法规的概念及调整对象

　　建设工程法规也称建设法规，是指由国家立法机关或其授权的行政机关制定的，调整国家及其有关机构、企事业单位、社会团体和公民之间在建设活动中所发生的各种社会关系的法律规范的总称。

　　建设工程法规的调整对象，是在建设活动中所发生的各种社会关系，包括建设活动中所发生的建设管理关系、建设协作关系及建设民事关系。

1. 建设管理关系

　　建设活动与国家经济发展、人们的生命财产安全、社会的文明进步息息相关，国家对之必须进行全面的严格管理。当国家建设行政主管部门在对建设活动进行管理时，就会与建设单位(业主)、设计单位、施工单位、建筑材料和设备的生产供应单位及工程建设监理单位等中介服务单位产生管理与被管理关系。这些社会关系需要由相应的建设法规来规范和调整。

2. 建设协作关系

　　工程建设是非常复杂的活动，要有许多行业、部门、单位和人员参与，共同协作完成。因此，在建设活动中存在着大量的寻求合作伙伴和相互协作的问题，在这些协作过程中所产生的权利、义务关系，也应由建设法规来加以规范、调整。

3. 建设民事关系

　　在建设活动中，会涉及土地征用、房屋拆迁、从业人员及相关人员的人身与财产的伤害、财产及相关权利的转让等涉及公民个人权利的问题。由之而产生的各主体之间的民事权利与义务关系，应由建设法规中的有关法律规定及民法等相关法律来予以规范、调整。

1.2　建设工程法律、法规体系

1.2.1　建设工程法律体系

法律体系(也称为部门法体系)，是指将一国的全部现行法律规范，按照一定的标准和原则，划分为不同的法律部门而形成的内部和谐一致、有机联系的整体。

建设工程法律具有综合性的特点，虽然其主要是经济法的组成部分，但还包括其他法律部门的内容。建设工程法律具有一定的独立性和完整性，具有自己的完整体系，包括以下内容。

1. 宪法

宪法是整个法律体系的基础，主要表现形式是《中华人民共和国宪法》。此外，宪法部门法还包括《全国人民代表大会组织法》《地方各级人民代表大会和地方各级人民政府组织法》《全国人民代表大会和地方各级人民代表大会选举法》《中华人民共和国民族区域自治法》《中华人民共和国国务院组织法》《中华人民共和国国籍法》等附属法律。

2. 民商法

我国采用的是民商合一的立法模式。民法是调整平等主体的公民之间、法人之间、公民和法人之间的财产关系和人身关系的法律，商法是调整平等主体之间的商事关系或商事行为的法律。民商法主要包括《中华人民共和国民法通则》《中华人民共和国侵权责任法》《中华人民共和国合同法》《中华人民共和国物权法》《中华人民共和国公司法》《中华人民共和国招标投标法》等。

3. 行政法

行政法是调整国家行政管理活动中各种关系的法律规范。其主要包括《中华人民共和国行政处罚法》《中华人民共和国行政复议法》《中华人民共和国行政许可法》《中华人民共和国环境影响评价法》《中华人民共和国城市房地产管理法》《中华人民共和国城乡规划法》《中华人民共和国建筑法》等。

4. 经济法

经济法是调整在国家协调、干预经济运行过程中发生的经济关系的法律，包括《中华人民共和国统计法》《中华人民共和国土地管理法》《中华人民共和国标准化法》《中华人民共和国税收征收管理法》《中华人民共和国预算法》《中华人民共和国审计法》《中华人民共和国节约能源法》《中华人民共和国政府采购法》《中华人民共和国反垄断法》等。

5. 社会法

社会法是调整劳动关系、社会保障和社会福利的法律规范，主要包括：保护弱势群体

的法律规范，如未成年人保护法、老年人权益保障法；维护社会稳定的法律规范，如劳动法与社会保障法；保护自然资源和生态环境的法律规范，如环境保护法、能源法、自然资源保护法、生态法等；促进社会公益的法律规范，如社区服务法、彩票法、人体器官与遗体捐赠法、见义勇为资助法等；促进科教、文卫、体育事业发展的法律规范，如教师法、科技进步法、义务教育法、教育法、卫生法，等等。

6. 刑法

刑法是规定犯罪和刑罚的法律，主要是《中华人民共和国刑法》（简称《刑法》）及刑法修正案。

7. 程序法

诉讼程序法主要包括《中华人民共和国民事诉讼法》《中华人民共和国行政诉讼法》《中华人民共和国刑事诉讼法》，非诉讼程序法主要有《中华人民共和国仲裁法》《中华人民共和国律师法》《中华人民共和国公证法》等。

1.2.2 建设工程法规的形式

根据《中华人民共和国立法法》（简称《立法法》）有关立法权限的规定和原建设部《建设法律体系规划方案》的规定和要求，我国建设工程法规的形式由以下几个层次组成。

1. 宪法

宪法是国家的根本大法，具有最高的法律地位和效力，任何其他法律、法规都必须符合宪法的规定，而不得与之相抵触。宪法是建筑业的立法依据，同时又明确规定国家基本建设的方针和原则，规范与调整建筑业的活动。

2. 法律

法律包括广义的法律和狭义的法律。

广义上的法律，泛指《立法法》调整的各类法的规范性文件；狭义上的法律，仅指全国人大及其常委会制定的规范性文件。在这里，我们仅指狭义上的法律。法律的效力低于宪法，但高于其他的法。法律是建设法规体系的核心和基础，如《中华人民共和国建筑法》（简称《建筑法》）、《中华人民共和国招标投标法》（简称《招标投标法》）等。

3. 行政法规

行政法规是最高国家行政机关即国务院制定的规范性文件，其效力低于法律，在全国范围内有效，如《建设工程质量管理条例》《建设工程安全生产管理条例》等。

4. 部门规章

部门规章是由国务院各部委制定的规范性文件。如原建设部颁布的《建筑业企业资质管理规定》，国家发改委等7部委联合发布的《工程建设项目施工招标投标办法》等。部门规章的效力低于法律、行政法规。

5. 地方性法规

地方性法规指由省、自治区、直辖市人大及其常委会和设区的市的人民代表大会及其常委会，在其法定权限内制定的规范性文件，如《湖北省建筑市场管理条例》等。地方性法规只在本辖区内有效，其效力低于法律和行政法规。

6. 地方政府规章

地方政府规章是指由省、自治区、直辖市和设区的市、自治州的人民政府所制定的规范性文件，如《山西省建设工程招标投标管理办法》。地方政府规章的效力低于法律、行政法规，且低于同级或上级地方性法规。

7. 司法解释

司法解释是指最高人民法院对于法律的系统性解释文件和对法律适用的说明，其对法院审判有约束力，具有法律规范的性质，在司法实践中具有重要的地位和作用。例如，《关于贯彻执行〈中华人民共和国民法通则〉若干问题的意见(试行)》《关于审理建设工程施工合同纠纷案件适用法律问题的解释》等。

8. 国际条约

国际条约是指我国作为国际法主体同外国缔结的双边、多边协议和其他具有条约、协定性质的文件，如《建筑业安全卫生公约》等。

知 识 链 接

《立法法》部分规定如下。

宪法具有最高的法律效力，一切法律、行政法规、地方性法规、自治条例和单行条例、规章都不得同宪法相抵触。

法律的效力高于行政法规、地方性法规、规章。

行政法规的效力高于地方性法规、规章。

地方性法规的效力高于本级和下级地方政府规章。

省、自治区的人民政府制定的规章的效力高于本行政区域内的较大的市的人民政府制定的规章。

部门规章之间、部门规章与地方政府规章之间具有同等效力，在各自的权限范围内施行。

同一机关制定的法律、行政法规、地方性法规、自治条例和单行条例、规章，特别规定与一般规定不一致的，适用特别规定；新的规定与旧的规定不一致的，适用新的规定。

法律之间对同一事项的新的一般规定与旧的特别规定不一致，不能确定如何适用时，由全国人民代表大会常务委员会裁决。

行政法规之间对同一事项的新的一般规定与旧的特别规定不一致，不能确定如何适用时，由国务院裁决。

地方性法规、规章之间不一致时，由有关机关依照下列规定的权限作出裁决：

(一)同一机关制定的新的一般规定与旧的特别规定不一致时，由制定机关裁决；

(二)地方性法规与部门规章之间对同一事项的规定不一致，不能确定如何适用时，由国务院提出意见，国务院认为应当适用地方性法规的，应当决定在该地方适用地方性法规的规定；认为应当适用部门规章的，应当提请全国人民代表大会常务委员会裁决；

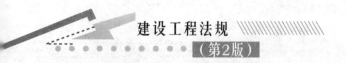
（三）部门规章之间、部门规章与地方政府规章之间对同一事项的规定不一致时，由国务院裁决。

1.2.3 我国现行建设工程法规颁布情况（表1-1）

表1-1 我国现行建设工程法规颁布情况

类型	名　　称	颁布机关	颁布(修订)时间
法律	《中华人民共和国建筑法》	全国人大常委会	1997 年
	《中华人民共和国合同法》	全国人大	1999 年
	《中华人民共和国招标投标法》	全国人大常委会	1999 年
	《中华人民共和国安全生产法》	全国人大常委会	2014 年
行政法规	《建设工程质量管理条例》	国务院	2000 年
	《建设工程勘察设计管理条例》	国务院	2000 年
	《建设工程安全生产管理条例》	国务院	2003 年
	《中华人民共和国安全生产许可证条例》	国务院	2004 年
	《安全生产事故报告和调查处理条例》	国务院	2007 年
	《中华人民共和国招标投标法实施条例》	国务院	2011 年
部门规章	《房屋建设工程质量保修办法》	建设部	2000 年
	《工程建设项目招标范围和规模标准规定》	国家发展计划委员会	2000 年
	《建筑施工企业安全生产许可证管理规定》	建设部	2004 年
	《建设工程质量保证金管理暂行办法》	建设部、财政部	2005 年
	《工程监理企业资质管理规定》	建设部	2007 年
	《建设工程勘察设计企业资质管理规定》	建设部	2007 年
	《房屋建筑和市政基础设施工程竣工验收备案管理办法》	住房和城乡建设部	2009 年
	《房屋建筑和市政基础设施工程质量监督管理规定》	住房和城乡建设部	2010 年
	《工程建设项目施工招标投标办法》	住房和城乡建设部	2013 年
	《房屋建筑和市政基础设施工程施工图设计文件审查管理办法》	住房和城乡建设部	2013 年
	《建筑工程施工发包与承包计价管理办法》	住房和城乡建设部	2013 年
	《建筑工程施工许可管理办法》	住房和城乡建设部	2014 年
	《建筑企业资质管理规定》	住房和城乡建设部	2015 年
	《生产安全事故应急预案管理办法》	国家安全生产监督管理总局	2016 年

1.3　建设工程法律关系

1.3.1　建设工程法律关系的概念

人与人之间会形成各种各样的关系，这种关系统称为社会关系，如管理关系、合同关系等，一旦这种关系被法律所调整就变成了法律关系。即法律关系是指在法律规范所调整的一定社会关系中所形成的人与人之间的权利和义务关系。

建设工程法律关系是法律关系中的一种，它是指由建设法律规范所确认和调整的，在建设管理和建设活动中所产生的权利和义务关系。

1.3.2　建设工程法律关系的构成要素

建设工程法律关系的构成要素是指建设工程法律关系不可缺少的组成部分，是由建设工程法律关系的主体、建设工程法律关系的客体和建设工程法律关系的内容三个要素所构成的。

1. 建设工程法律关系的主体

建设工程法律关系的主体是指建设活动的参加者，或者说是建设法律规范所调整的在法律上享有权利、承担义务的当事人。在建设活动中主要的活动主体类型有以下几种。

1) 自然人

自然人是依自然规律出生而取得民事主体资格的人。自然人包括公民、外国人和无国籍的人。

自然人作为建设法律关系的主体参与建设活动的领域已经相当广泛，如自然人作为注册建筑师、注册建造师、注册造价师、注册监理师、注册房地产估价师、注册房地产经纪人等参与建筑活动、房地产经营活动，自然人提供具有知识产权的设计软件、预决算软件等与建设参与单位确立法律关系，建设企业职工同企业单位签订劳动合同时，即成为建设法律关系主体。

自然人参与民事活动的能力取决于其权利能力与行为能力。所谓民事行为能力，是指民事主体通过自己的行为取得民事权利、承担民事义务的资格。民事行为能力分为完全民事行为能力、限制民事行为能力和无民事行为能力。

(1) 完全民事行为能力。18周岁以上的公民是成年人，具有完全民事行为能力，可以独立进行民事活动，是完全民事行为能力的人。16周岁以上不满18周岁的公民，以自己的劳动收入为主要生活来源的，视为完全民事行为能力人。

(2) 限制民事行为能力。10周岁以上的未成年人是限制民事行为能力人，可以进行与其年龄、智力相适应的民事活动；不能完全辨认自己行为的精神病人是限制民事行为能力人，可以进行与其精神健康状况相适应的民事活动，其他民事活动由其法定代理人代理，或者征得其法定代理人的同意。

(3) 无民事行为能力。不满10周岁的未成年人、不能辨认自己行为的精神病人是无民事行为能力人，由其法定代理人代理民事活动。

2) 法人

法人是具有民事权利能力和民事行为能力，依法独立享有民事权利和承担民事义务的

组织。根据《中华人民共和国民法通则》（简称《民法通则》）第 37 条规定，法人应当具备以下 4 个条件。

（1）依法成立。

（2）有必要的财产和经费。

（3）有自己的名称、组织机构和场所。

（4）能够独立承担民事责任。

法人也具有行为能力，法人的民事行为能力是指法律赋予法人独立进行民事活动的能力，其行为能力总是有限的，这由其成立的宗旨和业务范围所决定。法人的行为能力始于法人的成立而止于法人的撤销。

知识链接

法人分为企业法人和非企业法人两大类。企业法人是以营利为目的的法人。非企业法人是指不以营利为目的，主要从事非生产经营活动的法人，包括机关法人、事业单位法人、社会团体法人。

3）其他组织

法人以外的其他组织也可以成为建设法律关系的主体，称为非法人组织。根据《最高人民法院关于适用〈中华人民共和国民事诉讼法〉若干问题的意见》第 40 条规定，其他组织是指合法成立、有一定的组织机构和财产，但又不具备法人资格的组织，包括以下几种。

（1）法人依法设立并领取营业执照的分支机构。

（2）依法登记领取营业执照的私营独资企业、合伙组织。

（3）依法登记领取营业执照的合伙型联营企业。

（4）依法登记领取我国营业执照的中外合作经营企业、外资企业。

（5）经民政部门核准登记领取社会团体登记证的社会团体。

（6）经核准登记领取营业执照的乡镇、街道、村办企业等。

4）建设活动中常见的法人或其他组织

（1）国家机关。①国家权力机关。国家权力机关是指全国人民代表大会及其常务委员会和地方各级人民代表大会及其常务委员会。国家权力机关参加建设法律关系的职能是审查批准国家建设计划和国家预决算，制定和颁布建设法律，监督检查国家各项建设法律的执行。②国家行政机关。国家行政机关是依照国家宪法和法律设立的依法行使国家行政职权，组织管理国家行政事务的机关。它包括国务院及其所属各部、各委、地方各级人民政府及其职能部门。参加建设法律关系的国家行政机关主要有：国家计划机关、国家建设主管部门、国家建设监督部门（包括国家财政机关、中国人民银行、国家审计机关、国家统计机关等）、国家建设各业务主管部门（交通运输部、水利部等部门）。

特别提示

国家机关还有审判机关和检察机关。但作为国家机关组成部分的审判机关和检察机关不以管理者的身份成为建设法律关系的主体，而是建设法律关系监督与保护的重要机关。

（2）建设单位。建设单位是指进行工程投资建设的国家机关、企业或事业单位。在我国建筑市场上，建设单位一般被称为业主方或甲方。由于建设项目的多样化，作为业主方的社会组织也是种类繁多的，有工业企业、商业企业、文化教育部门、医疗卫生单位、国家各机关等。

（3）承包单位。承包单位是指有一定生产能力、机械设备、流动资金，具有承包工程建设任务的营业资格且具备相应资质条件，在建筑市场中能够按照业主方的要求，提供不同形态的建筑产品，并最终得到相应工程价款的建筑企业。在我国建筑市场上，承包单位一般被称为建筑企业或乙方，在国际工程承包中习惯被称为承包商。按照生产的主要形式，承包单位主要有：勘察设计企业，建筑安装施工企业，建筑装饰施工企业，混凝土构配件、非标准预制件等生产厂家，商品混凝土供应站，建筑机械租赁单位，以及专门提供建筑劳务的企业等。按照提供的主要建筑产品，还可以分为不同的专业，如土建、水电、铁路、冶金、市政工程等专业公司。

（4）中介组织。中介组织是指具有相应的专业服务资质，在建筑市场中受发包方、承包方或政府管理机关的委托，对工程建设进行估算测量、咨询代理、建设监理等高智能服务，并取得服务费用的咨询服务机构和其他建设专业中介服务组织。在市场经济运行中，中介组织作为政府、市场、企业之间联系的纽带，具有政府行政管理不可替代的作用。从市场中介组织工作内容和作用来看，建筑市场中介组织可分为多种类型。如建筑业协会及其下属的设备安装、机械施工、装饰施工、产品厂商等专业分会，建设监理协会；为工程建设服务的专业会计事务所、律师事务所、资产与资信评估机构、公证机构、合同纠纷的仲裁调解机构、招标代理机构、工程技术咨询公司、监理公司，质量检查、监督、认证机构，以及其他产品检测、鉴定机构等。

2. 建设工程法律关系的客体

建设工程法律关系的客体是指参加建设工程法律关系的主体享有的权利和承担的义务所共同指向的对象。在通常情况下，建设主体都是为了某一客体，彼此才设立一定的权利、义务，从而产生建设工程法律关系，这里双方各自享受权利、承担义务所指向的对象，即建设工程法律关系的客体。

建设工程法律关系的客体表现为财、物、行为和智力成果。

（1）财。财一般指资金及各种有价证券。在建设法律关系中表现为财的客体主要是建设资金，如基本建设贷款合同的标的，即一定数量的货币。

（2）物。法律意义上的物是指可为人们控制的并具有经济价值的生产资料和消费资料。在建设法律关系中表现为物的客体一般是建筑材料、机械设备、建筑物或构筑物等有形实体。某个建设项目本身也可以成为建设工程法律关系的客体。

（3）行为。法律意义上的行为是指人的有意识的活动。在建设法律关系中，行为多表现为完成一定的工作，如勘察设计、施工安装、检查验收等活动。如勘察设计合同的标的（客体），即完成一定的勘察设计任务。建设工程承包合同的标的，即按期完成一定质量要求的施工行为。

（4）智力成果。法律意义上的智力成果是人类脑力劳动的成果或智力方面的创作，也称非物质财富。在建设法律关系中，如对于设计单位提供的具有创造性的设计成果，该设计单位依法可以享有专有权，使用单位未经允许不能无偿使用。如个人开发的预决算软件，开发者对之享有版权。

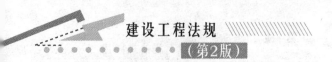
非物质财富是知识产权的保护对象。我国知识产权主要侧重于对著作权、专利权和商标权的保护。

3. 建设工程法律关系的内容

建设工程法律关系的内容即指建设活动参与者具体享有的权利和应当承担的义务。建设工程法律关系的内容是建设主体的具体要求，决定着建设工程法律关系的性质，是联结主体的纽带。

1）建设权利

建设权利是指建设工程法律关系的主体在法定范围内，根据国家建设管理要求和自己业务活动需要，有权进行各种工程建设活动。权利主体可要求其他主体做出一定的行为和抑制一定的行为，以实现自己的工程建设权利，因其他主体的行为而使工程建设权利不能实现时，其有权要求国家机关加以保护并予以制裁。

2）建设义务

建设义务是指建设工程法律关系的主体必须按法律规定或约定应负的责任。建设义务和建设权利是相互对应的，相应主体应自觉履行建设义务，义务主体如果不履行或不适当履行其建设义务，就要承担相应的法律责任。

案例解析

本章导入案例中的建设工程法律关系主体是某建筑公司和某学校，建设工程法律关系客体是施工的教学楼。建设工程法律关系内容是主体双方各自应当享受的权利和应当承担的义务，具体而言是某学校按照合同的约定，承担按时、足额支付工程款的义务，在按合同约定支付工程款后，该学校就有权要求建筑公司按时交付质量合格的教学楼。建筑公司的权利是获取学校的工程款，在享受该项权利后，就应当承担义务，即按时交付质量合格的教学楼给学校，并承担保修义务。

1.3.3 建设工程法律关系的产生、变更和终止

1. 建设工程法律关系的产生、变更和终止的概念

建设工程法律关系的产生是指建设工程法律关系的主体之间形成了一定的权利和义务关系。如某建设单位与承包商签订了建设工程承包合同，主体双方就确立了相应的权利和义务。受建设法律规范调整的建设工程法律关系随即产生。

建设工程法律关系的变更是指建设工程法律关系的三个要素发生变化。

主体变更是指建设工程法律关系主体数目增多或减少，也可以是主体改变。在建设工程合同中，客体不变，相应权利义务不变，此时主体改变也称为合同转让。

客体变更是指建设工程法律关系中权利义务所指向的事物发生变化。客体变更可以是其范围变更，也可以是其性质变更。

建设工程法律关系主体与客体的变更，必然导致相应的权利和义务的变更，即内容的变更。

建设工程法律关系的终止是指建设法律关系主体之间的权利义务不复存在，彼此丧失了约束力。建设工程法律关系的终止形式有以下三种。

（1）自然终止。建设工程法律关系自然终止是指某类建设法律关系所规范的权利义务顺利得到履行，各建设法律关系主体取得了各自的利益，实现了各自的目的，从而使该法律关系消灭。

（2）协议终止。建设工程法律关系协议终止是指建设法律关系主体之间协商解除某类建设法律关系规范的权利和义务，致使该法律关系归于消灭。

（3）违约终止。建设工程法律关系违约终止是指建设法律关系主体一方违约，致使另一方的权利不能实现，导致法定解约事由的产生，另一方行使解约权而使双方权利义务归于消灭。

想一想

甲房地产公司和乙施工企业签订了一份工程施工合同，乙企业通过加强施工现场的管理，终于如期交付了符合合同约定质量标准的工程，甲公司随即也按约支付了工程款。请问，这种合同法律关系的终止属于哪一种终止？

2. 建设工程法律关系产生、变更和终止的原因

建设工程法律关系并不是由建设法律规范本身产生的，即建设法律规范并不直接产生法律关系。建设工程法律关系只有在一定的情况下才能产生，而这种法律关系的变更和消灭也是由一定的情况决定的。这种引起建设工程法律关系产生、变更和终止的情况，人们通常称之为法律事实。建设法律事实即是建设工程法律关系产生、变更和终止的原因。

1）建设法律事实的概念

建设法律事实是指能够引起建设工程法律关系产生、变更和终止的客观现象和事实。建设工程法律关系不会自然而然地产生，并不是任何客观现象都可以作为法律事实，且也不能仅凭建设法律规范规定，就可在当事人之间发生具体的建设工程法律关系。只有通过一定的法律事实，才能在当事人之间产生一定的法律关系，或者使原来的法律关系变更或消灭。此外，也不是任何事实都可成为建设法律事实，只有当建设法规把某种客观情况同一定的法律后果联系起来时，这种事实才被认为是建设法律事实，成为产生建设法律关系的原因，从而和法律后果形成因果关系。

2）建设法律事实的分类

建设法律事实按是否包含当事人的意志分为事件和行为两类。

（1）事件，指不以当事人意志为转移而产生的客观现象。如洪水灾害导致工程施工延期，致使建筑安装合同不能履行。

事件产生大致有以下两种情况。

① 自然现象引起的。如地震、台风、水灾、火灾等。

② 社会现象引起的。如战争、暴乱、政府禁令、恐怖活动等。

（2）行为，是指人们的有意识的活动。包括积极的作为或消极的不作为，其都能引起

法律关系的产生、变更或消灭。行为通常表现为以下几种。

① 合法行为。合法行为是指实施了建设法规所要求或允许做的行为，或者没有实施建设法规所禁止做的行为。合法行为要受到法律的肯定和保护，产生积极的法律后果，如依法签订建设工程合同，依法定程序进行招标投标等行为。

② 违法行为。违法行为是指受法律禁止的侵犯其他主体的建设权利和建设义务的行为。违法行为要受到法律的矫正和制裁，产生消极的法律后果，如不履行建设工程合同等行为。

③ 行政行为。行政行为是指国家授权机关依法行使对建设业的管理权而发生法律后果的行为。如国家建设管理机关下达基本建设计划，监督执行工程项目建设程序的行为；地方政府决定削减某项目的投资等行为。

④ 立法行为。立法行为是指国家机关在法定权限内通过规定的程序，制定、修改、废止建设法律规范性文件的活动。如国家制定或颁布建设法律、法规、条例、标准定额等行为。

⑤ 司法行为。司法行为是指国家司法机关的法定职能活动。如人民法院对建设工程纠纷案件作出判决或裁定行为。

1.4 建设工程法律责任

1.4.1 建设工程法律责任概述

1. 法律责任的概念与特点

法律责任是指行为人由于违法行为、违约行为或者由于法律规定而应承受的某种不利的法律后果。法律责任的形式主要可分为民事责任、行政责任和刑事责任等。

法律责任具有以下特点。

（1）法律责任与违法行为相联系。没有违法行为，就谈不上法律责任。由于违法行为的性质和危害程度的不同，因而违法行为所应承担的法律责任也不相同。

（2）法律责任的内容是法律规范明确加以具体规定的。法律责任作为一种强制性法律措施，其大小、范围、期限、性质等必须由有关法律法规来加以明文规定，否则就不构成法律责任。

（3）法律责任具有国家强制性。法律责任是以国家强制力为后盾的。所谓国家强制力，主要是指国家司法机关或者国家授权的行政机关采取强制措施强迫违法行为人承担法律责任。当然，国家强制力只是在必要时，在责任人不能主动履行其法律责任时才会使用。

（4）法律责任是由国家授权机关依法实施的。对违法行为追究法律责任，实施法律制裁，是国家权力的重要组成部分，必须由国家有权的机关，主要是指国家司法机关和有关的国家行政机关依法定程序进行，其他任何组织和个人均无此项权力。

2. 建设工程法律责任的概念与特点

建设工程法律责任是指在建设工程活动中相关主体由于违法行为、违约行为或基于法律规定而承受的不利法律后果。

建设工程法律责任除具备一般法律责任的特征之外，还具有其特殊性。

1）技术规范确定的责任所占比重大

工程建设活动具有较强的科学性及专业性的要求，国家已制定了大量有关工程建设的技术性规范、标准，所以在确定是否承担相应法律责任时，技术性规定就发挥了重要的作用，大量法律责任的承担源于对技术性规范的违反。

2）法律责任呈现复合性

规范工程建设活动的法律责任种类繁多，民事责任、行政责任和刑事责任并存，有些违法行为需要行为人同时承担多种性质的责任，这就使得建设工程法律责任呈现出复合性的特点。例如，《招标投标法》中规定：投标人相互串通投标或者与招标人串通投标的，投标人以向招标人或者评标委员会成员行贿的手段谋取中标的，中标无效，处中标项目金额5‰以上10‰以下的罚款，对单位直接负责的主管人员和其他直接责任人员处单位罚款数额5%以上10%以下的罚款；有违法所得的，并处没收违法所得；情节严重的，取消其一年至二年内参加依法必须进行招标的项目的投标资格并予以公告，直至由工商行政管理机关吊销营业执照；构成犯罪的，依法追究刑事责任。给他人造成损失的，依法承担赔偿责任。

3. 建设工程法律责任的构成要件

1）一般构成要件

法律责任的一般构成要件由以下4个条件构成，它们之间互为联系、互为作用，缺一不可。

（1）有损害事实。发生损害事实，就是违法行为对法律所保护的社会关系和社会秩序造成的侵害。没有存在损害事实，则不构成法律责任。

（2）存在违法行为。法律规范中规定法律责任的目的就在于让国家的政治生活和社会生活符合统治阶级的意志，以国家强制力来树立法律的威严，制裁违法，减少犯罪。如果没有违法行为，就无须承担法律责任，而且合法的行为还要受到法律的保护。行为没有违法，尽管造成了一定的损害结果，也不承担法律责任。

（3）违法行为与损害事实之间有因果关系。违法行为与损害事实之间的因果关系，是违法行为与损害事实之间存在着的客观的、必然的因果关系。就是说，一定损害事实是该违法行为所引起的必然结果，该违法行为正是引起损害事实的原因。

（4）违法者主观上有过错。所谓过错，是指行为人对其行为及由此引起的损害事实所持的主观态度，包括故意和过失。如果行为在主观上既没有故意也没有过失，则行为人对损害结果不必承担法律责任。

2）特殊构成要件

特殊构成要件是指由法律特殊规定的法律责任的构成要件，其不是有机地结合在一起的，而是分别同一般要件构成法律责任。

（1）特殊主体。在一般构成要件中对违法者即承担责任的主体没有特殊规定，只有具备了相应的行为能力才可成为责任主体。而特殊主体则不同，其是指法律规定违法者必须具备一定的身份和职务时才能承担法律责任。主要指刑事责任中的职务犯罪，如贪污、受贿等，以及行政责任中的职务违法，如徇私舞弊、以权谋私等。不具备这一条件时，则不

承担这类责任。

（2）特殊结果。在一般构成要件中，只要有损害事实的发生就要承担相应的法律责任，而在特殊结果中则要求后果严重、损失重大，否则不能构成法律责任。如质量监督人员对工程的质量监督工作粗心大意、不负责任，致使应当发现的隐患没有被发现，造成严重的质量事故，那么其就要承担玩忽职守的法律责任。

（3）无过错责任。一般构成要件都要求违法者主观上必须有过错，但许多民事责任的构成要件则不考虑行为者主观上是否有过错，只要有损害事实的发生，那么，行为人就要承担一定的法律责任。这种责任，主要反映了法律责任的补偿性，而不具有法律制裁意义。

（4）转承责任。一般构成要件都是要求实施违法行为者承担法律责任，但在民法和行政法中，有些法律责任则要求与违法者有一定关系的第三人来承担。如国家工作人员给他人造成的职务侵权行为，赔偿责任由国家机关来承担。

1.4.2 民事责任

1. 民事责任的概念和种类

民事责任是指民事主体违反民事法律规范规定的义务所应承担的法律后果。民事责任包括违约责任与侵权责任。违约责任，是指当事人违反合同约定义务承担的民事责任。侵权责任，是指当事人违反法定义务，侵犯他人合法民事权利（财产权与人身权）承担的民事责任。

特 别 提 示

侵权责任与违约责任的区别如下：

（1）侵权行为违反的是法定义务，违约行为违反的是约定义务；

（2）侵权行为侵犯的是绝对权，违约行为侵犯的是相对权；

（3）侵权责任包括财产责任和非财产责任，违约责任仅限于财产责任。

2. 民事责任的承担方式

根据《民法通则》的规定，承担民事责任的方式分别是停止侵害，排除妨碍，消除危险，返还财产，恢复原状，修理、重作、更换，赔偿损失，支付违约金，消除影响、恢复名誉，赔礼道歉。

3. 工程建设活动中涉及的民事责任（表1-2）

表1-2　工程建设活动中涉及的民事责任

产品责任	《民法通则》第122条：因产品质量不合格造成他人财产、人身损害的，产品制造者、销售者应当依法承担民事责任。运输者、仓储者对此负有责任的，产品制造者、销售者有权要求赔偿损失
高度危险责任	《民法通则》第123条：从事高空、高压、易燃、易爆、剧毒、放射性、高速运输工具等对周围环境有高度危险的作业造成他人损害的，应当承担民事责任；如果能够证明损害是由受害人故意造成的，不承担民事责任

续表

环境污染责任	《民法通则》第124条：违反国家保护环境防止污染的规定，污染环境造成他人损害的，应当依法承担民事责任
地面施工责任	《民法通则》第125条：在公共场所、道旁或者通道上挖坑、修缮安装地下设施等，没有设置明显标志和采取安全措施造成他人损害的，施工人应当承担民事责任
物件损害责任	《民法通则》第126条：建筑物或者其他设施以及建筑物上的搁置物、悬挂物发生倒塌、脱落、坠落造成他人损害的，它的所有人或者管理人应当承担民事责任，但能够证明自己没有过错的除外

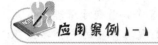

一条电线、一个土堆，12岁少女丢掉了一只手臂

12岁女孩因高压电触电致残案件，修水县人民法院对该案作出判决，一审判令修水县供电公司等五被告赔偿原告陈粤梦损失共计130.7万元。其中，由供电公司承担40％，金光道公司承担30％，南城管委会承担15％，中贤公司承担10％，求实监理公司承担5％。

1. 放学回家被意外电击致伤

2011年1月6日下午5点左右，陈粤梦放学后与同学们一起走小路回家，当行至芦良西高压线附近时，不慎被突然通电的距地面仅有70厘米高的高压线电流击倒吸住，直到其他同学用石块掷击高压线，陈粤梦才脱离高压线滚到山坡下的水沟。

受伤后，陈粤梦先后在南昌、北京等地住院112天，花费医疗费40余万元，失去了一只手臂，后经司法鉴定为三级伤残。受伤期间，陈粤梦的家人与五被告协商赔偿数额未果，故诉至法院。

2. 事发地未设任何警示标志

2009年，事发地点的管理部门南城管委会将芦良西大道的道路工程发包给中贤公司承建。2010年8月，中贤公司与供电公司签订了一份为期一年的合同，约定在合同期限内，该路段的电线线路归中贤公司维护管理。同年10月，中贤公司工程完工退场，拆除并归还了变压器，但没有把线路的维护管理义务移交给其他人。

2010年11月25日，因芦良西大道亮化，南城管委会又与汇能公司签订合同，架设路灯线路并重新安装了路灯变压器。供电公司未经允许，擅自将该段线路用来运输10kV（1万伏）高压电，并作为路灯的接火线路。同年12月19日，供电公司接受南城管委会的指示，为事故发生地路灯线路供电，使事故线路处于运输高压电的状态，但未在该事故线路周围设立任何警示标志，也没有任何安全防护措施。

3. 承建商在事发地点挖管道堆积弃土

2010年11月13日，南城管委会把芦良西大道的污水截流干管管网工程发包给了金光道公司承建，并要求求实监理公司负责监理。

金光道公司入场后先清除作业范围内余土，再开挖管线通道。事故发生时，该公司正在事故地旁开挖管线通道。庭审中，金光道公司承认其开挖的余土未运走，但否认在高压线下堆积弃土，而法院查实高压线下的弃土为新堆土。

4. 如何认定5家被告须担责

法院认为，供电公司将该段事故线路用于输送10kV的高压电供路灯照明使用，系从事高度危险作业的经营者，应承担无过错责任；未经同意擅自使用该段线路，且在未消除高压线下的安全隐患下，接受南城管委会的指示为该段线路通电，存在过错，依法还应承担一定的过错责任。

事故发生时，金光道公司正在开挖管线通道且余土并未运走，且该土堆的弃土为新土，结合其他证人证言可认定金光道公司在该段高压线下堆积弃土。该弃土缩短了高压线与地面的距离，加大了安全隐患，金光道公司对事故的发生，依法应承担相应的过错责任。

南城管委会作为电线的所有人，对该段线路疏于管理；作为路灯用电方，在未确保通电线路安全情况下指示供电公司通电，亦存在一定过错，依法应承担相应的过错责任。

中贤公司作为该段线路合同约定的维护管理义务人，虽主合同权利义务事实终止，但仍负有对该临时施工专线交接、处置的义务，但中贤公司并未完全履行该义务，且疏于管理，依法应承担相应的过错责任。求实监理公司，在实施监理过程中，对施工现场存在的安全事故隐患，疏于监督，存在过错，依法也应承担一定的责任。

法院还认为，陈粤梦作为未成年人进入未限制通行的小土坡，对事故的发生没有过失，故其依法不承担责任。依据相关法律之规定，遂作出上述判决。

1.4.3 行政责任

行政责任是指相关主体违反行政管理法律规范的规定，但尚未构成犯罪的行为依法应当受到的法律制裁。行政责任主要包括行政处罚和行政处分。

1）行政处分

行政处分是指国家机关、企事业单位和社会团体依照行政管理法规、规章、制度、纪律等，按干部、人事管理权限对机关工作人员和职工所作的处罚。它是一种内部处罚，对这种处罚不服，不能提起诉讼，只能向作出处罚决定的机关、单位或者上级主管部门提出申诉或者提请劳动仲裁。如《中华人民共和国公务员法》中规定的行政处分：警告、记过、记大过、降级、撤职、开除。

2）行政处罚

《中华人民共和国行政处罚法》将目前行政处罚明确为7种：警告，罚款，没收违法所得、没收非法财物，责令停产停业，暂扣或者吊销许可证、暂扣或者吊销执照，行政拘留，法律、行政法规规定的其他行政处罚。

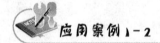
应用案例 1-2

江西萍乡查处2亿元串通投标案，22名官员涉嫌违纪

2010年6月，萍乡市纪委监察局接到群众举报，反映萍乡市某学院主干道建设工程涉嫌串通投标；经缜密初核，发现了某建筑工程公司串通投标的线索。2010年5月，某廉租房项目进行招投标，在招标之前该建筑工程公司已与相关部门领导串通好。之后，经过相关部门责任人与该建筑工程公司沟通、协调，该公司花费14万元"买下"12家公司的资质参与廉租房第三标段的招投标，操纵投标过程。最终指定公司中标，标的584.23万元。萍乡市纪委提供的材料表明，"7·22"专案共涉及串通投标项目21起，涉及串通投标公司100多家，涉案标的金额2亿余元。6名串通投标人员被查处，3名串通投标人员被移送公安机关处理，新余珠珊建筑工程有限责任公司、江西省萍乡市桂兴建筑工程有限公司、江西省启航建筑工程公司、九江市第二建筑工程公司4家组织、策划并多次参与串通投标公司被行政主管部门给予中标无效、取消投标资格、没收违法所得、罚款、列入"黑名单"等行政处罚。

1.4.4 刑事责任

1. 刑事责任的概念

刑事责任是指行为人实施了刑法所禁止的犯罪行为而必须承担的法律后果。

2. 犯罪构成

犯罪构成，是指认定犯罪的具体标准，是我国刑法规定的某种行为构成犯罪所必须具备的主观要件和客观要件的总和。按照我国犯罪构成的一般理论，刑法规定的犯罪都必须具备犯罪客体、犯罪的客观方面、犯罪主体、犯罪的主观方面这4个要件。

（1）犯罪客体是刑法所保护的而被犯罪所侵害的社会关系。

（2）犯罪的客观方面是指客观上必须具备危害社会的行为和由这种行为所引起的危害社会的结果。

（3）犯罪主体指实施了犯罪行为，依法应当承担刑事责任的人。

（4）犯罪的主观方面指犯罪主体对自己实施的危害社会行为及其结果所持的心理态度，包括故意或过失。

3. 刑罚

刑罚分为主刑和附加刑。主刑只能独立适用，不能附加适用，对一个罪只能适用一个主刑，不能同时适用两个或两个以上的主刑。附加刑是补充主刑适用的刑罚方法，既可以独立适用又可以附加于主刑适用，对一个罪可以适用一个附加刑，也可以适用多个附加刑。

1）主刑

主刑的种类如下所示。

（1）管制。管制是对罪犯不予关押，但限制其一定自由，由公安机关执行和群众监督改造的刑罚方法。管制具有一定的期限，管制的期限为3个月以上2年以下，数罪并罚时不得超过3年。管制的刑期从判决执行之日起计算，判决前先行羁押的，羁押1日折抵刑期2日。对于被判处管制的犯罪分子，在劳动中应当同工同酬。

⬤ 特 别 提 示

数罪并罚是指人民法院对一人犯数罪分别定罪量刑，并根据法定原则与方法决定应当执行的刑罚。

（2）拘役。拘役是短期剥夺犯罪人自由，就近实行劳动的刑罚方法。拘役的期限为1个月以上6个月以下，数罪并罚时不得超过1年。拘役的刑期从判决执行之日起计算，判决执行前先行羁押的，羁押1日折抵刑期1日。

拘役由公安机关在就近的拘役所、看守所或者其他监管场所执行。在执行期间，受刑人每月可以回家一天至两天，参加劳动的，可以酌量发给报酬。

（3）有期徒刑。有期徒刑是剥夺犯罪人一定期限的自由，实行强制劳动改造的刑罚方

法。被判处有期徒刑的犯罪分子，在监狱或者其他执行场所执行；凡有劳动能力的，都应当参加劳动，接受教育和改造。

有期徒刑的刑期为6个月以上15年以下，数罪并罚时不超过20年。有期徒刑的刑期从判决执行之日起计算，判决执行以前先行羁押的，羁押1日折抵刑期1日。

（4）无期徒刑。无期徒刑是剥夺犯罪人终身自由，实行强迫劳动改造的刑罚方法。对于被判处无期徒刑的犯罪分子，应当剥夺政治权利终身。

（5）死刑。死刑是刑法体系中最为严厉的刑罚方法，是剥夺犯罪人生命的刑罚方法，死刑只适用于罪行极其严重的犯罪分子。死刑包括立即执行与缓期两年执行两种情况。

知 识 链 接

判处死刑缓期执行的，在死刑缓期执行期间，如果没有故意犯罪，2年期满以后，减为无期徒刑；如果确有重大立功表现，2年期满以后，减为15年以上20年以下有期徒刑；如果故意犯罪，查证属实的，由最高人民法院核准，执行死刑。

2）附加刑

附加刑的种类如下所示。

（1）罚金。罚金是人民法院判处犯罪分子向国家交纳一定数额金钱的刑罚方法。《刑法》第52条规定，判处罚金，应当根据犯罪情节决定罚金数额。

（2）剥夺政治权利。剥夺政治权利，是指剥夺犯罪人参加管理国家和政治活动的权利的刑罚方法。剥夺政治权利是剥夺下列权利。

① 选举权和被选举权。

② 言论、出版、集会、结社、游行、示威自由的权利。

③ 担任国家机关职务的权利。

④ 担任国有公司、企业、事业单位和人民团体领导职务的权利。

（3）没收财产。没收财产是将犯罪人所有财产的一部分或者全部强制无偿收归国有的刑罚方法。没收全部财产的，应当对犯罪分子个人及其扶养的家属保留必需的生活费用。

（4）驱逐出境。驱逐出境是指强迫犯罪的外国人离开中国境的刑罚方法。对于犯罪的外国人，可以独立适用或者附加适用驱逐出境。

4. 工程建设领域的主要犯罪表（1-3）

表1-3 工程建设领域的主要犯罪

重大责任事故罪	《刑法》第134条及《刑法修正案（六）》规定：在生产、作业中违反有关安全管理的规定，因而发生重大伤亡事故或者造成其他严重后果的，处3年以下有期徒刑或者拘役；情节特别恶劣的，处3年以上7年以下有期徒刑
强令违章冒险作业事故罪	《刑法》第134条及《刑法修正案（六）》规定：强令他人违章冒险作业，因而发生重大伤亡事故或者造成其他严重后果的，处5年以下有期徒刑或者拘役；情节特别恶劣的，处5年以上有期徒刑

重大劳动安全事故罪	《刑法》第135条及《刑法修正案（六）》规定：安全生产设施或者安全生产条件不符合国家规定，因而发生重大伤亡事故或者造成其他严重后果的，对直接负责的主管人员和其他直接责任人员，处3年以下有期徒刑或者拘役；情节特别恶劣的，处3年以上7年以下有期徒刑
工程重大安全事故罪	《刑法》第137条规定：建设单位、设计单位、施工单位、工程监理单位违反国家规定，降低工程质量标准，造成重大安全事故的，对直接责任人员，处5年以下有期徒刑或者拘役，并处罚金；后果特别严重的，处5年以上10年以下有期徒刑，并处罚金
不报谎报安全事故罪	《刑法》第139条及《刑法修正案（六）》规定：在安全事故发生后，负有报告职责的人员不报或者谎报事故情况，贻误事故抢救，情节严重的，处3年以下有期徒刑或者拘役；情节特别严重的，处3年以上7年以下有期徒刑
串通投标罪	《刑法》第223条规定：投标人相互串通投标报价，损害招标人或者其他投标人利益，情节严重的，处3年以下有期徒刑或者拘役，并处或者单处罚金。投标人与招标人串通投标，损害国家、集体、公民的合法利益的，依照前款的规定处罚
商业受贿罪	《刑法》第163条及《刑法修正案（六）》规定：公司、企业的工作人员利用职务上的便利，索取他人财物或者非法收受他人财物，为他人谋取利益，数额较大的，处五年以下有期徒刑或者拘役；数额巨大的，处5年以上有期徒刑，可以并处没收财产。公司、企业或者其他单位的工作人员在经济往来中，利用职务上的便利，违反国家规定，收受各种名义的回扣、手续费，归个人所有的，依照前款的规定处罚
行贿罪	《刑法》第389条规定：为谋取不正当利益，给予国家工作人员以财物的，是行贿罪。在经济往来中，违反国家规定，给予国家工作人员以财物，数额较大的，或者违反国家规定，给予国家工作人员以各种名义的回扣、手续费的，以行贿论处。因被勒索给予国家工作人员以财物，没有获得不正当利益的，不是行贿。 《刑法》第390条规定：对犯行贿罪的，处5年以下有期徒刑或者拘役；因行贿谋取不正当利益，情节严重的，或者使国家利益遭受重大损失的，处5年以上10年以下有期徒刑；情节特别严重的，处10年以上有期徒刑或者无期徒刑，可以并处没收财产。行贿人在被追诉前主动交代行贿行为的，可以减轻处罚或者免除处罚。 《刑法》第391条规定：为谋取不正当利益，给予国家机关、国有公司、企业、事业单位、人民团体以财物的，或者在经济往来中，违反国家规定，给予各种名义的回扣、手续费的，处3年以下有期徒刑或者拘役。单位犯前款罪的，对单位判处罚金，并对其直接负责的主管人员和其他直接责任人员，依照前款的规定处罚
商业行贿罪	《刑法》第164条、《刑法修正案（六）》及《刑法修正案（八）》规定：为谋取不正当利益，给予公司、企业或者其他单位的工作人员以财物，数额较大的，处3年以下有期徒刑或者拘役；数额巨大的，处3年以上10年以下有期徒刑，并处罚金。为谋取不正当商业利益，给予外国公职人员或者国际公共组织官员以财物的，依照前款的规定处罚。单位犯前款罪的，对单位判处罚金，并对其直接负责的主管人员和其他直接责任人员，依照第一款的规定处罚。行贿人在被追诉前主动交代行贿行为的，可以减轻处罚或者免除处罚

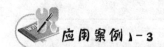 应用案例 1-3

施工建房无资质，酿成事故被判刑

【案例概况】

2003 年 3 月，被告人顾某（杭州市余杭区运河镇个体建筑工匠）在没有资质承建工业厂房的情况下，超越承建范围，与桐乡某搪瓷制品有限公司法定代表人胡某签订协议，承建该公司的球磨车间。在施工过程中，被告人顾某违反规章制度，没有按照规定要求的施工图施工，且没有采取有效的安全防范措施，冒险作业，留下事故隐患。2003 年 4 月 16 日 15 时许，施工人员砌筑完球磨车间西墙后，在墙身顶部浇天沟时，由于墙身全部采用五斗一盖砌筑，且中间没有立柱或砖墩加固，天沟模板没有落地支撑，致使墙身失稳倒塌，造成高某被墙体压住而死亡、沈某等 3 人轻伤、韩某轻微伤的重大伤亡事故。

桐乡法院审理认为，被告人顾某在无建筑资质的情况下承建工业厂房，超越承建范围，且在施工过程中违章作业，造成一起 1 人死亡 4 人受伤的重大伤亡事故，其行为已构成重大责任事故罪。法院同时考虑到被告人顾某在案发后认罪态度较好，且已对各受害人的经济损失作了赔偿，确有悔罪表现等情节，依法作出如下判决：被告人顾某犯重大责任事故罪，判处有期徒刑 1 年，缓刑 1 年。

【案例评析】

《刑法》第 134 条规定，工厂、矿山、林场、建筑企业或者其他企业、事业单位的职工，由于不服管理、违反规章制度，或者强令工人违章冒险作业，因而发生重大伤亡事故或者造成其他严重后果的，处 3 年以下有期徒刑或者拘役；情节特别恶劣的，处 3 年以上 7 年以下有期徒刑。重大责任事故罪的成立以行为人在生产、作业过程中违反规章制度或者强令工人违章冒险作业，发生了"重大伤亡事故"或者造成了"其他严重后果"为必备条件。本案中，被告人顾某在无建筑资质的情况下承建工业厂房，超越承建范围，且在施工过程中违章作业，造成一起 1 人死亡 4 人受伤的重大伤亡事故，其行为已构成重大责任事故罪，依法应受到刑事追究。

同时，本案也警示人们，在农村个人建房以及个体工商业主建厂房时，无资质、超越承建范围、违章施工建房的现象仍时有发生，但愿本案血的教训能够引起建房户的关注，杜绝和远离无资质建房，避免因一时贪图小利造成无可挽回的损失。同时，有关部门要重视安全生产，加大对这方面的管理力度，从源头上遏制这类事故的发生。

本 章 小 结

本章主要对建设工程法规的概念及调整对象、建设工程法规体系、建设工程法律关系和建设工程法律责任等内容进行了阐述。

本章的教学目标是使学生对本门课程有一个大体的认识，明确学习过程中涉及的基本概念。通过案例对法律关系及法律责任方面的问题进行讲解。

习 题

一、单项选择题

1. 发电厂甲与施工单位乙签订了价款为 5 000 万元的固定总价建设工程承包合同,则这笔 5 000 万元工程价款是( )。

   A. 建设工程法律关系主体　　　　　　B. 建设工程法律关系客体

   C. 建设工程法律关系的内容　　　　　D. 建设工程法律关系内容中的义务

2. 消费者王某从某房屋开发公司开发的小区购买别墅一栋,半年后发现屋顶漏水,于是向该公司提出更换别墅。在这个案例中,法律关系的主体是( )。

   A. 该小区　　　　　　　　　　　　　B. 王某购买的别墅

   C. 别墅的屋顶　　　　　　　　　　　D. 王某和该房屋开发公司

3. 下面不属于法律事实中的事件的是( )。

   A. 海啸　　　　　B. 暴雨　　　　　C. 战争　　　　　D. 实施盗窃

二、多项选择题

1. 以下属于建设工程法规形式的有( )。

   A. 某省人大常委会通过的《建筑市场管理条例》

   B. 建设部发布的《注册建造师管理办法》

   C. 某省人民政府制定的《招投标管理办法》

   D. 某市人民政府办公室下发通知要求公办学校全部向外来工子女开放,不收取任何赞助费用

   E. 某省建设行政主管部门下发的加强安全管理的通知

2. 可以作为建设工程法律关系主体的国家机关包括( )。

   A. 国家权力机关　　　　　　　　　　B. 国家司法机关

   C. 国家检察机关　　　　　　　　　　D. 行政机关

   E. 党的机关

3. 建设工程法律关系主体的范围包括( )。

   A. 自然人　　　　B. 建设单位　　　　C. 承包单位

   D. 国家机关　　　E. 某企业的车间

4. 建设工程法律关系的内容是指( )。

   A. 法律权利　　　B. 客体　　　　　　C. 标的

   D. 价款　　　　　E. 法律义务

5. 建设工程法律关系的变更包括( )。

   A. 建设工程法律关系主体的变更　　　B. 合同形式的变更

   C. 纠纷解决方式的变更　　　　　　　D. 建设工程法律关系客体的变更

   E. 建设工程法律关系内容的变更

6. 引起建设工程法律关系发生、变更、终止的情况称为法律事实,按照是否包含当

事人的意志，法律事实可以分为（　　）。

    A. 事件　　　　　B. 不可抗力事件　　　C. 无意识行为

    D. 意外事件　　　E. 行为

7. 法律意义上的非物质财富是指人们脑力劳动的成果或智力方面的创作，也称智力成果。下列选项中属于非物质财富的有（　　）。

    A. 股票　　　　　B. 100 元人民币　　　C. 建筑图纸

    D. 建筑材料的商标　E. 太阳光

三、简答题

1. 简述建设工程法律体系的构成。

2. 建设工程法规的表现形式有哪些？

3. 建设工程法律关系的构成要素有哪些？

4. 建设工程法律关系的终止形式有哪几种？

5. 如何理解建设工程法律事实的分类？

四、案例题

甲电信公司因拟建办公楼而与乙建筑承包公司签订了建设工程总承包合同。其后，经甲同意，乙分别与丙建筑设计院和丁建设工程公司签订了工程勘察设计合同和工程施工合同。勘察设计合同约定，由丙对甲的办公楼及其附属工程提供设计服务，并按勘察设计合同的约定交付有关设计文件和资料。施工合同约定，由丁根据丙提供的设计图纸进行施工，工程竣工时依据国家有关验收规定及设计图纸进行质量验收。合同签订后，丙按时将设计文件和有关资料交付给丁，丁依据设计图纸进行施工。工程竣工后，甲会同有关质量监督部门对工程进行验收，发现工程存在严重质量问题，且问题是由于设计不符合规范所致。原来丙未对现场进行仔细勘察即自行进行设计导致设计不合理，给甲带来了重大损失。丙以与甲没有合同关系为由拒绝承担责任，乙又以自己不是设计人为由推卸责任，甲遂以丙为被告向法院起诉。法院受理后，追加乙为共同被告，判决乙与丙对工程建设质量问题承担连带责任。

【问题】

请分析本案中有哪些建设工程法律关系，其构成要素有哪些？

第2章

建设工程许可法规

学习目标

通过学习，使学生熟悉建设工程报建制度，掌握建设工程施工许可制度，了解从业单位资格许可和专业技术人员执业资格许可的法律法规。

学习要求

能力目标	知识要点	权重
熟悉建设工程报建制度	建设工程报建的时间、范围和内容	20%
掌握建设施工许可制度	建设工程施工许可证的申领时间、范围、条件、程序和管理	40%
了解从业单位资质许可	建筑业企业、勘察设计单位、工程监理企业的资质等级	20%
了解专业技术人员执业资格许可	注册建造师、注册造价工程执业资格制度	20%

导 人 案 例

某公司将办公楼及职工宿舍的修建工程发包给李某。李某于2008年7月23日将该工程分包给张某，双方约定由李某提供钢材、水泥等主要材料，张某负责其他周转材料、设备、人工，工程采用160元/平方米单价包干方式。张某雇用孙某到该工地干活。2008年8月21日，孙某在房顶上盖玻纤瓦时从房顶摔下受伤。当日，孙某被送往医院住院治疗，医院诊断为胸口椎体稳定性压缩骨折。后经鉴定，孙某的伤构成九级伤残。孙某诉至法院，要求被告张某、李某、某公司连带赔偿原告孙某医疗费451元、护理费1 800元、住院伙食补助费90元、交通费150元、误工费12 165元、残疾赔偿金44 392元、精神损害抚慰金10 000元、鉴定费744元，合计69 792元。

请思考：此纠纷应如何解决？

行政许可，是指行政主体根据公民、法人或其他组织的申请，经依法审查，通过颁发许可证、资格证、执照等形式，赋予或确认行政相对人从事某种活动的法律资格或法律权利的一种具体行政行为。

建设工程许可是行政许可的一种，是指建设行政主管部门或者其他有关行政主管部门准许、变更和终止公民、法人或其他组织从事建设活动的具体行政行为。建设许可主要表现为建设工程程序许可和从业资格许可。

建设工程许可制度在《建筑法》以及其他建设法规中有明确规定，对建设工程实行报建、施工许可、建筑从业单位与从业人员资格许可方面进行严格管理，体现了国家对工程项目建设过程及从业主体的有效监管，对规范建筑市场，保证工程质量与安全，维护社会经济效益，提高投资效益，保障人民生命财产和国家财产安全，具有非常重要的意义。

2.1　建设工程报建

在工程建设准备阶段，工程报建是一个重要的环节，起着承上启下的作用。工程报建标志着工程建设前期准备阶段的工作已经完成，可以进入到工程建设的实施阶段。

建设工程报建，是指建设单位在工程项目通过项目建议书、可行性研究、编制设计任务书、选择建设地点、立项审批、规划许可等前期筹备工作结束后，向建设行政主管部门申请转入工程建设的实施阶段，由建设行政主管部门依法对建设工程是否具备发包条件进行审查的一项制度。

为了有效掌握建设规模，规范工程建设实施阶段程序管理，统一工程项目报建的有关规定，达到加强建筑市场管理的目的，原建设部于1994年出台了《工程建设项目报建管理办法》，就报建的内容、程序、时间、范围等作出了规定。

2.1.1　建设工程报建的范围

按照《工程建设项目报建管理办法》规定，凡在我国境内投资兴建的所有工程建设项目，以及外国独资、合资、合作的工程项目，都必须实行报建制度，接受当地建设行政主管部门或其授权机构的监督管理。凡未办理报建登记的工程建设项目，不得办理招标投标手续和发放施工许可证，勘察、设计、施工单位不得承接该项工程的勘察、设计和施工。

2.1.2　建设工程报建的时间

工程建设项目由建设单位或其代理机构在工程项目可行性研究报告或其他立项文件被批准后，须向当地建设行政主管部门或其授权机构进行报建登记，交验工程项目立项的批准文件，包括银行出具的资信证明以及批准的建设用地等其他有关文件。

 特 别 提 示

建筑工程的建设单位应当在工程立项后、发包前，到相关建设行政主管部门办理报建手续。

2.1.3　建设工程报建的内容

工程建设项目的报建内容主要包括：①工程名称；②建设地点；③投资的规模；④资金来源；⑤当年投资额；⑥工程规模；⑦开工、竣工日期；⑧发包方式；⑨工程筹建情况。

2.1.4　建设工程报建的程序

项目报建由建设单位或其代理机构申请办理，一般按下列程序进行。

（1）建设单位到建设行政主管部门或其授权机构领取《工程建设项目报建表》。

（2）按报建表的内容及要求认真填写。

（3）向建设行政主管部门或其授权机构报送《工程建设项目报建表》及相关材料，并按要求进行招标准备。

特 别 提 示

项目报建需提交的相关材料有以下几项。

（1）企业法人营业执照或其他组织证明。

（2）建设工程立项的批准文件原件和复印件。

（3）建设单位工程专业技术人员和管理人员核定申报表。

（4）专业技术人员和管理人员技术职称证书原件和复印件。

（5）法定代表人授权委托书（委托经办人办理报建）。

（4）接受报建的建设行政主管部门或其授权机构，对报建的文件、资料进行认真核验、审查合格的，发给《工程发包许可证》。

工程建设项目的投资和建设规模有变化时，建设单位应及时到当地建设行政主管部门或其授权机构进行补充登记；筹建负责人变更时，应重新登记。

2.1.5　建设工程报建的管理

按照《工程建设项目报建管理办法》规定，工程建设项目报建实行分级管理，分管的权限由各地自行规定。

建设行政主管部门在下列几方面对工程建设项目报建实施管理。

（1）贯彻实施《建筑市场管理规定》和有关的方针政策。

（2）管理监督工程项目的报建登记。

（3）对报建的工程建设项目进行核实、分类、汇总。

（4）向上级主管机关提供综合的工程建设项目报建情况。

（5）查处隐瞒不报违章建设的行为。

2.2 建设工程施工许可

建设工程施工许可，是建设行政主管部门或者其他有关行政主管部门根据建设单位的申请，依法对建设工程是否具备施工条件进行审查，对符合条件者，准许该建设工程开始施工并颁发施工许可证或者批准开工报告的一种制度。

实行施工许可，既可以监督建设单位尽快建成拟建项目，防止闲置土地、影响社会公共利益；又能保证建设项目开工后能够顺利进行，避免由于不具备施工条件盲目上马，给参与建筑工程的单位造成不必要的损失；同时也有助于建设行政主管部门对在建项目实施有效的监督管理。

《建筑法》第7条规定："建筑工程开工前，建设单位应当按照国家有关规定向工程所在地县级以上人民政府建设行政主管部门申请领取施工许可证；但是，国务院建设行政主管部门确定的限额以下的小型工程除外。按照国务院规定的权限和程序批准开工报告的建筑工程，不再领取施工许可证。"

2.2.1 施工许可证的申领时间

建设工程施工许可证应当在开始施工前申请领取。

2.2.2 施工许可证的申领范围

根据《建筑法》第7条及其他条文的规定，有以下六类工程不需要办理。

1. 国务院建设行政主管部门确定的限额以下的小型工程

《建筑工程施工许可管理办法》第2条对不需要申领施工许可证的工程的限额作了规定，工程投资额在30万元以下或者建筑面积在300平方米以下的建设工程，可以不申请办理施工许可证。省、自治区、直辖市人民政府建设行政主管部门可以根据当地实际情况，对限额进行调整，并报国务院建设行政主管部门备案。

2. 按照国务院规定的权限和程序批准开工报告的建设工程

开工报告的审批内容和施工许可证的内容基本相同，同时又经过了国家机关的批准，因此没有必要再进行审批。

3. 抢险救灾工程和临时性建筑

由于此类工程的特殊性，《建筑法》明确规定此类工程开工前不需要申请施工许可证。

4. 农民自建两层以下(含两层)住宅工程

对于村庄建设规划范围内的农民自建两层(含两层)以下住宅，不受《建筑法》的调整。

5. 作为文物保护的建设工程

《建筑法》第83条规定，依法核定作为文物保护的纪念建筑物和古建筑等的修缮，依照文物保护的有关法律规定执行。

6. 军用房屋建筑

由于此类工程涉及军事秘密，《建筑法》第84条规定，军用房屋建设工程建筑活动的具体管理办法，由国务院、中央军事委员会另行制定。

2.2.3 施工许可证的申领条件

施工许可证是建设单位能够从事建设工程开工活动的法律凭证，关系到公民、法人或者其他组织的合法权益，根据《建筑法》第8条及《建筑工程施工许可管理办法》第4条规定，建设单位申请领取施工许可证，应当同时具备下列条件，并提交相应的证明文件。

（1）依法应当办理用地批准手续的，已经办理该建设工程用地批准手续。

根据《中华人民共和国土地管理法》和《中华人民共和国城市房地产管理法》的规定，任何单位和个人进行建设，需要使用土地的，必须依法申请使用土地。其中需要使用国有建设用地的，应当向县级以上地方人民政府土地行政主管部门申请，经其审查，报同级人民政府批准，颁发土地使用权证书。

知 识 链 接

建设单位取得土地使用权，可以通过两种方式：出让和划拨。土地使用权出让是指国家以土地所有者的身份将土地使用权在一定年限内让与土地使用者，并由土地使用者向国家支付土地使用权出让金的行为。土地使用权划拨是指由有批准权的人民政府依法批准，在用地者缴纳补偿、安置等费用后将该幅土地交其使用，或者将土地使用权无偿交给土地使用者使用的行为。

（2）在城市、镇规划区的建筑工程，已经取得建设工程规划许可证。

根据《中华人民共和国城乡规划法》（简称《城乡规划法》）规定，规划许可证包括建设用地规划许可证和建设工程规划许可证。

建设用地规划许可证是建设单位在向土地管理部门申请征用、划拨土地前，经城乡规划行政主管部门确认建设项目位置和范围符合城乡规划的法定凭证，是建设单位用地的法律凭证。

建设工程规划许可证是城乡规划行政主管部门依法核发的，确认有关建设工程符合城乡规划要求的法律凭证。

知 识 链 接

《城乡规划法》（节选）

第37条 在城市、镇规划区内以划拨方式提供国有土地使用权的建设项目，经有关部门批准、核准、备案后，建设单位应当向城市、县人民政府城乡规划主管部门提出建设用地规划许可申请，由城市、县人民政府城乡规划主管部门依据控制性详细规划核定建设

用地的位置、面积、允许建设的范围，核发建设用地规划许可证。

建设单位在取得建设用地规划许可证后，方可向县级以上地方人民政府土地主管部门申请用地，经县级以上人民政府审批后，由土地主管部门划拨土地。

第38条　在城市、镇规划区内以出让方式提供国有土地使用权的，在国有土地使用权出让前，城市、县人民政府城乡规划主管部门应当依据控制性详细规划，提出出让地块的位置、使用性质、开发强度等规划条件，作为国有土地使用权出让合同的组成部分。未确定规划条件的地块，不得出让国有土地使用权。

以出让方式取得国有土地使用权的建设项目，在签订国有土地使用权出让合同后，建设单位应当持建设项目的批准、核准、备案文件和国有土地使用权出让合同，向城市、县人民政府城乡规划主管部门领取建设用地规划许可证。

城市、县人民政府城乡规划主管部门不得在建设用地规划许可证中，擅自改变作为国有土地使用权出让合同组成部分的规划条件。

第40条　在城市、镇规划区内进行建筑物、构筑物、道路、管线和其他工程建设的，建设单位或者个人应当向城市、县人民政府城乡规划主管部门或者省、自治区、直辖市人民政府确定的镇人民政府申请办理建设工程规划许可证。

（3）施工场地已经基本具备施工条件，需要征收房屋的，其进度符合施工要求。

很多工程都涉及拆迁，如果拆迁工作进展不顺利，就意味着后续工作无法进行。因此，工程开工前，必须首先解决拆迁的问题。拆迁是指房屋拆迁，因国家建设、城市改造、整顿市容和环境保护等需要，由市、县级人民政府确定的房屋征收部门对国有土地上的房屋进行征收并给予补偿的活动，应当依照国务院2011年颁布的《国有土地上房屋征收与补偿条例》的规定与程序合法进行。对在城市旧区进行建设工程的新建、扩建和改建，拆迁是施工准备的一项重要任务。对成片进行综合开发的，应根据建设工程建设计划，在满足施工要求的前提下，分期分批进行拆迁。拆迁必须按计划和施工进度要求进行，过迟或过早，都会造成损失和浪费。

（4）已经确定施工企业。

按照规定应当招标的工程没有招标，应当公开招标的工程没有公开招标，或者肢解发包工程，以及将工程发包给不具备相应资质条件的企业的，所确定的施工企业无效。

（5）有满足施工需要的技术资料，施工图设计文件已按规定审查合格。

施工图纸是实现建设工程的最根本的技术文件，是施工的依据。要求设计单位按工程的施工顺序和施工进度安排好施工图纸的配套交付计划，以满足施工的需要。因此在建设工程开工前，建筑施工企业要认真做好施工图纸的自审和会审工作，要领会设计意图，掌握技术要求，以便精心施工。

技术资料是建设工程施工的重要前提条件。在建设工程开工前，必须有满足施工需要的技术资料。技术资料包括地形、地质、水文和气象等自然条件资料和主要原材料、燃料来源、水电供应和运输条件等技术经济条件资料。

⬤特别提示⬤

我国对施工图设计文件实施审查制度。由建设行政主管部门认定的施工图审查机构按照有关法律、法规，对施工图涉及公共利益、公众安全和工程建设强制性标准的内容进行审查。施工图经审查不合格的，不得使用。

（6）有保证工程质量和安全的具体措施。

建设工程的质量直接关系到人身和财产安全，是至关重要的大问题，因此在工程施工作业中必须把保证工程质量和安全放在首位。施工企业编制的施工组织设计中有根据建筑工程特点制定的相应质量、安全技术措施。建立工程质量安全责任制并落实到人。专业性较强的工程项目编制了专项质量、安全施工组织设计，并按照规定办理了工程质量、安全监督手续。《建设工程质量管理条例》规定，建设单位在领取施工许可证或者开工报告前，应当按照国家有关规定办理工程质量监督手续。《建设工程安全生产管理条例》规定，建设单位在领取施工许可证时，应当提供建设工程有关安全生产施工措施的资料。建设行政主管部门在审核发放施工许可证时，应当对建设工程是否有安全措施进行审查，对没有安全施工措施的，不得颁发施工许可证。

（7）按照规定应该委托监理的工程已委托监理。

国家推行建设工程监理制度。工程监理是指监理单位接受建设单位的委托和授权，根据国家批准的工程项目建设文件、工程建设法规和建设工程监理合同以及其他工程建设合同所进行的旨在实现投资目的的微观监督管理活动。建设工程监理对提高工程质量、控制投资和工期起到了重要作用，甚至在一定程度上遏制了建设中的腐败行为，为我国的经济建设作出了贡献。因此，凡是按照规定应该委托监理的工程必须委托监理，否则将不予颁发施工许可证。

（8）建设资金已经落实。

建筑活动需要较多的资金投入，建设单位在建设工程施工过程中必须拥有足够的建设资金。这是预防拖欠工程款，保证施工顺利进行的基本经济保障。近年来，一些建设单位违反工程建设程序，在建设资金不足或不落实的情况下，盲目上新建项目，造成拖欠工程款额急剧增加，这加重了施工企业生产经营的困难，也影响了工程建设的正常进行。因此在建设工程开工前，建设资金必须落实。

建设工期不足一年的，到位资金原则上不得少于工程合同价的50%，建设工期超过一年的，到位资金原则上不得少于工程合同价的30%。建设单位应当提供本单位截至申请之日无拖欠工程款情形的承诺书或者能够表明其无拖欠工程款情形的其他材料，以及银行出具的到位资金证明，有条件的可以实行银行付款保函或者其他第三方担保。

（9）法律、行政法规规定的其他条件。

由于建设工程的施工活动本身复杂，各类建设工程的施工方法、技术要求等不同，申请领取施工许可证的条件也有其复杂性，因此建设工程申请领取施工许可证，除了具备上述8个条件外，还应当具备法律、行政法规规定的有关建设工程开工的其他条件。例如，《中华人民共和国消防法》规定，依法应当经公安机关消防机构进行消防设计审核的建设工程，未经依法审核或者审核不合格的，负责审批该工程施工许可的部门不得给予施工许可，建设单位、施工单位不得施工；其他建设工程取得施工许可后经依法抽查不合格的，应当停止施工。

2.2.4　施工许可证的申领程序

建设单位是建设项目的投资者，做好各项施工准备工作是其法定义务，因此施工许可证的申领，应当由建设单位来承担。建设单位申请办理施工许可证，应当按照下列程序进行。

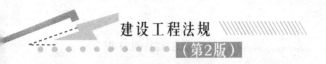
（1）建设单位提出书面申请。建设单位向发证机关领取《建筑工程施工许可证申请表》。

（2）建设单位持加盖单位及法定代表人印鉴的《建筑工程施工许可证申请表》，并附规定的证明文件，向发证机关提出申请。

（3）发证机关在收到建设单位报送的《建筑工程许可证申请表》和所附证明文件后，对于符合条件的，应当自收到申请之日起 15 日内颁发施工许可证。对于证明文件不齐全或者失效的，应当当场或者 5 日内一次告知建设单位需要补正的全部内容，审批时间可以自证明文件补正齐全后作顺延；对于不符合条件的，应当自收到申请之日起 15 日内书面通知建设单位，并说明理由。

建设工程在施工过程中，建设单位或者施工单位发生变更的，应当重新申请领取施工许可证。建设单位申请领取施工许可证的工程名称、地点、规模，应当符合依法签订的施工承包合同。施工许可证应当放置在施工现场备查，并按规定在施工现场公开。

2.2.5 施工许可证的管理

1. 施工许可证的有效期与延期

建设单位应当自领取施工许可证之日起 3 个月内开工。这一规定的目的在于保证施工许可证的有效性，利于发证机关监督。

因故不能按期开工的，应当在期满前向发证机关申请延期，并说明理由。建设单位因客观原因不能开工的，在施工许可证期满前，建设单位可以向发证机关提出延期申请，并说明理由。这里的客观原因一般是指"三通一平"没有完成，材料、构件、必要的施工设备等没有按照计划进场。

延期以两次为限，每次不超过 3 个月。也就是说，延期最长 6 个月，再加上领取施工许可证之日起的 3 个月，建设单位有理由不开工的最长期限为 9 个月。

明确规定施工许可证的有效期限与延期，可以督促建设单位及时开工，保证施工组织的顺利进行，提高投资效益，维护施工许可证的严肃性。

2. 施工许可证的自行废止

施工许可证自行废止有两种情况：一是既不在 3 个月内开工，又不向发证机关申请延期；二是超过延期的次数和时限，即建设单位在申请的延期内仍没有开工。建设工程自颁发施工许可证之日起，不论何种原因，均需在 9 个月内开工，否则施工许可证自行废止。施工许可证废止后，建设单位需按规定重新领取施工许可证，方可开工。

3. 中止施工与恢复施工

为了加强对建筑施工的监督管理，保证建设工程质量和安全生产，《建筑法》和《建设工程施工许可管理办法》都对中止施工和恢复施工做出了明确规定。

中止施工是指建设工程开工后，在施工过程中因为发生特殊情况而中途停止施工的一种行为。中止施工后，建设单位应当自中止施工之日起 1 个月内向发证机关报告，报告内容包括中止施工的时间、原因、在施部位、维修管理措施等，并按照规定做好工程的维护管理工作。

恢复施工是指建设工程中止施工后，造成中止施工的情况消除，建设单位可以继续进行施工的一种行为。建设工程恢复施工时，应当向发证机关报告；中止施工满一年的工程恢复施工前，建设单位应当报发证机关核验施工许可证。

2.2.6　开工报告的管理

按照国务院有关规定批准开工报告的建筑工程，因故不能按期开工或者中止施工的，应当及时向批准机关报告情况。因故不能按期开工超过6个月的，应当重新办理开工报告的批准手续。

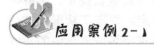 **应用案例 2-1**

【案例概况】

2003年8月18日，原告佛山市顺德区公路局向顺德区伦教街道仕版村民委员会受让伦教世龙工业区（仕版工业区）7 664.20㎡土地的国有土地使用权，拟建设佛山市顺德区公路局仕版养护中心料场。2004年1月18日，原告领取《国有土地使用权证》，编号为顺府国用(2004)第0201189号。同年3月5日，原告领取《建设工程规划许可证》，编号为佛顺建证(2004)00255号。同年3月18日，原告领取《建设工程施工许可证》，编号为0062004005号。2004年3月20日，原告开始组织有关施工机关（佛山市顺德区承德建设工程有限公司）施工，并安排有关挖土机和铲运机进入上述施工现场。被告梁女、吴三妹、何尚尧等村民以上述案涉土地是集体所有，涉及的土地是违法用地为由，从2004年3月20日开始，到案涉施工现场阻挠施工，并造成有关施工机械无法进行现场施工，至2004年5月20日，依法进行先予执行之后，原告的工地才恢复施工。根据佛山市顺德区广得信工程造价咨询有限公司作出的《佛山市顺德区公路局仕版养护中心工地机械费市场参考价》，因被告阻挠施工，造成原告2004年3月20日至2004年4月14日工地施工机械费损失55 500元。

【案例评析】

受诉法院审理认为：依法登记的土地所有权和使用权受法律保护，公民由于过错侵害他人财产的，应承担民事责任。本案中，原告已依法取得案涉土地的《国有土地使用权证》，并取得《建设工程规划许可证》和《建设工程施工许可证》，故原告在案涉土地上进行施工法律手续完备，其合法施工行为受法律保护。被告阻挠原告的正常施工，侵害了原告合法的财产使用权、处分权，必须立即停止侵害。原告提供的证据可证明在被告等人阻挠施工期间的机械费用损失情况，被告提出异议，但未能提供证据反驳。综上，原告的诉讼请求，有事实和法律依据，予以支持。被告等人基于共同的故意侵害原告的合法权利，属共同侵权行为，应承担连带侵权责任，原告有权向共同侵权人中的任何一人或数人请求赔偿全部损失，故被告有关答辩理由不成立，不予采纳。根据《中华人民共和国民法通则》第5条、第106条第二款、第117条第三款、第134条第(一)项、第(二)项、第(七)项、《中华人民共和国土地管理法》第43条、最高人民法院《关于民事诉讼证据的若干规定》第64条的规定，判决：一、被告梁女、吴三妹、何尚尧、何月明、何树祺、李少兰、何启玲、赵金玉、严雪芳、吴有金、梁玉娥对原告佛山市顺德区公路局位于伦教街道世龙集约工业区（仕版工业区）项目为佛山市顺德区伦教仕版养护中心料场的建筑施工立即停止侵害、排除妨碍。二、被告梁女、吴三妹、何尚尧、何月明、何树祺、李少兰、何启玲、赵金玉、严雪芳、吴有金、梁玉娥于判决发生法律效力之日起三日内赔偿原告佛山市顺德区公路局机械费损失55 500元。本案受理费2 180元，由被告负担（被告负担的诉讼费已由原告预交，被告应于判决发生法律效力之日起三日内给付原告）。

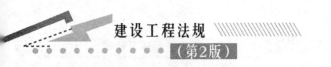

2.3 从业单位资格许可

为了建立和维护建筑市场的正常秩序，确立建筑活动主体进入建筑市场从事建筑活动的准入规则，世界绝大多数国家都对从事建设活动主体必须具备的资格作出了严格规定。要求从事建设工程的新建、扩建、改建和拆除等活动的单位，必须在资金、技术、装备等方面具备相应的资质条件。《建筑法》及《建筑业企业资质管理规定》规定了从事建筑活动的建筑施工企业、勘察单位、设计单位、工程监理单位等进入建筑市场应当具备的条件和资质审查制度。从业单位资格许可包括从业单位的条件和从业单位的资质。

2.3.1 从业单位的条件

《建筑法》第12条规定，从事建筑活动的建筑施工企业、勘察单位、设计单位和工程监理单位，应当具备下列条件。

1. 有符合国家规定的注册资本

注册资本指从事建筑活动的单位在按照国家有关规定进行注册登记时，申报并确定的资金总额。它反映的是企业法人的财产权，也是判断企业经济力量的依据。建筑施工企业、勘察单位、设计单位和工程监理单位在申请设立注册登记时，应当达到国家规定的注册资本。

2. 有与其从事的建筑活动相适应的具有法定执业资格的专业技术人员

建筑活动的专业性、技术性决定了从事建筑活动的企业和单位不仅需要懂经营、懂管理的经营管理人员，更需要有与其从事的建筑活动相适应的专业技术人员。建筑施工企业、勘察单位、设计单位和工程监理单位必须有与其从事的建筑活动相适应的专业技术人员，除了包括《建筑法》第14条规定的依法取得建筑行业有关专业执业资格证书的注册建造师、注册监理工程师等以外，还包括依照国家规定的条件和程序取得有关技术职称的专业技术人员等。

知 识 链 接

住房和城乡建设部于2011年7月13日发布，2012年1月1日实施的行业标准：《建筑与市政工程施工现场专业人员职业标准》（JGJ/T 250—2011）中重新定义了施工现场专业人员的职业标准。

建筑施工企业关键技术岗位8大员：施工员、质量员、安全员、标准员、材料员、机械员、劳务员、资料员。

3. 有从事相关建筑活动所应有的技术装备

从事建筑活动的建筑施工企业、勘察单位、设计单位和工程监理单位必须有从事相关建筑活动所应有的技术装备，否则建筑活动无法正常进行。如从事建筑施工活动，必须有相应的施工机械设备与质量检验测试手段等，没有相应的技术装备，不得从事建筑活动。

4. 法律、行政法规规定的其他条件

建筑施工企业、勘察单位、设计单位和工程监理单位，除了应具备以上3项条件外，还必须具备从事经营活动所应具备的其他条件。

知识链接

《公司法》规定：设立有限责任公司应当具备的条件有：①股东符合法定人数；②有符合公司章程规定的全体股东认缴的出资额；③股东共同制定公司章程；④有公司名称，建立符合有限责任公司要求的组织机构；⑤有公司住所。

设立股份有限公司应当具备的条件有：①发起人符合法定人数；②有符合公司章程规定的全体发起人认购的股本总额或者募集的实收股本总额；③股份发行、筹办事项符合法律规定；④发起人制订公司章程，采用募集方式设立的经创立大会通过；⑤有公司名称，建立符合股份有限公司要求的组织机构；⑥有公司住所。

《民法通则》第37条规定，法人应当具备下列条件：①依法成立；②有必要的财产或者经费；③有自己的名称、组织机构和场所；④能够独立承担民事责任。

2.3.2　从业单位的资质

《建筑法》第13条规定，从事建筑活动的建筑施工企业、勘察单位、设计单位和工程监理单位，应当按照其拥有的注册资本、专业技术人员、技术装备和已完成的建设工程业绩等资质条件申请资质，经资质审查合格，划分为不同的资质等级，取得相应等级的资质证书后，方可在其资质等级许可的范围内从事建筑活动。

从事建筑活动的建筑施工企业、勘察单位、设计单位和工程监理单位的资质等级，是反映这些单位从事建筑活动的经济、技术能力和水平的标志，法律规定从事建筑活动的单位只能在其经依法核定的资质等级许可的范围内从事有关建筑活动，该规定是保证建设工程质量，维护建筑市场正常秩序的重要措施，所有从事建筑活动的单位必须严格执行。

2.3.3　建筑业企业的资质

住房和城乡建设部发布的《建筑业企业资质标准》（建市［2014］159号）、《施工总承包企业特级资质标准》（建市［2007］72号）、《关于建筑业企业资质管理有关问题的通知》（建市［2015］154号）等对建筑施工企业的资质等级与标准、申请与审批、监督与管理、业务范围等作了明确规定。

1. 资质等级与资质标准

建筑业企业资质分为施工总承包、专业承包和劳务分包3个序列。

施工总承包资质、专业承包资质按照工程性质和技术特点分别划分为若干资质类别，各资质类别按照规定的条件划分为若干资质等级。施工劳务资质不分类别与等级。

知识链接

《建筑业企业资质标准》（2014）中有以下规定。

施工总承包序列设有12个类别，分别是：建筑工程施工总承包、公路工程施工总承包、铁路工程施工总承包、港口与航道工程施工总承包、水利水电工程施工总承包、电力工程施工总承包、矿山工程施工总承包、冶金工程施工总承包、石油化工工程施工总承包、市政公用工程施工总承包、通信工程施工总承包、机电工程施工总承包。

专业承包序列设有 36 个类别，分别是：地基基础工程专业承包、起重设备安装工程专业承包、预拌混凝土专业承包、电子与智能化工程专业承包、消防设施工程专业承包、防水防腐保温专业承包、桥梁工程专业承包资质、隧道工程专业承包、钢结构工程专业承包、模板脚手架专业承包、建筑装修装饰工程专业承包、建筑机电安装工程专业承包、建筑幕墙工程专业承包、古建筑工程专业承包、城市及道路照明工程专业承包、公路路面工程专业承包、公路路基工程专业承包、公路交通工程专业承包、铁路电务工程专业承包、铁路铺轨架梁工程专业承包、铁路电气化工程专业承包、机场场道工程专业承包、民航空管工程及机场弱电系统工程专业承包、机场目视助航工程专业承包、港口与海岸工程专业承包、航道工程专业承包、通航建筑物工程专业承包、港航设备安装及水上交管工程专业承包、水工金属结构制作与安装工程专业承包、水利水电机电安装工程专业承包、河湖整治工程专业承包、输变电工程专业承包、核工程专业承包、海洋石油工程专业承包、环保工程专业承包、特种工程专业承包。

施工劳务序列不分类别和等级。

现以建筑工程施工总承包企业资质标准为例。

建筑工程施工总承包企业资质分为特级、一级、二级、三级。

1）特级资质标准

（1）企业资信能力。

① 企业注册资本金 3 亿元以上。

② 企业净资产 3.6 亿元以上。

③ 企业近三年上缴建筑业营业税均在 5 000 万元以上。

④ 企业银行授信额度近三年均在 5 亿元以上。

（2）企业主要管理人员和专业技术人员要求。

① 企业经理具有 10 年以上从事工程管理工作经历。

② 技术负责人具有 15 年以上从事工程技术管理工作经历，且具有工程序列高级职称及一级注册建造师或注册工程师执业资格；主持完成过两项及以上施工总承包一级资质要求的代表工程的技术工作或甲级设计资质要求的代表工程或合同额 2 亿元以上的工程总承包项目。

③ 财务负责人具有高级会计师职称及注册会计师资格。

④ 企业具有注册一级建造师（一级项目经理）50 人以上。

⑤ 企业具有本类别相关的行业工程设计甲级资质标准要求的专业技术人员。

（3）科技进步水平。

① 企业具有省部级（或相当于省部级水平）及以上的企业技术中心。

② 企业近三年科技活动经费支出平均达到营业额的 0.5% 以上。

③ 企业已建立内部局域网或管理信息平台，实现了内部办公、信息发布、数据交换的网络化；已建立并开通了企业外部网站；使用了综合项目管理信息系统和人事管理系统、工程设计相关软件，实现了档案管理和设计文档管理。

（4）近五年承担过下列 5 项工程总承包或施工总承包项目中的 3 项，工程质量合格。

① 高度 100 米以上的建筑物。

② 28 层以上的房屋建设工程。

③ 单体建筑面积 5 万平方米以上房屋建设工程。

④ 钢筋混凝土结构单跨 30 米以上的建设工程或钢结构单跨 36 米以上房屋建设工程。

⑤ 单项建安合同额 2 亿元以上的房屋建设工程。

2）一级资质标准

（1）企业资产：净资产 1 亿元以上。

（2）企业主要人员。

① 建筑工程、机电工程专业一级注册建造师合计不少于 12 人，其中建筑工程专业一级注册建造师不少于 9 人。

② 技术负责人具有 10 年以上从事工程施工技术管理工艺经历，且具有结构专业高级职称；建筑工程相关专业中级以上职称人员不少于 30 人，且结构、给排水、暖通、电气等专业齐全。

③ 持有岗位证书的施工现场管理人员不少于 50 人，且施工员、质量员、安全员、机械员、造价员、劳务员等人员齐全。

④ 经考核或培训合格的中级工以上技术工人不少于 150 人。

（3）企业工程业绩：近 5 年承担过下列 4 类中的 2 类工程的施工总承包或主体工程承包，工程质量合格。

① 地上 25 层以上的民用建筑工程 1 项或地上 18～24 层的民用建筑工程 2 项。

② 高度 100 米以上的构筑物工程 1 项或高度 80～100 米（不含）的构筑物工程 2 项。

③ 建筑面积 3 万平方米以上的单体工业、民用建筑工程 1 项或建筑面积 2 万－3 万平方米（不含）的单体工业、民用建筑工程 2 项。

④ 钢筋混凝土结构单跨 30 米以上（或钢结构单跨 36 米以上）的建设工程 1 项或钢筋混凝土结构单跨 27～30 米（不含）（或钢结构单跨 30～36 米（不含））的建筑工程 2 项。

3）二级资质标准

（1）企业资产：净资产 4000 万元以上。

（2）企业主要人员

① 建筑工程、机电工程专业注册建造师合计不少于 12 人，其中建筑工程专业注册建造师不少于 9 人。

② 技术负责人具有 8 年以上从事工程施工技术管理工作经历，且具有结构专业高级职称或建筑工程专业一级注册建造师执业资格；建筑工程相关专业中级以上职称人员不少于 15 人，且结构、给排水、暖通、电气等专业齐全。

③ 持有岗位证书的施工现场管理人员不少于 30 人，且施工员、质量员、安全员、机械员、造价员、劳务员等人员齐全。

④ 经考核或培训合格的中级工以上技术工人不少于 75 人。

（3）企业工程业绩：近 5 年承担过下列 4 类中的 2 类工程的施工总承包或主体工程承包，工程质量合格。

① 地上 12 层以上的民用建筑工程 1 项或地上 8－11 层的民用建筑工程 2 项。

② 高度 50 米以上的构筑物工程 1 项或高度 35－50 米（不含）的构筑物工程 2 项。

③ 建筑面积 1 万平方米以上的单体工业、民用建筑工程 1 项或建筑面积 0.6～1 万平方米（不含）的单体工业、民用建筑工程 2 项。

④ 钢筋混凝土结构单跨 21 米以上（或钢结构单跨 24 米以上）的建筑工程 1 项或钢筋混

凝土结构单跨18～－21米(不含)(或钢结构单跨21～24米(不含))的建筑工程2项。

4）三级资质标准

（1）企业资产：净资产800万元以上。

（2）企业主要人员

① 建筑工程、机电工程专业注册建筑师合计不少于5人，其中建筑工程专业注册建筑师不少于4人。

② 技术负责人具有5年以上从事工程施工技术管理工作经历，且具有结构专业中级以上职称或建筑工程专业注册建造师执业资格；建筑工程相关专业中级以上职称人员不少于6人，且结构、给排水、电气等专业齐全。

③ 持有岗位证书的施工现场管理人中不少于15人，且施工员、质量员、安全员、机械员、造价员、劳务员等人员齐全。

④ 经考核或培训合格的中级工以上技术工人不少于30人。

⑤ 技术负责人(或注册建造师)主持完成过本类别资质二级以上标准要求的工程业绩不少于2项。

2. 承包工程范围

施工总承包工程应由取得相应施工总承包资质的企业承担。取得施工总承包资质的企业可以对所承接的施工总承包工程内各专业工程全部自行施工，也可以将专业工程依法进行分包。对设有资质的专业工程进行分包时，应分包给具有相关专业承包资质的企业。施工总承包企业将劳务作业分包时，应分包给具有施工劳务资质的企业。

设有专业承包资质的专业工程单独发包时，应由取得相应专业承包资质的企业承担。取得专业承包资质的企业可以承接具有施工总承包资质的企业依法分包的专业工程或建设单位依法发包的专业工程。取得专业承包资质的企业应对所承接的专业工程全部自行组织施工，劳务作业可以分包，但应分包给具有施工劳务资质的企业。

取得施工劳务资质的企业可以承接具有施工总承包资质或专业承包资质的企业分包的劳务作业。

取得施工总承包资质的企业，可以从事资质证书许可范围内的相应工程总承包、工程项目管理等业务。

以建筑工程施工总承包为例，各级别企业承包范围如下。

特级企业：

（1）取得施工总承包特级资质的企业可承担本类别各等级工程施工总承包、设计及开展工程总承包和项目管理业务。

（2）取得房屋建筑、公路、铁路、市政公用、港口与航道、水利水电等专业中任意1项施工总承包特级资质和其中2项施工总承包一级资质，即可承接上述各专业工程的施工总承包、工程总承包和项目管理业务，以及开展相应设计主导专业人员齐备的施工图设计业务。

（3）取得房屋建筑、矿山、冶炼、石油化工、电力等专业中任意1项施工总承包特级资质和其中2项施工总承包一级资质，即可承接上述各专业工程的施工总承包、工程总承包和项目管理业务，及开展相应设计主导专业人员齐备的施工图设计业务。

一级企业：可承担下列建筑工程的施工。

（1）高度 200 米以下工业、民用建筑工程。

（2）高度 240 米以下的构筑物工程。

二级企业：可承担下列建筑工程的施工。

（1）高度 100 米以下的工业、民用建筑工程。

（2）高度 120 米以下的构筑物工程。

（3）建筑面积 4 万平方米以下的单体工业、民用建筑工程。

（4）单跨跨度 39 米以下的建筑工程。

三级企业：可承担下列建筑工程的施工。

（1）高度 50 米以下的工业、民用建筑工程。

（2）高度 70 米以下的构筑物工程。

（3）建筑面积 1.2 万平方米以下的单体工程、民用建筑工程。

（4）单跨跨度 27 米以下的建筑工程。

3. 资质许可机关

1）由国务院住房城乡建设主管部门实施资质许可的企业

（1）施工总承包资质序列特级资质、一级资质及铁路工程施工总承包二级资质。

（2）专业承包资质序列公路、水运、水利、铁路、民航方面的专业承包一级资质及铁路、民航方面的专业承包二级资质；涉及多个专业的专业承包一级资质。

2）由企业工商注册所在地省、自治区、直辖市人民政府住房城乡建设主管部门实施资质许可的企业

（1）施工总承包资质序列二级资质及铁路、通信工程施工总承包三级资质。

（2）专业承包资质序列一级资质（不含公路、水运、水利、铁路、民航方面的专业承包一级资质及涉及多个专业的专业承包一级资质）。

（3）专业承包资质序列二级资质（不含铁路、民航方面的专业承包二级资质）；铁路方面专业承包三级资质；特种工程专业承包资质。

3）由企业工商注册所在地、设区的市人民政府住房城乡建设主管部门实施资质许可的企业

（1）施工总承包资质序列三级资质（不含铁路、通信工程施工总承包三级资质）。

（2）专业承包资质序列三级资质（不含铁路方面专业承包资质）及预拌混凝土、模板脚手架专业承包资质。

（3）施工劳务资质。

（4）燃气燃烧器具安装、维修企业资质。

4. 资质申请管理

根据《建筑业企业资质管理规定》，企业可以申请一项或多项建筑业企业资质。企业首次申请或增项申请资质，应当申请最低等级资质。

企业申请建筑业企业资质，应当提交以下材料。

（1）建筑业企业资质申请表及相应的电子文档。

（2）企业营业执照正副本复印件。

（3）企业章程复印件。

（4）企业资产证明文件复印件。

（5）企业主要人员证明文件复印件。

（6）企业资质标准要求的技术装备的相应证明文件复印件。

（7）企业安全生产条件有关材料复印件。

（8）按照国家有关规定应提交的其他材料。

建筑业企业资质证书分为正本和副本，由国务院住房城乡建设主管部门统一印制，正、副本具备同等法律效力。资质证书有效期为5年。

5. 资质延续与变更管理

1）资质延续

建筑业企业资质证书有效期届满，企业继续从事建筑施工活动的，应当于资质证书有效期届满3个月前，向原资质许可机关提出延续申请。资质许可机关应当在建筑业企业资质证书有效期届满前做出是否准予延续的决定；逾期未做出决定的，视为准予延续。

2）资质变更

企业在建筑业企业资质证书有效期内名称、地址、注册资本、法定代表人等发生变更的，应当在工商部门办理变更手续后1个月内办理资质证书变更手续。

由国务院住房城乡建设主管部门颁发的建筑业企业资质证书的变更，企业应当向企业工商注册所在地省、自治区、直辖市人民政府住房城乡建设主管部门提出变更申请，省、自治区、直辖市人民政府住房城乡建设主管部门应当自受理申请之日起2日内将有关变更证明材料报国务院住房城乡建设主管部门，由国务院住房城乡建设主管部门在2日内办理变更手续。前述规定以外的资质证书的变更，由企业工商注册所在地的省、自治区、直辖市人民政府住房城乡建设主管部门或者设区的市人民政府住房城乡建设主管部门依法另行规定。变更结果应当在资质证书变更后15日内，报国务院住房城乡建设主管部门备案。涉及公路、水运、水利、通信、铁路、民航等方面的建筑业企业资质证书的变更，办理变更手续的住房城乡建设主管部门应当将建筑业企业资质证书变更情况告知同级有关部门。

3）资质重新核定

企业发生合并、分立、重组以及改制等事项，需承继原建筑业企业资质的，应当申请重新核定建筑业企业资质等级。

4）资质更换及补办

企业需更换、遗失补办建筑业企业资质证书的，应当持建筑业企业资质证书更换、遗失补办申请等材料向资质许可机关申请办理。资质许可机关应当在2个工作日内办理完毕。企业遗失建筑业企业资质证书的，在申请补办前应当在公众媒体上刊登遗失声明。

3）不予批准申请升级和增项的情形

企业申请建筑业企业资质升级、资质增项，在申请之日起前一年至资质许可决定作出前，有下列情形之一的，资质许可机关不予批准其建筑业企业资质升级申请和增项申请：

（1）超越本企业资质等级或以其他企业的名义承揽工程，或允许其他企业或个人以本企业的名义承揽工程的。

（2）与建设单位或企业之间相互串通投标，或以行贿等不正当手段谋取中标的。

（3）未取得施工许可证擅自施工的。

（4）将承包的工程转包或违法分包的。

（5）违反国家工程建设强制性标准施工的。

（6）恶意拖欠分包企业工程款或者劳务人员工资的。

（7）隐瞒或谎报、拖延报告工程质量安全事故，破坏事故现场、阻碍对事故调查的。

（8）按照国家法律、法规和标准规定需要持证上岗的现场管理人员和技术工种作业人员未取得证书上岗的。

（9）未依法履行工程质量保修义务或拖延履行保修义务的。

（10）伪造、变造、倒卖、出租、出借或者以其他形式非法转让建筑业企业资质证书的。

（11）发生过较大以上质量安全事故或者发生过两起以上一般质量安全事故的。

（12）其他违反法律、法规的行为。

6. 资质监督管理

取得建筑业企业资质证书的企业，应当保持资产、主要人员、技术装备等方面满足相应建筑业企业资质标准要求的条件。

1）资质撤回

企业不再符合相应建筑业企业资质标准要求条件的，县级以上地方人民政府住房城乡建设主管部门、其他有关部门，应当责令其限期改正并向社会公告，整改期限最长不超过3个月；企业整改期间不得申请建筑业企业资质的升级、增项，不能承揽新的工程；逾期仍未达到建筑业企业资质标准要求条件的，资质许可机关可以撤回其建筑业企业资质证书。

被撤回建筑业企业资质证书的企业，可以在资质被撤回后3个月内，向资质许可机关提出核定低于原等级同类别资质的申请。

2）资质撤销

有下列情形之一的，资质许可机关应当撤销建筑业企业资质：

（1）资质许可机关工作人员滥用职权、玩忽职守准予资质许可的。

（2）超越法定职权准予资质许可的。

（3）违反法定程序准予资质许可的。

（4）对不符合资质标准条件的申请企业准予资质许可的。

（5）依法可以撤销资质许可的其他情形。

以欺骗、贿赂等不正当手段取得资质许可的，应当予以撤销。

3）资质注销

有下列情形之一的，资质许可机关应当依法注销建筑业企业资质，并向社会公布其建筑业企业资质证书作废，企业应当及时将建筑业企业资质证书交回资质许可机关：

（1）资质证书有效期届满，未依法申请延续的。

（2）企业依法终止的。

（3）资质证书依法被撤回、撤销或吊销的。

（4）企业提出注销申请的。

（5）法律、法规规定的应当注销建筑业企业资质的其他情形。

4）企业信用档案管理

资质许可机关应当建立、健全建筑业企业信用档案管理制度。建筑业企业信用档案应

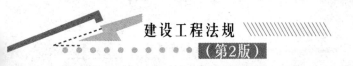

当包括企业基本情况、资质、业绩、工程质量和安全、合同履约、社会投诉和违法行为等情况。企业的信用档案信息按照有关规定向社会公开。取得建筑业企业资质的企业应当按照有关规定，向资质许可机关提供真实、准确、完整的企业信用档案信息。

 案例解析

本章导入案例中，工程建设中违反了《建筑法》关于承包单位资质管理的规定。被告某公司没有审查被告李某的资质，其应当知道被告李某没有修建房屋的资质，被告李某又将工程分包给同样没有资质的被告张某，被告某公司和李某应承担连带赔偿责任。故法院判决被告张某赔偿原告孙某各项损失合计 62 612.4 元，被告某公司、被告李某承担连带赔偿责任。

2.3.4 建设工程勘察设计企业资质

《建设工程勘察设计资质管理规定》（建设部 160 号令）于 2007 年 6 月 26 日颁布，2007 年 9 月 1 日起实施，该规定对勘察设计企业的资质等级及标准、申请与审批、业务范围等作了明确规定。

1. 资质等级

1）工程勘察资质等级

工程勘察资质分为工程勘察综合资质、工程勘察专业资质、工程勘察劳务资质。

工程勘察综合资质只设甲级；工程勘察专业资质设甲级、乙级，根据工程性质和技术特点，部分专业可以设丙级；工程勘察劳务资质不分等级。

2）工程设计资质等级

工程设计资质分为工程设计综合资质、工程设计行业资质、工程设计专业资质和工程设计专项资质。

工程设计综合资质只设甲级；工程设计行业资质、工程设计专业资质、工程设计专项资质设甲级、乙级，根据工程性质和技术特点，个别行业、专业、专项资质可以设丙级，建筑工程专业资质可以设丁级。

2. 承包范围

取得工程勘察综合资质的企业，可以承接各专业（海洋工程勘察除外）、各等级工程勘察业务；取得工程勘察专业资质的企业，可以承接相应等级相应专业的工程勘察业务；取得工程勘察劳务资质的企业，可以承接岩土工程治理、工程钻探、凿井等工程勘察劳务业务。

取得工程设计综合资质的企业，可以承接各行业、各等级的建设工程设计业务；取得工程设计行业资质的企业，可以承接相应行业相应等级的工程设计业务及本行业范围内同级别的相应专业、专项（设计施工一体化资质除外）工程设计业务；取得工程设计专业资质的企业，可以承接本专业相应等级的专业工程设计业务及同级别的相应专项工程设计业务（设计施工一体化资质除外）；取得工程设计专项资质的企业，可以承接本专项相应等级的专项工程设计业务。

2.3.5 工程监理企业资质

为了加强工程监理企业资质管理，规范建设工程监理活动，维护建筑市场秩序，原建设部以 158 号令发布了《工程监理企业资质管理规定》，于 2007 年 8 月 1 日起施行。

1. 资质等级和资质标准

工程监理企业资质分为综合资质、专业资质和事务所资质。其中，专业资质按照工程性质和技术特点划分为若干工程类别。综合资质、事务所资质不分级别。专业资质分为甲级、乙级；其中，房屋建筑、水利水电、公路和市政公用专业资质可设立丙级。

1）综合资质标准

（1）具有独立法人资格且注册资本不少于 600 万元。

（2）企业技术负责人应为注册监理工程师，并具有 15 年以上从事工程建设工作的经历或者具有工程类高级职称。

（3）具有 5 个以上工程类别的专业甲级工程监理资质。

（4）注册监理工程师不少于 60 人，注册造价工程师不少于 5 人，一级注册建造师、一级注册建筑师、一级注册结构工程师或者其他勘察设计注册工程师合计不少于 15 人次。

（5）企业具有完善的组织结构和质量管理体系，有健全的技术、档案等管理制度。

（6）企业具有必要的工程试验检测设备。

（7）申请工程监理资质之日前一年内没有规定禁止的行为。

（8）申请工程监理资质之日前一年内没有因本企业监理责任造成重大质量事故。

（9）申请工程监理资质之日前一年内没有因本企业监理责任发生三级以上工程建设重大安全事故或者发生两起以上四级工程建设安全事故。

2）甲级专业资质标准

（1）具有独立法人资格且注册资本不少于 300 万元。

（2）企业技术负责人应为注册监理工程师，并具有 15 年以上从事工程建设工作的经历或者具有工程类高级职称。

（3）注册监理工程师、注册造价工程师、一级注册建造师、一级注册建筑师、一级注册结构工程师或者其他勘察设计注册工程师合计不少于 25 人次；其中，相应专业注册监理工程师不少于《专业资质注册监理工程师人数配备表》中要求配备的人数，注册造价工程师不少于 2 人。

（4）企业近两年内独立监理过 3 个以上相应专业的二级工程项目，但是，具有甲级设计资质或一级及以上施工总承包资质的企业申请本专业工程类别甲级资质的除外。

（5）企业具有完善的组织结构和质量管理体系，有健全的技术、档案等管理制度。

（6）企业具有必要的工程试验检测设备。

（7）申请工程监理资质之日前一年内没有规定禁止的行为。

（8）申请工程监理资质之日前一年内没有因本企业监理责任造成重大质量事故。

（9）申请工程监理资质之日前一年内没有因本企业监理责任发生三级以上工程建设重大安全事故或者发生两起以上四级工程建设安全事故。

3）乙级专业资质标准

（1）具有独立法人资格且注册资本不少于 100 万元。

（2）企业技术负责人应为注册监理工程师，并具有 10 年以上从事工程建设工作的经历。

（3）注册监理工程师、注册造价工程师、一级注册建造师、一级注册建筑师、一级注册结构工程师或者其他勘察设计注册工程师合计不少于 15 人次。其中，相应专业注册监理工程师不少于《专业资质注册监理工程师人数配备表》中要求配备的人数，注册造价工程师不少于 1 人。

（4）有较完善的组织结构和质量管理体系，有技术、档案等管理制度。

（5）有必要的工程试验检测设备。

（6）申请工程监理资质之日前一年内没有规定禁止的行为。

（7）申请工程监理资质之日前一年内没有因本企业监理责任造成重大质量事故。

（8）申请工程监理资质之日前一年内没有因本企业监理责任发生三级以上工程建设重大安全事故或者发生两起以上四级工程建设安全事故。

4）丙级专业资质标准

（1）具有独立法人资格且注册资本不少于 50 万元。

（2）企业技术负责人应为注册监理工程师，并具有 8 年以上从事工程建设工作的经历。

（3）相应专业的注册监理工程师不少于《专业资质注册监理工程师人数配备表》中要求配备的人数。

（4）有必要的质量管理体系和规章制度。

（5）有必要的工程试验检测设备。

5）事务所资质标准

（1）取得合伙企业营业执照，具有书面合作协议书。

（2）合伙人中有 3 名以上注册监理工程师，合伙人均有 5 年以上从事建设工程监理的工作经历。

（3）有固定的工作场所。

（4）有必要的质量管理体系和规章制度。

（5）有必要的工程试验检测设备。

2. 业务范围

综合资质可以承担所有专业工程类别建设工程项目的工程监理业务。

专业资质甲级可承担相应专业工程类别建设工程项目的工程监理业务。专业乙级资质可承担相应专业工程类别二级以下(含二级)建设工程项目的工程监理业务。专业丙级资质可承担相应专业工程类别三级建设工程项目的工程监理业务。

事务所资质可承担三级建设工程项目的工程监理业务，但是，国家规定必须实行强制监理的工程除外。

工程监理企业可以开展相应类别建设工程的项目管理、技术咨询等业务。

3. 资质许可管理

1）资质申请与审批

申请综合资质、专业甲级资质的，应当向企业工商注册所在地的省、自治区、直辖市人民政府建设主管部门提出申请。

省、自治区、直辖市人民政府建设主管部门应当自受理申请之日起 20 日内初审完毕，并将初审意见和申请材料报国务院建设主管部门。

国务院建设主管部门应当自省、自治区、直辖市人民政府建设主管部门受理申请材料之日起 60 日内完成审查，公示审查意见，公示时间为 10 日。其中，涉及铁路、交通、水利、通信、民航等专业工程监理资质的，由国务院建设主管部门送国务院有关部门审核。国务院有关部门应当在 20 日内审核完毕，并将审核意见报国务院建设主管部门。国务院建设主管部门根据初审意见审批。

专业乙级、丙级资质和事务所资质由企业所在地省、自治区、直辖市人民政府建设主管部门审批。

专业乙级、丙级资质和事务所资质许可。延续的实施程序由省、自治区、直辖市人民政府建设主管部门依法确定。

省、自治区、直辖市人民政府建设主管部门应当自作出决定之日起 10 日内，将准予资质许可的决定报国务院建设主管部门备案。

知 识 链 接

申请工程监理企业资质，应当提交以下材料。

（1）工程监理企业资质申请表（一式三份）及相应电子文档。

（2）企业法人、合伙企业营业执照。

（3）企业章程或合伙人协议。

（4）企业法定代表人、企业负责人和技术负责人的身份证明、工作简历及任命（聘用）文件。

（5）工程监理企业资质申请表中所列注册监理工程师及其他注册执业人员的注册执业证书。

（6）有关企业质量管理体系、技术和档案等管理制度的证明材料。

（7）有关工程试验检测设备的证明材料。

取得专业资质的企业申请晋升专业资质等级或者取得专业甲级资质的企业申请综合资质的，除前款规定的材料外，还应当提交企业原工程监理企业资质证书正、副本复印件，企业《监理业务手册》及近两年已完成代表工程的监理合同、监理规划、工程竣工验收报告及监理工作总结。

2）资质证书有效期与延期

工程监理企业资质证书的有效期为 5 年。

资质有效期届满，工程监理企业需要继续从事工程监理活动的，应当在资质证书有效期届满 60 日前，向原资质许可机关申请办理延续手续。

对在资质有效期内遵守有关法律、法规、规章、技术标准，信用档案中无不良记录，且专业技术人员满足资质标准要求的企业，经资质许可机关同意，有效期延续 5 年。

3）企业行为规范

工程监理企业不得有下列行为。

（1）与建设单位串通投标或者与其他工程监理企业串通投标，以行贿手段谋取中标。

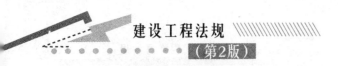

（2）与建设单位或者施工单位串通弄虚作假、降低工程质量。

（3）将不合格的建设工程、建筑材料、建筑构配件和设备按照合格签字。

（4）超越本企业资质等级或以其他企业名义承揽监理业务。

（5）允许其他单位或个人以本企业的名义承揽工程。

（6）将承揽的监理业务转包。

（7）在监理过程中实施商业贿赂。

（8）涂改、伪造、出借、转让工程监理企业资质证书。

（9）其他违反法律法规的行为。

4. 资质监督与管理

县级以上人民政府建设主管部门和其他有关部门应当依照有关法律、法规规定，加强对工程监理企业资质的监督管理。

1）资质监管措施

建设主管部门履行监督检查职责时，有权采取下列措施：要求被检查单位提供工程监理企业资质证书、注册监理工程师注册执业证书，有关工程监理业务的文档，有关质量管理、安全生产管理、档案管理等企业内部管理制度的文件；进入被检查单位进行检查，查阅相关资料；纠正违反有关法律、法规和本规定及有关规范和标准的行为。

工程监理企业违法从事工程监理活动的，违法行为发生地的县级以上地方人民政府建设主管部门应当依法查处，并将违法事实、处理结果或处理建议及时报告该工程监理企业资质的许可机关。

2）资质撤回

工程监理企业取得工程监理企业资质后不再符合相应资质条件的，资质许可机关根据利害关系人的请求或者依据职权，可以责令其限期改正；逾期不改的，可以撤回其资质。

3）资质撤销

有下列情形之一的，资质许可机关或者其上级机关，根据利害关系人的请求或者依据职权，可以撤销工程监理企业资质。

（1）资质许可机关工作人员滥用职权、玩忽职守作出准予工程监理企业资质许可的。

（2）超越法定职权作出准予工程监理企业资质许可的。

（3）违反资质审批程序作出准予工程监理企业资质许可的。

（4）对不符合许可条件的申请人作出准予工程监理企业资质许可的。

（5）依法可以撤销资质证书的其他情形。

以欺骗、贿赂等不正当手段取得工程监理企业资质证书的，应当予以撤销。

4）资质注销

有下列情形之一的，工程监理企业应当及时向资质许可机关提出注销资质的申请，交回资质证书，国务院建设主管部门应当办理注销手续，公告其资质证书作废。

（1）资质证书有效期届满，未依法申请延续的。

（2）工程监理企业依法终止的。

（3）工程监理企业资质依法被撤销、撤回或吊销的。

（4）法律、法规规定的应当注销资质的其他情形。

2.4 专业技术人员执业资格许可

专业技术人员执业资格许可是指对具备一定专业学历、资历的从事建筑活动的专业技术人员,通过考试和注册,取得执业技术资格的一种制度。《建筑法》第14条明确规定,从事建筑活动的专业技术人员,应当依法取得相应的执业资格证书,并在执业资格证书许可的范围内从事建筑活动。目前,我国已建立起注册建造师、建筑师、造价工程师、监理工程师、结构工程师、咨询工程师、城市规划师、房地产估价师等执业资格制度。本章重点介绍注册建造师制度和注册造价工程师制度。

2.4.1 注册建造师执业资格制度

注册建造师是指通过考核认定或考试合格取得中华人民共和国建造师资格证书并按照规定注册,取得中华人民共和国建造师注册证书和执业印章,担任施工单位项目负责人及从事相关活动的专业技术人员。

我国注册建造师分为两级,即一级注册建造师和二级注册建造师。为了加强对注册建造师的规范管理,我国建设部门相继出台了《建造师执业资格制度暂行规定》、《注册建造师信用档案管理办法》、《注册建造师管理规定》(第153号令)、《注册建造师执业工程规模标准(试行)》、《注册建造师执业管理办法(试行)》、《注册建造师继续教育管理暂行办法》等规范性文件,其中对注册建造师的注册、执业、继续教育、监督管理、法律责任等方面作出了明确的规定。

1. 建造师的考试

一级建造师执业资格实行统一大纲、统一命题、统一组织的考试制度,由人事部、住房和城乡建设部共同组织实施,原则上每年举行一次考试。住房和城乡建设部负责编制一级建造师执业资格考试大纲和组织命题工作,以及统一规划建造师执业资格的培训等有关工作。二级建造师执业资格实行全国统一大纲,各省、自治区、直辖市命题并组织考试的制度。住房和城乡建设部负责拟定二级建造师执业资格考试大纲,人事部负责审定考试大纲。

报考人员要符合下列条件。

凡遵守国家法律、法规,具备下列条件之一者,可以申请参加一级建造师执业资格考试。

(1) 取得工程类或工程经济类大学专科学历,工作满6年,其中从事建设工程项目施工管理工作满4年。

(2) 取得工程类或工程经济类大学本科学历,工作满4年,其中从事建设工程项目施工管理工作满3年。

(3) 取得工程类或工程经济类双学士学位或研究生班毕业,工作满3年,其中从事建设工程项目施工管理工作满2年。

(4) 取得工程类或工程经济类硕士学位,工作满2年,其中从事建设工程项目施工管理工作满1年。

(5) 取得工程类或工程经济类博士学位,从事建设工程项目施工管理工作满

1年。

凡遵纪守法并具备工程类或工程经济类中等专科以上学历并从事建设工程项目施工管理工作满2年，可报名参加二级建造师执业资格考试。

一级和二级建造师执业资格考试合格人员，分别获得"中华人民共和国一级建造师执业资格证书"和"中华人民共和国二级建造师执业资格证书"。

知识链接

一级建造师考试设"建设工程经济""建设工程法规及相关知识""建设工程项目管理"和"专业工程管理与实务"4个科目。设置建筑工程、公路工程、铁路工程、民航机场工程、港口与航道工程、水利水电工程、市政公用工程、通信与广电工程、矿业工程、机电工程10个专业类别。

二级建造师考试设"建设工程施工管理""建设工程法规及相关知识"和"专业工程管理与实务"3个科目。设置建筑工程、公路工程、水利水电工程、市政公用工程、矿业工程和机电工程6个专业类别。

2. 建造师的注册管理

取得资格证书的人员，经过注册方能以注册建造师的名义执业。

1）初始注册

初始注册者，可自资格证书签发之日起3年内提出申请。逾期未申请者，须符合本专业继续教育的要求后方可申请初始注册。

申请初始注册需要提交下列材料。

（1）注册建造师初始注册申请表。

（2）资格证书、学历证书和身份证明复印件。

（3）申请人与聘用单位签订的聘用劳动合同复印件或其他有效证明文件。

（4）逾期申请初始注册的，应当提供达到继续教育要求的证明材料。

2）延续注册

注册证书与执业印章有效期为3年。注册有效期满需继续执业的，应当在注册有效期届满30日前，按照规定申请延续注册。延续注册的，有效期为3年。

申请延续注册的，应当提交下列材料。

（1）注册建造师延续注册申请表。

（2）原注册证书。

（3）申请人与聘用单位签订的聘用劳动合同复印件或其他有效证明文件。

（4）申请人注册有效期内达到继续教育要求的证明材料。

3）变更注册

在注册有效期内，注册建造师变更执业单位，应当与原聘用单位解除劳动关系，并按照规定办理变更注册手续，变更注册后仍延续原注册有效期。

申请变更注册的，应当提交下列材料。

（1）注册建造师变更注册申请表。

（2）注册证书和执业印章。

（3）申请人与新聘用单位签订的聘用合同复印件或有效证明文件。

（4）工作调动证明（与原聘用单位解除聘用合同或聘用合同到期的证明文件、退休人员的退休证明）。

4）增项注册

注册建造师需要增加执业专业的，应当按照规定申请专业增项注册，并提供相应的资格证明。

5）不予注册情形

申请人有下列情形之一的，不予注册。

（1）不具有完全民事行为能力的。

（2）申请在两个或者两个以上单位注册的。

（3）未达到注册建造师继续教育要求的。

（4）受到刑事处罚，刑事处罚尚未执行完毕的。

（5）因执业活动受到刑事处罚，自刑事处罚执行完毕之日起至申请注册之日止不满5年的。

（6）因前项规定以外的原因受到刑事处罚，自处罚决定之日起至申请注册之日止不满3年的。

（7）被吊销注册证书，自处罚决定之日起至申请注册之日止不满2年的。

（8）在申请注册之日前3年内担任项目经理期间，所负责项目发生过重大质量和安全事故的。

（9）申请人的聘用单位不符合注册单位要求的。

（10）年龄超过65周岁的。

（11）法律、法规规定不予注册的其他情形。

3. 注册建造师的执业管理

注册建造师的执业范围包括：从事建设工程项目总承包管理或施工管理，建设工程项目管理服务，建设工程技术经济咨询，以及法律、行政法规和国务院建设主管部门规定的其他业务。不同级别的建造师，其职业范围也是不同的：一级建造师可以担任特级、一级建筑业企业资质的建设工程项目施工的项目经理；二级建造师可以担任二级及以下建筑业企业资质的建设工程项目施工的项目经理。

取得资格证书的人员应当受聘于一个具有建设工程勘察、设计、施工、监理、招标代理、造价咨询等一项或者多项资质的单位，经注册后方可从事相应的执业活动。担任施工单位项目负责人的，应当受聘并注册于一个具有施工资质的企业。注册建造师的具体执业范围按照《注册建造师执业工程规模标准》执行。注册建造师不得同时在两个及两个以上的建设工程项目上担任施工单位项目负责人。

建设工程施工活动中形成的有关工程施工管理文件，应当由注册建造师签字并加盖执业印章。施工单位签署质量合格的文件上，必须有注册建造师的签字盖章。

4. 注册建造师的权利和义务

1）注册建造师享有的权利

（1）使用注册建造师名称。

（2）在规定范围内从事执业活动。

（3）在本人执业活动中形成的文件上签字并加盖执业印章。

（4）保管和使用本人注册证书、执业印章。

（5）对本人执业活动进行解释和辩护。

（6）接受继续教育。

（7）获得相应的劳动报酬。

（8）对侵犯本人权利的行为进行申述。

2）注册建造师应当履行的义务

（1）遵守法律、法规和有关管理规定，恪守职业道德。

（2）执行技术标准、规范和规程。

（3）保证执业成果的质量，并承担相应责任。

（4）接受继续教育，努力提高执业水准。

（5）保守在执业中知悉的国家秘密和他人的商业、技术等秘密。

（6）与当事人有利害关系的，应当主动回避。

（7）协助注册管理机关完成相关工作。

3）注册建造师不得有下列行为。

（1）不按设计图施工。

（2）使用不合格建筑材料。

（3）使用不合格设备、建筑构配件。

（4）违反工程质量、安全、环保和用工方面的规定。

（5）在执业过程中，索贿、行贿、受贿或者谋取合同约定费用外的其他不法利益。

（6）签署弄虚作假文件或在不合格文件上签章。

（7）以他人名义或允许他人以自己的名义从事执业活动。

（8）同时在两个或者两个以上企业受聘并执业。

（9）超出执业范围和聘用企业业务范围从事执业活动。

（10）未变更注册单位，而在另一家企业从事执业活动。

（11）所负责工程未办理竣工验收或移交手续前，变更注册到另一企业。

（12）伪造、涂改、倒卖、出租、出借或以其他形式非法转让资格证书、注册证书和执业印章。

（13）不履行注册建造师义务和法律、法规、规章禁止的其他行为。

5. 注册建造师的执业状态信息和执业信用

1）执业状态信息

国务院建设主管部门负责建立并完善全国网络信息平台，省级人民政府建设行政主管部门负责注册建造师本地执业状态信息收集、整理，通过 www.coc.gov.cn 中国建造师网向社会实时发布。

注册建造师执业状态信息包括工程基本情况、良好行为、不良行为等内容。注册建造师应当在开工前、竣工验收、工程款结算后 3 日内按照《注册建造师信用档案管理办法》要求，通过中国建造师网向注册机关提供真实、准确、完整的注册建造师信用档案信息。信息报送应当及时、全面和真实，并作为延续注册的依据。

2）执业信用

注册建造师及其聘用单位应当按照要求，向注册机关提供真实、准确、完整的注册建造师信用档案信息。注册建造师信用档案应当包括注册建造师的基本情况、业绩、良好行为、不良行为等内容。违法违规行为、被投诉举报处理、行政处罚等情况应当作为注册建造师的不良行为记入其信用档案。注册建造师信用档案信息按照有关规定向社会公示。

县级以上地方人民政府建设主管部门和有关部门应当按照统一的诚信标准和管理办法，负责对本地区、本部门担任工程项目负责人的注册建造师诚信行为进行检查、记录，同时将不良行为记录信息按照管理权限及时采集信息并报送上级建设主管部门。

注册建造师有下列行为之一，经有关监督部门确认后由工程所在地建设主管部门或有关部门记入注册建造师执业信用档案。

（1）注册建造师不得为的行为。

（2）未履行注册建造师职责造成质量、安全、环境事故的。

（3）泄露商业秘密的。

（4）无正当理由拒绝或未及时签字盖章的。

（5）未按要求提供注册建造师信用档案信息的。

（6）未履行注册建造师职责造成不良社会影响的。

（7）未履行注册建造师职责导致项目未能及时交付使用的。

（8）不配合办理交接手续的。

（9）不积极配合有关部门监督检查的。

2.4.2　注册造价工程师执业资格制度

注册造价工程师是指经全国统一考试合格，取得造价工程师执业资格证书，并经注册从事建设工程造价业务活动的专业技术人员。

国家在工程造价领域实施造价工程师执业资格制度。凡从事工程建设活动的建设、设计、施工、工程造价咨询、工程造价管理等单位和部门，必须在计价、评估、审查(核)、控制及管理等岗位配备有造价工程师执业资格的专业技术人员。

为了加强对注册建造师的规范管理，我国建设部门相继出台了《造价工程师执业资格制度暂行规定》《造价工程师注册管理办法》等，对造价工程师的考试、注册、执业、继续教育、监督管理、法律责任等方面作出了明确的规定。

1. 造价工程师的考试

造价工程师执业资格考试实行全国统一大纲、统一命题、统一组织的办法。原则上每年举行一次。

报考人员要符合下列条件。

（1）工程造价专业大专毕业后，从事工程造价业务工作满 5 年；工程或工程经济类大专毕业后，从事工程造价业务工作满 6 年。

（2）工程造价专业本科毕业后，从事工程造价业务工作满 4 年；工程或工程经济类本科毕业后，从事工程造价业务工作满 5 年。

（3）获上述专业第二学士学位或研究生班毕业和获硕士学位后，从事工程造价业务工作满 3 年。

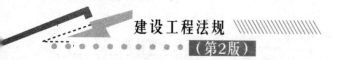
（4）获上述专业博士学位后，从事工程造价业务工作满2年。

造价工程师执业资格考试科目设置为"工程造价管理基础理论与相关法规""工程造价计价与控制""建设工程技术与计量（土建、安装）"和"工程造价案例分析"4个科目。

2. 造价工程师的注册管理

造价工程师实行注册执业管理制度。取得执业资格的人员，经过注册方能以注册造价工程师的名义执业。

1）注册条件

注册造价工程师的注册条件如下：

（1）取得执业资格；

（2）受聘于一个工程造价咨询企业或者工程建设领域的建设、勘察设计、施工、招标代理、工程监理、工程造价管理等单位；

（3）无规定的不予注册的情形。

2）初始注册

取得资格证书的人员，可自资格证书签发之日起1年内申请初始注册。逾期未申请者，须符合继续教育的要求后方可申请初始注册。初始注册的有效期为4年。

申请初始注册的，应当提交下列材料：

（1）初始注册申请表；

（2）执业资格证件和身份证件复印件；

（3）与聘用单位签订的劳动合同复印件；

（4）工程造价岗位工作证明；

（5）取得资格证书的人员，自资格证书签发之日起1年后申请初始注册的，应当提供继续教育合格证明；

（6）受聘于具有工程造价咨询资质的中介机构的，应当提供聘用单位为其交纳的社会基本养老保险凭证、人事代理合同复印件，或者劳动、人事部门颁发的离退休证复印件；

（7）外国人、台港澳人员应当提供外国人就业许可证书、台港澳人员就业证书复印件。

3）延续注册

注册造价工程师注册有效期满需继续执业的，应当在注册有效期满30日前，按照规定的程序申请延续注册。延续注册的有效期为4年。

申请延续注册的，应当提交下列材料：

（1）延续注册申请表；

（2）注册证书；

（3）与聘用单位签订的劳动合同复印件；

（4）前一个注册期内的工作业绩证明；

（5）继续教育合格证明。

4）变更注册

在注册有效期内，注册造价工程师变更执业单位的，应当与原聘用单位解除劳动合同，并按照规定的程序办理变更注册手续。变更注册后延续原注册有效期。

申请变更注册的，应当提交下列材料：

（1）变更注册申请表；

（2）注册证书；

（3）与新聘用单位签订的劳动合同复印件；

（4）与原聘用单位解除劳动合同的证明文件；

（5）受聘于具有工程造价咨询资质的中介机构的，应当提供聘用单位为其交纳的社会基本养老保险凭证、人事代理合同复印件，或者劳动、人事部门颁发的离退休证复印件；

（6）外国人、台港澳人员应当提供外国人就业许可证书、台港澳人员就业证书复印件。

5）不予注册的情形

有下列情形之一的，不予注册：

（1）不具有完全民事行为能力的；

（2）申请在两个或者两个以上单位注册的；

（3）未达到造价工程师继续教育合格标准的；

（4）前一个注册期内工作业绩达不到规定标准或未办理暂停执业手续而脱离工程造价业务岗位的；

（5）受刑事处罚，刑事处罚尚未执行完毕的；

（6）因工程造价业务活动受刑事处罚，自刑事处罚执行完毕之日起至申请注册之日止不满 5 年的；

（7）因前项规定以外原因受刑事处罚，自处罚决定之日起至申请注册之日止不满 3 年的；

（8）被吊销注册证书，自被处罚决定之日起至申请注册之日止不满 3 年的；

（9）以欺骗、贿赂等不正当手段获准注册被撤销，自被撤销注册之日起至申请注册之日止不满 3 年的；

（10）法律、法规规定不予注册的其他情形。

3. 造价工程师的执业管理

造价工程师执业范围包括：

（1）建设项目建议书、可行性研究投资估算的编制和审核，项目经济评价，工程概、预、结算、竣工结（决）算的编制和审核；

（2）工程量清单、标底（或者控制价）、投标报价的编制和审核，工程合同价款的签订及变更、调整、工程款支付与工程索赔费用的计算；

（3）建设项目管理过程中设计方案的优化、限额设计等工程造价分析与控制，工程保险理赔的核查；

（4）工程经济纠纷的鉴定。

注册造价工程师应当在本人承担的工程造价成果文件上签字并盖章。

修改经注册造价工程师签字盖章的工程造价成果文件，应当由签字盖章的注册造价工程师本人进行；注册造价工程师本人因特殊情况不能进行修改的，应当由其他注册造价工程师修改，并签字盖章；修改工程造价成果文件的注册造价工程师对修改部分承担相应的法律责任。

4. 造价工程师的权利和义务

1）造价工程师享有的权利

（1）使用注册造价工程师名称；

（2）依法独立执行工程造价业务；

（3）在本人执业活动中形成的工程造价成果文件上签字并加盖执业印章；

（4）发起设立工程造价咨询企业；

（5）保管和使用本人的注册证书和执业印章；

（6）参加继续教育。

2）造价工程师履行的义务

（1）遵守法律、法规、有关管理规定，恪守职业道德；

（2）保证执业活动成果的质量；

（3）接受继续教育，提高执业水平；

（4）执行工程造价计价标准和计价方法；

（5）与当事人有利害关系的，应当主动回避；

（6）保守在执业中知悉的国家秘密和他人的商业、技术秘密。

3）注册造价工程师不得有的行为

（1）不履行注册造价工程师义务；

（2）在执业过程中，索贿、受贿或者谋取合同约定费用外的其他利益；

（3）在执业过程中实施商业贿赂；

（4）签署有虚假记载、误导性陈述的工程造价成果文件；

（5）以个人名义承接工程造价业务；

（6）允许他人以自己名义从事工程造价业务；

（7）同时在两个或者两个以上单位执业；

（8）涂改、倒卖、出租、出借或者以其他形式非法转让注册证书或者执业印章；

（9）法律、法规、规章禁止的其他行为。

 应用案例 2-2

【案例概况】

2008 年 3 月，某工程建设过程中，建设单位将工程桩基部分肢解发包给 A、B 两家桩基施工单位（其中 A 桩基施工单位不具有相应资质等级），且开工时未办理出工程质量监督手续和建筑工程施工许可证；A 桩基施工单位超越本单位资质等级允许范围承接工程，且无建筑工程施工许可证违法施工；B 桩基施工单位无建筑工程施工许可证违法施工。

该工程总建筑面积约 150 000 平方米，工程合同总造价约 2 000 万元，共有 19 个单体，地下室一层，工程分为两个标段。

A 桩基施工单位（为地基基础专业承包三级资质）承接部分工程桩基合同造价约 800 万元；

B桩基施工单位承接部分工程桩基合同造价约1 000万元，工程于2007年12月下旬开工，2008年1月中旬才办理出工程质量监督手续和建筑工程施工许可证，而此时工程桩已全部施工完毕。

【案例评析】

建设单位在工程建设过程中将桩基工程肢解发包给两家桩基施工单位（其中一家不具有相应资质等级），且开工时未办理出工程质量监督手续和建筑工程施工许可证，已经违反了《建筑法》第7条第1款（建筑工程开工前，建设单位应当按照国家有关规定向工程所在地县级以上人民政府建设行政主管部门申请领取施工许可证）、第24条第1款（提倡对建筑工程实行总承包，禁止将建筑工程肢解发包），国务院令第279号《建设工程质量管理条例》第7条（建设单位应当将工程发包给具有相应资质等级的单位；建设单位不得将建设工程肢解发包），第13条（建设单位在领取施工许可证或者开工报告前，应当按照国家有关规定办理工程质量监督手续）的规定。根据国务院令第279号《建设工程质量管理条例》第55条（违反本条例规定，建设单位将建设工程肢解发包的，责令改正，处工程合同价款0.5%以上1%以下的罚款）的规定对建设单位进行处罚。

A桩基施工单位超越本单位资质等级允许范围（三级资质可承担工程造价300万元及以下）承接工程，且无建筑工程施工许可证违法施工，违反了《中华人民共和国建筑法》第26条（承包建筑工程的单位应当持有依法取得的资质证书，并在其资质等级许可的业务范围内承揽工程）、国务院令第279号《建设工程质量管理条例》第25条第2款（禁止施工单位超越本单位资质等级许可的业务范围或者以其他施工单位的名义承揽工程）、建设部第91号令《建筑工程施工许可管理办法》第3条第1款（本办法规定必须申请领取施工许可证的建筑工程未取得施工许可证的，一律不得开工）的规定；根据国务院令第279号《建设工程质量管理条例》第60条（违反本条例规定，勘察、设计、施工、工程监理单位超越本单位资质等级承揽工程的，责令停止违法行为，对施工单位处工程合同价款2%以上4%以下的罚款）的规定对A桩基施工单位进行处罚。

B桩基施工单位无建筑工程施工许可证违法施工，违反了建设部第91号令《建筑工程施工许可管理办法》第3条第1款（本办法规定必须申请领取施工许可证的建筑工程未取得施工许可证的，一律不得开工）的规定；根据建设部第91号令《建筑工程施工许可管理办法》第十条（对未取得施工许可证或者规避办理施工许可证将工程分解后擅自施工的，由有管辖权的发证机关责令改正，对于不符合开工条件的责令停止施工，并对建设单位和施工单位分别处以罚款）、第13条（本办法中的罚款、法律、法规有幅度规定的从其规定，有违法所得的处5 000元以上30 000元以下的罚款，没有违法所得的处5 000元以上10 000元以下的罚款）的规定对B桩基施工单位进行处罚。

本 章 小 结

本章对建设工程许可制度作了较详细的阐述，包括建设工程报建、建设工程施工许可、从业单位资格许可和专业技术人员执业资格许可。

本章的教学目标是使学生树立守法的意识，明确工程建设应当办理的手续，应当在企业与个人的资格范围内合法从业。通过案例对建设程序及执业范围问题进行了讲解。

习　题

一、单项选择题

1. 建设单位必须在建设工程（　　），向建设行政主管部门或其授权的部门办理工程报建登记手续。

A. 工程发包后，开工前

B. 工程合同签订后，开工前

C. 工程合同签订后，领取施工许可证前

D. 立项批准后，工程发包前

2. 某建设项目为住宅楼工程，中标价为 500 万元，招标文件规定合同工期为 15 个月，建设单位在申请施工许可证时，其落实的资金最低不得少于（　　）万元。

A. 250　　　　　　B. 200　　　　　　C. 150　　　　　　D. 100

3. 某建设单位 2012 年 7 月 5 日领取施工许可证，最迟应当自（　　）开工，否则应该申请办理延期手续。

A. 2012 年 8 月 5 日　　　　　　　　　B. 2012 年 9 月 5 日

C. 2012 年 10 月 5 日　　　　　　　　 D. 2013 年 5 月 5 日

4. 某建设单位 2012 年 3 月 5 日领取施工许可证，由于周边关系协调问题一直没有开工，也未办理延期手续。同年 12 月 7 日准备开工，下列表述正确的是（　　）。

A. 建设单位应当向发证机关报告

B. 建设单位应当报发证机关核验施工许可证

C. 建设单位应当重新领取施工许可证

D. 是否重新办理施工许可证由发证机关决定

5. 下列人员中不属于建设工程从业人员的是（　　）。

A. 注册资产评估师　　　　　　　　　 B. 注册建造工程师

C. 注册建筑师　　　　　　　　　　　 D. 注册监理工程师

6. 可以不办理施工许可证的工程项目是（　　）的工程。

A. 造价为 45 万元　　　　　　　　　 B. 造价为 60 万元

C. 建筑面积为 500 平方米　　　　　　 D. 投资额为 20 万元

7. 某房地产开发公司拟在某市老城区开发一住宅小区项目，房地产公司申领施工许可证前，必须办妥建设用地管理和城市规划管理方面的手续，在此阶段最后取得的是该项目的（　　）。

A. 建设用地规划许可证　　　　　　　 B. 国有土地使用权批准文件

C. 建设工程规划许可证　　　　　　　 D. 土地使用权证

8. 大、中型建设工程项目立项批准后，建设单位应按照（　　）顺序办理相应手续。

A. 工程发包、报建登记、签订施工承包合同、申领施工许可证

B. 报建登记、申领施工许可证、工程发包、签订施工承包合同

C. 申领施工许可证、工程发包、签订施工承包合同、报建登记

D. 报建登记、工程发包、签订施工承包合同、申领施工许可证

9. 从事建筑活动的单位应当具备的条件是符合国家规定的（　　）。

A. 注册资本、专业技术人员和技术装备

B. 流动资金、专业技术人员和突出业绩

C. 注册资本、专业管理人员并依法设立

D. 注册资本、专业管理人员和资格证书

10. 在建的建筑工程因故中止施工的，中止施工满一年的工程恢复施工前，（　　）应当报施工许可证发证机关核验施工许可证。

A. 施工单位　　　　　B. 建设单位　　　　　C. 监理单位　　　　　D. 设计单位

二、多项选择题

1. 以下工程不需要申请施工许可证的有（　　）。

A. 某公园的喷泉工程投资 38 万元

B. 某配电房建筑面积 200 平方米

C. 已经领取开工报告的会议中心

D. 为修建青藏铁路而建的临时性建筑

E. 某军区建的军事指挥所

2. 下列申报施工许可证的材料中，不符合颁发施工许可证条件的有（　　）。

A. 已经交了土地出让金，但土地证尚未办好

B. 没有规划许可证，但规划局出具正在办理的便函

C. 有拆迁许可证，拆迁已经结束

D. 已经订立施工合同，但中标施工企业资质不能满足要求

E. 办理了质量监督手续

3. 我国对建筑业从业人员实行资格管理，不同专业从业人员资格管理的共同点有（　　）。

A. 可以用同一专业的资格在两个不同单位进行注册

B. 需要进行注册

C. 需要参加不同专业的统一考试

D. 有各自的执业范围

E. 须接受继续教育

4. 建筑业企业的资质分为（　　）。

A. 设计承包　　　　　B. 施工总承包　　　　　C. 监理承包

D. 专业承包　　　　　E. 劳务分包

5. 某公司改建办公大楼，该工程由某建筑集团承建，根据《中华人民共和国建筑法》关于施工许可证的有关规定，下列说法正确的有（　　）。

A. 该工程无须领取施工许可证

B. 应由该公司向建设行政主管部门申请领取施工许可证

C. 应由该建筑集团向建设行政主管部门申请领取施工许可证

D. 即使未领取施工许可证，该工程也可以开工

E. 未领取施工许可证，该工程不得开工

三、简答题

1. 建筑活动从业单位应该具备哪些条件？

2. 申领施工许可证的条件有哪些？

3. 《建筑法》中对施工许可证的有效期与延期是如何规定的？

4. 监理单位的资质等级是如何划分的？

[参考答案]

第3章

建设工程发包与承包法规

学习目标

通过学习，使学生熟悉建设工程发包与承包的行为规范，掌握建设工程招标、投标、开标、评标与中标的法律规定。

学习要求

能力目标	知识要点	权重
熟悉建设工程发包与承包的基本法律规定	建设工程发包与承包概念、立法概况、发包方式、发承包一般规定、承包方式、禁止违法分包与转包	25%
掌握建设工程招标	招标原则与范围、招标人、招标条件、招标方式、总承包招标与两阶段招标、招标程序、招标活动中的禁止性规定	25%
掌握建设工程投标	投标人、投标程序、投标禁止性规定	20%
掌握建设工程开标、评标与中标	建设工程开标、评标和中标	25%
了解招投标的投诉与处理	招标投标的投诉与处理	5%

导入案例

A公司因建生产厂房与B公司签订了工程总承包合同。其后，经A公司同意，B将工程勘察设计任务和施工任务分别发包给C设计单位和D建筑公司，并各自签订书面合同。合同约定由D根据C提供的设计图纸进行施工，工程竣工时依据国家有关规定和设计图纸进行质量验收。合同签订后，C按时交付设计图纸，D依照图纸进行施工。工程竣工后，A会同有关质量监督部门对工程进行验收，发现工程存在严重质量问题，且问题是由于C未对现场进行仔细勘查，设计不符合规范所致。A公司遭受重大损失，但C称与A不存在合同关系拒绝承担责任，B以自己不是设计人为由也拒绝赔偿。

请思考：

(1) A、B、C、D在承发包合同中各自身份是什么？

(2) B公司发包工程项目的做法是否符合法律规定？

(3) B公司、C公司拒绝承担责任的理由是否充分？为什么？

3.1 建设工程发包与承包概述

3.1.1 建设工程发包与承包概念

发包与承包是指一方当事人为另一方当事人完成某项工作，另一方当事人接受工作成果并支付工作报酬的行为。其中，把某项工作交给他人完成并有义务接受工作成果，支付工作报酬的一方，是发包；承揽他人交付某项工作，并完成某项工作的一方，是承包。发包与承包是构成发包、承包经济活动不可分割的两个方面、两种行为。

建设工程发包，是指建设单位或者受其委托的招标代理机构通过招标方式或直接发包方式将建设工程的全部或部分交由他人承包，并支付相应费用的行为。

建设工程承包，是指通过招标方式或直接发包方式取得建设工程的全部或部分，取得相应费用并完成建设工程的全部或部分的行为。

建设工程发包、承包制度，是建筑业适应市场经济的产物。建设工程勘察、设计、施工、安装单位要通过参加市场竞争来承揽建设工程项目。这样，可以激发企业活力，改变计划经济体制下建筑活动僵化的体制，有利于建筑业健康发展，也有利于建筑市场的活跃和繁荣。

3.1.2 建设工程发包与承包立法概况

关于发包承包领域的立法，最基本的法律是全国人大常委会颁布的《建筑法》(1998年)以及《招标投标法》(2000年)；其次是国务院颁布的《建设工程质量管理条例》(2000年)和《招标投标法实施条例》(2012年)；此外还有各部委颁布的大量的部门规章：国家计委颁布的《工程建设项目招标范围和规模标准规定》(2000年)，建设部颁布的《房屋建筑和市政基础设施工程施工招标投标管理办法》(2001年)，国家计委颁布的《工程建设项目自行招标试行办法》(2000年)，国家计委、国家经贸委、建设部、铁道部、交通部、信息产业部、水利部联合颁布的《评标委员会和评标方法暂行规定》(2001年)，国家计委、建设部、铁道部、交通部、信息产业部、水利部、中国民用航空总局联合颁布的《工程建设项目施工招标投标办法》(2003年颁布、2013年4月修订)，建设部颁布

的《工程建设项目招标代理机构资格认定办法》（2007 年），住房和城乡建设部颁布的《建筑工程施工发包与承包计价管理办法》（2014 年），住房和城乡建设部颁布的《建筑工程施工转包违法分包等违法行为认定查处管理办法（试行）》（2014 年）等。

3.1.3 建设工程发包方式

建设工程的发包方式可分为招标发包和直接发包两种。《建筑法》规定，建设工程依法实行招标发包，对不适于招标发包的可以直接发包。

1. 招标发包

招标发包是指建设单位通过招标确定承包单位的一种发包方式。招标发包又有两种方式：一种方式是公开招标发包，即由建设单位按照法定程序，在规定的公开的媒体上发布招标公告，公开提供招标文件，使所有潜在的投标人都可以平等参加投标竞争，从中择优选定中标人；另一种方式是邀请招标发包，即招标人根据自己所掌握的情况，预先确定一定数量的符合招标项目基本要求的潜在投标人并发出邀请，从中确定承包单位。

知 识 链 接

我国建设工程的招标投标制起步于 1980 年。1982 年的鲁布革引水工程国际招标投标促使我国从 1992 年通过试点后大力推行招标投标制。自 2000 年 1 月 1 日开始施行的《中华人民共和国招标投标法》以来，我国招标投标制进入全面实施的新阶段。

招标投标是在市场经济条件下进行大宗货物的买卖、工程建设项目的发包与承包、服务项目的采购和中介服务时，所经常采用的一种竞争和交易方式，具有公平竞争、节省和合理使用资金、保证建设项目质量的优越性等特点。

建设工程采用招标发包方式是在工程建设中引进竞争机制，择优选定勘察、设计、设备安装、施工、监理等单位，以保证缩短工期、提高工程质量和节约建设资金。

2. 直接发包

直接发包是指发包方直接与承包方签订承包合同的一种发包方式。如建设单位直接同一个有资质证书的建筑施工企业商谈建设工程的事宜，通过商谈来确定承包单位。采用特定专利技术、专有技术，或者建筑艺术造型有特殊要求的建设工程的勘察、设计、施工，经省、自治区、直辖市建设行政主管部门或有关部门批准，可以直接发包。

我国建设工程发包与承包实行以招标发包为主、直接发包为辅的原则。建设工程一般应实行招标发包，不适于招标发包的保密工程、特殊专业工程等可以直接发包。

3.1.4 建设工程发包与承包一般规定

1. 建设工程承发包合同应当采用书面形式

建设工程承发包合同一般具有涉及金额大、合同履行期限长、社会影响面广、双方权利义务复杂等特点，从促使当事人慎重行事和避免对社会产生不良影响的角度出发，《建筑法》及其他相关法律都规定，建设工程承发包合同必须采用书面形式。

2. 禁止以不正当手段承发包工程

《建筑法》规定，发包单位及其工作人员在建设工程发包中不得收受贿赂、回扣或者

索取其他好处。承包单位及其工作人员不得利用向发包单位及其他工作人员行贿、提供回扣或者给予其他好处等不正当手段承揽工程。提供和收受贿赂、回扣或者索取其他好处均属于违法行为，既是一种不正当竞争的行为，又危害社会，严重扰乱建设市场的正常秩序，违背公平竞争的规则，不利于保证建设工程的质量与安全。因此，对此行为应予以禁止。

3. 发包单位应当将建设工程发包给合格的承包人

《建筑法》第22条规定，建筑工程实行招标发包的，发包单位应当将建筑工程发包给依法中标的承包单位；建筑工程实行直接发包的，发包单位应将建筑工程发包给具有相应资质的承包单位。

《建筑法》第26条明确规定，承包建设工程的单位应当持有依法取得的资质证书，并在其资质等级许可的业务范围内承揽工程。禁止建筑施工企业超越本企业资质等级许可的业务范围或者以任何形式用其他建筑施工企业的名义承揽工程。禁止建筑施工企业以任何形式允许其他单位或者个人使用本企业的资质证书、营业执照，以本企业的名义承揽工程。

4. 合同价款应当在合同约定并及时拨付

建设工程合同价款应当按照国家有关规定，由发包单位与承包单位在合同中约定。拖欠工程款是目前规范建筑市场的难点问题，其不仅严重地影响了企业的生产经营，制约了企业的发展，而且也影响了工程建设的顺利进行，制约了投资效益的提高。法律对此作出规定，不仅规范了发包单位拖欠工程款的行为，同时也为施工企业追回拖欠工程款提供了法律依据。

3.1.5　建设工程承包方式

1. 建设工程总承包

《建筑法》第24条规定，提倡对建筑工程实行总承包，禁止将建筑工程肢解发包。即提倡将一个建设工程由一个承包单位负责组织实施，由其统一指挥协调，并向建设单位承担统一的经济法律责任，建设单位不得将应当由一个承包单位完成的建设工程分解成若干部分发包给不同的承包单位。

在建设工程总承包中，有以下两种情况。

（1）全部建设工程的总承包。即建设工程的发包单位将建设工程的勘察、设计、施工、设备采购和试运行一并发包给一个工程总承包单位，由总承包单位直接向发包单位负责。总承包单位可以自己负责整个建设工程的全过程，也可以依法再分包给若干个专业分包单位来完成，但不得将建设工程主体结构进行分包。

（2）分项总承包。即建设工程的发包单位将建设工程勘察、设计、施工、设备采购的一项或者多项发包给一个工程总承包单位。

建设工程总承包制度是建设工程承包方式多样化的产物，是我国工程建设领域改革不断深入的结果，也是借鉴国际建设工程管理经验的结果。它有利于充分发挥那些在建设工程方面具有较强的技术力量、丰富的经验和组织管理能力的大承包商的专业优势，综合协调工程建设中的各种关系，强化对工程建设的统一指挥和组织管理，保证工程质量和进度，缩短建设工期，减少开支，提高投资效益。因此，国家明确提倡工程总承包制度，并予以鼓励和推荐。

肢解发包容易造成相互扯皮，严重影响建设工程的质量和进度，是我国目前建筑市场混乱的重要诱因，危害公共安全，因此，我国现行的建设法规作出了禁止将建设工程肢解发包的明确规定。

● 特 别 提 示

禁止肢解发包并不等于禁止分包。总承包单位可以在符合法律规定的前提下将部分工程分包给具有相应资质的企业，但必须由总承包单位统一进行管理，切实承担总包责任。建设单位要加强监督检查，明确责任，保证工程质量和施工安全。

2. 建设工程分包

建设工程分包是指对建设工程实行总承包的单位，将其总承包的工程项目的某一部分或某几部分，再发包给其他的承包人，与其签订总承包合同项下的分包合同。

2004年2月3日，建设部以第124号令发布了《房屋建筑和市政基础设施工程施工分包管理办法》（2014年修订），对房屋建筑和市政基础设施工程施工分包活动的行为规范作了明确规定。

（1）建设工程总承包单位可以将承包工程中的部分工程发包给具有相应资质的分包单位。但主体结构工程不能分包出去，必须由总承包单位自行完成。

（2）分包工程承包人必须具有相应的资质，并在其资质等级许可的范围内承揽业务。严禁个人承揽分包工程业务。

（3）专业工程分包除在施工总承包合同中有约定外，必须经建设单位认可。专业分包工程承包人必须自行完成所承包的工程。

（4）劳务作业分包由劳务作业发包人与劳务作业承包人通过劳务合同约定。劳务作业承包人必须自行完成所承包的任务。

（5）分包工程发包人和分包工程承包人应当依法签订分包合同，并按照合同履行约定的义务。分包合同必须明确约定支付工程款和劳务工资的时间、结算方式以及保证按期支付的相应措施，确保工程款和劳务工资的支付。

（6）分包工程发包人应当在订立分包合同后7个工作日内，将合同送工程所在地县级以上地方人民政府建设行政主管部门备案。分包合同发生重大变更的，分包工程发包人应当自变更后7个工作日内，将变更协议送原备案机关备案。

（7）分包工程发包人应当设立项目管理机构，组织管理所承包工程的施工活动。项目管理机构应当具有与承包工程的规模、技术复杂程度相适应的技术、经济管理人员。其中，项目负责人、技术负责人、项目核算负责人、质量管理人员、安全管理人员必须是本单位的人员。具体要求由省、自治区、直辖市人民政府建设行政主管部门规定。

● 知 识 链 接

分包工程发包人没有将其承包的工程进行分包，在施工现场所设项目管理机构的项目负责人、技术负责人、项目核算负责人、质量管理人员、安全管理人员不是工程承包人本单位人员的，视同允许他人以本企业名义承揽工程。

（8）分包工程发包人可以就分包合同的履行，要求分包工程承包人提供分包工程履约担保；分包工程承包人在提供担保后，要求分包工程发包人同时提供分包工程付款担保的，分包工程发包人应当提供。

（9）分包工程发包人对施工现场安全负责，并对分包工程承包人的安全生产进行管理。专业分包工程承包人应当将其分包工程的施工组织设计和施工安全方案报分包工程发包人备案，专业分包工程发包人发现事故隐患，应当及时做出处理。

分包工程承包人就施工现场安全向分包工程发包人负责，并应当服从分包工程发包人对施工现场的安全生产管理。

（10）建设工程总承包单位按照总承包合同的约定对建设单位负责，分包单位按照分包合同的约定对总承包单位负责。

（11）分包工程承包人应当按照分包合同的约定对其承包的工程向分包工程发包人负责。分包工程发包人和分包工程承包人就分包工程对建设单位承担连带责任。

 想一想

某29层写字楼工程建设项目，其初步设计已经完成，建设用地和筹资也已落实，某300人的建设工程公司，凭借150名工程技术人员，10名国家一级资质的项目经理的雄厚实力，以及近5年来的优秀业绩，与另一个一级企业联合，通过竞标取得了该项目的总承包任务，并签订了工程承包合同。

问题：该项目由该企业承包是否可行？为什么？

3. 建设工程联合承包

联合承包是指由两个以上的单位共同组成非法人的联合体，以该联合体的名义承包某项建设工程的承包形式。至于由两个以上的单位共同投资组成一个法人实体，由该法人实体承包工程项目，与发包方订立承包合同，则属于该法人实体的单独承包，不属于联合共同承包。

《建筑法》第27条第1款规定，大型建设工程或者结构复杂的建设工程，可以由两个以上的承包单位联合承包。联合承包的各方对承包合同的履行承担连带责任。两个以上不同资质等级的单位实行联合共同承包的，应当按照资质等级低的单位的业务许可范围承揽工程。

1）联合承包的前提条件

承包单位联合承包的前提是大型建设工程或者是结构复杂的建设工程。也就是说，一些中小型工程以及结构简单的工程不可以采取联合承包工程的方式。大型建设工程或者结构复杂的建设工程，工程任务量大、技术要求复杂、建设周期较长，需要承包方有较强的经济、技术实力和抗风险的能力。由多家单位组成联合体共同承包，可以集中各方的经济、技术力量，发挥各自的优势，大大增强投标竞争的实力；对发包方来说，也有利于提高投资效益，保证工程建设质量。

2）联合承包的责任承担

联合承包的各方对承包合同的履行应承担连带责任。连带责任是对他方讲的，对于联合共同承包的内部各方来讲应当根据各自的过错承担责任。联合承包既然是共同施工、共

同承包、共享利润，相应的必须共担风险、共负亏损。这样，联合承包才可以既能发挥企业互补优势的好处，又能通过连带民事责任的规定加强联合承包各企业的责任感，防患于未然，从而使建设工程联合承包能健康、活跃地进行和发展。

知 识 链 接

连带责任作为民事责任的一种，是指根据法律规定或当事人约定，两个或两个以上的连带义务人都对不履行义务承担全部责任。在一方不能履行义务时，由另一方来承担责任。

3）高资质与低资质联合承包

两个以上不同资质等级的单位实行联合共同承包的，应当按照资质等级低的单位的业务许可范围承揽工程。这一规定是为了防止低资质企业通过联合承包形式进行投机行为，确保业主的利益。

4）不同类别资质联合承包

两个以上资质类别不同的承包单位实行联合承包的，应当按照联合体的内部分工，各自按资质类别及等级的许可范围承担工程。

3.1.6 禁止违法分包与转包

《建设工程质量管理条例》中列举了违法分包行为，包括以下几种。

（1）总承包单位将建设工程分包给不具备相应资质条件的单位的。

（2）建设工程总承包合同中未有约定，又未经建设单位认可，承包单位将其承包的部分建设工程交由其他单位完成的。

（3）施工总承包单位将建设工程主体结构的施工分包给其他单位的。

（4）分包单位将其承包的建设工程再分包的。

转包，是指承包单位承包建设工程后，不履行合同约定的责任和义务，将其承包的全部建设工程转给他人或者将其承包的全部建设工程肢解以后以分包的名义分别转给其他单位承包的行为。《房屋建筑和市政基础设施工程施工分包管理办法》中规定了转包的形式如下。

（1）不履行合同约定，将其承包的全部工程发包给他人，属于转包行为。

（2）将其承包的全部工程肢解后以分包的名义分别发包给他人的，属于转包行为。

（3）违反规定，分包工程发包人将工程分包后，未在施工现场设立项目管理机构和派驻相应人员，并未对该工程的施工活动进行组织管理的，视同转包行为。

违法分包与转包工程容易使建设单位失去对其承包人的控制和监督，造成投机行为，引起建设工程质量与安全事故等，是各建设法规所明确禁止的行为。

 案例解析

依据本章知识，对本章导入案例点评如下。

（1）本案中，A是发包人，B是总承包人，C、D是分包人。

（2）本案中B作为总承包人不自行施工，而将工程全部转包他人，虽经发包人同意，但违反《建筑法》第28条的禁止性规定，其与 C、D 所签订的两个分包合同是无效的。

（3）对工程质量问题，B 作为总承包人应承担责任，C、D 也应该依法分别向发包人 A 承担责任。B、C 拒绝承担责任的理由违反了《建筑法》第29条的规定，因此 B、C 应共同承担连带责任。

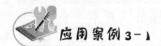
应用案例 3-▶

承包人擅自转包建筑工程，构成违约吗？

【案例概况】

某县人民医院与一建筑公司签订了兴建一幢急诊楼和宿舍楼的建设工程承包合同，由建筑公司包工包料。合同订立后，建筑公司将宿舍楼的施工任务包给了某乡工程队，院方施工现场的代表发现后并未加阻止。工程完工后，院方与建筑公司一起对急诊楼和宿舍楼进行验收，验收时发现宿舍楼质量低劣，多处墙皮脱落，根本不符合合同约定。院方要求建筑公司返工，并赔偿损失。建筑公司则称该宿舍楼是由某乡工程队施工的，当初转包时院方并未制止，应视为同意，让医院去找工程队。而这个工程队是几个农民临时拼凑起来的，一无资金，二无技术人员，更没有施工资格证书，没有承包工程的资格，且已解散。医院没有办法，只好到法院起诉了建筑公司。

【案例评析】

建筑公司应对宿舍楼的质量问题负责。建筑工程承包合同对于合同的主体有严格的要求。发包方在订立合同前须取得有关建筑工程的批准文件，承包方则必须是具有相应资质等级的建筑施工单位，不是任何人和单位都可以承包工程。而现实生活中，没有施工资格而承包工程的所谓施工队是很多的。这种施工队往往偷工减料，只求速度，不讲质量，出了问题一散了之。本案中的某乡工程队就是这样的施工队。

本案中，承包人建筑公司未征求发包人的同意而将宿舍楼工程转包给了没有资质等级证书的某乡工程队，建筑公司应先对医院承担某乡工程队造成质量问题的责任，赔偿医院损失。然后，建筑公司再追究工程队的责任，医院是不能找工程队的。何况工程队已经解散。另外应注意，院方代表在工地上发现承包方私自转包而未加以制止，应承担相应的责任，起码应向承包人了解分包人的资质、资信等情况，以确定分包后对工程质量有无影响、承包人分包是否合理。发包方的这些疏忽可以说也是酿成质量问题的原因之一，也有一定的责任。

【法律提示】

《建筑法》第28条规定，禁止承包单位将其承包的全部建筑工程转包给他人，禁止承包单位将其承包的全部建筑工程肢解以后以分包的名义分别转包给他人。

《合同法》第272条规定，发包人可以与总承包人订立建设工程合同，也可以分别与勘察人、设计人、施工人订立勘察、设计、施工承包合同。发包人不得将应当由一个承包人完成的建设工程肢解成若干部分发包给几个承包人。总承包人或者勘察、设计、施工承包人经发包人同意，可以将自己承包的部分工作交由第三人完成。第三人就其完成的工作成果与总承包人或者勘察、设计、施工承包人向发包人承担连带责任。承包人不得将其承包的全部建设工程转包给第三人或者将其承包的全部建设工程肢解以后以分包的名义分别转包给第三人。

3.2 建设工程招标

3.2.1 建设工程招标概述

建设工程招标，是指建设单位对拟建的工程发布公告，通过法定的程序和方式吸引建设项目的承包单位参加竞争，并从中择优选定工程承包方来完成工程建设任务的法律行为。

1. 建设工程招标的原则

《招标投标法》第5条规定，招标投标活动应当遵循公开、公平、公正和诚实信用原则。

1）公开原则

公开是指招标投标活动应有较高的透明度。招标投标活动应当遵循公开原则，这是为了保证招标投标活动的广泛性、竞争性和透明性，具体表现在以下4个方面。

（1）信息公开。采用公开招标方式的，招标方应通过国家指定的报刊、信息网络或者其他公共媒介发布招标公告；采取邀请招标方式的，招标方应当向3个以上具备承担招标项目的能力、资信良好的特定的法人或其他组织发出投标邀请书。

（2）开标公开。开标应当公开进行，开标的时间和地点应当与招标文件中预先确定的相一致。开标由招标人主持，邀请所有投标人和有关单位代表参加。招标人在招标文件要求提交投标文件的截止时间前收到的所有投标文件，开标时都应当众予以拆封、宣读，并做好记录，存档备查。

（3）评标公开。评标的标准和办法应当在提供给所有投标人的招标文件中载明，评标应严格按照招标文件确定的标准和办法进行，不得采用招标文件未列明的任何标准。招标人不得与投标人就投标价格、投标方案等实质性内容进行谈判。

（4）中标结果公开。确定中标人后，招标人应当向中标人发出通知书，同时将中标结果通知所有未中标的投标人。

● 特 别 提 示 ....

为了保证招标投标活动的公正性，标底和评标委员会专家的名单在中标结果未确定之前不得公开。

....

2）公平原则

公平原则要求给予所有投标人平等的机会，使其享有同等的权利，履行同等的义务，不得有意排斥、歧视任何一方。因此应当杜绝一方把自己的意志强加于对方，招标压价或订立合同前无理压价及投标人恶意串通、提高标价损害对方利益等违反公平原则的行为。

3）公正原则

公正是指按招标文件中规定的统一标准进行评标和决标，不偏袒任何一方。具体要求是在招标投标活动中，评标结果要公正，评标时严格按照事先公布的标准和规则对待所有

投标人。

4）诚实信用原则

诚实信用原则是我国民事活动所应当遵循的一项重要基本原则。我国一些基本民事法律中都规定了此原则。招标投标活动中的诚实信用是指招标人或招标代理机构、投标人等均应以诚实、善意、守信的态度参与招标投标活动，不得弄虚作假、欺骗他人，牟取不正当利益，不得损害对方、第三方或者社会的利益，应严格按照法律规定及当事人之间的约定行使自己的权利并履行自己的义务。

2. 建设工程招标的项目范围

1）必须进行招标的项目

《招标投标法》第3条规定，在中华人民共和国境内进行下列工程建设项目包括项目的勘察、设计、施工、监理以及与工程建设有关的重要设备、材料等的采购，必须进行招标。

（1）大型基础设施、公用事业等关系社会公共利益、公众安全的项目。

（2）全部或者部分使用国有资金投资或者国家融资的项目。

（3）使用国际组织或者外国政府贷款、援助资金的项目。

《工程建设项目招标范围和规模标准规定》中对以上项目的范围做出了具体界定，见表3-1。

表3-1 工程建设项目招标范围

项　目	具　体　范　围
关系社会公共利益、公众安全的基础设施项目	（1）煤炭、石油、天然气、电力、新能源等能源项目； （2）铁路、公路、管道、水运、航空以及其他交通运输业等交通运输项目； （3）邮政、电信枢纽、通信、信息网络等邮电通信项目； （4）防洪、灌溉、排涝、引（供）水、滩涂治理、水土保持、水利枢纽等水利项目； （5）道路、桥梁、地铁和轻轨交通、污水排放及处理、垃圾处理、地下管道、公共停车场等城市设施项目； （6）生态环境保护项目； （7）其他基础设施项目
关系社会公共利益、公众安全的公用事业项目	（1）供水、供电、供气、供热等市政工程项目； （2）科技、教育、文化等项目； （3）体育、旅游等项目； （4）卫生、社会福利等项目； （5）商品住宅，包括经济适用住房； （6）其他公用事业项目
使用国有资金投资项目	（1）使用各级财政预算资金的项目； （2）使用纳入财政管理的各种政府性专项建设基金的项目； （3）使用国有企业事业单位自有资金，并且国有资产投资者实际拥有控制权的项目

续表

项目	具体范围
国家融资项目	(1) 使用国家发行债券所筹资金的项目； (2) 使用国家对外借款或者担保所筹资金的项目； (3) 使用国家政策性贷款的项目； (4) 国家授权投资主体融资的项目； (5) 国家特许的融资项目
使用国际组织或者外国政府贷款、援助资金的项目	(1) 使用世界银行、亚洲开发银行等国际组织贷款资金的项目； (2) 使用外国政府及其机构贷款资金的项目； (3) 使用国际组织或者外国政府援助资金的项目

《工程建设项目招标范围和规模标准规定》中规定的上述各类工程建设项目，包括项目的勘察、设计、施工、监理以及与工程建设有关的重要设备、材料等的采购，达到下列标准之一的，必须进行招标。

(1) 施工单项合同估算价在 200 万元人民币以上的。

(2) 重要设备、材料等货物的采购，单项合同估算价在 100 万元人民币以上的。

(3) 勘察、设计、监理等服务的采购，单项合同估算价在 50 万元人民币以上的。

(4) 单项合同估算价低于第(1)~(3)项规定的标准，但项目总投资额在 3 000 万元人民币以上的。

(5) 法律或者国务院对必须进行招标的其他项目的范围有规定的，则依照其规定。

2) 可以不进行招标的项目

《招标投标法》及《招标投标法实施条例》中规定了可以不进行招标的特殊情形如下。

(1) 涉及国家安全、国家秘密、抢险救灾的不适宜招标。

(2) 属于利用扶贫资金实行以工代赈、需要使用农民工的，不适宜进行招标。

● 特　别　提　示 ●

以工代赈，是指政府投资建设基础设施工程，受赈济者参加工程建设获得劳务报酬，以此取代直接救济的一种扶持政策。现阶段，以工代赈是一项农村扶贫政策。国家安排以工代赈投入建设农村小型基础设施工程，贫困农民参加以工代赈工程建设，获得劳务报酬，直接增加收入。或者说，以工代赈就是"以务工代替赈济"，是指国家以实物折款或现金形式投入受赈济地区实施基础设施建设，让受赈济地区的困难群众参加劳动并获得报酬，从而取代直接赈济的一种扶持方式。

实施以工代赈政策可以同时达到 3 个目标：第一，通过组织赈济对象参加工程建设，使赈济对象得到必要的收入和最基本的生活保障，达到赈济的目的；第二，在政策实施地区形成一批公共工程和基础设施，对当地经济社会的发展长期发挥作用；第三，可在一定程度上缓解政策实施地区农村劳动力剩余问题，有利于社会稳定。以工代赈具有"一石三鸟"之功效。同时，还可以激发群众自力更生、艰苦奋斗的精神，摆脱"等、靠、要"等消极意识。

(3) 需要采用不可替代的专利或者专有技术。

（4）采购人依法能够自行建设、生产或者提供。

（5）已通过招标方式选定的特许经营项目投资人依法能够自行建设、生产或者提供。

（6）需要向原中标人采购工程、货物或者服务，否则将影响施工或者功能配套要求。

（7）国家规定的其他特殊情形。

3.2.2 招标人

《招标投标法》第8条规定："招标人是指依照招标投标法的规定提出招标项目、进行招标的法人或其他组织。"

从招标行为实施主体的自主性来看，招标人有建设单位（自行招标）和招标代理机构（代理招标）两种。

1. 建设单位

《工程建设项目自行招标试行办法》第4条对建设单位自行招标必须具备的条件作出了如下规定。

（1）具有项目法人资格（或者法人资格）。

（2）具有与招标项目规模和复杂程度相适立的工程技术、概预算、财务和工程管理等方面专业技术力量。

（3）有从事同类工程建设项目招标的经验。

（4）设有专门的招标机构或者拥有3名以上专职招标业务人员。

（5）熟悉和掌握招标投标法及有关法规规章。

招标人符合法律规定的自行招标条件的，可以自行办理招标事宜。任何单位和个人不得强制其委托招标代理机构办理招标事宜。

2. 招标代理机构

招标人不具备自行招标能力的，必须委托相应招标代理机构代为办理招标事宜。这既是保证工程招标质量和效率的客观需要，也是符合国际惯例的通行做法。《招标投标法》、《工程建设项目招标代理机构资格认定办法》（以下简称《办法》）对工程招标代理机构应当具备的条件、资格认定及其管理等作出了明确规定。

1）工程招标代理机构的概念

工程招标代理机构，是指接受招标人的委托，从事工程的勘察、设计、施工、监理以及与工程建设有关的重要设备（进口机电设备除外）、材料采购招标的代理业务的社会中介组织。

2）工程招标代理机构的资格

工程招标代理机构资格分为甲级、乙级和暂定级。甲级工程招标代理机构可以承担各类工程的招标代理业务。乙级工程招标代理机构只能承担工程总投资1亿元人民币以下的工程招标代理业务。暂定级工程招标代理机构，只能承担工程总投资6 000万元人民币以下的工程招标代理业务。

3）工程招标代理机构的条件

（1）工程招标代理机构必须具备的条件。

根据《办法》第8条的规定，申请工程招标代理资格的机构应当具备下列条件。

① 是依法设立的中介组织，具有独立法人资格。

② 与行政机关和其他国家机关没有行政隶属关系或者其他利益关系。

③ 有固定的营业场所和开展工程招标代理业务所需设施及办公条件。

④ 有健全的组织机构和内部管理的规章制度。

⑤ 具备编制招标文件和组织评标的相应专业力量。

⑥ 具有可以作为评标委员会成员人选的技术、经济等方面的专家库。

⑦ 法律、行政法规规定的其他条件。

(2) 甲级工程招标代理机构的条件。

根据《办法》第9条规定，申请甲级工程招标代理资格的机构，除具备《办法》第8条规定的条件外，还应当具备下列条件。

① 取得乙级工程招标代理资格满3年。

② 近三年内累计工程招标代理中标金额在16亿元人民币以上(以中标通知书为依据，下同)。

③ 具有中级以上职称的工程招标代理机构专职人员不少于20人，其中具有工程建设类注册执业资格人员不少于10人(其中注册造价工程师不少于5人)，从事工程招标代理业务3年以上的人员不少于10人。

④ 技术经济负责人为本机构专职人员，具有10年以上从事工程管理的经验，具有高级技术经济职称和工程建设类注册执业资格。

⑤ 注册资本金不少于200万元。

(3) 乙级工程招标代理机构的条件。

根据《办法》第10条规定，申请乙级工程招标代理资格的机构，除具备《办法》第8条规定的条件外，还应当具备下列条件。

① 取得暂定级工程招标代理资格满1年。

② 近3年内累计工程招标代理中标金额在8亿元人民币以上。

③ 具有中级以上职称的工程招标代理机构专职人员不少于12人，其中具有工程建设类注册执业资格人员不少于6人(其中注册造价工程师不少于3人)，从事工程招标代理业务3年以上的人员不少于6人。

④ 技术经济负责人为本机构专职人员，具有8年以上从事工程管理的经历，具有高级技术经济职称和工程建设类注册执业资格。

⑤ 注册资本金不少于100万元。

(4) 暂定级工程招标代理机构的条件。

根据《办法》第11条规定，新设立的工程招标代理机构具备第8条和第10条第③、④、⑤项条件的，可以申请暂定级工程招标代理资格。

4) 工程招标代理机构的业务范围

工程招标代理机构可以跨省、自治区、直辖市承担工程招标代理业务。任何单位和个人不得限制或者排斥工程招标代理机构依法开展工程招标代理业务。

工程招标代理机构可以在其资格等级范围内承担下列招标事宜：拟订招标方案，编制和出售招标文件、资格预审文件；审查投标人资格；编制标底；组织投标人踏勘现场；组织开标、评标，协助招标人定标；草拟合同；招标人委托的其他事项。

招标代理机构不得无权代理、越权代理，不得明知委托事项违法而进行代理。招标代理机构不得在所代理的招标项目中投标或者代理投标，也不得为所代理的招标项目的投标人提供咨询；未经招标人同意，不得转让招标代理业务。

工程招标代理机构与招标人应当签订书面委托合同，并按双方约定的标准收取代理费；国家对收费标准有规定的，依照其规定。超出合同约定实施代理的，依法承担民事责任。

3.2.3 招标条件

1. 一般招标条件

项目招标所应具备的条件在《招标投标法》《房屋建筑和市政基础设施工程施工招标投标管理办法》等法律文件中均有规定。根据《工程建设项目施工招标投标办法》第 8 条的规定，依法必须招标的工程建设项目，应当具备下列条件才能进行施工招标。

（1）招标人已经依法成立。

（2）初步设计及概算应当履行审批手续的，已经批准。

（3）有相应资金或资金来源已经落实。

（4）有招标所需的设计图纸及技术资料。

2. 招标内容核准

《招标投标法实施条例》第 7 条规定，按照国家有关规定需要履行项目审批、核准手续的依法必须进行招标的项目，其招标范围、招标方式、招标组织形式应当报项目审批、核准部门审批、核准。项目审批、核准部门应当及时将审批、核准确定的招标范围、招标方式、招标组织形式通报有关行政监督部门。

3.2.4 招标方式

为了规范招标投标活动，保护国家利益和招标投标活动当事人的合法权益，《招标投标法》规定招标方式分为公开招标和邀请招标两大类。

1. 公开招标

公开招标是指招标人按照法定程序，在规定的国内外公开的媒体上刊登广告或发布招标公告，邀请不特定的法人或其他经济组织参加投标，从中择优选定中标人的一种招标方式。

国务院发展计划部门确定的国家重点建设项目和各省、自治区、直辖市人民政府确定的地方重点建设项目，以及全部使用国有资金投资或者国有资金投资占控股或者主导地位的工程建设项目，应当公开招标。

2. 邀请招标

邀请招标是指由招标人或委托的招标代理机构根据自己掌握的情况，向预先选择的若干家具有相应资质、符合招标条件的法人或其他组织发出投标邀请书，邀请其参加开发项目建设投标的一种发包方式。

招标人采用邀请招标方式的，应当向 3 个以上具备承担招标项目能力、资信良好特定法人或其他组织发出投标邀请书。

《招标投标法》第11条规定：国务院发展计划部门确定的国家重点项目和省、自治区、直辖市人民政府确定的地方重点项目不适宜公开招标的，经国务院发展计划部门或者省、自治区、直辖市人民政府批准，可以进行邀请招标。

《招标投标法实施条例》第8条规定，国有资金占控股或者主导地位的依法必须进行招标的项目，应当公开招标；但有下列情形之一的，可以邀请招标：①技术复杂、有特殊要求或者受自然环境限制，只有少量潜在投标人可供选择。②采用公开招标方式的费用占项目合同金额的比例过大。

3. 公开招标和邀请招标的区别

（1）发布信息的方式不同。公开招标采用招标公告的方式；而邀请招标则采用投标邀请书的方式。

（2）选择的范围不同。公开招标因使用招标公告的形式，针对的是一切潜在的对招标项目感兴趣的法人或者其他组织，招标人事先不知道投标人的数量；邀请招标针对已经了解的法人或者其他组织，而且事先已经知道投标人的数量。

（3）竞争的范围不同。由于公开招标使所有符合条件的法人或者其他组织都有机会参加投标，竞争的范围较广，竞争性体现得也比较充分，招标人拥有绝对的选择余地，容易获得最佳招标效果；邀请招标中投标人的数目有限，竞争的范围有限，招标人拥有的选择余地相对较小，有可能提高中标的合同价，也有可能将某些技术上或报价上更有竞争力的供应商或承包商遗漏。

（4）公开的程度不同。公开招标中，所有的活动都必须严格按照预先指定并为大家所知的程序和标准公开进行，大大减少了作弊的可能；相比而言，邀请招标的公开程度逊色一些，产生不法行为的机会也就多一些。

（5）时间和费用不同。公开招标程序复杂，所花费的时间和费用相对要多；而邀请招标使整个招投标的时间大大缩短，招标费用也相应减少。

3.2.5 总承包招标与两阶段招标

1. 总承包招标

《招标投标法实施条例》第29条中规定了总承包招标。招标人可以依法对工程以及与工程建设有关的货物、服务全部或者部分实行总承包招标。以暂估价形式包括在总承包范围内的工程、货物、服务属于依法必须进行招标的项目范围且达到国家规定规模标准的，应当依法进行招标（暂估价，是指总承包招标时不能确定价格而由招标人在招标文件中暂时估定的工程、货物、服务的金额）。

在项目建设招标中，业主通过公开招投标只选择一个施工总承包商，负责工程项目的总体管理及组织协调，使资金、技术、管理各个环节衔接更加紧密，有利于控制工程造价，便于项目整体管理，对按期实现建设项目的工期、质量、造价等管理目标具有较好的保障作用。

知 识 链 接

工程发包可以采用将勘察、设计、采购、施工、试运行（开车）全过程总承包招标，也

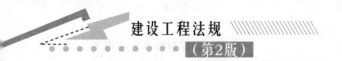

可以根据立项批准的需要和工程建设项目性质的需要采用分若干阶段实施总承包招标。一般有如下方式和工作内容。

（1）设计施工采购/交钥匙总承包招标。

（2）设计—施工总承包招标。

（3）设计—采购总承包招标。

（4）采购—施工总承包招标。

（5）其他符合法律法规规章规定的方式。

工程总承包的具体招标发包方式、工作内容和责任等，由招标人在工程总承包招标文件中规定。

2. 两阶段招标

《招标投标法实施条例》第30条中规定了两阶段招标。对技术复杂或者无法精确拟定技术规格的项目，招标人可以分两阶段进行招标。第一阶段，投标人按照招标公告或者投标邀请书的要求提交不带报价的技术建议，招标人根据投标人提交的技术建议确定技术标准和要求，编制招标文件。第二阶段，招标人向在第一阶段提交技术建议的投标人提供招标文件，投标人按照招标文件的要求提交包括最终技术方案和投标报价的投标文件。招标人要求投标人提交投标保证金的，应当在第二阶段提出。

使用两阶段招标：第一阶段是征集技术方案，编制招标文件阶段，可以交流谈判和修改技术方案，不受招标投标程序约束，可以要求附带经济指标或最高限价（并非实质报价）；第二阶段的投标人一般是第一阶段递交技术方案的单位。

3.2.6 招标程序

招标是招标人选择中标人并与其签订合同的过程，招标应有一系列的工作程序。

1. 招标准备阶段

这一阶段的工作主要由招标人完成，主要包括以下内容。

1）选择招标方式

① 根据工程项目特点和招标人的管理能力确定招标范围。

② 根据工程建设总进度计划确定项目建设过程中的招标次数和每次招标的工作内容。

③ 按照每次招标前准备工作的完成情况，选择合同的计价方式。

④ 依据工程项目的特点、招标前准备工作的完成情况、合同类型等因素的影响程度，最终确定招标方式。

2）办理招标备案

建设工程招标前，招标人要向建设行政主管部门办理申请招标手续。招标备案文件应说明：招标工作范围、招标方式、计划工期、对投标人的资质要求、招标项目的前期准备工作的完成情况、自行招标还是委托代理招标等内容，获得认可后才可以开始招标工作。

3）编制招标文件

《招标投标法》第19条规定：招标人应当根据招标项目的特点和需要编制招标文件。招标文件应当包括招标项目的技术要求、对投标人资格审查的标准、投标报价要求和评标标准等所有实质性要求和条件以及拟签订合同的主要条款。国家对招标项目的技术、标准有规定的，招标人应当按照其规定在招标文件中提出相应要求。招标项目需要划分标段、确定工期的，招标人应当合理划分标段、确定工期，并在招标文件中载明。

《招标投标法实施条例》第 24 条规定：招标人对招标项目划分标段的，应当遵守招标投标法的有关规定，不得利用划分标段限制或者排斥潜在投标人。依法必须进行招标的项目的招标人不得利用划分标段规避招标。

《工程建设项目施工招标投标办法》第 24 条规定，招标人根据施工招标项目的特点和需要编制招标文件。招标文件一般包括下列内容。

（1）投标邀请书。

（2）投标人须知。

（3）合同主要条款。

（4）投标文件格式。

（5）采用工程量清单招标的，应当提供工程量清单。

（6）技术条款。

（7）设计图纸。

（8）评标标准和方法。

（9）投标辅助材料。

招标人应当在招标文件中规定实质性要求和条件，并用醒目的方式标明。

4）编制标底

根据《招标投标法实施条例》及《工程建设项目施工招标投标办法》，编制标底应遵守如下规定。

（1）招标人可根据项目特点决定是否编制标底。编制标底的，标底编制过程和标底必须保密。

（2）一个招标项目只能有一个标底。

（3）招标项目编制标底的，应根据批准的初步设计、投资概算，依据有关计价办法，参照有关工程定额，结合市场供求状况，综合考虑投资、工期和质量等方面的因素合理确定。

（4）标底由招标人自行编制或委托中介机构编制。接受委托编制标底的中介机构不得参加受托编制标底项目的投标，也不得为该项目的投标人编制投标文件或者提供咨询。

（5）任何单位和个人不得强制招标人编制或报审标底，或干预其确定标底。

（6）招标项目可以不设标底，进行无标底招标。

知 识 链 接

根据《招标投标法实施条例》，招标人设有最高投标限价的，应当在招标文件中明确最高投标限价或者最高投标限价的计算方法。招标人不得规定最低投标限价。

2. 招标阶段

如果招标方式是公开招标的，从发布招标公告时开始，如是邀请招标，则从发布投标邀请函开始，到投标截止日期为止的期间为招标投标阶段，此阶段的主要工作如下。

1）发布招标公告或投标邀请书

根据《招标投标法》规定，公开招标的项目，应当通过国家指定的报刊、信息网络或其他媒介发布招标公告；对于邀请招标的项目，应向投标人发出投标邀请书。其作用是让潜在投标人获得招标信息，确定自己是否参加竞争。

知 识 链 接

1. 施工招标公告的主要内容

根据《工程建设项目施工招标投标办法》第14条的规定，施工招标的招标公告或者投标邀请书应当至少载明下列内容：①招标人的名称和地址；②招标项目的内容、规模、资金来源；③招标项目的实施地点和工期；④获取招标文件或者资格预审文件的地点和时间；⑤对招标文件或者资格预审文件收取的费用；⑥对投标人的资质等级的要求。

2. 设计招标公告的主要内容

根据《建筑工程设计招标投标管理办法》第8条的规定，设计招标的招标公告或者投标邀请书应当载明招标人的名称和地址、招标项目的基本要求、投标人的资质以及获取要求招标文件的办法等事项。

2）资格预审

资格预审是招标人对投标人的财务状况、技术能力等方面事先进行的审查。公开招标时对潜在投标人设置资格审查程序，其目的在于了解投标人的技术力量、管理经验和财务实力能否满足完成招标工作的要求，限制不符合条件的投标人盲目参加竞争，减小评标的工作量。

资格预审应当按照资格预审文件载明的标准和方法进行。国有资金占控股或者主导地位的依法必须进行招标的项目，招标人应当组建资格审查委员会审查资格预审申请文件。资格审查委员会及其成员应当遵守招标投标法和本条例有关评标委员会及其成员的规定。经资格预审后，招标人应当向资格预审合格的潜在投标人发出资格预审合格通知书，告知获取招标文件的时间、地点和方法，并同时向资格预审不合格的潜在投标人告知资格预审结果。资格预审不合格的潜在投标人不得参加投标。经资格后审不合格的投标人的投标应予否决。通过资格预审的申请人少于3个的，应当重新招标。

特 别 提 示

资格审查分为资格预审和资格后审。资格预审，是指在投标前对潜在投标人进行的资格审查。资格后审，是指在开标后对投标人进行的资格审查。进行资格预审的，一般不再进行资格后审，但招标文件另有规定的除外。

资格审查应主要审查潜在投标人或者投标人是否符合下列条件：

（1）具有独立订立合同的权利。

（2）具有履行合同的能力，包括专业、技术资格和能力，资金、设备和其他物质设施状况，管理能力，经验、信誉和相应的从业人员。

（3）没有处于被责令停业，投标资格被取消，财产被接管、冻结，破产状态。

（4）在最近3年内没有骗取中标和严重违约及重大工程质量问题。

（5）法律、行政法规规定的其他资格条件。

资格审查时，招标人不得以不合理的条件限制、排斥潜在投标人或者投标人，不得对潜在投标人或者投标人实行歧视待遇。任何单位和个人不得以行政手段或者其他不合理方式限制投标人的数量。

3）发售招标文件。

（1）招标文件的发售时间与价格。

《招标投标法实施条例》对于招标文件的发售时间作出了明确规定：招标人应当按招标公告或者投标邀请书规定的时间、地点发售招标文件。招标文件的发售期不得少于5日。

针对工程实践中出现的招标人以不合理高价发售招标文件的现象，《招标投标法实施条例》第16条以及《工程建设项目施工招标投标办法》第15条中作出了明确规定：对招标文件或者资格预审文件的收费应当合理，仅限于补偿印刷、邮寄的成本支出，不得以营利为目的。对于所附的设计文件，招标人可以向投标人酌收押金；对于开标后投标人退还设计文件的，招标人应当向投标人退还押金。根据该项规定，借发售招标文件的机会谋取不正当利益的行为是法律所禁止的行为。

（2）招标人的保密义务。

在招投标实践中，常常会发生招标人泄漏招标事宜的事情。如果潜在投标人得到了其他潜在投标人的名称、数量及其他可能影响公平竞争的招标情况，可能会采用不正当竞争手段影响招投标活动的正当竞争，使招标投标的公平性失去意义。对此，《招标投标法》第22条第1款规定，招标人不得向他人透露已获取招标文件的潜在投标人的名称、数量以及可能影响公平竞争的有关招标投标的其他情况。

4）招标文件的澄清和更改

根据《招标投标法》第23条的规定，招标人对已发出的招标文件进行必要的澄清或者修改的，应当在招标文件要求提交的投标文件截止时间至少15日前，以书面形式通知所有招标文件收受人。该澄清或者修改的内容为招标文件的组成部分。

●知识链接 ....

《招标投标法实施条例》（节选）

第21条 招标人可以对已发出的资格预审文件或者招标文件进行必要的澄清或者修改。澄清或者修改的内容可能影响资格预审申请文件或者投标文件编制的，招标人应当在提交资格预审申请文件截止时间至少3日前，或者投标截止时间至少15日前，以书面形式通知所有获取资格预审文件或者招标文件的潜在投标人；不足3日或者15日的，招标人应当顺延提交资格预审申请文件或者投标文件的截止时间。

第22条 潜在投标人或者其他利害关系人对资格预审文件有异议的，应当在提交资格预审申请文件截止时间2日前提出；对招标文件有异议的，应当在投标截止时间10日前提出。招标人应当自收到异议之日起3日内作出答复；作出答复前，应当暂停招标投标活动。

第23条 招标人编制的资格预审文件、招标文件的内容违反法律、行政法规的强制性规定，违反公开、公平、公正和诚实信用原则，影响资格预审结果或者潜在投标人投标

的，依法必须进行招标的项目的招标人应当在修改资格预审文件或者招标文件后重新招标。

5）组织踏勘现场

招标人根据招标项目的具体情况，可以组织潜在投标人踏勘项目现场。设置此程序主要是让投标人了解工程项目的现场情况、施工条件、自然环境条件，以便于确定编制投标书的原则和策略。潜在投标人依据招标人介绍情况作出的判断和决策，由投标人自行负责。招标人不得组织单个或者部分潜在投标人踏勘项目现场。

6）解答投标人的质疑

对于潜在投标人在阅读招标文件和现场踏勘中提出的疑问，招标人可以书面形式或召开投标预备会的方式解答，但需同时将解答以书面方式通知所有购买招标文件的潜在投标人。该解答的内容为招标文件的组成部分。

7）确定投标人编制投标文件所需要的合理时间

《招标投标法》第 24 条规定，招标人应当确定投标人编制投标文件所需要的合理时间；但是，依法必须进行招标的项目，自招标文件开始发出之日起至投标人提交投标文件截止之日止，最短不得少于 20 日。

 应用案例 3-2

【案例概况】

某城市地方政府在城市中心区投资兴建一座现代化公共建筑 A，批准单位为国家发展改革委员会，文号为发改投字〔2005〕146 号，建筑面积 56 844m²，占地 4 688m²，建筑檐口高度 68.86m，地下 3 层，地上 20 层。采用公开招标、资格后审的方式确定设计人，要求设计充分体现城市特点，与周边环境相匹配，建成后成为城市的标志性建筑。招标内容为方案设计、初步设计和施工图设计三部分，以及建设过程中配合发包人解决设计遗留问题等事项。某招标代理机构草拟了一份招标公告如下所示。

招标公告

招标编号：××08－××号

某城市的 A 工程项目，已由国家发展改革委员会投字〔2005〕146 号文批准建设，该项目为政府投资项目。已经具备了设计招标条件，现采用公开招标的方式确定该项目设计人，凡符合资格条件的潜在投标人均可以购买招标文件，在规定的投标截止时间投标。

① 工程概况：详见招标文件。

② 招标范围：方案设计、初步设计、施工图设计以及工程建设过程中配合招标人解决现场设计遗留问题。

③ 资格审查采用资格后审方式，凡符合本工程房屋建筑设计甲级资格要求并资格审查合格的投标申请人才有可能被授予合同。

④ 对本招标项目感兴趣的潜在投标人，可以从××省××市××路××号政府机关服务中心购买招标文件。时间为 2008 年 9 月 10 日至 2008 年 9 月 12 日，每日 8：30 至 12：00，13：30 至 17：30（公休日、节假日除外）。

⑤ 招标文件每套售价为 200 元人民币。售后不退。如需邮购，可以书面形式通知招标人，

并另加邮费每套 40 元人民币。招标人在收到邮购款后 1 日内，以快递方式向投标申请人寄送上述资料。

⑥ 投标截止时间为 2008 年 9 月 20 日 9：30。投标截止日前递交的，投标文件须送达招标人(地址、联系人见后)；开标当日递交的，投标文件须送达××省××市××路××号市政府机关服务中心。逾期送达的或未送达到指定地点的投标文件将被拒绝。

⑦ 招标项目的开标会将于上述投标截止时间的同一时间在××省××市××路××号市政府机关服务中心公开进行，邀请投标人派代表人参加开标会议。

(招标代理机构名称、地址、联系人、电话、传真等)(略)

【问题】　请逐一指出该公告的不当之处。

【案例评析】

该公告有以下不当之处。

(1) 未载明招标人名称地址。

(2) 未载明招标项目概况。

(3) 发售招标文件的时间不满 5 日。

(4) 投标截止时间不符合法律规定的不得少于 20 日。

(5) 投标文件递交的地址不完整，地址应载明单位的具体楼号、房间号。

3. 招标终止

招标终止指在发出公告到开标前阶段招标活动终止。按照《招标投标法》的规定，只要采取招标方式，无论发生什么情况，都必须进行下去，否则就属于违法行为。但为了适应实践的需要，在一些特殊情况下(如发生了不可抗力等原因)规定终止招标是非常必要的。《招标投标实施条例》及《工程建设项目施工招标投标办法》中对招标终止都作出了规定，招标人终止招标的，应当及时发布公告，或者以书面形式通知被邀请的或者已经获取资格预审文件、招标文件的潜在投标人。已经发售资格预审文件、招标文件或者已经收取投标保证金的，招标人应当及时退还所收取的资格预审文件、招标文件的费用，以及所收取的投标保证金及银行同期存款利息。给潜在投标人或者投标人造成损失的，应当赔偿损失。

3.2.7　招标活动中的禁止性规定

在招标活动中，招标人不得以不合理的条件限制、排斥潜在投标人或者投标人。《招标投标实施条例》第 32 条中明确规定了属于以不合理条件限制、排斥潜在投标人或者投标人的行为。

(1) 就同一招标项目向潜在投标人或者投标人提供有差别的项目信息。

(2) 设定的资格、技术、商务条件与招标项目的具体特点和实际需要不相适应或者与合同履行无关。

(3) 依法必须进行招标的项目以特定行政区域或者特定行业的业绩、奖项作为加分条件或者中标条件。

(4) 对潜在投标人或者投标人采取不同的资格审查或者评标标准。

(5) 限定或者指定特定的专利、商标、品牌、原产地或者供应商。

(6) 依法必须进行招标的项目非法限定潜在投标人或者投标人的所有制形式或者组织形式。

（7）以其他不合理条件限制、排斥潜在投标人或者投标人。

3.3　建设工程投标

投标又称报价，是指有意承包招标项目的投标人根据招标人的招标文件，向招标人提交其依据招标文件的要求所编制的投标文件，即向招标人提出自己的报价，以期望承包到该招标项目的行为。

3.3.1　投标人

1. 投标人的概念

《招标投标法》第25条规定，投标人是响应招标、参加投标竞争的法人或其他组织。《招标投标法》规定，除依法允许个人参加投标的科研项目外，其他项目的投标人必须是法人或其他经济组织，自然人不能成为该建设工程的投标人。

2. 投标人的资格要求

（1）投标人应当具备承担招标项目的能力。

（2）国家有关规定对投标人资格条件或者招标文件对投标人资格条件有规定的，投标人应当具备规定的资格条件。

知 识 链 接

《招标投标法实施条例》（节选）

第34条　与招标人存在利害关系可能影响招标公正性的法人、其他组织或者个人，不得参加投标；单位负责人为同一人或者存在控股、管理关系的不同单位，不得参加同一标段投标或者未划分标段的同一招标项目投标。否则投标无效。

第38条　投标人发生合并、分立、破产等重大变化的，应当及时书面告知招标人。投标人不再具备资格预审文件、招标文件规定的资格条件或者其投标影响招标公正性的，其投标无效。

《工程建设项目施工招标投标办法》（节选）

第35条　投标人是响应招标、参加投标竞争的法人或者其他组织。招标人的任何不具独立法人资格的附属机构（单位），或者为招标项目的前期准备或者监理工作提供设计、咨询服务的任何法人及其任何附属机构（单位），都无资格参加该招标项目的投标。

3. 联合体投标

1）联合体投标的概念

联合体投标是指两个以上法人或者其他组织可以组成一个联合体，以一个投标人的身份共同投标。

2）联合体投标的条件

联合体各方均应当具备承担招标项目的相应能力，国家有关规定或者招标文件对投标人资格条件有规定的，联合体各方均应当具备规定的相应资格条件。由同一专业的单位组成的联合体，按照资质等级较低的单位确定资质等级。

3）联合体各方的关系

联合体各方应签订共同投标协议，明确约定各方在拟承包的工程中所承担的义务和责任，并将共同投标协议连同投标文件一并提交招标人。联合体各方必须指定牵头人，授权其代表所有联合体成员负责投标和合同实施阶段的主办、协调工作，并应当向招标人提交由所有联合体成员法定代表人签署的授权书。联合体投标的，应当以联合体各方或者联合体中牵头人的名义提交投标保证金。以联合体中牵头人名义提交的投标保证金，对联合体各成员具有约束力。

联合体中标的，联合体各方应当共同与招标人签订合同，就中标项目向招标人承担连带责任。

4）联合体投标的限制

《招标投标法实施条例》中规定：招标人应当在资格预审公告、招标公告或者投标邀请书中载明是否接受联合体投标。

招标人接受联合体投标并进行资格预审的，联合体应当在提交资格预审申请文件前组成。资格预审后联合体增减、更换成员的，其投标无效。联合体各方在同一招标项目中以自己名义单独投标或者参加其他联合体投标的，相关投标均无效。

3.3.2　投标程序

1. 获得招标信息，准备投标资格资料

投标人通过大众媒体所发布的公告获取招标信息，并准备供招标人审查的有关投标资格的资料。

2. 编制投标文件

根据《招标投标法》第27条的规定，编制投标文件应当符合以下两项要求。

（1）按照招标文件的要求编制投标文件。投标人为了能在投标中获胜，必须按照招标文件的要求，认真编制投标文件。

（2）对招标文件提出的实质性要求和条件作出响应。对招标文件提出的实质性要求和条件作出响应，即对招标文件中有关招标项目的技术要求、投标报价要求和评标标准、合同的主要条款等逐一回答，不得对招标文件进行修改或提出任何附带条件，不得遗漏或回避招标文件中的问题。

编制投标文件时，除满足以上招标文件的两项基本要求外，还应包括以下内容。

（1）拟派出的项目负责人和主要技术人员的简历。

（2）近年来完成工程项目的业绩。

（3）施工方案和拟用于完成招标项目的机械设备。

（4）保证工程质量、安全、进度的主要技术组织措施。

（5）拟在中标后分包的说明。

（6）其他。

投标文件一般包括：投标函、投标报价、施工组织设计、商务和技术偏差表。投标人根据招标文件载明的项目实际情况，拟在中标后将中标项目的部分非主体、非关键性工作

进行分包的，应当在投标文件中载明。

● 知 识 链 接 ●

　　招标人可以在招标文件中要求投标人提交投标保证金。投标保证金除现金外，可以是银行出具的银行保函、保兑支票、银行汇票或现金支票。投标保证金不得超过项目估算价的 2%，但最高不得超过 80 万元人民币。投标保证金有效期应当与投标有效期一致。投标人应当按照招标文件要求的方式和金额，将投标保证金随投标文件提交给招标人或其委托的招标代理机构。依法必须进行施工招标的项目的境内投标单位，以现金或者支票形式提交的投标保证金应当从其基本账户转出。

3．提交投标文件

　　标书编制后，应按招标文件要求的份数，按正本和副本分别装入投标袋内，在投标袋上加贴密封条，并加盖企业公章和法人代表印章，按规定的时间内送达招标单位所指定的地点。按照《招标投标法》的规定，投标人应当在招标文件要求提交投标文件的截止日期前，将投标文件送达投标地点。

　　未通过资格预审的申请人提交的投标文件，以及逾期送达或者不按照招标文件要求密封的投标文件，招标人应当拒收。

4．投标文件的补充、修改、撤回和撤销

　　《招标投标法》第 29 条规定，投标人在招标文件要求提交投标的截止时间前，可以补充、修改或者撤回已提交的投标文件，并书面通知招标人。补充、修改内容为投标文件的组成部分。

　　《招标投标法实施条例》第 35 条规定，投标人撤回已提交的投标文件，应当在投标截止时间前书面通知招标人。招标人已收取投标保证金的，应当自收到投标人书面撤回通知之日起 5 日内退还。投标截止后投标人撤销投标文件的，招标人可以不退还投标保证金。

3.3.3 投标活动中的禁止性规定

1．投标人之间串通投标

　　《招标投标法》第 32 条第 1 款规定，投标人不得相互串通投标报价，不得排挤其他投标人的公平竞争，损害招标人或者其他投标人的合法权益。

　　《招标投标法实施条例》第 39 条明确了投标人相互串通投标的具体情形如下：

（1）投标人之间协商投标报价等投标文件的实质性内容；

（2）投标人之间约定中标人；

（3）投标人之间约定部分投标人放弃投标或者中标；

（4）属于同一集团、协会、商会等组织成员的投标人按照该组织要求协同投标；

（5）投标人之间为谋取中标或者排斥特定投标人而采取的其他联合行动。

　　此外，《招标投标法实施条例》第 40 条规定了视为投标人相互串通投标的情形：

（1）不同投标人的投标文件由同一单位或者个人编制；

（2）不同投标人委托同一单位或者个人办理投标事宜；

（3）不同投标人的投标文件载明的项目管理成员为同一人；

（4）不同投标人的投标文件异常一致或者投标报价呈规律性差异；

（5）不同投标人的投标文件相互混装；

（6）不同投标人的投标保证金从同一单位或者个人的账户转出。

2. 投标人与招标人之间串通招标投标

《招标投标法》第32条第2款规定，投标人不得与招标人串通投标，损害国家利益、社会公共利益或者他人的合法权益。

《招标投标法实施条例》第41条明确了招标人与投标人串通投标的具体情形：

（1）招标人在开标前开启投标文件并将有关信息泄露给其他投标人；

（2）招标人直接或者间接向投标人泄露标底、评标委员会成员等信息；

（3）招标人明示或者暗示投标人压低或者抬高投标报价；

（4）招标人授意投标人撤换、修改投标文件；

（5）招标人明示或者暗示投标人为特定投标人中标提供方便；

（6）招标人与投标人为谋求特定投标人中标而采取的其他串通行为。

3. 投标人以行贿的手段谋取中标

《招标投标法》第32条第3款规定，禁止投标人以向招标人或者评标委员会成员行贿的手段谋取中标。投标人以行贿的手段谋取中标是违背招标投标法基本原则的行为，对其他投标人是不公平的。投标人以行贿手段谋取中标的法律后果是中标无效，有关责任人和单位应当承担相应的行政责任或刑事责任，给他人造成损失的，还应当承担民事赔偿责任。

4. 投标人以低于成本的报价竞标

《招标投标法》第33条规定，投标人不得以低于成本的报价竞标。投标人以低于成本的报价竞标，其目的主要是为了排挤其他对手。这里的成本应指个别企业的成本。由于每个投标人的管理水平、技术能力与条件不同，即使完成同样的招标项目，其个别成本也不可能完全相同。投标人不得以低于成本的价格报价、竞标，一是为了避免出现投标人以低于成本的报价中标后，再以粗制滥造、偷工减料、以次充好等违法手段不正当的降低成本，挽回其低于成本价的损失，给工程质量造成危害；二是为了维护正常的投标竞争秩序，防止产生投标人以低于其成本的报价进行不正当竞争，损害其他以合理报价进行竞争的投标人的利益。因此，投标人以低于成本的报价竞标的手段是法律所不允许的。

5. 投标人以非法手段骗取中标

《招标投标法》第33条规定，投标人不得以他人名义投标或者以其他方式弄虚作假，骗取中标。

根据《招标投标法实施条例》第42条的规定，使用通过受让或者租借等方式获取的资格、资质证书投标的，属于以他人名义投标。

投标人以其他方式弄虚作假的行为具体包括以下几种：

（1）使用伪造、变造的许可证件；

（2）提供虚假的财务状况或者业绩；

（3）提供虚假的项目负责人或者主要技术人员简历、劳动关系证明；

（4）提供虚假的信用状况；

（5）其他弄虚作假的行为。

 应用案例3-3

【案例概况】

某事业单位（以下称招标单位）建设某工程项目，该项目受自然地域环境限制，拟采用公开招标的方式进行招标。该项目初步设计及概算应当履行的审批手续，已经批准；资金来源尚未落实；有招标所需的设计图纸及技术资料。

考虑参加投标的施工企业来自各地，招标单位委托咨询单位编制了两个标底，分别用于对本市和外省市施工企业的评标。

招标公告发布后，有10家施工企业作出响应。在资格预审阶段，招标单位对投标单位与机构和企业概况、近两年完成工程情况、目前正在履行的合同情况、资源方面的情况等进行了审查。其中一家本地公司提交的资质等材料齐全，有项目负责人签字、单位盖章。招标单位认定其具备投标资格。

投标过程中，因了解到招标单位对本市和外省市的投标单位区别对待，8家投标单位退出了投标。招标单位经研究决定，招标继续进行。

剩余的投标单位在招标文件要求提交投标文件的截止日前，对投标文件进行了补充、修改。招标单位拒绝接受补充、修改的部分。

【问题】 该工程项目施工招投标程序在哪些方面存在不妥之处？应如何处理？请逐一说明。

【案例评析】

该工程项目施工招投标程序存在如下诸多不妥之处。

（1）招标单位采用的招标方式不妥。受自然地域环境限制的工程项目，宜采用邀请招标的方式进行招标。

（2）该工程项目尚不具备招标条件。依法必须招标的工程建设项目，应当具备下列条件才能进行施工招标。

① 招标人已经依法成立。

② 初步设计及概算应当履行审批手续的，已经批准。

③ 招标范围、招标方式和招标组织形式等应当履行核准手续的，已经核准。

④ 有相应资金或资金来源已经落实。

⑤ 有招标所需的设计图纸及技术资料。

（3）招标单位编制两个标底不妥。标底由招标单位自行编制或委托中介机构编制。一个工程只能编制一个标底。

（4）资格预审的内容存在不妥。招标单位应对投标单位近三年完成工程情况进行审查。

（5）招标单位对上述提及的本地公司具备投标资格的认定不妥。投标单位提交的资质等资料应由法定代表人签章。

（6）招标单位决定招标继续进行不妥。提交投标文件的投标单位少于3个的，招标人应当依法重新招标。

（7）招标单位对投标单位补充、修改投标文件拒绝接受不妥。投标单位在招标文件要求提交投标文件的截止日前，可以对投标文件进行补充、修改。该补充、修改的内容，为投标文件的组成部分。

3.4　建设工程开标、评标和中标

3.4.1　建设工程开标

1. 开标的概念

建设工程项目的开标是指招标人依照招标文件规定的时间、地点，开启所有投标人提交的投标文件，公开宣布投标人的名称、投标报价和投标文件中的其他主要内容的行为。

2. 开标的时间和地点

开标时间应当在招标文件确定的提交投标文件截止时间的同一时间公开进行。这样规定可以使每一个投标人都能事先知道开标的准确时间，确保开标过程的公开、透明，可防止有些投标人利用投标截止后到开标之前的这段时间对已提交的投标文件进行暗箱操作，影响公平竞争。

开标地点应当是招标文件中预先确定的地点，这样可使所有投标人都能事先知道开标的地点，做好充分准备。

3. 开标参加人

开标由招标人或其委托的招标代理机构主持，并邀请所有投标人参加，还可邀请招标主管部门、监察部门的有关人员参加，也可委托公证部门对整个开标过程依法进行公证。投标人少于3个的，不得开标，招标人应当重新招标。

4. 开标程序

根据《标准施工招标文件》，主持人按下列程序进行开标。

（1）宣布开标纪律。

（2）公布在投标截止时间前递交投标文件的投标人名称，并点名确认投标人是否派人到场。

（3）宣布开标人、唱标人、记录人、监标人等有关人员姓名。

（4）按照投标人须知前附表规定检查投标文件的密封情况。开标时，由投标人或者其推选的代表检查投标文件的密封情况，也可以由招标人委托的公证机构检查并公证。

（5）按照投标人须知前附表的规定确定并宣布投标文件开标顺序。

（6）设有标底的，公布标底。

知识链接

《招标投标法实施条例》第50条　招标项目设有标底的，招标人应当在开标时公布。标底只能作为评标的参考，不得以投标报价是否接近标底作为中标条件，也不得以投标报价超过标底上下浮动范围作为否决投标的条件。

（7）按照宣布的开标顺序当众开标，公布投标人名称、标段名称、投标保证金的递交

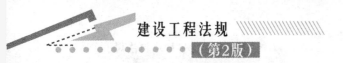

情况、投标报价、质量目标、工期及其他内容，并记录在案。

(8) 投标人代表、招标人代表、监标人、记录人等有关人员在开标记录上签字确认。

(9) 开标结束。

5. 开标异议

投标人对开标有异议的，应当在开标现场提出，招标人应当当场作出答复，并制作记录。

3.4.2　建设工程评标

建设工程评标是指按照招标文件的规定和要求，对投标人报送的投标文件进行审查和评议，从而找出符合法定条件的最佳投标的过程。评标由招标人组建的评标委员会负责进行。

1. 评标委员会

1) 评标委员会的组成

评标委员会依法组建，负责评标活动，向招标人推荐中标候选人或者根据招标人的授权直接确定中标人。评标委员会由招标人负责组建。评标委员会由招标人或其委托的招标代理机构熟悉相关业务的代表，以及有关技术、经济等方面的专家组成，成员人数为 5 人以上的单数，其中技术、经济等方面的专家不得少于成员总数的 2/3。评标委员会设负责人的，评标委员会负责人由评标委员会成员推举产生或者由招标人确定。评标委员会负责人与评标委员会的其他成员有同等的表决权。

2) 评标专家的条件

为保证评标的质量，参加评标的专家应当具备以下条件：

(1) 满足从事相关领域工作满 8 年并具有高级职称或具有同等专业水平；

(2) 熟悉有关招标投标的法律法规，并具有与招标项目相关的实践经验；

(3) 能够认真、公正、诚实、廉洁地履行职责；

(4) 身体健康，能够承担评标工作。

评标委员会的专家成员应当从省级以上人民政府有关部门提供的专家名册或者招标代理机构的专家库内的相关专家名单中确定。评标委员会成员名单一般应于开标前确定。评标委员会成员名单在中标结果确定前应当保密。

> ● 知 识 链 接 ●●
>
> 确定评标专家，可以采取随机抽取或者直接确定的方式。一般项目可以采取随机抽取的方式；技术特别复杂、专业性要求特别高或者国家有特殊要求的招标项目，采取随机抽取方式确定的专家难以胜任的，可以由招标人直接确定。

3) 评标专家的回避

有下列情形之一的，不得担任评标委员会专家：

(1) 投标人或投标人主要负责人的近亲属；

(2) 项目主管部门或者行政监督部门的人员；

(3) 与投标人有经济利益关系，可能影响对投标公正评审的；

（4）曾因在招标、评标以及其他与招标投标有关活动中从事违法行为而受过行政处罚或刑事处罚的。

评标委员会成员有前款规定情形之一的，应当主动提出回避。

评标过程中，评标委员会成员有回避事由、擅离职守或者因健康等原因不能继续评标的，应当及时更换。被更换的评标委员会成员作出的评审结论无效，由更换后的评标委员会成员重新进行评审。

4）评标委员会成员的行为准则

根据《招标投标法》及《招标投标法实施条例》的规定，评标委员会成员履行职务时应遵守下列准则。

（1）评标委员会成员依照法律规定，按照招标文件规定的评标标准和方法，客观、公正地对投标文件提出评审意见。招标文件没有规定的评标标准和方法不得作为评标的依据。

（2）评标委员会成员应当客观、公正地履行职务，遵守职业道德，对所提出的评审意见承担个人责任。

（3）评标委员会成员和参与评标的有关工作人员不得透露对投标文件的评审和比较、中标候选人的推荐情况以及与评标有关的其他情况。

（4）评标委员会成员不得私下接触投标人，不得收受投标人给予的财物或者其他好处，不得向招标人征询确定中标人的意向，不得接受任何单位或者个人明示或者暗示提出的倾向或者排斥特定投标人的要求，不得有其他不客观、不公正履行职务的行为。

2. 评标的标准与方法

评标时，应严格按照招标文件确定的评标标准和方法，对投标文件进行评审和比较。设有标底的，应参考标底。任何未在招标文件中列明的标准和方法，均不得采用。评标的标准有以下两个：

（1）是否能够最大限度的满足招标文件规定的各项综合评价标准；

（2）是否能够满足招标文件的实质性要求，且投标价格最低，但是投标价格低于成本的除外。

投标人满足上述标准之一的，才可能成为中标人。

3. 评标程序

招标人应当根据项目规模和技术复杂程度等因素合理确定评标时间。超过 1/3 的评标委员会成员认为评标时间不够的，招标人应当适当延长。

1）评标的准备

评标委员会成员应当编制供评标使用的相应表格，认真研究招标文件，至少应了解和熟悉以下内容：招标的目标；招标项目的范围和性质；招标文件中规定的主要技术要求、标准和商务条款；招标文件规定的评标标准、评标方法和在评标过程中考虑的相关因素。

招标人应当向评标委员会提供评标所必需的信息，但不得明示或者暗示其倾向或者排斥特定投标人。

2）初步评审

评标委员会应当依据招标文件规定的评标标准和方法，对投标文件进行系统的评审和比较，主要审查各投标文件是否为响应性投标，确定投标文件的有效性。审查内容包括：投标人的资格、投标保证的有效性、报送资料的完整性、投标文件与招标文件的要求有无实质性背离、报价计算的正确性等。

（1）投标文件的排序。

评标委员会应当按照投标报价的高低或者招标文件规定的其他方法对投标文件排序。以多种货币报价的，应当按照中国银行在开标日公布的汇率中间价换算成人民币。招标文件应当对汇率标准和汇率风险作出规定。未作规定的，汇率风险由投标人承担。

（2）投标文件的澄清、说明。

在评审中，评标委员会可以书面方式要求投标人对投标文件中含义不明确、对同类问题表述不一致或者有明显文字和计算错误的内容作必要的澄清、说明或者补正。澄清、说明或者补正应以书面方式进行并不得超出投标文件的范围或者改变投标文件的实质性内容。评标委员会不得暗示或者诱导投标人作出澄清、说明，不得接受投标人主动提出的澄清、说明。

投标文件中的大写金额和小写金额不一致的，以大写金额为准；总价金额与单价金额不一致的，以单价金额为准，但单价金额小数点有明显错误的除外；对不同文字文本投标文件的解释发生异议的，以中文文本为准。

（3）否决投标的情形。

根据《招标投标法实施条例》第51条，评标委员会应当否决其投标的情形有以下几种：

① 投标文件未经投标单位盖章和单位负责人签字；

② 投标联合体没有提交共同投标协议；

③ 投标人不符合国家或者招标文件规定的资格条件；

④ 同一投标人提交两个以上不同的投标文件或者投标报价，但招标文件要求提交备选投标的除外；

⑤ 投标报价低于成本或者高于招标文件设定的最高投标限价；

知 识 链 接

《评标委员会和评标方法暂行规定》中规定，在评标过程中，评标委员会发现投标人的报价明显低于其他投标报价或者在设有标底时明显低于标底，使得其投标报价可能低于其个别成本的，应当要求该投标人作出书面说明并提供相关证明材料。投标人不能合理说明或者不能提供相关证明材料的，由评标委员会认定该投标人以低于成本报价竞标，其投标应作废标处理。

⑥ 投标文件没有对招标文件的实质性要求和条件作出响应；

⑦ 投标人有串通投标、弄虚作假、行贿等违法行为。

评标委员会经过评审，认为所有投标都不符合招标文件要求的，可以否决所有投标。对于依法必须进行招标的项目的所有投标都被否决后，招标人应当依法重新招标。

（4）投标偏差。

评标委员会应当根据招标文件，审查并逐项列出投标文件的全部投标偏差。投标偏差分为重大偏差和细微偏差。

重大偏差的情形包括以下几种：

① 没有按照招标文件要求提供投标担保或者所提供的投标担保有瑕疵；

② 投标文件没有投标人授权代表签字和加盖公章；

③ 投标文件载明的招标项目完成期限超过招标文件规定的期限；

④ 明显不符合技术规格、技术标准的要求；

⑤ 投标文件记载的货物包装方式、检验标准和方法等不符合招标文件的要求；

⑥ 投标文件附有招标人不能接受的条件；

⑦ 不符合招标文件中规定的其他实质性要求。

所有存在重大偏差的投标文件都属于初评阶段应该淘汰的，作废标处理。招标文件对重大偏差另有规定的，从其规定。

细微偏差是指投标文件在实质上响应招标文件要求，但在个别地方存在漏项或者提供了不完整的技术信息和数据等情况，并且补正这些遗漏或者不完整信息不会对其他投标人造成不公平的结果。细微偏差不影响投标文件的有效性。属于存在细微偏差的投标文件，可以书面要求投标人在评标结束前予以澄清、说明或者补正，但不得超出投标文件的范围或者改变投标文件的实质性内容。

3）详细评审

经初步评审合格的投标文件，评标委员会应当根据招标文件确定的评标标准和方法，对其技术部分和商务部分作进一步评审、比较。评标方法一般有经评审的最低投标价法、综合评估法或者法律、行政法规允许的其他评标方法。

（1）经评审的最低投标价法。此方法一般适用于具有通用技术、性能标准或者招标人对其技术、性能没有特殊要求的招标项目。采用经评审的最低投标价法的，应当在投标文件能够满足招标文件实质性要求的投标人中，评审出投标价格最低的投标人，但投标价格低于其企业成本的除外。

（2）综合评估法。采用综合评估法的，应当对投标文件提出的工程质量、施工工期、投标价格、施工组织设计或者施工方案、投标人及项目经理业绩等，能否最大限度地满足招标文件中规定的各项要求和评价标准进行评审和比较。根据综合评估法，最大限度地满足招标文件中规定的各项综合评价标准的投标，应当推荐为中标候选人。

⬤ 知 识 链 接 ⋯⋯⋯

招标文件应当载明投标有效期，投标有效期为提交投标文件截止日至公布中标的时间。评标和定标应当在投标有效期结束日30个工作日前完成，不能在这个时间段完成的，招标人应当通知所有投标人延长投标有效期。拒绝延长投标有效期的投标人有权收回投标保证金，同意延长的投标人应当相应延长其投标担保的有效期，但不得修改投标文件的实质性内容。因延长投标有效期造成投标人损失的，招标人应当给予补偿，但因不可抗力需延长投标有效期的除外。

4．评标报告

评标委员会完成评标后，应当向招标人提出书面评标报告，评标报告应当如实记载以下内容：

（1）基本情况和数据表；

（2）评标委员会成员名单；

（3）开标记录；

（4）符合要求的投标一览表；

（5）废标情况说明；

（6）评标标准、评标方法或者评标因素一览表；

（7）经评审的价格或者评分比较一览表；

（8）经评审的投标人排序；

（9）推荐的中标候选人名单与签订合同前要处理的事宜；

（10）澄清、说明、补正事项纪要。

评标报告由评标委员会全体成员签字。对评标结论持有异议的评标委员可以书面方式阐述其不同意见和理由。评标委员会成员拒绝在评标报告上签字且不陈述其不同意见和理由的，视为同意评标结论。评标委员会应当对此作出书面说明并记录在案。

5. 推荐中标候选人

评标委员会推荐的中标候选人应当限定在1～3人，并标明排列顺序。招标人应当接受评标委员会推荐的中标候选人，不得在评标委员会推荐的中标候选人之外确定中标人。

6. 评标结果公示

依法必须进行招标的项目，招标人应当自收到评标报告之日起3日内公示中标候选人，公示期不得少于3日。投标人或者其他利害关系人对依法必须进行招标的项目的评标结果有异议的，应当在中标候选人公示期间提出。招标人应当自收到异议之日起3日内作出答复；作出答复前，应当暂停招标投标活动。

 应用案例 3-4

【案例概况】

某省际通道项目，13人组成的评标委员会于10月1日开始了封闭式评标。

评标开始前，招标人把参加评标人员的移动电话统一封存保管，关闭了市内电话。

评标委员会按照评标程序（符合性检查、商务评议、技术评议、评比打分）对投标文件进行评议。

评标委员会对8家公司所投投标文件的投标书、投标保证金、法定代表人授权书、资格证明文件、技术文件、投标分项报价表等各个方面进行符合性检查时，发现A公司的投标文件未经法定代表人签署，也未能提供法定代表人授权书。

评标委员会依照招标文件的要求，对通过符合性检查的投标文件进行商务评议。发现投标人B公司投标文件的竣工工期为"合同签订后150天"（招标文件规定"竣工工期为合同签订后3个月"）。

【问题】 评标委员会对A公司、B公司的投标文件应如何处理？

【案例评析】

对A公司、B公司的投标文件评标委员会应认定为废标。

评标的目的之一是审查投标文件是否对招标文件提出的所有实质性要求和条件作出响应。

投标文件应当对招标文件提出的实质性要求和条件作出响应，这是确认投标文件是否有效的最基本要求。

一般来说，投标文件对招标文件或多或少会存在一些偏差，这是正常情况。并不是所有偏差都会造成非实质性响应。只有那些重大偏差构成对实质性内容的改变。

3.4.3 建设工程中标

建设工程中标是指通过对投标人各项条件的对比、分析和平衡，选定最优中标人的过程。

1. 中标条件

中标人的投标应当符合下列条件之一：

（1）能够最大限度地满足招标文件中规定的各项综合评价标准；

（2）能够满足招标文件的实质性要求，并且经评审的投标价格最低，但是投标价格低于成本的除外。

在确定中标人之前，招标人不得与投标人就投标价格、投标方案等实质性内容进行谈判。

2. 中标人的确定

《招标投标法实施条例》第55条及《工程建设项目施工招标投标办法》第58条规定：国有资金占控股或者主导地位的依法必须进行招标的项目，招标人应当确定排名第一的中标候选人为中标人。排名第一的中标候选人放弃中标、因不可抗力不能履行合同、不按照招标文件要求提交履约保证金，或者被查实存在影响中标结果的违法行为等情形，不符合中标条件的，招标人可以按照评标委员会提出的中标候选人名单排序依次确定其他中标候选人为中标人，也可以重新招标。依次确定其他中标候选人与招标人预期差距较大，或者对招标人明显不利的，招标人可以重新招标。

招标人可以授权评标委员会直接确定中标人。

3. 履约能力审查

中标候选人的经营、财务状况发生较大变化或者存在违法行为，招标人认为可能影响其履约能力的，应当在发出中标通知书前由原评标委员会按照招标文件规定的标准和方法审查确认。

4. 中标通知书

中标通知书，是指招标人在确定中标人之后向中标人发出的告知其中标的书面通知。

为了保证中标结果的公开性，《招标投标法》第45条第1款规定，中标人确定后，招标人应当向中标人发出中标通知书，并同时将中标结果通知所有未中标的投标人。

中标通知书对招标人和中标人都具有法律效力。《招标投标法》第45条第2款规定，中标通知书对招标人和中标人具有法律效力。中标通知书发出后，招标人改变中标结果的，或者中标人放弃中标项目的，应当依法承担法律责任。

 特 别 提 示

招标投标过程就是订立合同的过程，投标是投标人发出的要约，中标通知书则是招标

人作出的承诺。在中标通知书发出后，招标人改变中标结果，或是中标人放弃中标项目的，要承担相应的法律责任，即缔约过失责任。

5. 招标结果备案

《招标投标法》第47条规定，依法必须进行招标的项目，招标人应当自确定中标人之日起15日内，向有关行政监督部门提交招标投标情况的书面报告。

6. 签订合同

根据《招标投标法》第46条及《招标投标法实施条例》第57条的规定，招标人和中标人应当自中标通知书发出之日起30日内，按照招标文件和中标人的投标文件订立书面合同。合同的标的、价款、质量、履行期限等主要条款应当与招标文件和中标人的投标文件的内容一致。招标人与中标人不得再行订立背离合同实质性内容的其他协议。

7. 退还投标保证金

招标人最迟应当在书面合同签订后5日内向中标人和未中标的投标人退还投标保证金及银行同期存款利息。

8. 提交履约保证金

招标文件要求中标人提交履约保证金或者其他形式履约担保的，中标人应当提交；拒绝提交的，视为放弃中标项目。履约保证金不得超过中标合同金额的10%。招标人不得擅自提高履约保证金，不得强制要求中标人垫付中标项目建设资金。招标人要求中标人提供履约保证金或其他形式履约担保的，招标人应当同时向中标人提供工程款支付担保。

9. 履行合同义务

中标人应当按照合同约定履行义务，完成中标项目。中标人不得向他人转让中标项目，也不得将中标项目肢解后分别向他人转让。中标人按照合同约定或者经招标人同意，可以将中标项目的部分非主体、非关键性工作分包给他人完成。接受分包的人应当具备相应的资格条件，并不得再次分包。中标人应当就分包项目向招标人负责，接受分包的人就分包项目承担连带责任。

3.5　招标投标的投诉与处理

为了规范招标投标活动，加强行政监督的力量，《招标投标法实施条例》中设专章规定了投诉与处理。规定：投标人或者其他利害关系人认为招标投标活动不符合法律、行政法规规定的，可以自知道或者应当知道之日起10日内向有关行政监督部门投诉。投诉应当有明确的请求和必要的证明材料。但就资格预审文件、招标文件、开标以及评标公示的异议进行投诉的，应当先向招标人提出异议，作为投诉的前置条件，异议提出后3天答复期不计算在投诉期限内。

投诉人就同一事项向两个以上有权受理的行政监督部门投诉的，由最先收到投诉的行政监督部门负责处理。行政监督部门应当自收到投诉之日起3个工作日内决定是否受理投诉，并自受理投诉之日起30个工作日内作出书面处理决定；需要检验、检测、鉴定、专家评审的，所需时间不计算在内。投诉人捏造事实、伪造材料或者以非法手段取得证明材料进行投诉的，行政监督部门应当予以驳回。

行政监督部门处理投诉，有权查阅、复制有关文件、资料，调查有关情况，相关单位和人员应当予以配合。必要时，行政监督部门可以责令暂停招标投标活动。行政监督部门的工作人员对监督检查过程中知悉的国家秘密、商业秘密，应当依法予以保密。

本 章 小 结

本章主要介绍了建设工程发包与承包的行为规范，招投标作为一种重要的发包方式，着重阐述了建设工程招标、投标、开标、评标与中标的法律规定。

本章的教学目标是使学生增强程序意识，要严格按法定程序开展发承包及招投标的各项工作。通过案例对招投标中存在的程序问题进行了讲解。

习 题

一、单项选择题

1. 两个以上不同资质等级的单位实行联合承包，应当按照（   ）业务许可范围承揽工程。

    A. 资质等级较高的单位   B. 资质等级较低的单位

    C. 联合各方平均资质等级   D. 双方协商确定的资质等级

2. 下面没有违反《建筑法》承揽工程的有（   ）。

    A. 借用其他施工企业的名义承揽工程

    B. 与其他承包单位联合共同承包大型建设工程

    C. 经建设单位同意，某施工企业超越本企业资质承揽工程

    D. 某一级企业与二级企业联合承包了只有一级企业才有资质承包的项目

3. 下列选项中，《建筑法》未禁止的行为是（   ）。

    A. 将建设工程肢解发包

    B. 由两个以上不同资质等级的单位联合承包

    C. 分包单位将工程再分包

    D. 用其他建筑施工企业的名义承揽工程

4. 根据《工程建设项目招标范围和规模标准规定》的规定，属于工程建设项目招标范围的工程建设项目，施工单项合同估算价在（   ）万元人民币以上的，必须进行招标。

    A. 50   B. 100   C. 150   D. 200

5. 在招标活动的基本原则中，招标人不得以任何方式限制或者排斥本地区、本系统以外的法人或者其他组织参加投标，体现了（   ）。

    A. 公开原则   B. 公平原则   C. 诚实信用原则   D. 公正原则

6. 某企业在一次大型工程项目的招标活动中，根据《招标投标法》的要求安排了以

下招标程序：①成立招标组织；②签收投标文件；③编制招标文件和标底；④发布招标公告。下列排列顺序正确的是（　　　）。

A. ①→②→③→④　　　　　　　　　B. ①→②→④→③

C. ①→④→③→②　　　　　　　　　D. ①→③→④→②

7. 下列选项中，（　　　）不是投标的禁止性规定。

A. 投标人以行贿的手段谋取中标

B. 招标人向投标人泄露标底

C. 投标人借用其他企业的资质证书参加投标

D. 投标人以高于成本的报价竞标

8. 招标人和中标人应当自中标通知书发出之日起（　　　）日内，按照招标文件和中标的投标文件订立书面合同。

A. 10　　　　　　　B. 15　　　　　　　C. 20　　　　　　　D. 30

9. 资格预审文件或者招标文件的发售期（　　　）。

A. 不得超过 5 日　　　　　　　　　B. 不得少于 5 个工作日

C. 不得少于 5 日　　　　　　　　　D. 不得少于 7 日

10. 招标文件要求中标人提交履约保证金的，中标人应当按照招标文件的要求提交。履约保证金不得超过中标合同金额的（　　　）。

A. 5%　　　　　　B. 10%　　　　　　C. 15%　　　　　　D. 20%

11. 关于标底，下列说法错误的是（　　　）。

A. 标底应当保密

B. 招投标时必须编制标底

C. 标底只能作为评标的参考

D. 标底由招标人或其委托的工程造价咨询机构、招标代理机构编制

12. 投标人少于（　　　）个的，不得开标；招标人应当重新招标。

A. 2　　　　　　　B. 3　　　　　　　C. 4　　　　　　　D. 5

13. 招标人应当在招标文件中载明投标有效期。投标有效期从（　　　）之日起算。

A. 公告发布　　　　　　　　　　　B. 提交投标文件的截止

C. 开标结束　　　　　　　　　　　D. 开中标通知书

二、多项选择题

1. 某公司的新办公大楼项目分勘察、设计、施工、设备采购招标，多家有资质的承包单位竞标。根据《建筑法》关于建设工程承发包的有关规定，该公司可以（　　　）。

A. 把勘察、设计工作发包给甲承包单位，把施工、设备采购发包给乙承包单位

B. 把整个工程肢解发包给若干家承包单位

C. 把整个工程一并发包给一家工程总承包单位

D. 把勘察任务肢解发包给多家承包单位

E. 把设计任务肢解发包给多家承包单位

2. 下列做法中，不符合《建筑法》关于建设工程发承包的规定的有（　　　）。

A. 发包单位将应当由一个承包单位完成的建设工程肢解成若干部分发包给几个承包单位

B. 某建筑施工企业超越本企业资质等级许可的业务范围承揽工程

C. 某建筑施工企业将其承包的全部建设工程肢解以后，以分包的名义分别转包给他人

D. 发包单位将建设工程的勘察、设计、施工、设备采购一并发包给一个工程总承包单位

E. 某建筑施工企业将所承包工程主体结构的施工分包给其他单位

3. 根据《建筑法》，关于建设项目实行联合承包的前提条件包括(　　)。

A. 专业齐全的建设工程　　　　　　B. 大型建设工程

C. 结构复杂的建设工程　　　　　　D. 住宅建设工程

E. 节能保温的建设工程

4. 对于建设工程发承包，《建筑法》作出禁止规定的有(　　)。

A. 将建设工程肢解发包

B. 承包人将其承包的建设工程分包他人

C. 承包人超越本企业资质等级许可的业务范围承揽工程

D. 分包人将其承包的工程再分包

E. 两个不同资质等级的单位联合共同承包

5. 招标活动的基本原则有(　　)。

A. 公开原则　　　　　　　　　　　B. 公平原则

C. 诚实信用原则　　　　　　　　　D. 公正原则

E. 平等互利原则

6. 工程建设项目招标范围包括(　　)。

A. 大型基础设施、公用事业等关系社会公共利益、公众安全的项目

B. 一切工程项目

C. 大部分或者部分使用国有资金投资或者国家融资的项目

D. 一切大中型项目

E. 使用国际组织或者外国政府贷款、援助资金的项目

7. 根据《招标投标法》及《招标投标法实施条例》有关规定，可以不进行招标的特殊情形包括(　　)。

A. 大型基础设施、公用事业等关系社会公共利益、公众安全的项目

B. 需要采用不可替代的专利或者专有技术

C. 采购人依法能够自行建设、生产或者提供

D. 已通过招标方式选定的特许经营项目投资人依法能够自行建设、生产或者提供

E. 需要向原中标人采购工程、货物或者服务，否则将影响施工或者功能配套要求

8. 《招标投标法实施条例》第 55 条规定，国有资金占控股或者主导地位的依法必须进行招标的项目，招标人应当确定排名第一的中标候选人为中标人。排名第一的中标候选人(　　)，不符合中标条件的，招标人可以按照评标委员会提出的中标候选人名单排序依次确定其他中标候选人为中标人，也可以重新招标。

A. 放弃中标

B. 投标报价低于其企业成本价

C. 因不可抗力不能履行合同

D. 不按照招标文件要求提交履约保证金

E. 被查实存在影响中标结果的违法行为情形

9. 下列关于评标的规定，符合《招标投标法》有关规定的有（   ）。

A. 招标人应当采取必要措施，保证评标在严格保密的情况下进行

B. 评标委员会完成评标后，应当向招标人提出书面评标报告，并决定合格的中标候选人

C. 招标人可以授权评标委员会直接确定中标人

D. 评标委员会经评审，认为所有投标都不符合招标文件要求的，可以否决所有投标

E. 任何单位和个人不得非法干预，影响评标的过程和结果

10. 在下列情形中，属于投标人相互串通投标的有（   ）。

A. 投标人之间协商投标报价等投标文件的实质性内容

B. 投标人之间约定中标人

C. 不同投标人的投标文件相互混装

D. 投标人之间约定部分投标人放弃投标或者中标

E. 属于同一集团、协会、商会等组织成员的投标人按照该组织要求协同投标

11. 下列关于招投标程序的说法，正确的有（   ）。

A. 开标在投标截止日后进行

B. 招标人在投标截止日前收到的所有投标文件，开标时都应当当众予以拆封、宣读

C. 评标应当在严格保密的情况下进行

D. 评标委员会经评审，认为所有投标都不符合招标文件要求的，可以否决所有投标

E. 招标人仅向中标人发出中标通知书，不必通知未中标的投标人

12. 有关评标委员会的规定有（   ）。

A. 评标委员会的成员人数为5人以上单数

B. 评标委员会成员中，技术、经济等方面的专家不得少于成员总数的2/3

C. 评标委员会成员名单在中标结果确定前应当保密

D. 评标委员会成员不得私下接触投标人

E. 评标委员会由招标代理机构负责组建

三、简答题

1. 建设工程发包和承包的方式各有哪些？

2. 违法分包与转包各有哪些表现形式？

3. 工程建设项目的招标范围和规模标准是如何规定的？

4. 《招标投标法》中规定的招标方式有哪几种？有何区别？

5. 简述建设工程投标保证金的有关规定。

四、案例题

1. 某房地产开发公司甲在某市老城区参与旧城改造建设，投资3亿元，修建一个4星级酒店，2座高档写字楼，6栋宿舍楼，建筑周期为20个月，该项目进行了公开招标，某建筑工程总公司乙中标，甲与乙签订工程总承包合同，双方约定：必须保证工程质量优

良，保证工期，乙可以将宿舍楼分包给其下属分公司施工。乙为保证工程质量与工期，将6栋宿舍楼分包给施工能力强、施工整体水平高的下属分公司丙与丁，并签订分包协议书。根据总包合同要求，在分包协议中对工程质量与工期进行了约定。工程根据总包合同工期要求按时开工，在实施过程中，乙保质按期完成了酒店与写字楼的施工任务。丙在签订分包合同后因其资金周转困难，随后将工程转交给了一个具有施工资质的施工单位，并收取10%的管理费，丁为加快进度，将其中一栋单体宿舍楼分包给没有资质的农民施工队。工程竣工后，甲会同有关质量监督部门对工程进行验收，发现丁施工的宿舍存在质量问题，必须进行整改才能交付使用，给甲带来了损失，丁以与甲没有合同关系为由拒绝承担责任，乙又以自己不是实际施工人为由推卸责任，甲遂以乙为第一被告、丁为第二被告向法院起诉。

【问题】

（1）乙公司的分包行为是否合法？

（2）丙、丁的再分包行为如何界定？

（3）这起责任最终应该有哪些主体承担？为什么？

（4）结合此案例谈谈建筑工程发包承包制度中的分包制度，需要注意哪些行为规范？

2. 某省国道主干线高速公路土建施工项目实行公开招标，根据项目的特点和要求，招标人提出了招标方案和工作计划。采用资格预审方式组织项目土建施工招标，招标过程中出现了下列事件。

事件1：7月1日发布资格预审公告。公告载明资格预审文件自7月2日起发售，资格预审申请文件于7月22日下午16:00之前递交至招标人处。某投标人因从外地赶来。7月8日上午上班时间前来购买资审文件，被告知已经停售。

事件2：资格审查过程中，资格审查委员会发现某省路桥总公司提供的业绩证明材料部分是其下属第一工程有限公司业绩证明材料，且其下属的第一工程有限公司具有独立法人资格和相关资质。考虑到属于一个大单位，资格审查委员会认可了其下属公司业绩为其业绩。

事件3：投标邀请书向所有通过资格预审的申请单位发出，投标人在规定的时间内购买了招标文件。按照招标文件要求，投标人须在投标截止时间5日前递交投标保证金，因为项目较大，要求每个标段100万元投标担保金。

事件4：评标委员会人数为5人，其中3人为工程技术专家，其余2人为招标人代表。

事件5：评标委员会在评标过程中，发现B单位投标报价远低于其他报价。评标委员会认定B单位报价过低，按照废标处理。

事件6：招标人根据评标委员会书面报告，确定各个标段排名第一的中标候选人为中标人，并按照要求发出中标通知书后，向有关部门提交招标投标情况的书面报告，同中标人签订合同并退还投标保证金。

事件7：招标人在签订合同前，认为中标人C的价格略高于自己期望的合同价格，因而又与投标人C就合同价格进行了多次谈判。考虑到招标人的要求，中标人C觉得小幅度降价可以满足自己利润的要求，同意降低合同价，并最终签订了书面合同。

【问题】

（1）招标人自行办理招标事宜需要什么条件？

（2）所有事件中有哪些不妥当？请逐一说明。

（3）事件6中，请详细说明招标人在发出中标通知书后应于何时做其后的这些工作？

[参考答案]

第4章

建设工程合同法规

学习目标

通过学习，使学生了解建设工程合同的特征与分类；掌握建设工程合同的订立、建设工程合同的效力、建设工程合同的履行、建设工程合同的变更与终止、建设工程合同违约责任、建设工程合同纠纷的解决等内容。

学习要求

能力目标	知识要点	权重
了解建设工程合同法规基础知识	合同的概念与分类、建设工程合同的特征与分类	10%
熟悉建设工程合同的订立	建设工程合同的订立形式、订立程序、主要内容、缔约过失责任	15%
掌握建设工程合同的效力	建设工程合同的生效条件、可撤销的建设工程合同、无效的建设工程合同	15%
掌握建设工程合同的履行	建设工程合同的履行规则、合同履行抗辩权、合同的担保、合同的保全措施	20%
熟悉建设工程合同的变更与终止	建设工程合同的变更、建设工程合同的终止	10%
掌握建设工程合同违约责任	违约责任的概念、构成、承担方式、免责事由、建设工程合同当事人的违约责任	15%
掌握建设工程合同纠纷的解决	和解、调解、争议评审、仲裁、诉讼	15%

导 入 案 例

2001 年 10 月，A 公司以总承包的方式承接了 B 公司(国有)工程款额为 900 万元的污水处理工程，并且签订了污水处理建设工程合同。合同分别约定了工程内容及要求、工期、双方责任、验收、工程款总价与付款方式、违约及赔偿等。A 公司承接工程后进行了施工，在施工中增加了部分工程量，使得实际工期超出了原合同约定的工期。该工程已通过 B 公司及其监理单位，当地环保部门的验收。双方因工程款的支付，工程完工是否逾期等发生纠纷，A 公司为此起诉 B 公司要求支付 980 万元的工程款；B 公司起诉 A 公司承担逾期交付工程的违约金 160 万元。后两案合并审理。

请思考：

(1) 双方所签"污水处理建设工程合同"是否有效？

(2) 若合同无效，工程款如何结算与支付？

4.1 建设工程合同概述

4.1.1 合同的概念与分类

1. 合同的概念

合同又称为契约、协议，是当事人之间设立、变更、终止民事关系的协议。广义合同指所有法律部门中确定权利、义务关系的协议。狭义合同指一切民事合同。还有最狭义合同仅指民事合同中的债权合同。《中华人民共和国合同法》(以下简称《合同法》)第 2 条规定：本法所称合同是平等主体的自然人、法人、其他组织之间设立、变更、终止民事权利义务关系的协议。婚姻、收养、监护等有关身份关系的协议，适用其他法律的规定。

2. 合同的分类

对合同作出科学的分类，不仅有助于针对不同合同确定不同的规则，而且便于准确适用法律。一般来说，合同可作如下分类。

1) 有名合同与无名合同

按照法律是否规定一定名称并有专门规定为标准，合同可以分为有名合同与无名合同。

有名合同(典型合同)，指法律确定了特定名称和规则的合同。《合同法》分则中所列出的 15 种基本合同即为有名合同，包括：买卖合同，供用电、水、气、热力合同，赠与合同，借款合同，租赁合同，融资租赁合同，承揽合同，建设工程合同，运输合同，技术合同，保管合同，仓储合同，委托合同，行纪合同，居间合同。

无名合同(非典型合同)，指法律没有确定专门的名称和具体规则的合同。

2) 双务合同与单务合同

按照当事人是否相互负有义务，合同可以分为双务合同与单务合同。

双务合同，是指当事人之间互负义务的合同。合同法中大多数合同如买卖合同、建设工程合同、运输合同等均属此类合同。

单务合同，是指一方只享有权利而另一方只承担义务的合同。如赠与合同、借款合同等。

3）有偿合同与无偿合同

按照当事人之间的权利义务关系是否存在着对价关系，合同可以分为有偿合同与无偿合同。

有偿合同，指当事人须付出一定代价方可取得利益的合同。实践中绝大多数合同都是有偿的，如买卖合同、保险合同、运输合同等。

无偿合同，指当事人一方只取得利益而不需付出任何代价的合同。如无偿保管合同、赠与合同等。

4）诺成合同与实践合同

按照合同的成立是否以交付标的物为必要条件，合同可以分为诺成合同与实践合同。

诺成合同，指当事人双方意思表示一致即可成立的合同，它不以标的物的交付为成立的要件。合同法中大多数属此类合同，如买卖合同、赠与合同等。

实践合同，又称要物合同，是指除了要求当事人双方意思表示一致外，还必须实际交付标的物以后才能成立的合同。如保管合同、定金合同等。

5）要式合同与不要式合同

按照法律对合同形式是否有特别要求，分为要式合同与不要式合同。

要式合同，指法律规定必须采取特定形式的合同。《合同法》规定，法律、行政法规规定采用书面形式的，应当采用书面形式。如建设工程合同应当采用书面形式，就是要式合同。

不要式合同，指法律对形式未作出特别规定的合同，合同的形式完全由双方当事人自己决定，可以采用口头形式、书面形式、默示形式及其他。实践中以不要式合同居多。

6）格式合同与非格式合同

按照合同条款是否预先拟定，可以分为格式合同与非格式合同。

格式合同，是当事人一方为不特定的多数人进行交易而预先拟定的，且不允许相对人对其内容作任何变更的合同。反之，为非格式合同。

知 识 链 接

格式合同的普遍使用，利弊均有。一方面，具有重大的积极意义：可以简化缔约手续，减少缔约时间，从而降低交易成本。但是在另一方面，也易产生严重的弊端：格式合同大多以垄断为基础，而格式合同的普遍使用又在一定程度上助长了垄断。格式合同的利用，只充分实现了提供格式合同一方的合同自由，而对方当事人的合同自由是极为有限的。格式合同的使用，容易产生不公平的结果。

《合同法》对格式条款作出了以下限制性的规定。

采用格式条款订立合同的，提供格式条款的一方应当遵循公平原则确定当事人之间的权利和义务，并采取合理的方式提请对方注意免除或者限制其责任的条款，按照对方的要求，对该条款予以说明。

格式条款具有《合同法》规定的导致合同无效情形的、具有无效免责条款情形的，或者提供格式条款一方免除其责任、加重对方责任、排除对方主要权利的，该条款无效。

对格式条款的理解发生争议的，应当按照通常理解予以解释。对格式条款有两种以上解释的，应当作出不利于提供格式条款一方的解释。格式条款和非格式条款不一致的，应当采用非格式条款。

7）主合同与从合同

按照合同相互之间的从属关系，分为主合同与从合同。

主合同，指不以其他合同的存在为前提而独立存在和发生效力的合同。从合同，又称附属合同，指不具备独立性，以其他合同的存在为前提而成立并发生效力的合同。如借贷合同与担保合同中，借贷合同是主合同，担保合同是从合同。

主合同与从合同的关系：主合同和从合同并存时，两者发生互补作用；主合同无效或被撤销，从合同也将失去法律效力；从合同无效或被撤销，一般不影响主合同的效力。

3. 建设工程合同的概念及特征

建设工程合同是承包人进行工程建设，发包人支付价款的合同。在建设工程合同中，发包人委托承包人进行建设工程的勘察、设计、施工，承包人接受委托并完成建设工程的勘察、设计、施工任务，发包人为此向承包人支付价款。由此可以看出，建设工程合同实质上是一种承揽合同，或者说是承揽合同的一种特殊类型。

建设工程合同具有以下几个特征。

（1）建设工程合同的标的具有特殊性。建设工程合同是从承揽合同中分化出来的，也属于一种完成工作的合同。与承揽合同不同的是，建设工程合同的标的为不动产建设项目。也正由于此，使得建设工程合同又具有内容复杂，履行期限长，投资规模大，风险较大等特点。

（2）建设工程合同的当事人具有特定性。作为建设工程合同当事人一方的承包人，一般情况下只能是具有从事勘察、设计、施工资格的法人。这是由建设工程合同的复杂性所决定的。

（3）建设工程合同具有一定的计划性和程序性。由于建设工程合同与国民经济建设和人民群众生活都有着密切的关系，因此该合同的订立和履行，必须符合国家基本建设计划的要求，并接受有关政府部门的管理和监督。

（4）建设工程合同是要式合同、双务合同、有偿合同和诺成合同。

⬤ 知 识 链 接 ⦙⦙

《合同法》第 270 条规定，建设工程合同应当采用书面形式。

《合同法》第 273 条规定，国家重大建设工程合同，应当根据国家规定的程序和国家批准的投资计划、可行性研究报告等文件订立。

4.1.2　建设工程合同的分类

1. 按照工程建设阶段分类

建设工程的建设过程大体经过勘察、设计、施工 3 个阶段，围绕不同阶段订立相应合同。《合同法》第 129 条第 2 款规定了建设工程合同包括工程勘察、设计、施工合同。

（1）建设工程勘察，是指根据建设工程的要求，查明、分析、评价建设场地的地质地理环境特征和岩土工程条件，编制建设工程勘察文件的活动。建设工程勘察合同即发包人与勘察人就完成商定的勘察任务明确双方权利和义务的协议。

（2）建设工程设计，是指根据建设工程的要求，对建设工程所需的技术、经济、资源和环境等条件进行综合分析、论证，编制建设工程设计文件的活动。建设工程设计合同即发包人与设计人就完成商定的工程设计任务明确双方权利和义务的协议。建设工程设计合同实际上包括两个合同：一是初步设计合同，即在建设工程立项阶段承包人为项目决策提供可行性资料的设计而与发包人签订的合同；二是施工设计合同，是指在承包人与发包人就具体施工设计达成的协议。

（3）建设工程施工，是指根据建设工程设计文件的要求，对建设工程进行新建、扩建、改建的活动。建设工程施工合同即发包人与承包人为完成商定的建设工程项目的施工任务明确双方权利义务的协议。施工合同主要包括建筑和安装两方面内容，这里的建筑是指对工程进行营造的行为。安装主要是指与工程有关的线路、管道和设备等设施的装配。

2. 按照承发包方式（范围）分类

1）勘察、设计或施工总承包合同

勘察、设计或施工总承包，是指发包人将全部勘察、设计或施工的任务分别发包给一个勘察、设计单位或一个施工单位作为总承包人，经发包人同意，总承包人可以将勘察、设计或施工任务的一部分分包给其他符合资质的分包人。据此明确各方权利义务的协议即为勘察、设计或施工总承包合同。在这种模式中，发包人与总承包人订立总承包合同，总承包人与分包人订立分包合同，总承包人与分包人就工作成果对发包人承担连带责任。

2）单位工程施工承包合同

单位工程施工承包，是指在一些大型、复杂的建设工程中，发包人可以将专业性很强的单位工程发包给不同的承包人，与承包人分别签订土木工程施工合同、电气与机械工程承包合同，这些承包人之间为平行关系。单位工程施工承包合同常见于大型工业建筑安装工程，大型、复杂的建设工程，据此明确各方权利和义务的协议即为单位工程施工承包合同。

3）工程项目总承包合同

工程项目总承包，是指建设单位将包括工程设计、施工、材料和设备采购等一系列工作全部发包给一家承包单位，由其进行实质性设计、施工和采购工作，最后向建设单位交付具有使用功能的工程项目。工程项目总承包实施过程可依法将部分工程分包。据此明确各方权利义务的协议即为工程项目总承包合同。

3. 按照承包工程计价方式（或付款方式）分类

按照《建设工程施工合同（示范文本）》（GF—2013—0201）规定，发包人和承包人应在合同协议书中选择下列一种合同价格形式。

1）单价合同

单价合同是指合同当事人约定以工程量清单及其综合单价进行合同价格计算、调整和确认的建设工程施工合同，在约定的范围内合同单价不作调整。

2）总价合同

总价合同是指合同当事人约定以施工图、已标价工程量清单或预算书及有关条件进行合同价格计算、调整和确认的建设工程施工合同，在约定的范围内合同总价不作调整。

3）其他价格形式

合同当事人可在专用合同条款中约定其他合同价格形式，如成本加酬金与定额计价以及其他合同类型。

4. 建设工程有关的其他合同

(1) 建设工程监理合同。建设工程监理合同是指委托人(发包人)与监理人签订，为了委托监理人承担监理业务而明确双方权利和义务关系的协议。

(2) 建设工程物资采购合同。建设工程物资采购合同是指出卖人转移建设工程物资所有权于买受人，买受人支付价款的明确双方权利和义务关系的协议。

(3) 建设工程保险合同。建设工程保险合同是指发包人或承包人为防范特定风险而与保险公司明确权利和义务关系的协议。

(4) 建设工程担保合同。建设工程担保合同是指义务人(发包人或承包人)或第三人(或保险公司)与权利人(承包人或发包人)签订为保证建设工程合同全面、正确履行而明确双方权利和义务关系的协议。

4.2　建设工程合同的订立

4.2.1　建设工程合同订立的原则

建设工程合同订立时，必须遵循《合同法》所规定的基本原则：平等原则、合同自由原则、公平原则、诚实信用原则和遵守法律、不得损害社会公共利益原则。

1. 平等原则

《合同法》第3条规定，合同当事人的法律地位平等，一方不得将自己的意志强加给另一方。平等原则主要表现为当事人的法律地位是平等的，相互间不存在服从与命令、管理与被管理的关系，当事人必须平等地协商相互间的权利义务，当事人的权利平等地受法律保护。

2. 合同自由原则

《合同法》第4条规定，当事人依法享有自愿订立合同的权利，任何单位和个人不得非法干预。合同自由原则是民法上意思自治原则的具体体现及中心内容，它贯彻于合同动态发展的整个过程，包括订约自由、选择合同相对人的自由、决定合同内容的自由、选择合同方式的自由、变更和解除合同的自由等。

3. 公平原则

《合同法》第5条规定，当事人应当遵循公平原则确立各方的权利义务。公平原则坚持正义与效益的统一，既要求当事人按照公平原则设立权利义务，也要求按照公平原则履行合同，按照公平原则处理当事人之间的纠纷。

4. 诚实信用原则

《合同法》第6条规定，当事人行使权利、履行义务应当遵循诚实信用原则。诚实信用原则通常被称为"帝王规则"，它既要求当事人在行使权利上不得滥用权利，不损害他方的合法利益，也要求在履行义务上不欺诈，严格遵守诺言；要求当事人既依约定履行主义务，也应依要求履行附随义务。

5. 遵守法律、不得损害社会公共利益原则

《合同法》第 7 条规定，当事人订立、履行合同，应当遵守法律、行政法规，尊重社会公德，不得扰乱社会经济秩序，损害社会公共利益。这就要求当事人在订立合同时，必须按照法律的规定来订立，不得采用欺诈、胁迫等有违社会公德的手段，更不得损害社会经济秩序和社会公共利益，否则，其合同将不具有法律效力。这些都是法律对防止当事人滥用权利的约束，也充分体现了法律对社会的保护。

4.2.2　建设工程合同订立形式

《合同法》第 10 条规定，当事人订立合同，有书面形式、口头形式和其他形式。法律、行政法规规定采用书面形式的，应当采用书面形式。当事人约定采用书面形式的，应当采用书面形式。

（1）书面形式。书面形式是指合同书、信件和数据电文（包括电报、电传、传真、电子数据交换和电子邮件）等可以有形地表现所载内容的形式。书面形式明确肯定，对当事人之间约定的权利义务都有明确的文字记载，能够提示当事人适时地正确履行合同义务，当发生合同纠纷时，也便于分清责任，正确、及时地解决纠纷。

（2）口头形式。口头形式是指当事人双方就合同内容面对面或以通信设备交谈达成协议。口头形式直接、简便、迅速，是实际生活中大量存在的合同形式，但发生纠纷时难以取证，不易分清责任。所以对于不能即时清结的和较重要的合同不宜采用口头形式。

（3）其他形式。这种形式的合同可以称为默示合同，指当事人未用语言明确表示成立，也未用书面形式签订，而是根据当事人的行为或在特定的情形下推定成立的合同。

《合同法》第 270 条明确规定，建设工程合同应当采用书面形式。建设工程合同一般具有合同标的额大、合同内容复杂、履行期较长等特点，为慎重起见，应当采用书面形式进行明确约定。

知 识 链 接

《合同法》第 36 条规定，法律、行政法规规定或者当事人约定采用书面形式订立合同，当事人未采用书面形式但一方已经履行主要义务，对方接受的，该合同成立。

4.2.3　建设工程合同订立程序

1. 合同的订立程序

根据《合同法》第 13 条规定，当事人订立合同，采取要约、承诺方式。

1）要约

（1）要约的概念。要约是希望和他人订立合同的意思表示，该意思表示应当符合下列规定。

① 内容具体确定。

② 表明经受要约人承诺，要约人即受该意思表示约束。即如果对方接受要约，合同即告成立。

发出要约的当事人为要约人，要约所指向的对方当事人则称为受要约人。

（2）要约邀请。要约邀请是希望他人向自己发出要约的意思表示。寄送的价目表、拍卖公告、招标公告、招股说明书、商业广告等都属于要约邀请。商业广告的内容符合要约规定的，视为要约。

（3）要约生效时间。《合同法》第16条规定，要约到达受要约人时生效。采用数据电文形式订立合同，收件人指定特定系统接收数据电文的，该数据电文进入该特定系统的时间，视为到达时间；未指定特定系统的，该数据电文进入收件人的任何系统的首次时间，视为到达时间。

要约到达受要约人，并不是指要约一定实际送达到受要约人或者其代理人手中，要约只要送达到受要约人通常的地址、住所或者能够控制的地方（如信箱等）即为送达。

（4）要约的撤回、撤销。要约的撤回，指在要约发生法律效力之前，要约人使其不发生法律效力而取消要约的行为。《合同法》第17条规定，要约可以撤回。撤回要约的通知应当在要约到达受要约人之前或者与要约同时到达受要约人。法律规定要约可以撤回，原因在于这时要约尚未发生法律效力，撤回要约不会对受要约人产生任何影响，也不会对交易秩序产生不良影响。

要约的撤销，指在要约发生法律效力之后，要约人使其不发生法律效力而取消要约的行为。《合同法》第18条规定，要约可以撤销。撤销要约的通知应当在受要约人发出承诺通知之前到达受要约人。也就是说，要约已经到达受要约人，在受要约人做出承诺之前，要约人可以撤销要约。由于撤销要约可能会给受要约人带来不利的影响，损害受要约人的利益，因此《合同法》第19条规定，有下列情形之一的，要约不得撤销：①要约人确定了承诺期限或者以其他形式明示要约不可撤销；②受要约人有理由认为要约是不可撤销的，并已经为履行合同作了准备工作。

（5）要约的失效。要约失效是指要约丧失法律效力。《合同法》第20条规定，有下列情形之一的，要约失效：①拒绝要约的通知到达要约人；②要约人依法撤销要约；③承诺期限届满，受要约人未作出承诺；④受要约人对要约的内容作出实质性变更。

2）承诺

（1）承诺的概念。承诺是受要约人同意要约的意思表示。承诺应当具备以下条件：第一，承诺必须由受要约人作出；第二，承诺必须向要约人作出；第三，承诺的内容必须与要约的内容一致；第四，承诺必须在有效期限内作出。

（2）承诺的方式。承诺应当以通知的方式作出，但根据交易习惯或者要约表明可以通过行为作出承诺的除外。

（3）承诺的期限。承诺应当在要约确定的期限内到达要约人。

要约没有确定承诺期限的，承诺应当依照下列规定到达：要约以对话方式作出的，应当即时作出承诺，但当事人另有约定的除外；要约以非对话方式作出的，承诺应当在合理期限内到达。

要约以信件或者电报作出的，承诺期限自信件载明的日期或者电报交发之日开始计算。信件未载明日期的，自投寄该信件的邮戳日期开始计算。要约以电话、传真等快速通信方式做出的，承诺期限自要约到达受要约人时开始计算。

受要约人超过承诺期限发出承诺的，除要约人及时通知受要约人该承诺有效的以外，为新要约。受要约人在承诺期限内发出承诺，按照通常情形能够及时到达要约人，但因其他原因承诺到达要约人时超过承诺期限的，除要约人及时通知受要约人因承诺超过期限不接受该承诺的以外，该承诺有效。

（4）承诺的生效。承诺通知到达要约人时生效。承诺不需要通知的，根据交易习惯或者要约的要求作出承诺的行为时生效。采用数据电文形式订立合同的，承诺到达的时间适用要约到达时间的规定。

（5）承诺的撤回。承诺的撤回是指受要约人阻止承诺发生法律效力的意思表示。撤回承诺的通知应当在承诺通知到达要约人之前或者与承诺通知同时到达要约人。

（6）承诺的变更。受要约人对要约的内容作出实质性变更的为新要约；承诺对要约的内容作出非实质性变更的，除要约人及时表示反对或者要约人表明承诺不得对要约的内容作出任何变更的以外，该承诺有效，合同的内容以承诺的内容为准。

● 特 别 提 示 ●

实质性变更是指有关合同标的、数量、质量、价款或者报酬、履行期限、履行地点和方式、违约责任和解决争议方法等的变更。

2. 建设工程合同的订立过程

签订经济合同一般要经过要约与承诺两个步骤，而建设工程合同的签订有其特殊性，需要经过要约邀请、要约、承诺和签订合同四个阶段。

（1）要约邀请阶段。要约邀请也称要约引诱，是指建设工程招标人希望投标人向自己提出订立建设工程合同建议的意思表示。建设工程招标人提出要约邀请，是为了寻求订立合同的最优目标、方案及最佳人选，即为订立合同做好准备，其直接目的是唤起别人注意，希望投标人向自己提出订立合同的建议（即要约）。因此，招标人提出的要约邀请是订立合同的预备行为。建设工程招标人提出要约邀请的方式，是发出招标公告或投标邀请书。

（2）要约阶段。要约是指建设工程投标人根据招标文件向招标人提出订立建设工程合同建议的意思表示。投标人提出要约的目的是希望与招标人订立建设工程合同。在建设工程合同签订过程中，承包方向发包方递交投标文件的投标行为就是一种要约行为，投标文件中应包含建设工程合同应具备的主要条款，如工程造价、工程质量、工程工期等内容，作为要约的投标对承包方具有法律约束力，表现在承包方在投标生效后无权修改或撤回投标以及一旦中标就必须与发包方签订合同，否则要承担相应责任。

（3）承诺阶段。承诺是指建设工程招标人完全同意和接受中标人的投标文件的意思表示。招标人作出承诺的目的是为了与中标的投标人订立合同，因此，承诺的内容必须与要约的内容完全一致，不得有任何修改，否则将视为拒绝要约或反要约。承诺必须在要约规定的有效期限内向要约人提出，而承诺生效的时间就是要约人收到承诺的时刻。承诺人（受要约人）作出承诺后，即受到法律的约束，不得任意变更或解除。在招投标中，发包方经过开标、评标过程，最后发出中标通知书，确立承包方的行为即为承诺。

（4）签订合同阶段。《招标投标法》中规定：招标人和中标人应当自中标通知书发出之日起30日内，按照招标文件和中标人的投标文件订立书面合同。因此确定中标单位后，发包方和承包方各自均有权利要求对方签订建设工程合同，也有义务与对方签订建设工程合同。

3. 国家重大建设工程合同订立的特殊程序

国家重大建设工程合同应当按照国家规定的程序和国家批准的投资计划、可行性研究报告等文件订立。对国家确定的重大建设工程，如基本建设中的大型建设项目，由于建设工程涉及面广，内外协作环节多，必须有计划、有步骤、有秩序地进行，才能达到预期效果。这类建设工程合同的订立，需受严格的国家计划约束，要按国家计划和相关批准文件方能有效成立。国家重大建设工程，在履行了批准程序后，当事人方可按照国家投资计划和可行性研究报告订立建设工程合同，否则，擅自订立的合同，因违反法律强制性规定而归于无效。另外，对一些特别重大的工程，国家还要进行长期论证，并采取特殊的审批程序。

4.2.4　建设工程合同的主要内容

1. 合同的主要条款

《合同法》第12条规定，合同的内容由当事人约定，一般应当包括以下条款：

(1) 当事人的名称或者姓名和住所；

(2) 标的；

(3) 数量；

(4) 质量；

(5) 价款或者报酬；

(6) 履行期限、地点和方式；

(7) 违约责任；

(8) 解决争议的方法。

特 别 提 示

一般认为，解决合同纠纷的方式有和解、调解、仲裁或诉讼等四种方式。而实际上，前两种方式因为缺乏据以强制执行的效力而显得效果欠佳，因而合同对解决争议的方法的约定，实质上为选择仲裁或诉讼。需要注意的是，仲裁方式或诉讼方式是并列的，互相排斥的，二者只能取其一不能同时约定采取两种方式，否则，该约定无效。

2. 勘察设计合同的主要条款

《合同法》第274条规定，勘察、设计合同的内容包括提交有关基础资料和文件(包括概预算)的期限、质量要求、费用以及其他协作条件等条款。

3. 建设工程施工合同的主要条款

《合同法》第275条规定，施工合同的内容包括工程范围、建设工期、中间交工工程的开工和竣工时间、工程质量、工程造价、技术资料交付时间、材料和设备供应责任、拨款和结算、竣工验收、质量保修范围和质量保证期、双方相互协作等条款。

4.2.5　《建设工程施工合同(示范文本)》(GF—2013—0201)框架结构

2013年，住房和城乡建设部联合国家工商行政管理总局发布了《建设工程施工合同

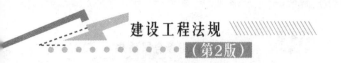

（示范文本）》（GF—2013—0201），适用于房屋建筑工程、土木工程、线路管道和设备安装工程、装修工程等建设工程的施工承发包活动。

《建设工程施工合同(示范文本)》由合同协议书、通用合同条款和专用合同条款3大主要部分组成。

1. 合同协议书

合同协议书共计13条，主要包括：工程概况、合同工期、质量标准、签约合同价和合同价格形式、项目经理、合同文件构成、承诺以及合同生效条件等重要内容，集中约定了合同当事人基本的合同权利义务。

2. 通用合同条款

通用合同条款是合同当事人根据《建筑法》《合同法》等法律法规的规定，就工程建设的实施及相关事项，对合同当事人的权利义务作出的原则性约定。

通用合同条款共计20条，具体条款分别为一般约定、发包人、承包人、监理人、工程质量、安全文明施工与环境保护、工期和进度、材料与设备、试验与检验、变更、价格调整、合同价格、计量与支付、验收和工程试车、竣工结算、缺陷责任与保修、违约、不可抗力、保险、索赔和争议解决。前述条款安排既考虑了现行法律法规对工程建设的有关要求，也考虑了建设工程施工管理的特殊需要。

3. 专用合同条款

专用合同条款是对通用合同条款原则性约定的细化、完善、补充、修改或另行约定的条款。合同当事人可以根据不同建设工程的特点及具体情况，通过双方的谈判、协商对相应的专用合同条款进行修改补充。

4.2.6　缔约过失责任

缔约过失责任是指在订立合同的过程中，当事人一方因违背其诚实信用原则所产生的义务，而致另一方的信赖利益的损失，并应承担损害赔偿责任。

根据《合同法》的规定，当事人在订立合同过程中有下列情形之一，给对方造成损失的，应当承担损害赔偿责任。

(1) 假借订立合同，恶意进行磋商。

(2) 故意隐瞒与订立合同有关的重要事实或者提供虚假情况。

(3) 有其他违背诚实信用原则的行为。包括：擅自变更、撤回要约；违反已签订的意向书；未尽通知义务；未办合同应经过的审批手续等。

(4) 泄露或不正当使用商业秘密。当事人在订立合同过程中知悉的商业秘密，无论合同是否成立，不得泄露或者不正当地使用。泄露或者不正当地使用该商业秘密给对方造成损失的，应当承担损害赔偿责任。

●　知　识　链　接

在招标投标过程中，中标通知书发出后，招标人改变中标结果的，或者中标人放弃中标项目的，应当承担缔约过失责任。

4.3　建设工程合同的效力

合同的效力即合同的法律效力，具体是指已成立的合同在当事人之间产生的法律约束力。作为有效合同应具备法定的条件，即当事人主体资格合法，当事人的意思表示应真实，合同不得违反法律或者社会公共利益。建设工程合同的效力，应当适用《合同法》第三章关于合同的效力的规定。但是《合同法》第三章的规定属于一般性规定，具体到各种有名合同的实际情况，则存在种种制约合同效力的具体因素，建设工程合同也不例外。

4.3.1　建设工程合同的有效要件

（1）当事人具有签订建设工程合同的缔约能力。建设工程合同的当事人包括发包人和承包人。发包人是指工程的建设单位，工程合同约定的具有工程发包主体资质和支付工程价款能力的当事人；承包人是工程合同约定的具有工程承包主体资格并被发包人接受的当事人。

建设工程合同有效成立的主体要件，不仅要考察当事人的一般行为能力，而且要特别注重对当事人特殊行为能力的考察。对发包人而言一般没有什么要求，但需具备法人资格，开发商是特例。承包人包括工程勘察单位、设计单位及施工单位，立法对这类主体的资质要求较之发包人更为严格，除具备法人资格外，还要遵守《建筑法》中关于资质管理的规定。

● 特　别　提　示

《建设工程施工合同管理办法》第3条规定，承办人员签订合同，应取得法定代表人的授权委托书。否则构成无权代理，会导致合同的效力待定。

行为人没有代理权、超越代理权或者代理权终止后以被代理人名义订立的合同，未经被代理人追认，对被代理人不发生效力，由行为人承担责任。相对人可以催告被代理人在一个月内予以追认。被代理人未作表示的，视为拒绝追认。合同被追认之前，善意相对人有撤销的权利。撤销应当以通知的方式作出。

表见代理：行为人没有代理权、超越代理权或者代理权终止后以被代理人名义订立合同，相对人有理由相信行为人有代理权的，该代理行为有效。如行为人持有曾是被代理人签发的授权书、被代理人的介绍信，有被代理人盖章的空白合同书。

（2）意思表示真实。意思表示真实，是指表意人的表示行为真实反映其内心的效果意思，即表示行为应当与效果意思相一致。意思表示真实是合同生效的重要构成要件。在意思表示不真实的情况下，可能导致合同的无效或被撤销。

（3）不违反法律和社会公共利益。如果合同一旦被认定为违反法律规定，则完全无效。不违反社会公共利益实际上是不违反法律的延伸和补充。

（4）不违反建设工程的基本建设程序。建设工程合同因涉及基本建设规划，其标的物为不动产的工程，承包人所完成的工作成果不仅具有不可移动性，而且须长期存在和发挥效用，事关国计民生，因此，从合同签订到合同的履行，从资金的投放到最终的成果验收，国家要实行严格的监督和管理。如属于法定招标范围的工程项目，应当依据《招标投标法》的规定进行招投标；国家重大建设工程合同，应当按《合同法》的要求，根据国家规定的程序和国家批准的投资计划、可行性研究报告等文件订立。

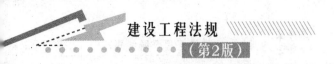

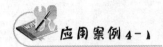

建设工程合同纠纷案例

【案例概况】

2002年10月30日，被告杨某借用被告东龙公司的名义与兴国县工业园区管理委员会（下称兴国管委会）签订了一份《建设工程施工合同》，约定由被告东龙公司承包兴国县工业园区办公大楼的施工。同年12月5日，被告杨某借用被告东龙公司的名义与兴国管委会签订了一份《建设工程施工合同》，约定由被告东龙公司承包兴国县工业园区素艺玩具厂厂房的施工。上述两份合同均加盖了被告东龙公司的公章。2003年12月3日，被告杨某与兴国管委会签订了一份《工程承包协议》，由其承包兴国县工业园区办公大楼水电工程的施工。后被告杨某以被告东龙公司的名义与原告丁某签订了《承包建筑工程协议》及《承包工程协议书》两份，将上述工程转包给原告丁某施工，这两份合同均未加盖被告东龙公司的公章。素艺玩具厂厂房于2003年底竣工交付使用，兴国县工业园区办公大楼工程于2004年4月底交付使用。2007年8月20日，原告丁某与被告杨某对上述工程款进行了结算，结算单上载明："由兴桥公司承包于丁某的兴国工业园办公楼及素艺玩具厂房税后总结价计人民币4 505 000元，现已付3 065 000元整，还差1 440 000元整，税已扣除。"原告丁某与被告杨某分别在结算单上签名，被告杨某另在结算单上注明："本工程款与公司无关，由我本人负责。"2008年1月25日，被告东龙公司向兴国管委会出具了一份《函》，内容为"我公司此前承做的贵单位的所有工程项目由我公司项目负责人杨某同志全权负责结算及结（借）工程款，并将以后结（借）的工程款直接转入杨某同志的个人账户。对以前发至贵单位的函件声明作废。"2008年3月25日，原告应被告东龙公司的要求，向被告东龙公司出具了一份书面《承诺书》，内容为"由公司中标的兴国工业园办公楼及素艺玩具厂房，本人作为该工程的项目负责人，现特向公司作出承诺：该项目的盈亏与公司无关，由本人享有和承担；并承担该项目的一切债权债务（含农民工工资和工程应付款），同时承担该项目的质量和安全问题所造成的一切责任。"被告杨某承包洪门工业园食堂工程后，将该工程转包给了原告丁某施工，该工程于2004年10月份交付使用，工程款为175 246.76元。

【法院认定】

最高人民法院《关于审理建设工程施工合同纠纷案件适用法律问题的解释》第四条规定："承包人非法转包、违法分包建设工程或者没有资质的实际施工人借用有资质的建筑施工企业与他人签订建设工程施工合同的行为无效。"被告杨某将工程非法转包给原告丁某，其与原告丁某签订的《承包建筑工程协议》及《承包工程协议书》为无效合同。该《解释》第2条规定："建设工程施工合同无效，但建设工程经竣工验收合格，承包人请求参照合同约定支付工程价款的，应予支持。"因原告丁某承建的工程已交付给业主使用，故原告与被告杨某对工程款的结算，应受法律的保护。依据原告丁某与被告杨某之间的结算单，被告杨某仍欠原告丁某兴国工业园办公楼及素艺玩具厂厂房的工程款1 440 000元，被告杨某应向原告清偿此款及支付利息。利息的起算时间依照最高人民法院《关于审理建设工程施工合同纠纷案件适用法律问题的解释》第18条第1款第（一）项之规定，从建设工程的交付之日开始计算。因结算单中对两项工程未分开结算，本院无法对两项工程的利息起算时间予以分开，故按照后交付工程的时间作为利息的起算时间。原告主张利率按照月利率2‰计算没有证据证明，本院不予支持，依照前述司法解释第十七条之规定，应按照中国人民银行发布的同期同类贷款利率计算。

最高人民法院《关于适用〈中华人民共和国民事诉讼法〉若干问题的意见》第43条规定，

个体工商户、个人合伙或私营企业挂靠集体企业并以集体企业的名义从事生产经营活动的，在诉讼中，该个体工商户、个人合伙或私营企业与其挂靠的集体企业为共同诉讼人。被告杨某与被告东龙公司是挂靠与被挂靠的法律关系，东龙公司主张其不是本案的适格被告，与法律规定不符，本院不予支持。《中华人民共和国合同法》第49条规定，行为人没有代理权、超越代理权或者代理权终止后以被代理人名义订立合同，相对人有理由相信行为人有代理权的，该代理行为有效。本条是关于在订立合同中的表见代理的规定。表见代理是善意相对人通过被代理人的行为足以相信无权代理人具有代理权，基于此项信赖，善意相对人与无权代理人订立合同，由此造成的法律后果由被代理人承担的代理。该制度的设立是为了保护善意相对人的信赖利益和交易的安全。

在本案中，首先，原告丁某与被告杨某签订的两份建设工程施工合同，代理人即被告杨某实施了无权代理行为。第二，被告杨某有被授权的表象。被告杨某作为兴国工业园办公楼及素艺玩具厂厂房工程的项目经理，原告根据表象可自然推断出被告杨某具有代理权。第三，原告丁某善意且无过失。从原告当时所处的客观条件来看，其主观上有条件、有理由相信被告杨某具有代理权，基于此种信赖，原告向被告东龙公司提交了《承诺书》，被告东龙公司知道原告是上述两项工程的实际施工人。因此，被告杨某的代理行为应构成表见代理。虽然被告杨某在结算单中注明工程款与被告东龙公司无关，由其个人负责，因被告杨某至今未能履行工程余款的支付义务，故被告东龙公司应对上述工程款及利息承担连带清偿责任。洪门工业园食堂工程系由被告杨某个人承包并非法转包给原告施工，该工程款及利息应由被告杨某个人承担，原告要求此款由被告东龙公司承担连带清偿责任没有事实依据，本院不予支持。原告未获本院支持的诉讼请求所发生的诉讼费由原告负担。

【法院判决】

据上，依照最高人民法院《关于审理建设工程施工合同纠纷案件适用法律问题的解释》第2条、第4条、第17条、第18条第1款第(一)项、《中华人民共和国民法通则》第84条、第108条、最高人民法院《关于适用〈中华人民共和国民事诉讼法〉若干问题的意见》第43条之规定，判决如下：

一、由被告杨某支付原告丁某兴国工业园办公楼及素艺玩具厂厂房工程款1 440 000元及其利息，利息从2004年5月1日起按中国人民银行发布的同期同类贷款利率计算至付清款时止，利随本清。被告江西某桥工程有限责任公司对上述应付款项承担连带清偿责任；

二、由被告杨某支付原告丁某洪门工业园食堂工程款175 246.76元及其利息，利息从2004年11月1日起按中国人民银行发布的同期同类贷款利率计算至付清款时止，利随本清；

三、驳回原告丁某的其他诉讼请求。

上述给付款项，限被告杨某与被告江西某桥工程有限责任公司在本判决生效后15日内付清，逾期则依照《中华人民共和国民事诉讼法》第229条之规定，加倍支付迟延履行期间的债务利息。

案件受理费32 127元，财产保全费5 000元，合计37 127元，由原告丁某负担10 820元，被告杨某负担16 153元，被告江西某桥工程有限责任公司负担10 154元。

如不服本判决，可在判决书送达之日起15日内，向本院递交上诉状，并按对方当事人的人数提出副本，上诉于江西省高级人民法院。

4.3.2　可撤销的建设工程合同

1. 可撤销的建设工程合同的概念与特征

可撤销的建设工程合同是指虽然已经成立，但违反合同生效条件，经一方当事人要

求，由法院或者仲裁机构确认后予以撤销的建设工程合同。

这类合同的特征：在合同关系中处于不利地位的当事人的意思表示不真实；一经当事人请求法院或仲裁机构予以撤销后，即归于无效并且自始无效；如果享有请求权的当事人不请求撤销的，人民法院或仲裁机构不主动予以撤销，当事人可以继续履行。

2. 可撤销的建设工程合同的类型

《合同法》第54条规定，下列合同，当事人一方有权请求人民法院或者仲裁机构变更或者撤销：①因重大误解订立的；②在订立合同时显失公平的。一方以欺诈、胁迫的手段或者乘人之危，使对方在违背真实意思的情况下订立的合同，受损害方有权请求人民法院或者仲裁机构变更或者撤销。当事人请求变更的，人民法院或者仲裁机构不得撤销。

（1）重大误解。所谓重大误解，是指合同当事人一方由于自身的过错而产生对合同内容的重大错误认识。在重大误解的情形下，行为人的意思表示严重不真实，其合同权利义务也会因此而遭受严重不利影响。法律基于保护有重大误解一方当事人的利益出发，赋予其申请变更或撤销合同的权利。

根据最高人民法院《关于贯彻执行〈中华人民共和国民法通则〉若干问题的意见（试行）》（以下简称《意见（试行）》）第71条的规定，行为人因对行为的性质、对方当事人、标的物的品种、质量、规格和数量等的错误认识，使行为的后果与自己的意思相悖，并造成较大损失的，可以认定为重大误解。

（2）显失公平。所谓显失公平，是指合同当事人合同权利与义务的严重不对等。法律赋予处于不利地位的一方当事人申请变更或撤销合同的权利，原因即在于在显失公平的状态下，双方当事人的权利义务极不对等，明显违反了公平、等价有偿的基本原则，已超出了法律所允许的限度。根据《意见（试行）》第72条的规定，一方当事人利用优势或者利用对方没有经验致使对方的权利义务显失公平、等价有偿原则的，可以认定为显失公平。

显失公平的建设工程合同并不鲜见。发包方往往利用自身在建设市场中的优势地位，在合同工期、工程质量等级等方面对承包方提出十分严格的要求，但又在工程价款的问题上处处压价，如要求承包商降低取费费率、让利等。承包商通常因为面对激烈的市场竞争和自身生存与发展的困境而不得不就范。因此，承包方在必要时应当以显失公平为由，请求人民法院或仲裁机构对相应的合同条款予以变更，以维护自身的合法权益。

（3）欺诈、胁迫。所谓欺诈是指一方当事人故意告知对方虚假情况或者故意隐瞒真实情况，诱使对方当事人作出错误意思表示的行为。其构成要件有：欺诈方有欺诈的故意；欺诈方有欺诈的行为；被欺诈方因欺诈行为陷入了错误认识；受欺诈方基于自己的错误认识而作出了违反其真实意思的意思表示。《意见（试行）》第68条规定，一方当事人故意告知对方虚假情况，或者故意隐瞒真实情况，诱使对方当事人作出错误意思表示的，可以认定为欺诈行为。

所谓胁迫是指以给公民及其亲友的生命健康、荣誉、名誉、财产等造成损害或者以给法人的荣誉、名誉、财产等造成损害为要挟，迫使对方作出违背真实意思表示的行为。其构成要件有：胁迫人有胁迫的故意；胁迫人实施了胁迫行为；对方当事人因胁迫行为而产生恐惧；对方当事人因恐惧而作出了违背真实意思的表示，并签订了合同。《意见（试行）》第69条规定，以给公民及其亲友的生命健康、荣誉、名誉、财产等造成损害为要挟，迫使对方作出违背真实意思表示的，可以认定为胁迫行为。

（4）乘人之危。所谓乘人之危，是指一方当事人利用对方处于紧急、危难情况的时机，迫使对方接受其明显不公平的条件而订立合同。《意见（试行）》第70条规定，一方当事人乘对方处于危难之机，为牟取不正当利益，迫使对方作出不真实的意思表示，严重损害对方利益的，可以认定为乘人之危。

3. 撤销权的消灭

（1）具有撤销权的当事人自知道或者应当知道撤销事由之日起一年内没有行使撤销权。

（2）具有撤销权的当事人知道撤销事由后明确表示或者以自己的行为放弃撤销权。

4.3.3　无效建设工程合同

1. 无效建设工程合同的概念与特征

无效建设工程合同是指虽然发包方与承包方订立，但因违反法律规定而没有法律约束力，国家不予以承认和保护，甚至要对违法当事人进行制裁的建设工程合同。

无效合同在性质上是自始无效、绝对无效、当然无效的合同，这是无效合同违法性质所决定的。对这类合同，自合同成立时起就不具有法律效力，当事人不能通过同意或追认使其生效，当事人无须向法院或仲裁机构主张其无效，法院或仲裁机构可以主动审查决定该合同无效。

2.《合同法》中规定的无效合同与无效的免责条款

1）无效合同的类型

（1）一方以欺诈、胁迫的手段而订立的损害国家利益的合同。

（2）恶意串通，损害国家、集体或第三人利益的合同。

（3）以合法形式掩盖非法目的的合同。

（4）损害社会公共利益的合同。

（5）违反法律、行政法规的强制性规定的合同。

2）无效的免责条款

免责条款，是当事人在合同中确立的排除或限制其未来责任的条款。合同中的下列免责条款无效。

（1）造成对方人身伤害的。

（2）因故意或者重大过失造成对方财产损失的。

3. 司法解释中规定的无效建设工程合同

2005年1月1日起实施的《最高人民法院关于审理建设工程承包合同纠纷案件适用法律问题的解释》规定中列举了建设工程承包合同无效的5种情形如下。

（1）承包人未取得建筑施工企业资质或者超越资质等级订立的建设工程承包合同。

● 特 别 提 示 ●

承包人超越资质等级许可的业务范围签订建设工程施工合同，在建设工程竣工前取得相应资质等级的，当事人请求按照无效合同处理的，不予支持。

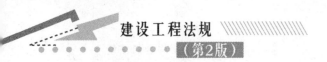

（2）没有资质的实际施工人借用有资质的建筑施工企业名义订立的建设工程承包合同。

（3）建设工程必须进行招标而未招标或者中标无效订立的建设工程承包合同。

（4）承包人非法转包建设工程订立的建设工程承包合同。

特 别 提 示

具有劳务作业法定资质的承包人与总承包人、分包人签订的劳务分包合同，当事人以转包建设工程违反法律规定为由请求确认无效的，不予支持。

（5）承包人违法分包建设工程订立的建设工程承包合同。

承包人非法转包、违法分包建设工程或者没有资质的实际施工人借用有资质的建筑施工企业名义与他人签订建设工程施工合同的行为无效。人民法院可以根据民法通则规定，收缴当事人已经取得的非法所得。

4.3.4 被撤销的或无效建设工程合同的法律后果

《合同法》中规定，无效的合同或者被撤销的合同自始没有法律约束力。合同部分无效，不影响其他部分效力的，其他部分仍然有效。

合同无效、被撤销或者终止的，不影响合同中独立存在的有关解决争议方法的条款的效力。

合同无效或者被撤销后，因该合同取得的财产，应当予以返还；不能返还或者没有必要返还的，应当折价补偿。有过错的一方应当赔偿对方因此所受到的损失，双方都有过错的，应当各自承担相应的责任。当事人恶意串通，损害国家、集体或者第三人利益的，因此取得的财产收归国家所有或者返还集体、第三人。

4.3.5 无效建设工程施工合同的工程款结算

《最高人民法院关于审理建设工程施工合同纠纷案件适用法律问题的解释》规定，建设工程施工合同无效，但建设工程经竣工验收合格，承包人请求参照合同约定支付工程价款的，应予支持。

建设工程施工合同无效，且建设工程经竣工验收不合格的，按照以下情形分别处理。

（1）修复后的建设工程经竣工验收合格，发包人请求承包人承担修复费用的，应予支持。

（2）修复后的建设工程经竣工验收不合格，承包人请求支付工程价款的，不予支持。

 **案例解析**

依据本章所学知识，本章导入案例分析如下：

1. "污水处理建设工程合同"无效

本案中，A公司为一级资质，具备承接该污水工程的资质，但由于B公司为国有公司，该项目为环境保护项目，其所用资金900万元为国有资金。B公司在发包该工程时，未经过招投标程序，私下将工程发包给A公司，违反了《招标投标法》第三条的强制性规定，根据司法解释的规定，A公司与B公司所签合同因内容违法而无效。

2. 合同无效，A 公司仍有权以约定工程款 900 万元结算

建设工程承包合同不同于一般的合同，其施工过程，就是承包人将劳务、智力成果及建筑材料物化到建设工程的施工过程。基于这一特殊性，合同无效，发包人取得财产的形式是承包人建设的工程，实际上是承包人对工程建设投入的劳务、智力成果、建筑材料，故而无法适用无效以后恢复原状、返还财物的一般原则，只能折价补偿。

司法解释规定：建设工程承包合同无效，但建设工程经竣工验收合格，承包人请求参照合同约定支付工程的，应予支持。发包人发包工程的目的是为了获取一个经验收合格的工程，工程竣工验收合格，发包人已经实现了合同目的。承包人就此取得合同约定的工程款，也符合等价有偿原则。所以本案中，尽管双方所签合同无效，但 A 公司仍然有权要求 B 公司按合同约定支付工程款。

想一想

王某系某国棉一厂的下岗职工，2005 年 3 月 1 日，王某以提供虚假资质证明等手段从俊豪房地产开发公司承揽到 2 000m² 住宅的施工任务，2005 年 9 月 1 日王某建造完成了该建设项目。此时俊豪房地产开发公司仍拖欠王某 100 万元工程款未付，在这种情况下，王某向俊豪房地产开发公司提出支付工程款的要求，俊豪房地产开发公司称王某投标时使用假的资质证明，应属中标无效，所签订的合同属于无效合同，因而拒绝支付余款。

【问题】

请评析该案例：双方所签的合同是否有效？工程款如何结算？

4.4　建设工程合同的履行

4.4.1　建设工程合同履行的原则

1. 实际履行原则

订立合同的目的是为了满足一定的经济利益目的，当事人应当按照合同约定交付标的或提供服务。根据实际履行原则，当事人应当按照合同规定的标的完成任务，不能用违约金或赔偿金来代替合同标的；任何一方违约时也不能以支付违约金或赔偿损失的方式来代替合同的履行，守约一方要求继续履行的，应当继续履行。由于建设工程项目是特定的不动产产品，具有不可替代的特点，因此建设工程合同签订后，合同当事人就必须按照合同约定的内容和范围实际履行，承包方应按期保质地交付勘察设计成果和建设工程，发包方则应及时予以接受。

2. 全面、适当履行原则

全面、适当履行原则，是指合同当事人完全按照合同的标的、数量、质量、价款或者报酬、地点、期限、方式等要求，全面地完成自己的义务。建设工程合同要求当事人必须按照合同约定的所有条款完成工程建设任务，在工期内按约定的质量完成工程项目的建设行为并进行工程款结算。

4.4.2 建设工程合同履行的规则

1. 合同条款约定不明的履行规则

《合同法》第61条规定，合同生效后，当事人就质量、价款或者报酬、履行地点等内容没有约定或者约定不明确的，可以协议补充；不能达成补充协议的，按照合同有关条款或者交易习惯确定。

《合同法》第62条规定，当事人就有关合同内容约定不明确，依照第61条的规定仍不能确定的，适用下列规定。

（1）质量要求不明确的，按照国家标准、行业标准履行；没有国家标准、行业标准的，按照通常标准或者符合合同目的特定标准履行。

（2）价款或者报酬不明确的，按照订立合同时履行地的市场价格履行；依法应当执行政府定价或者政府指导价的，按照规定履行。

（3）履行地点不明确，给付货币的，在接受货币一方所在地履行；交付不动产的，在不动产所在地履行；其他标的，在履行义务一方所在地履行。

（4）履行期限不明确的，债务人可以随时履行，债权人也可以随时要求履行，但应当给对方必要的准备时间。

（5）履行方式不明确的，按照有利于实现合同目的的方式履行。

（6）履行费用的负担不明确的，由履行义务一方负担。

2. 执行政府定价或者政府指导价的合同的履行规则

执行政府定价或者政府指导价的，在合同约定的交付期限内政府价格调整时，按照交付时的价格计价。逾期交付标的物的，遇价格上涨时，按照原价格执行；价格下降时，按照新价格执行。逾期提取标的物或者逾期付款的，遇价格上涨时，按照新价格执行；价格下降时，按照原价格执行。

3. 涉及第三人合同的履行规则

1）向第三人履行的合同

当事人约定由债务人向第三人履行债务的，债务人未向第三人履行债务或者履行债务不符合约定，应当向债权人承担违约责任。

2）由第三人履行的合同

当事人约定由第三人向债权人履行债务的，第三人不履行债务或者履行债务不符合约定，债务人应当向债权人承担违约责任。

4.4.3 合同履行抗辩权

抗辩权是指当事人双方在合同履行过程中，都应履行自己的义务，一方当事人不履行或者有可能不履行时，另一方当事人可以据此不履行自己的义务。合同履行抗辩权的作用在于：当一方合同当事人违约或可能违约时，对方当事人享有暂时停止履约的权利，以避免或预防因履约给自己造成，或者可能造成的损失。这一制度是公平原则的体现，旨在维持合同履行上的权利义务平衡。《合同法》规定了同时履行抗辩权、先履行抗辩权和不安抗辩权。

1. 同时履行抗辩权

同时履行抗辩权是指双务合同的当事人在无先后履行顺序时，一方在对方未履行或不适当履行以前，可拒绝履行自己相应债务的权利。

《合同法》第66条规定，当事人互负债务，没有先后履行顺序的，应当同时履行。一方在对方履行之前有权拒绝其履行要求。一方在对方履行债务不符合约定时，有权拒绝其相应的履行要求。

同时履行抗辩权主要适用于一些没有约定履行先后顺序的双务合同，这在一些常见的"一手交钱，一手交货"的简单买卖、交易中经常会碰到，而在建设工程施工合同的履行中很少能见到。但是，当发包人在合同以外要求承包人进行"三通一平"工程施工时，往往只是口头约定工程价款，而不同时出具有效的签证，在此种情况下承包人可以主张同时履行的抗辩权，要求发包人同时出具工程价款签证。否则，承包人施工后发生争议的，责任由承包人自负。

2. 先履行抗辩权

先履行抗辩权是指在双务合同中应当先履行的一方当事人未履行或者不适当履行，到履行期限的对方当事人享有不履行、部分履行的权利。

《合同法》第67条规定，当事人互负债务，有先后履行顺序，先履行一方未履行的，后履行一方有权拒绝其履行要求。先履行一方履行债务不符合约定的，后履行一方有权拒绝其相应的履行要求。

建设工程合同的先履行抗辩权的表现情形：发包人和承包人约定，在施工中发包人向承包人分期支付工程预付款，但到期后发包人没有支付款项，承包人因此而停工；发包人和承包人约定，在承包人完成隐蔽工程并检验合格后由发包人向承包人支付工程款，但承包人完成的隐藏工程经检验不合格，发包人因此而不支付工程款，等等。

建设工程承包合同的先履行抗辩权在现实中是大量存在的。但很多当事人不知道这种权利的存在，或不懂得如何依法行使这种合法权利去维护自己的权益。他们往往将这种情形视为违约，从而形成纠纷。建设工程承包合同纠纷的最终结果是要决定当事人的责任，这种责任往往表现为重大的经济责任。如果没有一种法律尺度去判断合同行为的合法性，就不能够正确地确定当事人的责任。因此，明确并正确地行使建设工程承包合同的先履行抗辩权，对于正确区分合同纠纷责任，维护当事人的合法权益，具有重大意义。

3. 不安抗辩权

不安抗辩权是指双务合同成立后，应当先履行的当事人有证据证明对方不能履行义务，或者有不能履行合同义务的可能时，在对方没有履行或者提供担保之前，有权中止履行合同义务。

《合同法》第68条规定，应当先履行债务的当事人，有确切证据证明对方有下列情形之一的，可以中止履行。

(1) 经营状况严重恶化。

(2) 转移财产、抽逃资金，以逃避债务。

(3) 丧失商业信誉。

(4) 有丧失或者可能丧失履行债务能力的其他情形。

当事人没有确切证据中止履行的，应当承担违约责任。

《合同法》第 69 条规定，当事人依照法律规定中止履行的，应当及时通知对方。对方提供适当担保时，应当恢复履行。中止履行后，对方在合理期限内未恢复履行能力并且未提供适当担保的，中止履行的一方可以解除合同。

4.4.4　建设工程合同履行的担保

合同履行的担保指合同双方当事人为确保合同履行，依照法律规定或者当事人约定而采取的具有法律效力的保证措施。合同履行的担保是通过签订担保合同或是在合同中设立担保条款来实现的。担保合同是从合同，被担保合同是主合同。担保合同将随着被担保合同的履行而消灭。而当被担保人不履行其义务且不承担相应责任时，担保人则应承担其担保责任。

《担保法》中规定了五种合同的担保形式：保证、抵押、质押、留置和定金。其中，建设工程合同的担保形式主要有：保证、抵押、定金和承包人的优先受偿权。

1. 保证

保证指保证人和债权人约定，当债务人不履行债务时，保证人按照约定履行债务或承担责任的行为。

《担保法》规定，具有代为清偿债务能力的法人、其他组织或者公民，可以作保证人。但下列情形不能成为保证人：（1）国家机关不得为保证人，经国务院批准为使用外国政府或国际经济组织贷款进行转贷的除外；（2）学校、幼儿园、医院等以公益为目的的事业单位或社会团体不得为保证人；（3）企业法人的分支机构、职能部门不得为保证人，企业法人的分支机构有法人书面授权的，在授权范围内可以提供担保。

保证分为一般保证和连带责任保证两种方式。当事人在保证合同中约定，在债务人不能履行债务时，由保证人才承担保证责任的，为一般保证。一般保证的保证人在主合同纠纷未经审判或者仲裁，并就债务人财产依法强制执行仍不能履行债务前，对债权人可以拒绝承担保证责任。当事人在保证合同中约定保证人与债务人对债务承担连带责任的，为连带责任保证。连带责任保证的债务人在主合同规定的债务履行期届满没有履行债务的，债权人可以要求债务人履行债务，也可以要求保证人在其保证范围内承担保证责任。《担保法》还规定："当事人对保证方式没有约定或者约定不明确的，按照连带责任保证承担保证责任。"

建设工程合同中最常见的银行为工程承包单位开具的履约保函，即是银行充当保证人为承包单位担保的保证方式。

2. 抵押

抵押是指为担保债务的履行，债务人或者第三人不转移财产的占有，将该财产抵押给债权人的，债务人不履行到期债务或者发生当事人约定的实现抵押权的情形，债权人有权就该财产优先受偿。

1）抵押财产及登记

根据《物权法》第 180 条，债务人或者第三人有权处分的下列财产可以抵押：

（1）建筑物和其他土地附着物；

（2）建设用地使用权；

（3）以招标、拍卖、公开协商等方式取得的荒地等土地承包经营权；

（4）生产设备、原材料、半成品、产品；

（5）正在建造的建筑物、船舶、航空器；

（6）交通运输工具；

（7）法律、行政法规未禁止抵押的其他财产。

抵押人可以将前款所列财产一并抵押。

根据《物权法》第184条，下列财产不得抵押：

（1）土地所有权；

（2）耕地、宅基地、自留地、自留山等集体所有的土地使用权，但法律规定可以抵押的除外；

（3）学校、幼儿园、医院等以公益为目的的事业单位、社会团体的教育设施、医疗卫生设施和其他社会公益设施；

（4）所有权、使用权不明或者有争议的财产；

（5）依法被查封、扣押、监管的财产；

（6）法律、行政法规规定不得抵押的其他财产。

以《物权法》第180条第1款第1项至第3项规定的财产或者第5项规定的正在建造的建筑物抵押的，应当办理抵押登记。抵押权自登记时设立。

以《物权法》第180条第1款第4项、第6项规定的财产或者第5项规定的正在建造的船舶、航空器抵押的，抵押权自抵押合同生效时设立；未经登记，不得对抗善意第三人。

2）抵押权的实现

抵押权人在债务履行期届满前，不得与抵押人约定债务人不履行到期债务时抵押财产归债权人所有。

债务人不履行到期债务或者发生当事人约定的实现抵押权的情形，抵押权人可以与抵押人协议以抵押财产折价或者以拍卖、变卖该抵押财产所得的价款优先受偿。抵押财产折价或者拍卖、变卖后，其价款超过债权数额的部分归抵押人所有，不足部分由债务人清偿。

同一财产向两个以上债权人抵押的，拍卖、变卖抵押财产所得的价款依照下列规定清偿：抵押权已登记的，按照登记的先后顺序清偿；顺序相同的，按照债权比例清偿；抵押权已登记的先于未登记的受偿；抵押权未登记的，按照债权比例清偿。

抵押权人应当在主债权诉讼时效期间行使抵押权；未行使的，人民法院不予保护。

3．质押

1）质押的类型

质押包括动产质押和权利质押。

动产质押，指为担保债务的履行，债务人或者第三人将其动产出质给债权人占有的，债务人不履行到期债务或者发生当事人约定的实现质权的情形，债权人有权就该动产优先受偿。债务人或者第三人为出质人，债权人为质权人，交付的动产为质押财产。

权利质押，指债务人或第三人将其所拥有的合法财产权利移交债权人占有，将该财产权利作为债权的担保。在债务履行期限届满或履行期限内，债权人可以通过兑现权利的内容或行使权利实现自己所担保的债权。可以作为质押的权利包括以下几种。

（1）汇票、支票、本票、债券、存款单、仓单、提单。

（2）可以转让的基金份额、股权。

（3）可以转让的注册商标专用权、专利权、著作权等知识产权中的财产权。

（4）应收账款。

（5）法律、行政法规规定可以出质的其他财产权利。

2）质权合同

设立质权，当事人应当采取书面形式订立质权合同。质权合同一般包括下列条款：被担保债权的种类和数额；债务人履行债务的期限；质押财产的名称、数量、质量、状况；担保的范围；质押财产交付的时间。

质权自出质人交付质押财产时设立。

3）质权的实现

质权人在债务履行期届满前，不得与出质人约定债务人不履行到期债务时质押财产归债权人所有。

债务人履行债务或者出质人提前清偿所担保的债权的，质权人应当返还质押财产。债务人不履行到期债务或者发生当事人约定的实现质权的情形，质权人可以与出质人协议以质押财产折价，也可以就拍卖、变卖质押财产所得的价款优先受偿。质押财产折价或者拍卖、变卖后，其价款超过债权数额的部分归出质人所有，不足部分由债务人清偿。

4. 定金

定金是指合同当事人约定一方给付一定数额的货币作为债权人的担保。债务人履行债务后，定金应当抵作价款或收回。给付定金的一方不履行债务的，无权要求返还定金；收受定金的一方不履行债务的，应当双倍返还定金。

定金应当以书面形式约定。当事人在定金合同中应当约定交付定金的期限。定金合同从实际交付定金之日起生效。

定金的数额由当事人约定，但不得超过主合同标的额的 20%。

在建设工程勘察和设计合同中，通常都采用定金这种担保方式。

5. 留置

留置指债权人按照合同约定占有债务人的财产，债务人不按照合同约定的期限履行债务的，债权人有权依法留置该财产。以该财产折价或以拍卖、变卖该财产的价款优先受偿。

债权人留置的动产，应当与债权属于同一法律关系，但企业之间留置的除外。

留置权人与债务人应当约定留置财产后的债务履行期间；没有约定或者约定不明确的，留置权人应当给债务人两个月以上履行债务的期间，但鲜活易腐等不易保管的动产除外。债务人逾期未履行的，留置权人可以与债务人协议以留置财产折价，也可以就拍卖、变卖留置财产所得的价款优先受偿。

6. 承包人的优先受偿权

除了《担保法》中规定的 5 种基本担保形式外，《合同法》第十六章"建设工程合同"中还规定了承包人的优先受偿权。

《合同法》第 286 条规定，发包人未按照约定支付价款的，承包人可以催告发包人在合理期限内支付价款。发包人逾期不支付的，除按照建设工程的性质不宜折价、拍卖的以外，承包人可以与发包人协议将该工程折价，也可以申请人民法院将该工程依法拍卖。建设工程的价款就该工程折价或者拍卖的价款优先受偿。此条规定称为承包人的优先受偿权。

最高人民法院公布，于 2002 年 6 月 27 日施行的《关于建设工程价款优先受偿权问题的批复》，作了如下进一步解释。

（1）人民法院在审理房地产纠纷案件和办理执行案件中，应当依照《中华人民共和国合同法》第 286 条的规定，认定建筑工程的承包人的优先受偿权优于抵押权和其他债权。

（2）消费者交付购买商品房的全部或者大部分款项后，承包人就该商品房享有的工程价款优先受偿权不得对抗买受人。

（3）建筑工程价款包括承包人为建设工程应当支付的工作人员报酬、材料款等实际支出的费用，不包括承包人因发包人违约所造成的损失。

（4）建设工程承包人行使优先权的期限为 6 个月，自建设工程竣工之日或者建设工程合同约定的竣工之日起计算。

4.4.5　建设工程合同的保全

在合同履行过程中，为了保护债权人的合法权益，预防因债务人的财产不当减少，而危害债权人的债权时，法律允许债权人为保全其债权的实现而采取法律保障措施，称为合同的保全。合同的保全措施包括代位权和撤销权。

1. 债权人的代位权

债权人的代位权是指债权人为了保障其债权不受损害，而以自己的名义代替债务人行使债权的权利。

《合同法》规定，因债务人怠于行使其到期债权，对债权人造成损害的，债权人可以向人民法院请求以自己的名义代位行使债务人的债权，但该债权专属于债务人自身的除外。代位权的行使范围以债权人的债权为限。债权人行使代位权的必要费用，由债务人负担。

2. 债权人的撤销权

债权人的撤销权是指债权人对于债务人危害其债权实现的不当行为，有请求人民法院予以撤销的权利。在合同履行过程中，当债权人发现债务人的行为将会危害自身的债权实现时，可以行使法定的撤销权，以保障合同中约定的合法权益。

根据《合同法》及司法解释的规定，因债务人放弃其到期债权或无偿转让财产，对债权人造成损害的，债权人可以请求人民法院撤销债务人的行为。债务人以明显不合理的低价转让财产，对债权人造成损害，并且受让人知道该情形的，债权人也可以请求人民法院撤销债务人的行为。

撤销权的行使范围以债权人的债权为限。债权人行使撤销权的必要费用，由债务人承担；第三人有过错的，应当适当分担。

撤销权自债权人知道或者应当知道撤销事由之日起一年内行使。自债务人的行为发生之日起五年内没有行使撤销权的，该撤销权消灭。

4.5 建设工程合同的变更与终止

4.5.1 建设工程合同的变更

1. 建设工程合同变更的概念

建设工程合同变更的概念有广义和狭义之分。从广义上理解，建设工程合同的变更不仅包括合同内容的变更，而且还包括合同主体的变更。从狭义上理解，建设工程合同的变更仅指合同内容的变更。由于合同主体的变更实际上是合同权利义务的转让，《合同法》将合同变更与合同转让进行了区分，并且我国法律中明确规定承包人不得将其承包的全部建设工程转包给第三方。因此这里的建设工程合同的变更是指狭义上的变更（建设工程合同内容的变更），即指在合同主体不变的前提下合同内容的修改与补充。

特 别 提 示

建设工程不得转包，即建设工程合同不得进行权利义务的转让，但如果合同当事人签订合同后发生合并或分立的，也会产生合同权利义务法定的概括移转，适用《合同法》第90条的规定，"当事人订立合同后合并的，由合并后的法人或者其他组织行使合同权利，履行合同义务。当事人订立合同后分立的，除债权人和债务人另有约定的以外，由分立的法人或者其他组织对合同的权利和义务享有连带债权，承担连带债务。"

由于建设工程合同履行的期限长，涉及范围广，影响因素多，因此，一份建设工程合同签订得再好，签约时考虑得再全面，履行时也免不了因工程实施条件及环境的变化而对合同约定的事项进行修正，即对建设工程合同的内容进行变更。应该说，建设工程合同不断进行变更是正常的，司空见惯的，一份合同履行到底，不做任何变更是十分罕见的，很不正常的。

2. 建设工程合同变更的方式

《合同法》规定，当事人协商一致，可以变更合同。法律、行政法规规定变更合同应当办理批准、登记等手续的，依照其规定。当事人对合同变更的内容约定不明确的，推定为未变更。

建设工程合同的变更是通过工程签证来加以确认的，实际上就是工程承发包双方在施工过程中对支付各种费用、顺延工期、赔偿损失等事项所达成的补充协议。经双方书面确认的工程签证，将成为工程结算或工程索赔的依据。工程签证是双方协商一致的结果，是对原合同进行变更的法律行为，具有与原合同同等的法律效力，并构成整个工程合同的组成部分。

3. 建设工程合同变更的效力

由于建设工程合同的变更是在原合同的基础上将合同内容发生变化，因此建设工程合同依法变更后，发包人与承包人应按变更后的合同履行义务，任何一方违反变更后的合同内容都将违约。同时，由于建设工程合同的变更只是原合同内容的局部变更而非全部变更，因此对原合同中未变更的内容，仍然继续有效，双方应继续按原合同约定的内容履行义务。

建设工程合同的变更不具有溯及既往的效力，已经履行的债务不因合同的变更而失去法律依据。也就是说，无论是发包人还是承包人，均不得以变更后的合同条款来作为重新调整双方在变更前的权利义务关系的依据。

依《民法通则》第 115 条规定，建设工程合同的变更，不影响当事人要求赔偿损失的权利。

4.5.2 建设工程合同的终止

1. 建设工程合同的终止原因

《合同法》第 91 条将合同权利义务终止的原因归结为以下 7 个方面。

(1) 债务已经按照约定履行。

(2) 合同解除。

(3) 债务相互抵销。

(4) 债务人依法将标的物提存。

●●● 知 识 链 接 ．．

提存，是指由于债权人的原因，债务人无法向其交付合同标的物而将该标的物交给提存机关，从而消灭合同的制度。

有下列情形之一，难以履行债务的，债务人可以将标的物提存：

(1) 债权人无正当理由拒绝受领；

(2) 债权人下落不明；

(3) 债权人死亡未确定继承人或者丧失民事行为能力未确定监护人；

(4) 法律规定的其他情形。

．．

(5) 债权人免除债务。

(6) 债权债务同归于一人。

(7) 法律规定或者当事人约定终止的其他情形。

工程实践中，除了发承包方按照合同约定履行义务而导致合同自然终止以外，最常见的就是因合同解除而引发的建设工程合同终止。

2. 合同解除

1）合同解除的概念与分类

合同的解除，是指合同成立后，因当事人一方的意思表示或者双方的协议，使基于合同而发生的债权债务关系归于消灭的行为。

合同的解除可作以下分类。

其一，约定解除，即《合同法》第 93 条规定，当事人协商一致，可以解除合同。当事人可以约定一方解除合同的条件。解除合同的条件成就时，解除权人可以解除合同。

其二，法定解除，即《合同法》第 94 条规定，有下列情形之一的，当事人可以解除合同：(一)因不可抗力致使不能实现合同目的；(二)在履行期限届满之前，当事人一方明确表示或者以自己行为表明不履行主要债务；(三)当事人一方迟延履行主要债务，经催告后在合理期限内仍未履行；(四)当事人一方迟延履行债务或者有其他违约行为致使不能实现合同目的的；（五）法律规定的其他情形。

我国有关建设工程施工合同解除的规定主要体现在最高人民法院《关于审理建设工程施工合同纠纷案件适用法律问题的解释》（以下简称《解释》）。该解释分别对发包人和承包人的合同解除权作出规定。

2）发包人的解除权

《解释》第8条规定，承包人具有下列情形之一，发包人请求解除建设工程施工合同的，应予支持：

(1) 明确表示或以行为表明不履行合同主要义务；

(2) 合同约定的期限内没有完工，且在发包人催告的合理期限内仍未完工的；

(3) 已经完成的工程质量不合格，且拒绝修复的；

(4) 将承包的建设工程非法转包或违法分包的。

3）承包人的解除权

《解释》第9条规定，发包人不履行下列义务，致使承包人无法施工，且经承包人催告后，在合理期限内仍不履行的，承包人可以解除合同：

(1) 发包人未按约定支付工程价款；

(2) 发包人提供的主要建筑材料、建筑构配件和设备不符合强制性标准；

(3) 发包人不履行其他协助义务。

4）建设工程合同解除的法律后果

《合同法》第97条规定，合同解除后，尚未履行的，终止履行；已经履行的，根据履行情况和合同性质，当事人可以要求恢复原状、采取其他补救措施，并有权要求赔偿损失。

《解释》第10条规定，建设工程施工合同解除后，已经完成的建设工程质量合格的，发包人应当按照约定支付相应的工程价款；已经完成的建设工程质量不合格的，参照《解释》第3条规定处理。因一方违约导致合同解除的，违约方应当赔偿因此而给对方造成的损失。因建设工程不合格造成的损失，发包人有过错的，也应承担相应的民事责任。

● 特 别 提 示

《解释》第3条规定，建设工程施工合同无效，且建设工程经竣工验收不合格的，按照以下情形分别处理：

(1) 修复后的建设工程经竣工验收合格，发包人请求承包人承担修复费用的，应予支持；

(2) 修复后的建设工程经竣工验收不合格，承包人请求支付工程价款的，不予支持。

应用案例4-2

发包人不履行合同主要义务，承包人有权解除合同

【案例概况】

燕康股份有限公司（以下简称燕康公司）与蓝田建筑工程公司（以下简称蓝田公司）签订了建设工程施工合同。合同约定，蓝田公司承建燕康公司的综合楼，15层框架结构，总建筑面积

15 000平方米，工期从2004年9月1日至2006年4月30日，合同价款27 205 000元，在工程施工期间，燕康公司根据工程进度，分期预付工程款，其一期预付款应于合同签订后十日内支付，工程竣工并经验收合格后，燕康公司按合同约定支付工程尾款。合同签订后，蓝田公司如期开工，但燕康公司并未按合同约定预付一期预付款。蓝田公司几次要求燕康公司按合同约定预付工程款。燕康公司均以资金紧张为由拒付。蓝田公司的资金亦十分紧张，只得贷款垫资施工。工程进行到5层时，燕康公司仍未按合同约定预付各期预付款，致蓝田公司再无资金继续施工。而且，时值春节前夕，因蓝田公司不能发放农民工工资，造成农民工波动，农民工多人有过激行为。蓝田公司陷入极度困难，无奈再次与燕康公司交涉，希望燕康公司按合同约定尽快预付工程款。但燕康公司依然拒付。山穷水尽的蓝田公司只得忍痛放弃这项工程，向燕康公司发出解除合同的书面通知，并要求对已完工程进行验收后，结算工程款。燕康公司则认为，本公司未按合同约定预付工程款实出于资金极度紧张，而并非有意拖欠，如资金状况好转便立即支付，不同意解除合同，也不同意对已完工程进行验收和结算工程款。蓝田公司与燕康公司多次交涉未果，遂诉至法院，请求法院判令解除双方所签合同，并对已完工程进行验收和结算工程款。

【法院判决】

在庭审中，原告蓝田公司诉称，本公司与燕康公司签订的建设工程施工合同是双方真实意思的表示，合法有效。本公司已履行了部分合同义务，但被告燕康公司未按合同约定支付工程预付款，致本公司已无力继续施工，故请求法院判令解除双方所签合同，并对已完工程进行验收和结算工程款。

被告燕康公司辩称，本公司未按合同约定预付工程款实出于资金极度紧张，而并非有意拖欠，如资金状况好转便立即支付，不同意解除合同，也不同意对已完工程进行验收和结算工程款。

法院经审理查明后认为，原告蓝田公司与被告燕康公司签订的建设工程施工合同是双方真实意思的表示，合法有效。原告已履行了部分合同义务，但被告未按合同约定支付工程预付款，且经原告多次催告后仍未支付，致原告无力继续施工，原告关于解除双方所签合同，并对已完工程进行验收和结算工程款的请求符合法律规定，本院予以支持；鉴于已完工程尚未进行验收和结算，故裁定中止本案诉讼，原、被告双方于30日内对已完工程进行验收和结算后恢复诉讼。法院裁定下达后，原、被告双方于10日内对已完工程进行了验收，但又对其造价发生了争议，于是又共同指定某工程造价鉴定部门进行了鉴定，鉴定结果为已完工程造价9 200 000元。对该造价，双方均无异议。30日后，法院恢复诉讼。被告仍称资金紧张，难付工程款，请原告再宽限时日，而不同意解除合同。原告则坚持其诉讼请求。法院遂根据《合同法》第94条第(三)项和司法解释的规定，判决解除原、被告签订的建设工程施工合同，被告于本判决生效之日起三十日内支付原告已完工程价款9 200 000元。

【案例评析】

在建设工程施工合同履行过程中，时常会遇到发包人迟付或拒付合同约定的工程预付款问题。在当前建筑市场中建设方处于优势地位的情况下，承包人承揽工程极为困难。所以，一旦揽到工程，即使发包人利用优势地位迟付或拒付合同约定的工程预付款或要求承包人垫资施工，承包人也只得屈从，而且往往需向银行贷款，由此而造成资金的极度紧张，甚至陷入困境。即便如此，承包人也不愿解除合同，以避免更大的损失。但在承包人确实无力继续履行合同的情况下，如果不能解除合同，则几乎会使其陷入绝境。因此，最高人民法院根据《合同法》第94条第(三)项的规定，作出了司法解释。

《合同法》第94条第(三)项规定："当事人一方迟延履行主要债务，经催告后在合理期限

内仍未履行的情形下，对方当事人可以解除合同。"

本案中，原告蓝田已履行了部分合同义务，但被告燕康公司未按合同约定支付工程预付款，且经原告多次催告后仍未支付，致原告无力继续施工。所以，原告关于解除双方所签合同，并对已完工程进行验收和结算工程款的诉讼请求符合法律规定。法院根据《合同法》第94条第（三）项和本条司法解释的规定所作的上述判决是正确的。

4.6　建设工程合同的违约责任

建设工程合同是承发包双方在平等自愿基础上订立的明确权利义务的协议，是双方在建设实施过程中遵循的最高行为准则。针对我国目前普遍存在的合同意识淡薄、违约行为不断的状况，明确各自权利和义务，强化合同规范管理，严格追究违约责任，成为维护建设市场正常秩序的重要保障。

4.6.1　违约责任的概念

违约责任是违反合同的民事责任的简称，是指合同当事人一方不履行合同义务或履行合同义务不符合合同约定所应承担的民事责任。

违约责任制度是合同法律制度的重要组成部分，是保障债权实现的重要措施。法律规定违反合同应承担违约责任的目的，在于用法律的强制约束力促使当事人严格履行合同义务，维护当事人的合法权益。如果没有该项制度，就无法从根本上保证合同的履行，当事人合法权益得到保障就无从谈起。

4.6.2　违约责任的构成

1. 违约责任的构成要件

违约责任的构成要件：一是有违约行为；二是无免责事由。前者称为违约责任的积极要件，后者称为违约责任的消极要件。此处仅讨论其积极要件，即违约行为。

特 别 提 示

《合同法》以严格责任原则作为承担违约责任的归责原则，即不论违约人在主观上是否有过错，都应当承担违约责任。

2. 违约行为的表现

违约行为是指当事人一方不履行合同义务或履行合同义务不符合约定的行为。具体表现如下。

1）不履行

不履行包括不能履行和拒绝履行。不能履行是指债务人在客观上已经没有履行能力，导致事实上已经不可能再履行债务；拒绝履行是指合同履行期到来后，当事人一方能够履行而故意不履行合同规定的义务。

2）不适当履行

不适当履行，指债务人虽然履行了债务，但其履行不符合合同的约定，包括瑕疵给付和加害给付两种类型。瑕疵给付是指债务人的给付含有瑕疵；加害给付是指债务人的给付不但含有瑕疵，而且其瑕疵还造成了被侵权人的损害。

3. 违约行为的分类

按照违约人，可分为单方违约和双方违约。

按照违约行为发生的时间，可分为预期违约和实际违约。

按照是否完全违背缔约目的，违约行为可分为根本违约和非根本违约。

4.6.3　违约责任的承担方式

《合同法》中规定的违约责任承担方式有：继续履行、采取补救措施、赔偿损失、支付违约金、定金等。

1. 继续履行

当事人一方未支付价款或者报酬的，对方可以要求其支付价款或者报酬。

当事人一方不履行非金钱债务或者履行非金钱债务不符合约定的，对方可以要求履行，但有下列情形之一的除外。

（1）法律上或者事实上不能履行。

（2）债务的标的不适于强制履行或者履行费用过高。

（3）债权人在合理期限内未要求履行。

2. 采取补救措施

质量不符合约定的，应当按照当事人的约定承担违约责任。受损害方根据标的的性质以及损失的大小，可以合理选择要求对方承担修理、更换、重作、退货、减少价款或者报酬等违约责任。

3. 赔偿损失

当事人一方不履行合同义务或者履行合同义务不符合约定的，在履行义务或者采取补救措施后，对方还有其他损失的，应当赔偿损失。损失赔偿额应当相当于因违约所造成的损失，包括合同履行后可以获得的利益，但不得超过违反合同一方订立合同时预见到或者应当预见到的因违反合同可能造成的损失。

当事人一方违约后，对方应当采取适当措施防止损失的扩大；没有采取适当措施致使损失扩大的，不得就扩大的损失要求赔偿。当事人因防止损失扩大而支出的合理费用，由违约方承担。

4. 支付违约金

当事人可以约定一方违约时应当根据违约情况向对方支付一定数额的违约金，也可以约定因违约产生的损失赔偿额的计算方法。

约定的违约金低于造成的损失的，当事人可以请求人民法院或者仲裁机构予以增加；约定的违约金过分高于造成的损失的，当事人可以请求人民法院或者仲裁机构予以适当减少。

当事人就迟延履行约定违约金的，违约方支付违约金后，还应当履行债务。

5. 定金

当事人可以依照《担保法》约定一方向对方给付定金作为债权的担保。债务人履行债

务后，定金应当抵作价款或者收回。给付定金的一方不履行约定的债务的，无权要求返还定金；收受定金的一方不履行约定的债务的，应当双倍返还定金。

当事人既约定违约金，又约定定金的，一方违约时，对方可以选择适用违约金或者定金条款。

4.6.4 建设工程合同当事人的违约责任

1. 发包人的违约责任

《合同法》第278条规定，隐蔽工程在隐蔽以前，承包人应当通知发包人检查。发包人没有及时检查的，承包人可以顺延工程日期，并有权要求赔偿停工、窝工等损失。

第283条规定，发包人未按照约定的时间和要求提供原材料、设备、场地、资金、技术资料的，承包人可以顺延工程日期，并有权要求赔偿停工、窝工等损失。

第284条规定，因发包人的原因致使工程中途停建、缓建的，发包人应当采取措施弥补或者减少损失，赔偿承包人因此造成的停工、窝工、倒运、机械设备调迁、材料和构件积压等损失和实际费用。

第285条规定，因发包人变更计划，提供的资料不准确，或者未按照期限提供必需的勘察、设计工作条件而造成勘察、设计的返工、停工或者修改设计，发包人应当按照勘察人、设计人实际消耗的工作量增付费用。

2. 承包人的违约责任

《合同法》第280条规定，勘察、设计的质量不符合要求或者未按照期限提交勘察、设计文件拖延工期，造成发包人损失的，勘察人、设计人应当继续完善勘察、设计，减收或者免收勘察、设计费并赔偿损失。

第281条规定，因施工人的原因致使建设工程质量不符合约定的，发包人有权要求施工人在合理期限内无偿修理或者返工、改建。经过修理或者返工、改建后，造成逾期交付的，施工人应当承担违约责任。

第282条规定，因承包人的原因致使建设工程在合理使用期限内造成人身和财产损害的，承包人应当承担损害赔偿责任。

4.6.5 违约的免责事由

合同订立后，一方当事人没有履行合同或履行合同义务不符合约定的，应当向对方承担违约责任。但是，当事人一方违约是由于某些无法防止的客观原因造成的，则可以根据情况免除违约方的违约责任。

1. 免责事由的概念

违约的免责事由也称免责条件，是指当事人对其违约行为免于承担违约责任的事由。合同法上的免责事由可分为两大类，即法定免责事由和约定免责事由。法定免责事由是由法律直接规定、不需要当事人约定即可援用的免责事由，主要指不可抗力；约定免责事由是指当事人约定的免责事由。

2. 不可抗力

不可抗力是指不能预见、不能避免并不能克服的客观情况。

不可抗力主要包括以下几种情形：（1）自然灾害，如台风、洪水、冰雹；（2）政府行为，如征收、征用；（3）社会异常事件，如罢工、骚乱。

因不可抗力不能履行合同的，根据不可抗力的影响，部分或者全部免除责任，但法律另有规定的除外。当事人迟延履行后发生不可抗力的，不能免除责任。

当事人一方因不可抗力不能履行合同的，应当及时通知对方，以减轻可能给对方造成的损失，并应当在合理期限内提供证明。

3. 免责条款

免责条款是指合同中的双方当事人在合同中约定的，为免除或者限制一方或者双方当事人未来责任的条款。一般来说，当事人就经过充分协商确定的免责条款，只要是完全建立在当事人自愿的基础上，又不违反公共利益，法律就对其效力给予承认。但是对严重违反诚实信用原则和社会公共利益的免责条款，法律予以禁止。

4.7　建设工程合同争议的解决

建设工程合同争议，是指合同当事人对合同规定的权利和义务发生争议而形成的争议。现代化建设工程合同项目风险大、环境复杂、参与方多、投资规模巨大，所签订的合同种类繁多，因此，出现建设工程合同争议的可能性大，范围广，涵盖了一项建设工程合同的从订立到终止的整个过程。

《合同法》第128条规定，当事人可以通过和解或者调解解决合同争议。当事人不愿和解、调解或者和解、调解不成的，可以根据仲裁协议向仲裁机构申请仲裁。当事人没有订立仲裁协议或者仲裁协议无效的，可以向人民法院起诉。由此可见，解决建设工程合同纠纷的基本方式有4种，即和解、调解、仲裁和诉讼。

除上述传统的4种解决方式外，在《标准施工招标文件》（2007版）和《建设工程施工合同（示范文本）》（GF—2013—0201）中还提供了另一个可供选择的争议处理方式：争议评审制度。

4.7.1　和解

和解是指合同当事人依据有关法律规定和合同约定，在自愿友好的基础上，互相谅解，经过谈判和磋商，自愿对争议事项达成协议，从而解决合同争议的一种方法。

通常建设工程合同纠纷发生后，解决纠纷的首选方式是协商和解。合同双方应本着解决问题与分歧的诚意，直接进行协商，以求相互谅解，从而消除分歧与异议，解决纠纷。

这种解决工程合同纠纷方式的优点在于无须第三人介入，既可以节省解决费用，及时解决问题，又可以保持友好合作关系，以利于下一步对协商协议的执行。其缺点是，双方就解决纠纷所达成的协议不具备强制执行的效力，当事人较易反悔。

4.7.2　调解

调解是在第三方的主持下，通过对当事人进行说服教育，促使双方互相作出适当的让步，自愿达成协议，从而解决合同争议的方法。调解包括民间调解、行政调解、法院调解和仲裁调解4种类型。

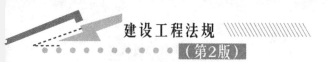

1. 民间调解

在当事人以外的第三人或组织的主持下，通过相互谅解，使纠纷得到解决的方式。民间调解达成的协议不具有强制约束力。

2. 行政调解

在有关行政机关的主持下，依据相关法律、行政法规、规章及政策处理纠纷的方式。行政调解达成的协议也不具有强制约束力。

3. 法院调解

在人民法院的主持下，在双方当事人自愿的基础上，以制作调解书的形式解决纠纷的方式。调解书经双方当事人签收后，即具有法律效力。

4. 仲裁调解

仲裁庭在作出裁决前进行调解的解决纠纷的方式。当事人自愿调解的，仲裁庭应当调解。仲裁的调解达成协议，仲裁庭应当制作调解书或者根据协议的结果制作裁决书。调解书与裁决书具有同等法律效力，调解书经当事人签收后即发生法律效力。

合同争议的调解往往是当事人经过协商仍不能解决争议时采取的方式，因此，与协商相比，它面临的争议要大一些。但与仲裁、诉讼相比，调解仍具有与协商相似的优点，它能够较经济较及时地解决争议，有利于消除当事人双方的对立情绪，维护双方的长期合作关系。

4.7.3 争议评审

1. 争议评审的概念与特点

争议评审制度是介于调解与仲裁之间的一种争议解决方式，是指在工程开始或进行中，由当事人选择业内权威的、与双方无利益关系的评审专家，组成争议评审委员会（简称 DRB），就当事人之间发生的争议及时提出解决建议或者作出决定的争议解决方式。具有以下特点。

（1）处理争议更具有独立性、客观性、公正性，更容易为争议双方所接受。

（2）争议处理意见具有非正式性和非强制性，争议双方可以在一定期限内表明自己不接受评审结果，可以重新提起仲裁或诉讼。

（3）能够促进合同双方的团结合作。

（4）有利于降低解决争议的费用和节省时间。

（5）有利于我国项目管理与国际接轨。

基于以上的特点，争议评审在国际工程项目纠纷解决中被作为明智的选择得以推广使用并取得巨大成功。目前，该方法也已逐渐被国内业界所认可，被认为是一种更加高效、专业解决争议的方法。

2. 争议评审程序

根据《建设工程施工合同（示范文本）》的规定，合同当事人可以在专用合同条款中约定采取争议评审方式解决争议，应按下列约定执行。

1）争议评审小组的确定

合同当事人可以共同选择一名或三名争议评审员，组成争议评审小组。除专用合同条款另有约定外，合同当事人应当自合同签订后 28 日内，或者争议发生后 14 日内，选定争议评审员。

选择一名争议评审员的，由合同当事人共同确定；选择三名争议评审员的，各自选定一名，第三名成员为首席争议评审员，由合同当事人共同确定或由合同当事人委托已选定的争议评审员共同确定，或由专用合同条款约定的评审机构指定第三名首席争议评审员。

除专用合同条款另有约定外，评审员报酬由发包人和承包人各承担一半。

2）争议评审小组的决定

合同当事人可在任何时间将与合同有关的任何争议共同提请争议评审小组进行评审。争议评审小组应秉持客观、公正原则，充分听取合同当事人的意见，依据相关法律、规范、标准、案例经验及商业惯例等，自收到争议评审申请报告后 14 日内作出书面决定，并说明理由。合同当事人可以在专用合同条款中对本项事项另行约定。

3）争议评审小组决定的效力

争议评审小组作出的书面决定经合同当事人签字确认后，对双方具有约束力，双方应遵照执行。任何一方当事人不接受争议评审小组决定或不履行争议评审小组决定的，双方可选择采用其他争议解决方式。

4.7.4 仲裁

仲裁，亦称"公断"，是双方当事人在合同争议发生前或争议发生后达成协议，自愿将争议交给仲裁机构作出裁决，并负有自觉履行义务的一种解决争议的方式。

1. 仲裁的特点

仲裁与审判相比，有更大的灵活性和便利性，是公正、及时解决经济纠纷的重要手段，有重要的实际意义。

1）自愿性

当事人的自愿性是仲裁最突出的特点。仲裁以双方当事人的自愿为前提，即当事人之间的纠纷是否提交仲裁，交与谁仲裁，仲裁庭如何组成，由谁组成，以及仲裁的审理方式、开庭形式等都是在当事人自愿的基础上，由双方当事人协商确定的。因此，仲裁是最能充分体现当事人意思自治原则的争议解决方式。

● 知 识 链 接

仲裁庭及仲裁员的组成体现了双方的意思自治。根据《仲裁法》规定如下。

仲裁庭可以由三名仲裁员或者一名仲裁员组成。由三名仲裁员组成的，设首席仲裁员。

当事人约定由三名仲裁员组成仲裁庭的，应当各自选定或者各自委托仲裁委员会主任指定一名仲裁员，第三名仲裁员由当事人共同选定或者共同委托仲裁委员会主任指定。第三名仲裁员是首席仲裁员。

当事人约定由一名仲裁员成立仲裁庭的，应当由当事人共同选定或者共同委托仲裁委员会主任指定仲裁员。

2）专业性

民商事纠纷往往涉及特殊的知识领域，会遇到许多复杂的法律、经济贸易和有关的技术问题，故专家裁判更能体现专业权威性。因此，具有一定专业水平和能力的专家担任仲裁员，对当事人之间的纠纷进行裁决是仲裁公正性的重要保障。专家仲裁是民商事仲裁的重要特点之一。

3）灵活性

由于仲裁充分体现当事人的意思自治，仲裁的许多具体程序都是由当事人协商确定和选择的，因此，与诉讼相比，仲裁程序更加灵活，更具弹性。

4）保密性

仲裁以不公开审理为原则。有关的仲裁法律和仲裁规则也同时规定了仲裁员及仲裁秘书人员的保密义务，仲裁的保密性较强。

5）快捷性

仲裁实行一裁终局制，仲裁裁决一经仲裁庭作出，即作出即发生法律效力，这使当事人之间的纠纷能够迅速得以解决。

6）经济性

仲裁的经济性主要表现：时间上的快捷性使得仲裁所需费用相对减少；仲裁无须多审级收费，使得仲裁费往往低于诉讼费；仲裁的自愿性、保密性使当事人之间通常没有激烈的对抗，且商业秘密不必公之于世，对当事人之间今后的商业机会影响较小。

7）独立性

仲裁机构独立于行政机构，仲裁机构之间也无隶属关系，仲裁庭独立进行仲裁，不受任何机关、社会团体和个人的干涉，不受仲裁机构的干涉，显示出最大的独立性。

越来越多的人从实践中认识到仲裁的优点，愈加愿意选择仲裁方式解决争议。

2. 仲裁的范围

根据《仲裁法》规定，平等主体间的合同纠纷和其他财产权益纠纷可适用仲裁。同时规定，下列纠纷不能仲裁：

（1）婚姻、收养、监护、抚养、继承纠纷；

（2）依法应当由行政机关处理的行政争议；

（3）劳动争议；

（4）农业集体经济组织内部的农业承包合同纠纷。

从以上仲裁的受理范围可见，建设工程合同纠纷发生后，合同当事人双方当然可以选择以仲裁的方式来解决争议。

3. 仲裁的基本制度

1）协议仲裁制度

当事人采用仲裁方式解决纠纷，应当双方自愿，达成仲裁协议。没有仲裁协议，一方申请仲裁的，仲裁委员会不予受理。

2）或裁或审制度

当事人选择解决争议途径时，在仲裁与审判中只能二者取其一的制度。当事人选择了以仲裁途径解决争议，就不可以再选择诉讼；当事人若选择了诉讼就不可以同时选择仲裁。

3）一裁终局制度

仲裁裁决作出后，当事人就同一纠纷再申请仲裁或者向人民法院起诉，仲裁委员会或者人民法院不予受理。

4．仲裁协议

仲裁协议包括合同中订立的仲裁条款和以其他书面方式在纠纷发生前或者纠纷发生后达成的请求仲裁的协议。

1）仲裁协议的主要内容

根据《仲裁法》第16条的规定，仲裁协议应当具有下列内容：

（1）请求仲裁的意思表示；

（2）仲裁事项；

（3）选定的仲裁委员会。

2）仲裁协议的效力

当事人对仲裁协议的效力有异议的，可以请求仲裁委员会作出决定或者请求人民法院作出裁定。一方请求仲裁委员会作出决定，另一方请求人民法院作出裁定的，由人民法院裁定。当事人对仲裁协议的效力有异议，应当在仲裁庭首次开庭前提出。

3）仲裁协议的无效

仲裁协议在下列情形下无效：

（1）以口头方式订立的仲裁协议无效；

（2）约定的仲裁事项超出法律规定的仲裁范围的；

（3）无民事行为能力人或者限制民事行为能力人订立的仲裁协议；

（4）一方采取胁迫手段，迫使对方订立仲裁协议的；

（5）仲裁协议对仲裁事项、仲裁委员会没有约定或者约定不明确，当事人对此又达不成补充协议的，仲裁协议无效。

4）仲裁协议的独立性

仲裁协议独立存在，合同的变更、解除、终止或者无效，不影响仲裁协议的效力。

4.7.5　诉讼

诉讼是通过司法程序解决合同争议，是合同当事人依法请求人民法院行使审判权，审理双方发生的合同争议，作出有国家强制保证实现其合法权益，从而解决争议的审判活动。当事人发生争议后，在缺少或达不成仲裁协议的情况下，诉讼便成了必不可少的补救手段了。

1．诉讼的特点

诉讼与调解、仲裁这些非诉讼解决纠纷的方式相比，有以下特点。

1）公权性

诉讼是由法院代表国家行使审判权解决争议。

2）强制性

诉讼的强制性既表现在案件的受理上，又反映在裁判的执行上。调解、仲裁均建立在当事人自愿的基础上，只要有一方不愿意选择上述方式解决争议，调解、仲裁就无从进行。诉讼则不同，只要原告起诉符合诉讼规定的条件，无论被告是否愿意，诉讼均会发生。同时，若当事人不自动履行生效裁判所确定的义务，法院可以依法强制执行。

3）程序性

诉讼是依照法定程序进行的诉讼活动，无论是法院还是当事人或者其他诉讼参与人，都应按照诉讼法设定的程序实施诉讼行为，违反诉讼程序常常会引起一定的法律后果。而人民调解没有严格的程序规则，仲裁虽然也需要按预先设定的程序进行，但其程序相当灵活，当事人对程序的选择权也较大。

2. 民事诉讼受案范围

民事诉讼的受案范围主要有如下 3 类。

（1）由受民法调整的民事主体间的财产关系和人身关系所引起的纠纷。

（2）由受劳动法调整的劳动关系所引起的依法应适用《民事诉讼法》审理的劳动争议纠纷。

（3）法律规定的适用《民事诉讼法》审理的其他纠纷或事项。

3. 民事诉讼管辖

1）级别管辖

按照一定的标准，划分上下级法院之间受理第一审民事案件的分工和权限。我国《民事诉讼法》主要根据案件的性质、复杂程度和案件影响来确定级别管辖。各级法院都管辖第一审民事案件。

（1）基层人民法院管辖第一审民事案件，法律另有规定除外。

（2）中级人民法院管辖下列第一审民事案件：重大涉外案件；在本辖区有重大影响的案件；最高人民法院确定由中级人民法院管辖的案件。

（3）高级人民法院管辖在本辖区有重大影响的第一审民事案件。

（4）最高人民法院管辖下列第一审民事案件：在全国有重大影响的案件；认为应当由本院审理的案件。

2）地域管辖

按照各法院的辖区和民事案件的隶属关系，划分同级法院受理第一审民事案件的分工和权限。地域管辖实际上是着重于法院与当事人、诉讼标的以及法律事实之间的隶属关系和关联关系来确定的，主要包括如下几种情况。

（1）一般地域管辖。"原告就被告"，即以被告住所地作为确定管辖的标准。

（2）特殊地域管辖。以被告住所地、诉讼标的所在地或法律事实所在地为标准确定的管辖。我国《民事诉讼法》规定了 9 种特殊地域管辖的诉讼，其中与建设工程关系最为密切的是因合同纠纷提起的诉讼。《民事诉讼法》第 23 条规定："因合同纠纷提起的诉讼，由被告住所地或者合同履行地人民法院管辖。"

（3）专属管辖。法律规定某些特殊类型的案件专门由特定的法院管辖。专属管辖是排他性管辖，排除了诉讼当事人协议选择管辖法院的权利。专属管辖与一般地域管辖和特殊地域管辖的关系是：凡法律规定为专属管辖的诉讼，均适用专属管辖。

我国《民事诉讼法》第 33 条规定了三种适用专属管辖的案件。其中，因不动产纠纷提起的诉讼，由不动产所在地人民法院管辖，《最高人民法院关于适用〈中华人民共和国民事诉讼法〉的解释》（2015）中进一步做出了规定，不动产纠纷是指因不动产的权利确认、分割、相邻关系等引起的物权纠纷。农村土地承包经营合同纠纷、房屋租赁合同纠纷、建设工程施工合同纠纷、政策性房屋买卖合同纠纷，按照不动产纠纷确定管辖。不动产已登记的，以不动产登记簿记载的所在地为不动产所在地；不动产未登记的，以不动产实际所在地为不动产所在地。

（4）协议管辖。协议管辖又称约定管辖，是指双方当事人在合同纠纷或者财产权益纠纷发生之前或发生之后，以书面协议的方式选择案件的管辖法院。协议管辖适用于合同纠纷或者其他财产权益纠纷，其他财产权益纠纷包括因物权、知识产权中的财产权而产生的民事纠纷。

《民事诉讼法》第34条规定："合同或者其他财产权益纠纷的当事人可以书面协议选择被告住所地、合同履行地、合同签订地、原告住所地、标的物所在地等与争议有实际联系的地点的人民法院管辖，但不得违反本法对级别管辖和专属管辖的规定。"

综上所述，建设工程施工合同纠纷应当适用专属管辖，由不动产所在地法院管辖。

3）移送管辖和指定管辖

（1）移送管辖。人民法院发现受理的案件不属于本院管辖的，应当移送有管辖权的人民法院，受移送的人民法院应当受理。受移送的人民法院认为受移送的案件依照规定不属于本院管辖的，应当报请上级人民法院指定管辖，不得再自行移送。

（2）指定管辖。有管辖权的人民法院由于特殊原因，不能行使管辖权的，由上级人民法院指定管辖。人民法院之间因管辖权发生争议，由争议双方协商解决；协商解决不了的，报请它们的共同上级人民法院指定管辖。

4）管辖权转移

上级人民法院有权审理下级人民法院管辖的第一审民事案件。下级人民法院对它所管辖的第一审民事案件，认为需要由上级人民法院审理的，可以报请上级人民法院审理。

●●● 特 别 提 示 ●●

管辖权转移与移送管辖都是以对裁定方式来决定管辖权，在形式上均表现为案件从一个法院转移至另一个法院，但两者实质上却有如下不同。

（1）管辖权转移是有管辖权的法院将案件的管辖权转移给无管辖权的法院，案件的转移只是形式，管辖权的转移才是本质；移送管辖则在受诉法院对案件无管辖权却又错误的受理案件的情况下，为纠正错误而将案件移送给有管辖权的法院，其移送的仅仅是案件，而不涉及管辖权的变更。

（2）管辖权的转移主要用于调节级别管辖，案件的转移一般在上下级法院之间进行；而移送管辖主要适用于地域管辖，其目的在于纠正管辖权行使上的错误，案件的转移一般在同级法院间进行。

（3）管辖权转移须经过上级法院的决定或同意；而移送管辖则无须上级法院及受移送法院的决定或同意。

4. 民事诉讼参加人

1）当事人

公民、法人和其他组织可以作为民事诉讼的当事人。法人由其法定代表人进行诉讼。

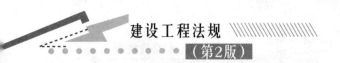

其他组织由其主要负责人进行诉讼。

对污染环境、侵害众多消费者合法权益等损害社会公共利益的行为，法律规定的机关和有关组织可以向人民法院提起诉讼。

知识链接

建设工程发包过程中可能存在转包现象，对此，依据《最高人民法院关于审理建设工程施工合同纠纷案件适用法律问题的解释》，因建设工程质量发生争议的，发包人可以以总承包人、分包人和实际施工人为共同被告提起诉讼。

实际施工人以转包人、违法分包人为被告起诉的，人民法院应当依法受理。实际施工人以发包人为被告主张权利的，人民法院可以追加转包人或者违法分包人为本案当事人。发包人只在欠付工程价款范围内对实际施工人承担责任。

2）诉讼代理人

无诉讼行为能力人由他的监护人作为法定代理人代为诉讼。

当事人、法定代理人可以委托一至二人作为诉讼代理人。可以被委托为诉讼代理人的人员有以下几类。

（1）律师、基层法律服务工作者。

（2）当事人的近亲属或者工作人员。

（3）当事人所在社区、单位以及有关社会团体推荐的公民。

委托他人代为诉讼，必须向人民法院提交由委托人签名或者盖章的授权委托书。授权委托书必须记明委托事项和权限。诉讼代理人代为承认、放弃、变更诉讼请求，进行和解，提起反诉或者上诉，必须有委托人的特别授权。若授权委托书仅写"全权代理"而无具体授权的情形，视为诉讼代理人只获得一般授权，仅有程序性的诉讼权利，无权行使实体性诉讼权利。

应用案例4-3

承包商和发包人共同成为拖欠工程款案的被告

根据传统的合同相对性原理，分包商被拖欠工程款时，只能状告总承包商而不能直接状告拖欠工程的发包人，但2005年1月1日起施行的最高人民法院新司法解释对此有了新解。江苏省海安县法院审结的一起建设工程施工合同纠纷案中，一审判决被告王某（总承包商）给付原告彭某（分包商）建设工程款20 408.26元，同时责令被告某部门（发包人）在其欠付总承包商的工程款范围内对原告彭某承担付款责任。

【案例概况】

1998年，被告某部门按上级政府要求承担15座旧桥梁重新修建的任务后，被告王某以某建设公司名义与该部门进行协商，双方达成施工承包合同，约定由建设公司为该部门承建15座桥梁的修建任务。

王某承包上述工程后，又与原告彭某商定，并以建设公司的名义分别于2000年6月25日、同年10月10日及同年12月15日与彭某签订承包合同书各一份，共约定彭某分包3座桥，并约定3座桥梁工程的总造价为38 100元。

合同签订后，彭某组织人员对3座桥梁实施了施工。其承建的3座桥在合同签订次年即陆续完工交付，并投入使用。施工过程中，彭某从王某处已结得工程款3 591.74元，尚欠工程款34 508.26元，王某未能及时支付。2002年春节前，彭某为解决民工工资问题曾向有关部门进行反映，经协调彭某先后数次直接从发包部门预付工程款累计14 100元，余欠工程款为20 408.26元。2002年5月1日，王某以建设公司法定代表人的身份向彭某发出信函，对未能及时给付工程款表示遗憾，认为未能及时给付系有关单位领导的行为所致。彭某追索工程款多年未果，引发诉讼。

【法院判决】

案发后查明，2004年1月11日，王某以建设公司的名义与发包部门签订备忘录一份，该备忘录载明：双方总工程款为364 900元，发包部门尚欠建设公司工程款38 400元。

原告彭某向法院提出诉讼时，将建设公司列为被告。经向工商部门查询发现，建设公司未到工商部门依法进行登记。为此，彭某以建设公司不具备法人资格，不能承担民事责任为由，申请变更行为人王某作为被告参加诉讼，同时申请追加工程发包人某部门作为被告参加诉讼。

原告彭某诉称，被告王某假借某建设公司名义与发包人某部门达成15座桥梁的总承包协议后，又将其中的三座通过协议分包给我；但我按照协议施工完毕数年之后，仍被拖欠工程款20 408.26元，经多方交涉无结果；现请求法院判决被告王某、某部门向我支付上述工程款，并相互承担连带责任。

被告王某辩称，我单位是1998年按上级的要求组建的联营企业，我本人并不是法定代表人；由于在实际施工过程中相关人员存在违法乱纪的行为，造成我单位严重亏损，资产和债权严重流失；我为此已多次向有关部门作过反映，至今没有结果；现请求法院驳回原告彭某对我的诉讼请求。

被告某部门辩称，我单位尚欠工程款是事实，但拖欠的责任不在我单位，且原告彭某与我单位并无直接的合同关系，请求法院依法判决。

海安县法院审理后认为，被告某部门将其承担的建桥工程发包给未经工商登记的建设公司进行施工，被告王某又以建设公司名义将部分工程分包给原告彭某个人施工，双方所签订的承包合同违反法律、行政法规的强制性规定，属无效合同。行为人王某（被告）以至今未经工商登记的公司的名义进行民事活动，因此引发的民事责任应由其本人承担。鉴于彭某按合同约定完成了施工任务，工程已交付使用，且王某、某部门对其施工质量未提出异议，故彭某要求王某支付工程款的请求依法应予支持。某部门作为施工项目的发包人，依法应在欠付承包商王某的工程款范围内对彭某承担责任。根据《合同法》和最高人民法院《关于审理建设工程施工合同纠纷案件适用法律问题的解释》的有关规定，作出了前述判决。

【案例评析】

本案主要涉及建设工程分包纠纷的法律适用问题。

所谓分包，是指从事工程总承包的承包人将所承包的建筑工程的一部分发包给具备相应资质的承包单位的行为。法律允许分包，但是分包必须遵循一定的规则进行，否则即构成违约或者违法行为，甚至合同无效。分包必须遵循的规定是：一是总承包合同必须是有效合同；二是承包人分包时必须分包给具有相应资质的分包单位；三是分包必须基于合同的约定或者取得发包人的许可；四是施工总承包的，建筑工程主体结构的施工必须由总承包单位自行完成；五是分包只能进行一次，不得层层分包。本案被告王某以未经工商登记的企业名义实施民事活动，而原告彭某不具备分包工程的相应资质，因而不仅总承包合同无效，而且分包合同无效。这就产生3个问题：①分包无效的法律后果问题；②所谓承包单位建设公司的法律责任由谁承担问题；③能否要求拖欠工程款的发包单位承担法律责任问题。

关于本案分包无效的法律后果问题。《合同法》第52条规定，有下列情形之一的，合同无效：（五）违反法律、行政法规的强制性规定。该法第279条同时规定，建设工程竣工后，发包人应当根据施工图纸及说明书、国家颁发的施工验收规范和质量检验标准及时进行验收。验收合格的，发包人应当按照约定支付价款，并接收该建设工程。建设工程竣工经验收合格后，方可交付使用；未经验收或者验收不合格的，不得交付使用。2005年1月1日起施行的最高人民法院《关于审理建设工程施工合同纠纷案件适用法律问题的解释》第1条规定，建设工程施工合同具有下列情形之一的，应该根据合同法第52条第（五）项的规定，认定无效：（一）承包人未取得建筑施工企业资质或者超越资质等级的。该解释第2条同时规定，建设工程施工合同无效，但建设工程经竣工验收合格，承包人请求参照合同约定支付工程款的，应予支持。根据上述法律和司法解释的精神，分包合同即便无效，只要建设工程经竣工验收合格的，仍应参照合同约定支付工程款。

关于所谓承包单位建设公司的法律责任由谁承担问题。最高人民法院《关于适用〈中华人民共和国民事诉讼法〉若干问题的意见》第49条规定，法人或者其他组织应登记而未登记即以法人或者其他组织名义进行民事活动，或者他人冒用法人、其他组织名义进行民事活动，或者法人或者其他组织依法终止后仍以其名义进行民事活动的，以直接责任人为当事人。故本案应列行为人王某为被告。

关于能否要求拖欠工程款的发包单位承担法律责任问题。根据传统理论和法律规定，合同行为具有相对性，发包商和承包商属于一层法律关系，承包商和分包商属于一层法律关系；一旦发生拖欠工程款行为，分包商只能向承包商追索而不能向发包商直接追索。但近年来由于层层拖欠工程款引发的民工工资纠纷日益增多，严重影响社会稳定和构建和谐社会目标的实现，引起社会各界特别是司法界的广泛关注，很有必要针对实际情况，采取新的法律对策。为此，上述最高人民法院《关于审理建设工程施工合同纠纷案件适用法律问题的解释》第26条第2款规定，实际施工人以发包人为被告主张权利的，人民法院可以追加转包人或者违法分包人为本案当事人。发包人只在欠付工程价款范围内对实际施工人承担责任。本案发包人至今仍拖欠工程款，法院理应依据最新的司法解释，根据原告的申请追加其为本案被告，并判其在欠付工程款范围内对分包人直接承担责任。

5. 民事诉讼证据

《民事诉讼法》规定，证据包括：当事人的陈述，书证，物证，视听资料，电子数据，证人证言，鉴定意见，勘验笔录。证据必须经法定程序查证属实，才能作为认定事实的根据。

1）当事人的陈述

当事人的陈述是指当事人在诉讼中就本案的事实向法院所作的说明。人民法院对当事人的陈述，应当结合本案的其他证据，审查确定能否作为认定事实的根据。当事人拒绝陈述的，不影响人民法院根据证据认定案件事实。

2）书证

书证是指以其文字或数字记载的内容起证明作用的书面文书和其他载体。如合同文本、财务账册、欠据、收据、往来信函以及确定有关权利的判决书、法律文件等。

3）物证

物证是指以其存在、存放的地点、外部特征及物质特性来证明案件事实真相的证据。如买卖过程中封存的样品，被损坏的机械、设备，有质量问题的产品等。

4）视听资料

视听资料是指利用录音、录像等技术手段反映的声音、图像以及电子计算机储存的数据证明案件事实的证据。如录像带、录音带、胶卷、电脑数据等。人民法院对视听资料，应当辨别真伪，并结合本案的其他证据，审查确定能否作为认定事实的根据。

5）电子数据

电子数据是指与案件事实有关的电子邮件、网上聊天记录、电子签名、网络访问记录等以电子形式存在的证据，如储存在计算机等电子设备的软盘、硬盘或光盘中的电子数据信息。

6）证人证言

证人语言是指证人以口头或书面方式将其了解的案件事实向法院所作的陈述或证词。

《民事诉讼法》规定，凡是知道案件情况的单位和个人，都有义务出庭作证。有关单位的负责人应当支持证人作证。不能正确表达意思的人，不能作证。

经人民法院通知，证人应当出庭作证。有下列情形之一的，经人民法院许可，可以通过书面证言、视听传输技术或者视听资料等方式作证：因健康原因不能出庭的；因路途遥远，交通不便不能出庭的；因自然灾害等不可抗力不能出庭的；其他有正当理由不能出庭的。

7）鉴定意见

鉴定意见是指鉴定人运用自己的专门知识，对案件中的专门性问题进行鉴定后所作出的书面结论。如损伤鉴定、痕迹鉴定、质量责任鉴定等。

《民事诉讼法》规定，当事人可以就查明事实的专门性问题向人民法院申请鉴定。当事人申请鉴定的，由双方当事人协商确定具备资格的鉴定人；协商不成的，由人民法院指定。当事人未申请鉴定，人民法院对专门性问题认为需要鉴定的，应当委托具备资格的鉴定人进行鉴定。

当事人对鉴定意见有异议或者人民法院认为鉴定人有必要出庭的，鉴定人应当出庭作证。经人民法院通知，鉴定人拒不出庭作证的，鉴定意见不得作为认定事实的根据；支付鉴定费用的当事人可以要求返还鉴定费用。

当事人可以申请人民法院通知有专门知识的人出庭，就鉴定人作出的鉴定意见或者专业问题提出意见。

8）勘验笔录

勘验笔录是指人民法院为了查明案件的事实，指派勘验人员对与案件争议有关的现场、物品或物体进行查验、拍照、测量，并将查验的情况与结果制成的笔录。

《民事诉讼法》规定，勘验物证或者现场，勘验人必须出示人民法院的证件，并邀请当地基层组织或者当事人所在单位派人参加。当事人或者当事人的成年家属应当到场，拒不到场的，不影响勘验的进行。有关单位和个人根据人民法院的通知，有义务保护现场，协助勘验工作。勘验人应当将勘验情况和结果制作笔录，由勘验人、当事人和被邀参加人签名或者盖章。

6. 财产保全和先予执行

1）财产保全

财产保全，是指遇到有关财产可能被转移、隐匿、毁灭等情形从而将会造成对利害关系人权益的损害或可能使人民法院的判决难以执行或不能执行时，根据利害关系人或当事人的申请或人民法院的决定，对有关财产采取保护措施的制度。

（1）财产保全的种类。财产保全有两种，诉前财产保全和诉讼财产保全。

① 诉前财产保全，是指在起诉前，人民法院根据利害关系人的申请，对被申请人的有关财产采取的强制措施。采取诉前保全，须符合下列条件：必须是紧急情况，不立即采取财产保全将会使其合法权益受到难以弥补的损害；必须由利害关系人向财产所在地的人民法院提出申请，法院不依职权主动采取财产保全措施；申请人必须提供担保，否则，法院驳回申请。

人民法院接受申请后，必须在 48 小时内作出裁定；裁定采取财产保全措施的，应当立即开始执行。当事人对财产保全的裁定不服的，可以申请复议一次。复议期间不停止裁定的执行。申请人在人民法院采取保全措施后 30 日内不起诉的，人民法院应当解除财产保全。

② 诉讼财产保全，是指人民法院在诉讼过程中，为保证将来生效判决的顺利执行，对当事人的财产或争议的标的物采取的强制措施。采取诉讼财产保全，应符合下列条件：可能因当事人一方的行为或者其他原因，使判决不能执行或难以执行的案件；须在诉讼过程中应当事的提出申请，或者必要时法院也可依职权作出；人民法院可以责令申请人提供担保。

若情况紧急时，人民法院接受申请后，必须在 48 小时内作出裁定。

（2）财产保全的对象及范围。根据《民事诉讼法》规定，财产保全限于请求的范围，或者与本案有关的财物。

限于请求的范围，是指保全财产的价值与诉讼请求的数额基本相同。与本案有关的财物，是指本案的标的物或与本案标的物有关联的其他财物。

被申请人提供担保的，人民法院应当解除财产保全。申请有错误的，申请人应当赔偿被申请人因财产保全所遭受的损失。

（3）财产保全的措施。财产保全采取查封、扣押、冻结或者法律规定的其他方法。

2）先予执行

先予执行，是指人民法院对某些民事案件作出终局判决前，为了解决权利人的生活或生产经营急需，根据其申请，裁定另一方当事人预先履行一定义务的诉讼措施。

（1）先予执行的适用范围。人民法院对下列案件，根据当事人的申请，可以裁定先予执行：追索赡养费、扶养费、抚育费、抚恤金、医疗费用的；追索劳动报酬的；因情况紧急需要先予执行的。

（2）先予执行的条件。①当事人之间权利义务关系明确，不先予执行将严重影响申请人的生活或者生产经营的。②被申请人有履行能力。③申请人向人民法院提出了申请。④人民法院应当在受理案件后终审判决作出前采取。

（3）先予执行的程序。①申请。先予执行根据当事人的申请而开始，人民法院不能主动采取先予执行措施。②责令提供担保。人民法院应据案件具体情况来决定是否要求申请人提供担保。如果认为有必要让申请人提供担保，可以责令其提供担保，申请人不提供担保的，驳回申请。③裁定。人民法院对当事人先予执行的申请，经审查认为符合法定条件的，应当及时作出先予执行的裁定。裁定经送达当事人，即发生法律效力，当事人不服的，可申请复议。④错误的补救。人民法院裁定先予执行后，经过审理，判决申请人败诉的，申请人应返还因先予执行所取得的利益。拒不返还的，由法院强制执行，被申请人因先予执行遭受损失的，还应赔偿被申请人的损失。

7. 民事诉讼基本制度

1）合议制度

由 3 人以上单数的审判人员组成法庭对案件进行审理的审判组织制度。实行合议制，是为了发挥集体的智慧，弥补个人能力上的不足，以保证案件的审判质量。

在普通程序中，合议庭的组成有两种形式：一种是由审判员和人民陪审员共同组成，另一种是由审判员组成合议庭。

2）回避制度

为了保证案件的公正审判，而要求与案件有一定的利害关系的审判人员或其他有关人员，不得参与本案的审理活动或诉讼活动。

知 识 链 接

《最高人民法院关于适用〈中华人民共和国民事诉讼法〉的解释》规定。

第四十三条 审判人员有下列情形之一的，应当自行回避，当事人有权申请其回避：

（一）是本案当事人或者当事人近亲属的；

（二）本人或者其近亲属与本案有利害关系的；

（三）担任过本案的证人、鉴定人、辩护人、诉讼代理人、翻译人员的；

（四）是本案诉讼代理人近亲属的；

（五）本人或者其近亲属持有本案非上市公司当事人的股份或者股权的；

（六）与本案当事人或者诉讼代理人有其他利害关系，可能影响公正审理的。

第四十四条 审判人员有下列情形之一的，当事人有权申请其回避：

（一）接受本案当事人及其受托人宴请，或者参加由其支付费用的活动的；

（二）索取、接受本案当事人及其受托人财物或者其他利益的；

（三）违反规定会见本案当事人、诉讼代理人的；

（四）为本案当事人推荐、介绍诉讼代理人，或者为律师、其他人员介绍代理本案的；

（五）向本案当事人及其受托人借用款物的；

（六）有其他不正当行为，可能影响公正审理的。

审判人员，包括参与本案审理的人民法院院长、副院长、审判委员会委员、庭长、副庭长、审判员、助理审判员和人民陪审员。书记员和执行员适用审判人员回避的有关规定。

3）公开审判制度

人民法院审理民事案件，除法律规定的情况外，审判过程及结果应当向群众、社会公开。所谓向群众公开，是允许群众旁听案件审判过程(主要是庭审过程和宣判过程)；所谓向社会公开，是指允许新闻记者对庭审过程作采访，允许其对案件审理过程作报道，将案件向社会披露。

根据法律规定，公开审判也有例外，下列案件不公开审判：一是涉及国家秘密的案件；二是涉及个人隐私的案件；三是离婚案件、涉及商业秘密的案件，当事人申请不公开审理的，可以不公开审理。

4）两审终审制度

一个民事案件经过两级人民法院审判后即告终结。依两审终审制度，一般的民事诉讼案件，当事人不服一审人民法院的判决、允许上诉的裁定，可上诉至二审人民法院，二审人民法院对案件所做的判决、裁定为生效判决、裁定，当事人不得再上诉。最高人民法院所做的一审判决、裁定，为终审判决、裁定，当事人不得上诉。根据《民事诉讼法》的规定，适用简易程序、特别程序、督促程序、公示催告程序审理的案件，实行一审终审。

特 别 提 示

权利人向法院起诉还须遵守《民法通则》中关于诉讼时效的规定。

诉讼时效，是指权利人经过法定期限不行使权利即丧失请求人民法院保护的权利。超过诉讼时效期间，权利人的胜诉权消灭，但实体权利并不消灭。

第135条 向人民法院请求保护民事权利的诉讼时效期间为2年，法律另有规定的除外。

第136条 下列的诉讼时效期间为1年：

（一）身体受到伤害要求赔偿的；

（二）出售质量不合格的商品未声明的；

（三）延付或者拒付租金的；

（四）寄存财物被丢失或者损毁的。

第137条 诉讼时效期间从知道或者应当知道权利被侵害时起计算。但是，从权利被侵害之日起超过20年的，人民法院不予保护。有特殊情况的，人民法院可以延长诉讼时效期间。

第138条 超过诉讼时效期间，当事人自愿履行的，不受诉讼时效限制。

第139条 在诉讼时效期间的最后6个月内，因不可抗力或者其他障碍不能行使请求权的，诉讼时效中止。从中止时效的原因消除之日起，诉讼时效期间继续计算。

第140条 诉讼时效因提起诉讼、当事人一方提出要求或者同意履行义务而中断。从中断时起，诉讼时效期间重新计算。

应用案例4-4

【案例概况】

某海滨城市为发展旅游业，经批准兴建一座三星级大酒店。该项目甲方于某年10月10日分别与某建设工程公司（乙方）和某外资装饰工程公司（丙方）签订了主体建设工程施工合同和装饰工程施工合同。

合同约定主体建设工程施工于当年11月10日正式开工。合同日历工期为2年5个月。因主体工程与装饰工程分别为两个独立的合同，由两个承包商承建，为保证工期，当事人约定：主体与装饰施工采取立体交叉作业，即主体完成3层，装饰工程承包商立即进入装饰作业。为保证装饰工程达到三星级水平，业主委托某监理公司实施"装饰工程监理"。

在工程施工1年6个月时，甲方要求乙方将竣工日期提前2个月，双方协商修订承包方案后达成协议。

该工程按变更后的合同工期竣工，经验收后投入使用。

在该工程投入使用 2 年 6 个月后，乙方因甲方少付工程款起诉至法院。诉称：甲方于该工程验收合格后签发了竣工验收报告，并已开张营业。在结算工程款时，甲方本应付工程总价款 1 600 万元人民币，但只付 1 400 万元人民币。特请求法庭判决被告支付剩余的 200 万元及拖期的利息。

在庭审中，被告答称：原告主体建设工程施工质量有问题，如大堂、电梯间门洞、大厅墙面、游泳池等主体施工质量不合格。因此，装修商进行返工，并提出索赔，经监理工程师签字报业主代表认可，共支付 15.2 万美元，折合人民币 125 万元。此项费用应由原告承担。另还有其他质量问题，并造成客房、机房设备和设施损失计人民币 75 万元。共计损失 200 万元人民币，应从总工程款中扣除，故支付乙方主体工程款总额为 1 400 万元人民币。

原告辩称：被告称工程主体不合格不属实，并向法庭呈交了业主及有关方面签字的合格竣工验收报告及业主致乙方的感谢信等证据。

被告又辩称：竣工验收报告及感谢信，是在原告法定代表人宴请我方时，提出为了企业晋级的情况下，我方代表才签的字。此外，被告代理人又向法庭呈交业主被装饰工程公司提出的索赔 15.2 万美元(经监理工程师和业主代表签字)的清单 56 件。

原告再辩称：被告代表发言纯属戏言，怎能以签署竣工验收报告为儿戏，请求法庭以文字为证。又指出：如果真的存在被告所说的情况，那么被告应当根据《建设工程质量管理条例》的规定，在装饰施工前通知我方修理。

原告最后请求法庭关注：从签发竣工验收报告到起诉前，乙方向甲方多次以书面方式提出结算要求。在长达两年多的时间里，甲方从未向乙方提出过工程存在质量问题。

【问题】

(1) 原告、被告之间的合同是否有效？

(2) 如果在装修施工时，发现主体工程施工质量有问题，甲方应采取哪些正当措施？

(3) 对于乙方因工程款纠纷的起诉和甲方因工程质量问题的起诉，法院是否应予以保护？

【案例评析】

该案例主要考核如何依法进行建设工程合同纠纷的处理。该案例所涉及的法律法规有《民法通则》《合同法》《建设工程承包合同(示范文本)》和《建设工程质量管理条例》等。

问题(1)：合同双方当事人符合建设工程承包合同主体资格的要求，并且合同订立形式与内容均合法，所以原告、被告之间的合同有效。

问题(2)：根据《建设工程质量管理条例》的规定，主体工程保修期为设计文件规定的该工程合理使用年限。在保修期内，当发现主体工程施工质量有问题时，业主应及时通知承包商进行修理。承包商不在约定期限内派人修理，业主可委托其他人员修理，保修费用从质量保修金内扣除。显然，如果装饰施工中发现的主体工程施工质量问题属实，应按保修处理。

问题(3)：根据《民法通则》规定，向人民法院请求保护民事权利的诉讼时效期为两年，从当事人知道或应当知道权利被侵害时起算。本案例中业主在直至庭审前的两年多时间里，一直未就质量问题提出异议，已超过诉讼时效，所以，不予保护。而乙方自签发竣工验收报告后，向甲方多次以书面方式提出结算要求，其诉讼权利应予保护。

本 章 小 结

本章对建设工程合同法律制度作了较详细的阐述，包括建设工程合同的概念与分类、建设工程合同的订立、建设工程合同的效力、建设工程合同的履行、建设工程合同的变更

与终止、建设工程合同违约责任、建设工程合同的纠纷处理。

本章的教学目标是使学生树立守约的意识，并学会合理使用法律规定来维护己方的合法权益。通过案例对订约、履约及诉讼中的法律适用问题进行了讲解。

习　题

一、单项选择题

1. 一方当事人以缔结合同为目的，向对方当事人提出合同条件，希望对方当事人接受的意思表示即为（　　）。

　A. 要约邀请　　　　B. 要约　　　　　　C. 承诺　　　　　D. 缔约

2. 下列选项中，属于要约的是（　　）。

　A. 招股说明书　　　B. 投标书　　　　　C. 招标公告　　　D. 商品价目表

3. 下列书面文件中，（　　）是承诺。

　A. 招标公告　　　　B. 投标书　　　　　C. 中标通知书　　D. 合同书

4. 下列（　　）不属于欺诈行为的构成要件。

　A. 欺诈方有欺诈的故意

　B. 欺诈方实施了欺诈行为

　C. 欺诈必须是非法的

　D. 相对人因受到欺诈而做出错误的意思表示

5. 按照《合同法》的规定，合同履行中如果价款或报酬不明确，应按照（　　）履行。

　A. 订立合同时履行地的政府定价

　B. 订立合同时履行地的市场价格

　C. 履行合同时履行地的政府定价

　D. 履行合同时履行地的市场价格

6. 按照《合同法》的规定，合同履行地点不明确时，给付货币的，在（　　）所在地履行。

　A. 在支付货币一方

　B. 接受货币一方

　C. 接受货币方或支付货币方

　D. 非接受货币方及支付货币方的第三方

7. 执行政府定价或者政府指导价的，逾期交付标的物的，遇价格变化时，正确的处理方法是（　　）。

　A. 遇价格上涨时，按照新价格执行

　B. 遇价格下跌时，按照平均价格执行

　C. 遇价格上涨时，按照原价格执行

　D. 遇价格下跌时，按照原价格执行

8. 承包商与业主签订的施工合同中约定由承包商先修建工程，然后按照工程量结算工程款。如果承包商没有达到合同中约定的质量标准，则（　　）。

A. 业主可以行使同时履行抗辩权

B. 业主可以行使不安履行抗辩权

C. 业主可以行使先履行抗辩权，但不能追究承包商的违约责任

D. 业主可以行使先履行抗辩权，也可以同时追究承包商的违约责任

9. 合同中关于（　　）的条款的效力具有相对独立性，不受合同无效、变更或者终止的影响。

A. 违约责任　　　　B. 解决争议　　　　C. 价款或酬金　　　D. 数量和质量

10. 根据《合同法》的规定，违约责任一般采取（　　）原则。

A. 过错责任　　　　B. 全面履行　　　　C. 公平合理　　　　D. 严格责任

11. 勘察合同价款为10万元，合同中约定了定金为20％，且已经由发包方支付给了承包方，现承包方拒绝履行合同，那么承包方应该支付（　　）万元给发包方。

A. 1　　　　　　　　B. 2　　　　　　　　C. 3　　　　　　　　D. 4

12. 在司法实践中，如果发生工程纠纷的当事人未达成仲裁协议，则解决纠纷的最终方式只能为（　　）。

A. 诉讼　　　　　　B. 和解　　　　　　C. 调解　　　　　　D. 仲裁

二、多项选择题

1. 下列属于要约邀请的有（　　）。

A. 商业广告　　　　B. 投标书　　　　　C. 招标公告

D. 拍卖公告　　　　E. 商品价目表

2. 根据《合同法》的规定，下列免责条款无效的有（　　）。

A. 因不可抗力造成对方财产损失的　　　　B. 造成对方人身伤害的

C. 因违约造成对方财产损失的　　　　　　D. 故意造成对方财产损失的

E. 因重大过失造成对方财产损失的

3. 无效合同、可撤销合同的确认应由（　　）裁定。

A. 人民法院　　　　B. 当事人双方　　　　C. 主管部门

D. 仲裁机构　　　　E. 检察机构

4. 下列合同中，（　　）合同是可撤销合同。

A. 因重大误解订立的　　　　　　　　　　B. 违反法律的强制性规定的

C. 一方以欺诈、胁迫手段订立的　　　　　D. 订立合同时显失公平的

E. 以合法行为掩盖非法目的

5. 下列合同中，（　　）属于效力待定的合同。

A. 甲、乙恶意串通订立的损害第三人丙利益的合同

B. 某公司法定代表人超越权限与善意第三人订立的买卖合同

C. 代理人甲超越代理权限与第三人丙订立的买卖合同

D. 限制民事行为能力人甲与他人订立的纯获利的合同

E. 无处分权的人处分他人财产的合同

6. 《合同法》所规定的抗辩权包括（　　）。

A. 先诉抗辩权　　　　　　　　　　　　　B. 同时履行抗辩权

C. 先履行抗辩权　　　　　　　　　　　　D. 不安抗辩权

E. 质量异议抗辩权

7. 下列表述中，属于合同权利和义务终止情形的是（   ）。

A. 合同被解除   B. 债务人依法将标的物提存

C. 债权债务归于一人   D. 合同权利和义务发生转移

E. 原合同内容发生变化

8.《合同法》规定，因债务人（   ），对债权人造成损害的，债权人可以请求人民法院撤销债务人的行为。

A. 放弃其到期债权   B. 解除合同

C. 无偿转让财产   D. 单方变更合同

E. 与第三方订立竞争合同

9. 合同当事人承担违约责任的形式有（   ）。

A. 合同继续履行   B. 采取补救措施

C. 赔偿损失   D. 返还财产恢复原状

E. 支付违约金

10. A公司经建设单位同意，又分别与另外几个建筑公司签订了施工协议，则其与B、C、D、E、F公司订立的施工合同属于无效合同的情形有（   ）。

A. B公司未取得相应的建筑施工企业资质

B. C公司没有资质借用另一有资质的建筑施工企业名义的

C. 将工程转包给D公司的

D. 该建设工程必须进行招标而未进行招标而与E公司订立合同的

E. F公司超越资质等级许可的业务范围签订合同，但在工程竣工前取得相应资质等级

11. 根据《物权法》的规定，下列财产可以抵押的是（   ）。

A. 抵押人所拥有的房屋

B. 土地所有权

C. 抵押人所拥有的机器、交通运输工具

D. 抵押人有争议的财产

E. 正在建造中的建筑物

12. 下列情形，仲裁协议无效或失效的有（   ）。

A. 约定的仲裁事项属于平等主体之间有关人身关系的争议

B. 约定的仲裁事项是不动产争议

C. 载有仲裁条款的合同因违反法律禁止性规定而无效

D. 甲乙两公司签订合同，并约定了仲裁条款。后合同双方又订立补充协议："约定在履行合同中的纠纷由双方协商解决或向法院起诉解决。"

E. 双方当事人在合同中约定："因本合同履行发生的争议，双方既可以向甲地仲裁委员会申请仲裁，也可以向乙地仲裁委员会申请仲裁。"

三、简答题

1. 简述建设工程合同的订立程序。

2. 无效的建设工程合同有哪些情形？

3. 什么是承包人的优先受偿权？

4. 建设工程合同发生纠纷时可通过哪些方式解决？应如何进行选择？

四、案例题

1. S省某建筑工程公司因施工期紧迫，而事先未能与有关厂家订好供货合同，造成施工过程中水泥短缺，急需 100 吨水泥。该建筑工程公司同时向 A 市海天水泥厂和 B 市丰华水泥厂发函，函件中称："如贵厂有 300 号矿渣水泥现货（袋装），单价不超过 1 500 元/吨，请求接到信 10 天内发货 100 吨，货到付款，运费由供货方自行承担。"A 市海天水泥厂接信当天回信，表示愿以 1 600 元/吨发货 100 吨，并于第 3 天发货 100 吨至 S 省建筑工程公司，建筑工程公司于当天验收并接收了货物。B 市丰华水泥厂接到要货的信件后，积极准备货源，于接信后第 7 天，将 100 吨袋装 300 号矿渣水泥装车，直接送至某建筑工程公司，结果遭到某建筑工程公司的拒收。理由是：本建筑工程仅需要 100 吨水泥，至于给丰华水泥厂发函，只是进行询问协商，不具有法律约束力。丰华水泥厂不服，遂向人民法院提起了诉讼，要求依法处理。

【问题】

（1）丰华水泥厂与某建筑工程公司之间是否存在生效的合同关系？

（2）某建筑工程公司拒收丰华水泥厂的 100 吨水泥是否于法有据？

（3）对海天水泥厂的发货行为如何定性？

（4）海天水泥厂与建筑工程公司的合同何时成立？合同内容如何确定？

（5）假设建筑工程公司收到海天水泥厂的回信后，于次日再次去函表示愿以单价 1 599 元/吨接货，海天水泥厂收到该第二份函件后即发货 100 吨至建筑工程公司。那么，二者之间的合同是否成立？如果成立，合同内容如何确定？

2. A 公司将新办公大楼工程承包给了 B 公司。双方在建筑工程承包合同中约定：工程款为 2000 万元，工期为一年，工程完工后结清全部工程款。合同签订后，B 公司雇请工人甲、乙等 70 人开始施工。工程按期完工，B 公司将新大楼交给 A 公司使用，但 B 公司尚欠工人甲、乙等工资合计 56 万元。甲、乙等人多次向 B 公司催要未果，于是向法院起诉了 B 公司，要求给付所欠工资。法院判决 B 公司败诉。但在判决执行过程中，B 公司的所有员工，包括其法定代表人均不见踪影。在查找 B 公司的财产过程中，甲、乙等人发现，A 公司尚欠 B 公司工程款 180 万元未付。A 公司称，之所以未付清工程款，是因为新大楼的工程质量存在问题。A 公司同时称，工程完工后双方只进行过一次结算，此后一年多，B 公司一直未向其主张过这笔工程款。甲、乙等人就 B 公司所欠的工程款向法院起诉了 A 公司。

【问题】

（1）甲、乙等人起诉 A 公司所依据的是什么权利？

（2）这种权利的行使需要什么条件？

（3）甲、乙等人提起诉讼时，应当以谁的名义提出？

（4）甲、乙等人在诉讼中提出，要求 A 公司支付其欠 B 公司的全部 180 万元工程款。这种要求能否得到法院支持？为什么？

［参考答案］

第5章

建设工程监理法规

学习目标

通过学习，使学生熟悉建设工程监理的基本法律规定和建设工程监理合同，掌握建设工程监理的范围、依据、任务和工作内容，掌握建设工程监理各方关系。

学习要求

能力目标	知 识 要 点	权重
熟悉建设工程监理的基本规定	建设工程监理的概念、性质、作用、立法概况、《建筑法》中的基本法律要求	25%
掌握建设工程监理范围、依据、任务和工作内容	建设工程监理的范围、依据、任务和工作内容	30%
熟悉建设工程监理合同	建设工程监理的概念和特征、建设工程监理合同示范文本、合同当事人的义务、违约责任、监理费用	30%
掌握建设工程监理各方关系	监理单位与业主的关系、监理单位与承包商的关系、业主与承包商的关系	15%

某业主计划将拟建的工程项目在实施阶段委托光大监理公司进行监理，业主在合同草案中提出以下内容。

（1）除因业主原因发生时间延误外，任何其他原因导致的时间延误，监理应付相当于施工单位罚款的 20％给业主；如工期提前，监理单位可得到相当于施工单位工期提前奖励 20％的奖金。

（2）工程图纸出现设计质量问题，监理单位应付给业主相当于设计单位设计费的 5％的赔偿。

（3）施工期间每发生一起施工人员重伤事故，监理单位应受罚款 1.5 万元；发生一起死亡事故，监理单位应受罚款 3 万元。

（4）凡由于监理工程师发生差错、失误而造成重大的经济损失的，监理单位应付给业主一定比例（取费费率）的赔偿费，如不发生差错、失误，则监理单位可得到全部监理费。

……

监理单位认为以上条款有不妥之处，经过双方的商讨，对合同内容进行了调整与完善，最后确定了建设工程监理合同的主要条款，包括：监理的范围和内容，双方的权利和义务、监理费的计取与支付、违约责任和双方约定的其他事项等。

请思考：

（1）在该监理合同草案拟订的几个条款中是否有不妥之处？为什么？

（2）该监理合同是否已包括了主要的条款内容？

5.1 建设工程监理概述

5.1.1 建设工程监理的概念

建设工程监理，是指具有相应资质的工程监理企业，接受建设单位的委托，承担其项目管理工作，并代表建设单位对承建单位的建设行为进行监控的专业化服务活动。

从以下几个方面来把握建设工程监理的概念。

1. 建设工程监理的行为主体

建设工程监理的行为主体是工程监理企业，这是我国监理制度的一项重要规定。建设工程监理不同于建设行政主管部门的监督管理。后者的行为主体是政府部门，它具有明显的强制性，是行政性的监督管理，它的任务、职责、内容不同于建设工程监理。同样，总承包单位对分包单位的监督管理也不能视为建设工程监理。

知 识 链 接

建设工程监理与政府工程质量监督都属于工程建设领域的监督管理活动。但是，它们之间存在着明显的区别。

（1）建设工程监理是在项目组织系统范围内的平等主体之间的横向监督管理，而政府工程质量监督则是项目组织系统外的监督管理主体对项目系统内的建设行为主体进行的一种纵向监督管理。

（2）建设工程监理的实施者是社会化、专业化的监理单位，而政府工程质量监督的执行者是政府建设主管部门的工程质量监督机构。建设工程监理属于社会的、民间的监督管理行为，而工程质量监督则属于政府行为。

（3）建设工程监理具有明显的委托性，而政府工程质量监督则具有明显的强制性。

（4）建设工程监理的工作范围由监理合同决定，其范围可以贯穿于工程建设的全过程、全方位，远远大于政府工程质量监督的范围。

（5）它们在工程质量方面的工作也存在较大的区别。一是工作依据不尽相同：政府工程质量监督以国家、地方颁发的有关法律、法规和强制性标准为依据；而建设工程监理则不仅以法律、法规和技术规范、标准为依据，还以建设工程合同为依据。二是深度、广度不同：建设工程监理所进行的质量控制工作包括对项目质量目标详细规划，采取一系列综合性控制措施，既要做到全方位控制又要做到事前、事中、事后控制，并持续在工程项目建设的各阶段；而政府工程质量监督则主要在工程项目建设的施工阶段，对工程质量进行阶段性的监督、检查、确认。三是工作权限不同。四是工作方法和手段不同：建设工程监理主要采取系统管理的方法，从多方面采取措施进行项目质量控制；而政府工程质量监督则更侧重于行政管理的方法和手段。

2. 建设工程监理实施的前提

建设工程监理的实施需要建设单位的委托和授权。工程监理企业应根据监理合同和有关建设工程合同的规定实施监理。建设工程监理只有在建设单位委托的情况下才能进行，只有与建设单位订立书面监理合同，明确了监理的范围、内容、权利、义务、责任等，工程监理企业才能在规定的范围内行使管理权，合法地开展建设工程监理。工程监理企业在委托监理的工程中拥有一定的管理权限，能够开展管理活动，是建设单位授权的结果。承建单位根据法律、法规的规定和它与建设单位签订的有关建设工程合同的规定接受工程监理企业对其建设行为进行的监督管理，接受并配合监理是其履行合同的一种行为。工程监理企业根据有关建设工程合同对建设行为实施监理，仅委托施工阶段监理的工程，只能根据委托监理合同和施工合同对施工行为实行监理；委托全过程监理的工程，可根据委托监理合同以及勘察合同、设计合同、施工合同对勘察单位、设计单位和施工单位实行监理。

3. 建设工程监理的依据

工程建设文件、有关的法律法规规章和标准规范、建设工程监理合同和有关的建设工程合同是工程监理企业履行职责的主要依据。

4. 建设工程监理的范围

建设工程监理范围可以分为监理的工程范围和监理的建设阶段范围。

（1）工程范围。国务院公布的《建设工程质量管理条例》对实行强制性监理的工程范围作了原则性的规定。后有详述。

（2）阶段范围。建设工程监理可以适用于工程建设投资决策阶段和实施阶段，但目前主要是建设工程施工阶段。在施工阶段委托监理，其目的是更有效地发挥监理的规划、控制、协调作用，为在计划目标内建成工程提供最好的管理。根据双方的约定，还可就勘察、设计、保修阶段工作委托监理。

5.1.2　建设工程监理的性质

1. 服务性

建设工程监理具有服务性，是从它的业务性质方面定性的。建设工程监理的主要手段是规划、控制、协调，主要任务是控制建设工程的投资、进度和质量，最终应当达到的基本目的是协助建设单位在计划的目标内将建设工程建成投入使用。监理人员利用自己的知识、技能和经验、信息以及必要的试验、检测手段，为建设单位提供管理服务。工程监理企业不能完全取代建设单位的管理活动，它不具有工程建设重大问题的决策权，它只能在授权范围内代表建设单位进行管理。

2. 科学性

科学性是由建设工程监理要达到的基本目的决定的。主要表现在：工程监理企业应当由组织管理能力强、工程建设经验丰富的人员担任领导；应当有足够数量的、有丰富的管理经验和应变能力的监理工程师组成的骨干队伍；要有一套健全的管理制度；要有现代化的管理手段；要掌握先进的管理理论、方法和手段；要积累足够的技术、经济资料和数据；要有科学的工作态度和严谨的工作作风，要实事求是、创造性地开展工作。

3. 独立性

《建筑法》明确指出，工程监理企业应当根据建设单位的委托，客观、公正地执行监理任务。《工程建设监理规定》和《建设工程监理规范》要求工程监理企业按照"公正、独立、自主"原则开展监理工作。按照独立性要求，工程监理单位应当严格地按照有关法律、法规、规章、工程建设文件、工程建设技术标准、建设工程监理合同、有关的建设工程合同等的规定实施监理；在委托监理的工程中，与承建单位不得有隶属关系和其他利害关系；在开展工程监理的过程中，必须建立自己的组织，按照自己的工作计划、程序、流程、方法、手段，根据自己的判断，独立地开展工作。

4. 公正性

公正性是社会公认的职业道德准则，是监理行业能够长期生存和发展的基本职业道德准则。在开展建设工程监理的过程中，工程监理企业应当排除各种干扰，客观、公正地对待监理的委托单位和承建单位。特别是当两方发生利益冲突或矛盾时，应以事实为依据，以法律和有关合同为准绳，在维护建设单位的合法利益时，不损害承建单位的合法权益。

5.1.3　建设工程监理的作用

1. 有利于提高建设工程投资决策科学化水平

实施全方位、全过程监理时，工程监理企业可协助建设单位选择适当的工程咨询机构，管理工程咨询合同的实施，并对咨询结果(如项目建议书、可行性研究报告)进行评估，提出有价值的修改意见和建议；或者直接从事工程咨询工作，为建设单位提供建设方案。工程监理企业参与或承担项目决策阶段的监理工作，有利于提高项目投资决策的科学化水平，避免项目投资决策失误，也为实现建设工程投资综合效益最大化打下了良好的基础。

2. 有利于规范工程建设参与各方的建设行为

建设工程监理制贯穿于工程建设的全过程，采用事前、事中和事后控制相结合的方式，一方面，可有效地规范各承建单位的建设行为，最大限度地避免不当建设行为的发生，或最大限度地减少其不良后果，这是约束机制的根本目的；另一方面，工程监理单位可以向建设单位提出适当的建议，从而避免发生建设单位的不当建设行为，起到一定的约束作用。

3. 有利于促使承建单位保证建设工程质量和使用安全

在加强承建单位自身对工程质量管理的基础上，由工程监理企业介入建设工程生产过程的管理，对保证建设工程质量和使用安全有着重要作用。

4. 有利于实现建设工程投资效益最大化

建设工程投资效益最大化有以下 3 种不同表现。

（1）在满足建设工程预定功能和质量标准的前提下，建设投资额最少。

（2）在满足建设工程预定功能和质量标准的前提下，建设工程寿命周期费用（或全寿命费用）最少。

（3）建设工程本身的投资效益与环境、社会效益的综合效益最大化。

工程监理企业一般都能协助建设单位实现上述第 1 种表现，也能在一定程度上实现上述第 2 种和第 3 种表现。

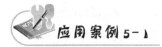

应用案例 5-1

监理工程师犯工程重大安全事故罪

【案例概况】

2001 年 9 月 25 日，某高速公路某桥模板支架在加载预压时垮塌，造成 6 人死亡、20 余人受伤的重大事故。

2001 年 9 月 25 日早上 6 点 45 分，在进行支架模板预压试验施工过程中，施工负责人高某指挥 51 名工人进行堆沙袋作业。9 点 10 分，当堆到距模板约 2.5 米高，堆沙重量达 700 余吨时，支架模板突然发生整体垮塌，在模板上堆沙的作业人员随垮塌的支架模板上的沙包掉到 10 米深的壕沟，其中 27 名人员被支架模板、沙包埋压。

事故调查组聘请的专家认为，事故的直接原因是由于钢管立柱柱基不坚实，产生了一定的竖向和水平位移，桥梁施工支架支撑体系侧向约束薄弱，最终造成支架垮塌事故。这次事故是不完善的施工设计、不规范的施工作业导致支架体系的失稳而垮塌。事故调查组认为事故的间接原因是施工监理不严，对未经审批、存在明显隐患的支架体系施工设计方案，没有采取有效措施予以制止并及时向上级反映，建议司法机关依法追究监理工程师杨某的刑事责任。

2001 年 9 月 28 日，市公安局对施工单位项目副经理张某、工程师乔某、工程队长高某、工程队安全员高某、监理单位监理工程师杨某刑事拘留，两天后经梅列区检察院批准，对上述 5 人执行逮捕。法院于 2002 年 9 月 11 日判决监理工程师杨某犯工程重大安全事故罪，判处有期徒刑一年，缓刑一年，并处罚金人民币 2 万元。

【案例评析】

我国《刑法》第 137 条规定，建设单位、设计单位、施工单位、工程监理单位违反国家规定，降低工程质量标准，造成重大安全事故的，对直接责任人员，处 5 年以下有期徒刑或者拘役，并处罚金；后果特别严重的，处 5 年以上 10 年以下有期徒刑，并处罚金。本案中，监理工程师没有履行监理职责是造成事故的一个重要原因，其行为已构成重大责任事故罪，依法应受到刑事追究。

5.1.4　建设工程监理立法概况

我国建设工程监理制度的建立与推行只是近二十几年的事情。1988 年，建设部提出建立专业化、社会化的社会建设监理制度，并在一些城市和产业部门开展了试点工作，颁布了一系列有关建设工程监理的法规。1997 年 11 月 1 日全国人大常委会通过的《中华人民共和国建筑法》明确规定：国家推行建设工程监理制度。这种监理制度进一步确定了工程监理在我国的地位，使建设工程监理制在我国建设领域得到迅速发展并走上了法制化轨道。

《建筑法》中做出了有关工程监理的规定，成为我国监理法规中唯一一部效力层次较高的法律。2000 年 1 月 30 日国务院颁发的《建设工程质量管理条例》，对建设工程监理的范围和责任作了相应规定。其他都是由建设部门及国务院相关部委制定的部门规章和规范性文件，主要有《关于开展建设监理试点工作的若干意见》（1988 年）、《关于进一步开展建设监理工作的通知》（1992 年）、《工程建设监理规定》（1995 年）、《工程监理企业资质管理规定》（2001 年）、《建设工程监理范围和规模标准规定》（2001 年）、《建设工程监理与相关服务收费管理规定》（2007 年）、《工程建设监理合同（示范文本）》（GF—2012—0202）、《建设工程监理规范》（GB/T 50319—2013）等。这些法律、行政法规和部门规章，构成了建设工程监理法规体系。有法可依，使我国的建设工程监理事业真正走上了健康发展的道路。

5.1.5　《建筑法》中对建设工程监理的基本法律要求

《建筑法》第四章中对"建筑工程监理"设专章作出了规定。

1. 明确了监理制度

《建筑法》第 30 条规定，国家推行建筑工程监理制度，国务院可以规定实行强制监理的建筑工程的范围。

2. 依法监理，规定了监理单位及监理人员的职责

实行监理的建筑工程，由建设单位委托具有相应资质条件的工程监理单位监理。工程监理单位应当在其资质等级许可的监理范围内，承担工程监理业务。建设单位与其委托的工程监理单位应当订立书面委托监理合同。

工程监理单位应当根据建设单位的委托，客观、公正地执行监理任务。工程监理单位与被监理工程的承包单位以及建筑材料、建筑构配件和设备供应单位不得有隶属关系或者其他利害关系。工程监理单位不得转让工程监理业务。

知 识 链 接

《建设工程监理规范》（GB/T 50319—2013）第 1.0.9 条规定：工程监理单位应公平、独立、诚信、科学地开展建设工程监理与相关服务活动。

本条监理规范明确了监理与相关服务的基本准则：公平、独立、诚信、科学。要求工

程监理单位在实施建设工程监理与相关服务时，要公平地处理工作中出现的问题，独立地进行判断和行使职权，科学地为建设单位提供专业化服务，既要维护建设单位的合法权益，也不能损害其他有关单位的合法权益。

工程监理单位应当依照法律、行政法规及有关的技术标准、设计文件和建筑工程承包合同，对承包单位在施工质量、建设工期和建设资金使用等方面，代表建设单位实施监督。工程监理人员认为工程施工不符合工程设计要求、施工技术标准和合同约定的，有权要求建筑施工企业改正。工程监理人员发现工程设计不符合建筑工程质量标准或者合同约定的质量要求的，应当报告建设单位要求设计单位改正。

3. 监理前书面通知施工企业

《建筑法》第33条规定，实施建筑工程监理前，建设单位应当将委托的工程监理单位、监理的内容及监理权限，书面通知被监理的建筑施工企业。

知 识 链 接

《建设工程监理规范》（GB/T 50319—2013）第1.0.4条规定，工程开工前，建设单位应将工程监理单位的名称，监理的范围、内容和权限及总监理工程师的姓名书面通知施工单位。为了强化总监理工程师负责制，总监理工程师的姓名也应通知施工单位。

总监理工程师负责制是指由总监理工程师全面负责建设工程监理实施工作。总监理工程师是工程监理单位法定代表人书面任命的项目监理机构负责人，是工程监理单位履行建设工程监理合同的全权代表。

4. 监理单位的赔偿责任

《建筑法》第35条规定，工程监理单位不按照委托监理合同的约定履行监理义务，对应当监督检查的项目不检查或者不按照规定检查，给建设单位造成损失的，应当承担相应的赔偿责任。工程监理单位与承包单位串通，为承包单位谋取非法利益，给建设单位造成损失的，应当与承包单位承担连带赔偿责任。

 应用案例 5-2

建设监理委托人未能履行义务的法律责任

【案例概况】

某市保险公司建设一栋业务大楼，与建筑企业签订建筑施工合同后，与一监理企业签订建设工程监理合同。但是在监理企业意欲从事监理活动时，保险公司并未向监理及时提交建设工程的有关图纸以及进行监理工作所必需的各种材料及资金，也并未将建立企业的情形以及监理内容及时通知施工企业，致使监理企业未能及时完成监理工作，因而产生争端。法院最后判定保险公司未能履行合同义务，承担违约责任。

【案例评析】

建筑工程监理单位和建设单位之间是一种合同关系，因此建设单位也应当按照监理合同履行自己应当履行的合同义务。监理合同中规定的应当由发包人方负责的工作，是保障合同最终实现的基础，如外部关系的协调，为监理工作提供外部条件，为监理单位提供获取本工程使用的原材料、构配件、机械设备等生产厂家名录等，都是为监理人做好工作的先决条件。委托人必须严格按照监理合同的规定，履行应尽的义务，才有权要求监理人履行合同。一般说来，委托人应当履行应尽的义务主要包括这样几个方面：严格按照监理合同的规定履行应尽的义务；提供建立工作顺利进行所必需的辅助条件；按照监理合同的规定行使权利。监理合同中规定的发包人的权利，主要是以下几个方面：对设计人、施工单位的发包权；对工程规模、设计标准的认定权及设计变更的审批权；对监理人的监督管理权。

其中，涉及工程的档案管理方面，在全部工程竣工以前，委托人应当将全部合同文件，包括完整工程的竣工资料加以系统整理，按照国家《档案法》及有关规定，进行建档保管以保证建立合同档案的完整性，委托人对合同文件及其履行中与监理人之间进行的签证、记录协议、补充合同备忘录、函件、电报、电传等都应系统地认真整理，妥善保管。委托人必须要不折不扣地履行自己的合同义务才有资格要求监理人履行其所应当承担的合同义务，这是相辅相成、相生相伴的。

而在本案中，由于作为委托人的建设单位并未能够及时履行自己应当履行的合同义务，向监理单位提供完成监理活动所必需的材料及相关条件，致使监理人无法完成自己的合同义务。这样，实际上是作为委托人的建设单位违背监理合同中所规定的义务，应当承担违约责任。法院作出的判定是正确的。

5.2 建设工程监理的范围、依据、任务和工作内容

5.2.1 建设工程监理的范围

《建筑法》规定：国务院可以规定实行强制性监理的工程范围。国务院颁布的《建设工程质量管理条例》（2000 年）及原建设部颁布的《建设工程监理范围和规模标准规定》（2001 年)中，规定了我国必须实行工程建设监理的工作项目范围，具体包括以下几类工程。

1. 国家重点建设工程

国家重点建设工程是指依据《国家重点建设项目管理办法》所确定的对国民经济和社会发展有重大影响的骨干项目。

2. 大中型公用事业工程

大中型公用事业工程具体包括项目总投资额在 3 000 万元以上的下列工程项目。

（1）供水、供电、供气、供热等市政工程项目。

（2）科技、教育、文化等项目。

（3）体育、旅游、商业等项目。

（4）卫生、社会福利等项目。

（5）其他公用事业项目。

3. 成片开发建设的住宅小区工程

成片开发建设的住宅小区工程，建筑面积在 5 万平方米以上的住宅建设工程必须实行

监理；5万平方米以下的住宅建设工程，可以实行监理，具体范围和规模标准，由省、自治区、直辖市人民政府建设行政主管部门规定。

为了保证住宅质量，对高层住宅及地基、结构复杂的多层住宅应当实行监理。

4. 利用外国政府或者国际组织贷款、援助资金的工程

（1）使用世界银行、亚洲开发银行等国际组织贷款资金的项目。

（2）使用国外政府及其机构贷款资金的项目。

（3）使用国际组织或者国外政府援助资金的项目。

5. 国家规定必须实行监理的其他工程

（1）项目总投资额在3 000万元以上关系社会公共利益、公众安全的下列基础设施项目。

① 煤炭、石油、化工、天然气、电力、新能源等项目。

② 铁路、公路、管道、水运、民航以及其他交通运输业等项目。

③ 邮政、电信枢纽、通信、信息网络等项目。

④ 防洪、灌溉、排涝、发电、引（供）水、滩涂治理、水资源保护、水土保持等水利建设项目。

⑤ 道路、桥梁、地铁和轻轨交通、污水排放及处理、垃圾处理、地下管道、公共停车场等城市基础设施项目。

⑥ 生态环境保护项目。

⑦ 其他基础设施项目。

（2）学校、影剧院、体育场馆项目。

5.2.2 建设工程监理依据

1. 法律法规

监理单位应当依据法律、法规的规定，对承包单位实施监理。虽然监理单位是为建设单位服务的，但对建设单位的违法、违规要求，监理单位应该也有权拒绝。目前有关工程监理方面的法律法规主要有《建筑法》《建设工程质量管理条例》《建设工程安全生产管理条例》《工程建设监理规定》《工程监理企业资质管理规定》《监理工程师资格考试及注册试行办法》等。

2. 建设工程相关标准

工程建设过程中适用的相应的工程技术和管理标准，包括工程建设强制性标准，如《建设工程监理规范》（GB/T 50319—2013）是实施监理的重要依据。

3. 建设工程勘察设计文件

施工单位依照设计文件和图纸施工，监理单位当然也应该按照设计文件和图纸对施工单位的活动进行监督管理。建设工程勘察设计文件既是工程施工的重要依据，也是工程监理的主要依据。

4. 建设工程监理合同及其他合同文件

建设工程监理合同是实施监理的直接依据，建设单位与其他相关单位签订的合同（如与施工单位签订的施工合同、与材料设备供应单位签订的材料设备采购合同等）也是实施监理的重要依据。

5.2.3 建设工程监理的任务

《建设工程监理规范》（GB/T 50319—2013）及《建设工程监理合同（示范文本）》（GF—2012—0202)中都规定了：建设工程监理，是指工程监理单位受建设单位委托，根据法律法规、工程建设标准、勘察设计文件及合同，在施工阶段对建设工程质量、造价、进度进行控制，对合同、信息进行管理，对工程建设相关方的关系进行协调，并履行建设工程安全生产管理法定职责的服务活动。

由此可见，建设工程监理的工作目前集中于施工阶段，主要任务是"三控制、两管理、一协调"和"履行建设工程安全生产管理法定职责"。

1．"三控制"

"三控制"主要是指在施工阶段对建设工程质量、造价、进度进行控制。

1）工程质量控制

（1）工程开工前，项目监理机构应审查施工单位现场的质量管理组织机构、管理制度及专职管理人员和特种作业人员的资格。

（2）项目监理机构应审查施工单位报送的用于工程的材料、构配件、设备的质量证明文件，并应按有关规定、建设工程监理合同约定，对用于工程的材料进行见证取样、平行检验。对已进场经检验不合格的工程材料、构配件、设备，应要求施工单位限期将其撤出施工现场。

（3）项目监理机构应根据工程特点和施工单位报送的施工组织设计，确定旁站的关键部位、关键工序，安排监理人员进行旁站，并应及时记录旁站情况；应安排监理人员对工程施工质量进行巡视；应根据工程特点、专业要求，以及建设工程监理合同约定，对施工质量进行平行检验。

（4）项目监理机构应对施工单位报验的隐蔽工程、检验批、分项工程和分部工程进行验收。

（5）项目监理机构发现施工存在质量问题的，或施工单位采用不适当的施工工艺，或施工不当，造成工程质量不合格的，应及时签发监理通知单，要求施工单位整改。整改完毕后，项目监理机构应根据施工单位报送的监理通知回复单对整改情况进行复查，提出复查意见。

（6）对需要返工处理或加固补强的质量缺陷，项目监理机构应要求施工单位报送经设计等相关单位认可的处理方案，并应对质量缺陷的处理过程进行跟踪检查，同时应对处理结果进行验收。

（7）对需要返工处理或加固补强的质量事故，项目监理机构应要求施工单位报送质量事故调查报告和经设计等相关单位认可的处理方案，并应对质量事故的处理过程进行跟踪检查，同时应对处理结果进行验收。并且应及时向建设单位提交质量事故书面报告，并应将完整的质量事故处理记录整理归档。

（8）项目监理机构应审查施工单位提交的单位工程竣工验收报审表及竣工资料，组织工程竣工预验收。造成工程质量不合格的，应及时签发监理通知单，要求施工单位整改。整改完毕后，项目监理机构应根据施工单位报送的监理通知回复单对整改情况进行复查，提出复查意见。

（9）工程竣工预验收合格后，项目监理机构应编写工程质量评估报告，并应经总监理工程师和工程监理单位技术负责人审核签字后报建设单位。

（10）项目监理机构应参加由建设单位组织的竣工验收，对验收中提出的整改问题，应督促施工单位及时整改。工程质量符合要求的，总监理工程师应在工程竣工验收报告中签署意见。

2）工程造价控制

（1）项目监理机构应按下列程序进行工程计量和付款签证。

① 专业监理工程师对施工单位在工程款支付报审表中提交的工程量和支付金额进行复核，确定实际完成的工程量，提出到期应支付给施工单位的金额，并提出相应的支持性材料。

② 总监理工程师对专业监理工程师的审查意见进行审核，签认后报建设单位审批。

③ 总监理工程师根据建设单位的审批意见，向施工单位签发工程款支付证书。

（2）项目监理机构应编制月完成工程量统计表，对实际完成量与计划完成量进行比较分析，发现偏差的，应提出调整建议，并应在监理月报中向建设单位报告。

（3）项目监理机构应按下列程序进行竣工结算款审核。

① 专业监理工程师审查施工单位提交的竣工结算款支付申请，提出审查意见。

② 总监理工程师对专业监理工程师的审查意见进行审核，签认后报建设单位审批，同时抄送施工单位，并就工程竣工结算事宜与建设单位、施工单位协商；达成一致意见的，根据建设单位审批意见向施工单位签发竣工结算款支付证书；不能达成一致意见的，应按施工合同约定处理。

3）工程进度控制

（1）项目监理机构应审查施工单位报审的施工总进度计划和阶段性施工进度计划，提出审查意见，并应由总监理工程师审核后报建设单位。

（2）项目监理机构应检查施工进度计划的实施情况，发现实际进度严重滞后于计划进度且影响合同工期时，应签发监理通知单，要求施工单位采取调整措施加快施工进度。总监理工程师应向建设单位报告工期延误风险。

（3）项目监理机构应比较分析工程施工实际进度与计划进度，预测实际进度对工程总工期的影响，并应在监理月报中向建设单位报告工程实际进展情况。

2．"两管理"

"两管理"是指对合同、信息进行管理。

项目监理机构应依据建设工程监理合同约定进行施工合同管理，处理工程暂停及复工、工程变更、索赔及施工合同争议、解除等事宜；施工合同终止时，项目监理机构应协助建设单位按施工合同约定处理施工合同终止的有关事宜。

项目监理机构应建立完善监理文件资料管理制度，宜设专人管理监理文件资料；应及时、准确、完整地收集、整理、编制、传递监理文件资料；及时整理、分类汇总监理文件资料，并应按规定组卷，形成监理档案。工程监理单位应根据工程特点和有关规定，保存监理档案，并应向有关单位、部门移交需要存档的监理文件资料。

知 识 链 接

监理文件资料应包括下列主要内容：

（1）勘察设计文件、建设工程监理合同及其他合同文件；

（2）监理规划、监理实施细则；

（3）设计交底和图纸会审会议纪要；

（4）施工组织设计、（专项）施工方案、施工进度计划报审文件资料；

（5）分包单位资格报审文件资料；

（6）施工控制测量成果报验文件资料；

（7）总监理工程师任命书，开工令、暂停令、复工令，工程开工或复工报审文件资料；

（8）工程材料、构配件、设备报验文件资料；

（9）见证取样和平行检验文件资料；

（10）工程质量检查报验资料及工程有关验收资料；

（11）工程变更、费用索赔及工程延期文件资料；

（12）工程计量、工程款支付文件资料；

（13）监理通知单、工作联系单与监理报告；

（14）第一次工地会议、监理例会、专题会议等会议纪要；

（15）监理月报、监理日志、旁站记录；

（16）工程质量或生产安全事故处理文件资料；

（17）工程质量评估报告及竣工验收监理文件资料；

（18）监理工作总结。

3. "一协调"

"一协调"是指对工程建设相关方的关系进行协调。

项目监理机构应协调工程建设相关方的关系。项目监理机构与工程建设相关方之间的工作联系，除另有规定外宜采用工作联系单形式进行。

项目监理机构处理施工合同争议时应进行下列工作：了解合同争议情况；及时与合同争议双方进行磋商；提出处理方案后，由总监理工程师进行协调；当双方未能达成一致时，总监理工程师应提出处理合同争议的意见。

4. "履行安全生产管理的法定职责"

"履行安全生产管理的法定职责"是指国家法规对监理工作的社会责任要求。

《建筑法》《建设工程质量管理条例》《建设工程安全生产管理条例》等相关法律法规中对监理单位的安全生产管理职责作出了明确规定。项目监理机构应根据法律法规、工程建设强制性标准，履行建设工程安全生产管理的监理职责，并应将安全生产管理的监理工作内容、方法和措施纳入监理规划及监理实施细则。具体包括以下几方面。

（1）项目监理机构应审查施工单位现场安全生产规章制度的建立和实施情况，并应审查施工单位安全生产许可证及施工单位项目经理、专职安全生产管理人员和特种作业人员的资格，同时应核查施工机械和设施的安全许可验收手续。

（2）项目监理机构应审查施工单位报审的专项施工方案。

（3）项目监理机构应巡视检查危险性较大的分部分项工程专项施工方案实施情况。

（4）项目监理机构在实施监理过程中，发现工程存在安全事故隐患时，应按法律规定程序进行处理。

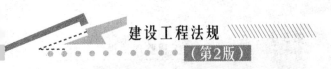

除此之外，工程监理单位应根据建设工程监理合同的约定，开展设备采购与监造以及勘察、设计、保修等阶段的相关服务。

● 特 别 提 示 ....

监理规划：项目监理机构全面开展建设工程监理工作的指导性文件。

监理实施细则：针对某一专业或某一方面建设工程监理工作的操作性文件。

....

5.2.4 建设工程监理的工作内容

根据《建设工程监理合同（示范文本）》的规定，除专用条件另有约定外，监理工作内容包括以下几方面。

（1）收到工程设计文件后编制监理规划，并在第一次工地会议7天前报委托人。根据有关规定和监理工作需要，编制监理实施细则。

（2）熟悉工程设计文件，并参加由委托人主持的图纸会审和设计交底会议。

（3）参加由委托人主持的第一次工地会议；主持监理例会并根据工程需要主持或参加专题会议。

（4）审查施工承包人提交的施工组织设计，重点审查其中的质量安全技术措施、专项施工方案与工程建设强制性标准的符合性。

（5）检查施工承包人工程质量、安全生产管理制度及组织机构和人员资格。

（6）检查施工承包人专职安全生产管理人员的配备情况。

（7）审查施工承包人提交的施工进度计划，核查承包人对施工进度计划的调整。

（8）检查施工承包人的试验室。

（9）审核施工分包人资质条件。

（10）查验施工承包人的施工测量放线成果。

（11）审查工程开工条件，对条件具备的签发开工令。

（12）审查施工承包人报送的工程材料、构配件、设备质量证明文件的有效性和符合性，并按规定对用于工程的材料采取平行检验或见证取样方式进行抽检。

（13）审核施工承包人提交的工程款支付申请，签发或出具工程款支付证书，并报委托人审核、批准。

（14）在巡视、旁站和检验过程中，发现工程质量、施工安全存在事故隐患的，要求施工承包人整改并报委托人。

（15）经委托人同意，签发工程暂停令和复工令。

（16）审查施工承包人提交的采用新材料、新工艺、新技术、新设备的论证材料及相关验收标准。

（17）验收隐蔽工程、分部分项工程。

（18）审查施工承包人提交的工程变更申请，协调处理施工进度调整、费用索赔、合同争议等事项。

（19）审查施工承包人提交的竣工验收申请，编写工程质量评估报告。

（20）参加工程竣工验收，签署竣工验收意见。

（21）审查施工承包人提交的竣工结算申请并报委托人。

（22）编制、整理工程监理归档文件并报委托人。

5.3 建设工程监理合同

5.3.1 建设工程监理合同概述

实行监理的建设工程，委托方与监理方签订书面监理合同是国际上通用的做法。《合同法》规定：建设工程实行监理的，发包人应当与监理人采用书面形式订立委托监理合同。

《建设工程监理规范》中规定：实施建设工程监理前，建设单位必须委托具有相应资质的工程监理单位，并以书面形式与工程监理单位订立建设工程监理合同，合同中应包括监理工作的范围、内容、服务期限和酬金，以及双方的义务、违约责任等相关条款。在订立建设工程监理合同时，建设单位将勘察、设计、保修阶段等相关服务一并委托的，应在合同中明确相关服务的工作范围、内容、服务期限和酬金等相关条款。

1. 建设工程监理合同的概念

建设工程监理合同简称监理合同，是指委托人与监理人就委托的工程项目管理内容签订的明确双方权利和义务的协议。

建设单位（业主）称为委托人，监理单位称为受托人或监理人。

2. 建设工程监理合同的特征

监理合同是一种委托合同，除具有委托合同的共同特点外，其还具有以下几个特点。

1）关于主体资格

监理合同的委托人应当是具有民事权利能力和民事行为能力，取得法人资格的企事业单位以及其他社会组织和个人。监理人必须是依法成立的具有法人资格的监理单位，并且所承担的监理业务应与单位资质相符合。

2）关于合同标的

监理合同与建设工程实施阶段所签订的其他合同的最大区别，就是标的性质上的差异。监理合同的标的是服务，而勘察设计合同、物资采购合同、施工承包合同等的标的是产生新的物质成果或信息成果。

正因为监理合同标的这一特殊性，监理单位不是建筑产品的直接经营者，它只是接受委托，凭借监理工程师的知识、经验和技能，为建设单位所签订的其他合同的正确履行实施监督和管理的职责。

 案例解析

在本章导入案例中，合同草案第（1）、（2）条均不妥。首先监理工作的性质是服务性的，监理单位"将不是，也不能成为任何承包商的工程的承保人或保证人"，将在设计、施工过程中出现的问题与监理单位直接挂钩，与监理工作的性质不适宜。

3）内容合法

监理合同委托的工作内容必须符合工程项目建设程序，遵守有关法律、行政法规。

5.3.2　建设工程监理合同示范文本

《建设工程监理合同（示范文本）》是由国家行政主管部门依据有关法律、法规，组织有关各方面的专家共同编制的，它能够比较准确地反映出合同双方所要实现的意图，具有很好的指导和示范作用。推行建设工程监理合同示范文本，有利于提高合同签订的质量，有利于减少双方签订合同的工作量，也有利于保护合同当事人的合法权益。

住房和城乡建设部、国家工商行政管理局 2012 年颁布《建设工程监理合同（示范文本）》（GF—2012—0202），由协议书、通用条件和专用条件组成。

1. 协议书

协议书是纲领性的法律文件，其主要内容为工程概况、词语限定、组成合同的文件、总监理工程师、签约酬金、期限、双方承诺、合同订立等。

 知 识 链 接

组成合同的文件

（1）协议书。

（2）中标通知书（适用于招标工程）或委托书（适用于非招标工程）。

（3）投标文件（适用于招标工程）或监理与相关服务建议书（适用于非招标工程）。

（4）专用条件。

（5）通用条件。

（6）附录，即如下附录。

附录 A　相关服务的范围和内容

附录 B　委托人派遣的人员和提供的房屋、资料、设备

合同签订后，双方依法签订的补充协议也是合同文件的组成部分。

2. 通用条件

通用条件内容包括：定义与解释；监理人的义务；委托人的义务；违约责任；支付；合同生效、变更、暂停、解除与终止；争议解决及其他。通用条件是监理合同的通用文件，适用于各类建设工程项目监理，各委托人、监理人都应遵守。

3. 专用条件

由于通用条件适用于各行各业所有项目的建设工程监理，因此其条款相对于实际工程来说比较笼统。所以，具体签订某工程项目监理合同时，需要结合工程特点、地域特点和专业特点等，对通用条件中的某些条款进行修正和补充。

 案例解析

在本章导入案例中，经双方商讨最后确定的建设工程监理合同，包括了监理的范围和

内容、双方的权利和义务、监理费的计取与支付、违约责任和双方约定的其他事项等内容，可以认为该合同包含了应有的主要条款。

5.3.3　建设工程监理合同当事人的义务

在《建设工程监理合同（示范文本）》（GF—2012—0202）中强调了双方的义务而不再提权利。

1. 监理人的义务

1）完成合同中约定的监理工作

2）按照监理的依据提供监理服务及相关服务

3）设立项目监理机构和人员

（1）监理人应组建满足工作需要的项目监理机构，配备必要的检测设备。项目监理机构的主要人员应具有相应的资格条件。

（2）合同履行过程中，总监理工程师及重要岗位监理人员应保持相对稳定，以保证监理工作正常进行。

（3）监理人可根据工程进展和工作需要调整项目监理机构人员。监理人更换总监理工程师时，应提前7天向委托人书面报告，经委托人同意后方可更换；监理人更换项目监理机构其他监理人员，应以相当资格与能力的人员替换，并通知委托人。

（4）监理人应及时更换有下列情形之一的监理人员：严重过失行为的；有违法行为不能履行职责的；涉嫌犯罪的；不能胜任岗位职责的；严重违反职业道德的；专用条件约定的其他情形。

（5）委托人可要求监理人更换不能胜任本职工作的项目监理机构人员。

4）履行职责

监理人应遵循职业道德准则和行为规范，严格按照法律法规、工程建设有关标准及合同履行职责。

（1）在监理与相关服务范围内，委托人和承包人提出的意见和要求，监理人应及时提出处置意见。当委托人与承包人之间发生合同争议时，监理人应协助委托人、承包人协商解决。

（2）当委托人与承包人之间的合同争议提交仲裁机构仲裁或人民法院审理时，监理人应提供必要的证明资料。

（3）监理人应在专用条件约定的授权范围内，处理委托人与承包人所签订合同的变更事宜。如果变更超过授权范围，应以书面形式报委托人批准。

在紧急情况下，为了保护财产和人身安全，监理人所发出的指令未能事先报委托人批准时，应在发出指令后的24小时内以书面形式报委托人。

（4）除专用条件另有约定外，监理人发现承包人的人员不能胜任本职工作的，有权要求承包人予以调换。

5）提交报告

监理人应按专用条件约定的种类、时间和份数向委托人提交监理与相关服务的报告。

6）文件资料

在合同履行期内，监理人应在现场保留工作所用的图纸、报告及记录监理工作的相关文件。工程竣工后，应当按照档案管理规定将监理有关文件归档。

7）使用委托人的财产

监理人无偿使用附录中由委托人派遣的人员和提供的房屋、资料、设备。除专用条件另有约定外，委托人提供的房屋、设备属于委托人的财产，监理人应妥善使用和保管，在合同终止时将这些房屋、设备的清单提交委托人，并按专用条件约定的时间和方式移交。

2. 委托人的义务

1）告知

委托人应在委托人与承包人签订的合同中明确监理人、总监理工程师和授予项目监理机构的权限。如有变更，应及时通知承包人。

2）提供资料

委托人应按照附录约定，无偿向监理人提供工程有关的资料。在合同履行过程中，委托人应及时向监理人提供最新的与工程有关的资料。

3）提供工作条件

委托人应为监理人完成监理与相关服务提供必要的条件。

（1）委托人应按照附录约定，派遣相应的人员，提供房屋、设备，供监理人无偿使用。

（2）委托人应负责协调工程建设中所有外部关系，为监理人履行合同提供必要的外部条件。

4）委托人代表

委托人应授权一名熟悉工程情况的代表，负责与监理人联系。委托人应在双方签订合同后7天内，将委托人代表的姓名和职责书面告知监理人。当委托人更换委托人代表时，应提前7天通知监理人。

5）委托人意见或要求

在合同约定的监理与相关服务工作范围内，委托人对承包人的任何意见或要求应通知监理人，由监理人向承包人发出相应指令。

6）答复

委托人应在专用条件约定的时间内，对监理人以书面形式提交并要求作出决定的事宜，给予书面答复。逾期未答复的，视为委托人认可。

7）支付

委托人应按合同约定，向监理人支付酬金。

5.3.4 建设工程监理合同的违约责任

1. 监理人的违约责任

监理人未履行合同义务的，应承担相应的责任。

（1）因监理人违反合同约定给委托人造成损失的，监理人应当赔偿委托人损失。赔偿金额的确定方法在专用条件中约定。监理人承担部分赔偿责任的，其承担赔偿金额由双方协商确定。

（2）监理人向委托人的索赔不成立时，监理人应赔偿委托人由此发生的费用。

监理人赔偿金额按下列方法确定。

赔偿金＝直接经济损失×正常工作酬金÷工程概算投资额（或建筑安装工程费）

2. 委托人的违约责任

委托人未履行合同义务的，应承担相应的责任。

（1）委托人违反合同约定造成监理人损失的，委托人应予以赔偿。

（2）委托人向监理人的索赔不成立时，应赔偿监理人由此引起的费用。

（3）委托人未能按期支付酬金超过 28 天，应按专用条件约定支付逾期付款利息。

委托人逾期付款利息按下列方法确定。

逾期付款利息＝当期应付款总额×银行同期贷款利率×拖延支付天数

3. 除外责任

因非监理人的原因，且监理人无过错，发生工程质量事故、安全事故、工期延误等造成的损失，监理人不承担赔偿责任。因不可抗力导致合同全部或部分不能履行时，双方各自承担其因此而造成的损失、损害。

5.3.5　建设工程监理费用

1. 建设工程监理收费规定

国家发展和改革委员会、建设部制定的《建设工程监理与相关服务收费管理规定》（2007 年），对建设工程监理与相关服务收费行为进行了规范。

建设工程监理与相关服务收费根据建设项目投资额的不同情况，分别实行政府指导价和市场调节价。建设项目总投资额 3 000 万元及以上的建设工程施工阶段的监理收费实行政府指导价；建设项目总投资额 3 000 万元以下的建设工程施工阶段的监理收费和其他阶段的监理与相关服务收费实行市场调节价。

实行政府指导价的建设工程施工阶段监理收费，其基准价根据《建设工程监理与相关服务收费标准》计算，浮动幅度为上下 20％。发包人和监理人应当根据建设项目的实际情况在规定的浮动幅度内协商确定收费额。实行市场调节价的建设工程监理与相关服务收费，由发包人和监理人协商确定收费额。

由于非监理人原因造成建设工程监理与相关服务工作量增加的，发包人应当按合同约定向监理人另行支付相应的建设工程监理与相关服务费。由于监理人原因造成监理与相关服务工作量增加的，发包人不另行支付监理与相关服务费用。由于监理人工作失误给发包人造成经济损失的，应当按照合同约定依法承担赔偿责任；监理人提出合理化建议经采用、取得实效的，发包人可另行给予奖励。

2. 建设工程合同的酬金

根据以上规定，双方当事人可以在建设工程监理合同的通用条件及专用条件部分对监理费用（即酬金）作出明确约定。

支付的酬金包括正常工作酬金、附加工作酬金、合理化建议奖励金额及费用。

1）正常工作酬金

（1）正常工作酬金的支付见表 5－1。

表 5-1　正常工作酬金的支付

支付次数	支付时间	支付比例	支付金额/万元
首付款	合同签订后 7 天内		
第二次付款			
第三次付款			
……			
最后付款	监理与相关服务期届满 14 天内		

（2）正常工作酬金增加额按下列方法确定。

$$正常工作酬金增加额 = \frac{工程投资额或建筑安装工程费增加额}{} \times 正常工作酬金 \div \frac{工程概算投资额}{（或建筑安装工程费）}$$

（3）因工程规模、监理范围的变化导致监理人的正常工作量减少时，按减少工作量的比例从协议书约定的正常工作酬金中扣减相同比例的酬金。

2）附加工作酬金

除不可抗力外，因非监理人原因导致合同期限延长时，附加工作酬金按下列方法确定。

$$附加工作酬金 = 合同期限延长时间（天） \times 正常工作酬金 \div \frac{协议书约定的监理}{与相关服务期限（天）}$$

附加工作酬金按下列方法确定。

$$附加工作酬金 = \frac{善后工作及恢复服务的准备工作时间（天）}{} \times 正常工作酬金 \div \frac{协议书约定的监理}{与相关服务期限（天）}$$

3）奖励

监理人在服务过程中提出的合理化建议，使委托人获得经济效益的，双方在专用条件中约定奖励金额的确定方法。奖励金额在合理化建议被采纳后，与最近一期的正常工作酬金同期支付。合理化建议的奖励金额按下列方法确定。

$$奖励金额 = 工程投资节省额 \times 奖励金额的比率$$

4）其他费用

（1）外出考察费用。经委托人同意，监理人员外出考察发生的费用由委托人审核后支付。

（2）检测费用。委托人要求监理人进行的材料和设备检测所发生的费用，由委托人支付。

（3）咨询费用。经委托人同意，根据工程需要由监理人组织的相关咨询论证会以及聘请相关专家等发生的费用由委托人支付。

5）支付

（1）支付申请。监理人应在合同约定的每次应付款时间的 7 天前，向委托人提交支付申请书。支付申请书应当说明当期应付款总额，并列出当期应支付的款项及其金额。

（2）支付争议。委托人对监理人提交的支付申请书有异议时，应当在收到监理人提交的支付申请书后 7 天内，以书面形式向监理人发出异议通知。无异议部分的款项应按期支付，有异议部分的款项按合同约定的方式处理。

应用案例 5-3

监理单位成功索要监理服务费

原告：甲建设监理有限公司。

被告：乙控股发展集团有限公司。

原告甲建设监理有限公司与被告乙控股发展集团有限公司建设工程监理合同纠纷一案，法院立案受理后于同年 7 月 25 日公开开庭进行了审理，并当庭宣告判决。原告的委托代理人到庭参加诉讼。被告乙控股发展集团有限公司经本院合法传唤，无正当理由未到庭。

原告甲建设监理有限公司诉称：2010 年 6 月 28 日，原、被告订立《建设工程委托监理合同》一份，约定原告为被告某某城市名人酒店精装修工程实施工程监理，监理工期为 270 天，监理报酬为 180 000 元，非监理方原因造成监理服务期延长的，按每人每月 5 000 元发放监理报酬，监理总监按每月 2 500 元发放，同时双方对其他权利义务进行了约定。合同签订后，原告依约履行了监理义务，但后因被告自身原因，导致监理服务期延续至 2013 年 1 月 31 日。被告已支付原告监理报酬 305 000 元，余款 210 000 元至今未付。故起诉请求判令：

一、解除原、被告订立的《建设工程委托监理合同》；

二、被告支付原告监理报酬 210 000 元。

后原告以会计计算错误为由，撤销被告已支付原告 305 000 元的自认，认为被告已支付原告 255 000 元，故变更诉讼请求为：

一、解除原、被告订立的《建设工程委托监理合同》；

二、被告支付原告监理报酬 260 000 元。

被告乙控股发展集团有限公司未作答辩，亦未向本院提供证据。

原告甲建设监理有限公司为支持其主张的事实，在举证期限内向本院提供了下列证据材料：

1. 《建设工程委托监理合同》一份，欲证明原、被告之间建设工程监理合同法律关系及双方对各自权利义务进行约定的事实。

2. 监理报酬结算单一份，欲证明被告尚欠原告监理报酬未付的事实。

上述证据虽未经被告当庭质证，但经本院审查后认为，证据是客观、真实的，且与本案事实有关联，故对上述证据的证明效力予以确认。

法院经审理，认定事实如下：2010 年 6 月 28 日，原告甲建设监理有限公司与被告乙控股发展有限公司订立《建设工程委托监理合同》一份，约定乙控股发展有限公司委托原告为浙江某某城市名人大酒店精装修工程实施工程监理，乙控股发展有限公司指派王某、何某某、王某某为工程常驻代表，监理工期为 270 天，实际工作月为 8 个月，共计监理报酬 180 000 元，监理酬金支付方式为：合同签订后，监理人员进场满一个月工作到次月，每人每月支付监理费 5 000 元，按肆人发放，非监理方原因造成监理服务期延长，按每人 5 000 元每月发放，总监按半人支付 2 500 元每月；竣工验收后一个月内结清监理费。2013 年 1 月 30 日，因浙江某某城市名人大酒店精装修工程已停工，且无法继续施工，经原告甲建设监理有限公司与乙控股发展有限公司结算，监理服务期为 2010 年 11 月 1 日至 2013 年 1 月底，增加监理面积的报酬为 20 000 元。被告已支付原告 255 000 元。

另查明：乙控股发展有限公司于 2012 年 5 月 25 日经工商变更登记为乙控股发展集团有限公司。

【法院判决】

法院认为：原、被告订立的《建设工程监理合同》合法有效，合同双方应该根据合同约定全面履行合同的义务。现非因原告之过错致使监理合同无法继续履行，故原告有权解除双方订立的监理合同。经原告与被告常驻代表王某某结算，监理服务期为 2010 年 11 月 1 日至 2013 年 1 月底，根据监理合同约定的监理费支付标准，2010 年 11 月 1 日至 2011 年 7 月底，共计监理报酬 180 000 元；2011 年 8 月 1 日至 2013 年 1 月底，按照 4 人每月 17 500 元计算，共计 315 000 元。另增加监理面积的报酬为 20 000 元，上述监理费合计 515 000 元，被告已支付原告 255 000 元，尚欠原告 260 000 元未付属实。综上，原告的诉讼请求符合法律规定，本院予以支持。被告经本院合法传唤，无正当理由未到庭，视为对原告起诉所主张的事实及诉讼请求自行放弃抗辩的权利。据此，依照《合同法》第 60 条第 1 款、第 94 条第 4 项、《民事诉讼法》第 144 条之规定，判决如下：

一、解除甲建设监理有限公司、乙控股发展集团有限公司于 2010 年 6 月 28 日订立的《建设工程委托监理合同》。

二、乙控股发展集团有限公司在本判决生效后十日内支付甲建设监理有限公司监理费 260 000 元。

如果乙控股发展集团有限公司未按本判决指定的期间履行给付金钱义务，应当依照《民事诉讼法》第 253 条规定，加倍支付迟延履行期间的债务利息。

案件受理费 5 200 元，减半收取 2 600 元，由乙控股发展集团有限公司负担。

5.4 建设工程监理各方关系

建设工程监理活动中最主要的当事人有业主、监理单位及承包商三方。其工作关系是通过业主与监理单位的监理合同及业主与承包商之间的承包合同来约定的。

5.4.1 业主与监理单位的关系

业主和监理单位的关系是委托和被委托的关系。

业主和监理单位签订监理合同，合同中明确了监理人的工作范围、内容、时间、费用等，同时对双方的权利和义务都作了明确的规定。

监理人应当根据业主授权及法律规定，代表业主对工程施工相关事项进行检查、查验、审核、验收，并签发相关指示，独立、公正地行使监理的权利。业主不能认为监理人是其委托的雇员，而去干涉监理人的正常工作，但业主可要求监理人更换不能胜任本职工作的项目监理机构人员。

5.4.2 监理单位与承包商的关系

监理单位与承包商的关系是监理与被监理的关系。

监理单位与承包商没有签订合同，但是他们之间的关系在业主与承包商签订的合同条件中可以明确地体现出来。

监理工作的依据主要是建设工程委托监理合同和建设单位与承包单位签订的承包合同。建设单位应委托监理单位对工程质量、造价和进度这三个目标进行全面控制和管理，并授予监理单位在三项目标控制中的相应权利，才能真正发挥监理作用。在实施监理的工程项目中，监理单位是代表建设单位的现场管理者，为了明确建设工程合同双方的责任，避免出现不必要的合同纠纷，建设单位与承包单位之间的各项联系工作，如果涉及建设工程合同，均应通过监理单位完成，由监理人按照建设单位的授权发出监理指示。

监理单位作为独立于工程建设承包合同双方之外的第三方，必须依法执业，既要维护建设单位的利益，也不能损害承包单位的合法利益。另外，监理人驻地监理机构及其职员不得接受监理工程项目施工承包人的任何报酬或者经济利益。监理人不得参与可能与合同规定的与委托人的利益相冲突的任何活动。

 案例解析

在本章导入案例中，合同草案第(3)条也是不妥的。施工期间施工单位施工人员的伤亡，责任由施工方承担，业主并不承担任何责任。监理单位是代表业主的现场管理者，监理单位的责、权、利主要来源于业主的委托与授权，业主并不承担的责任在合同中要求监理单位承担，也是不妥的。

 应用案例 5-4

【案例概况】

某省一家银行新修一栋办公楼，与本省一大型建筑企业签订了建设施工合同，同时为了保证该建设工程的质量，该银行与一工程监理单位签订工程监理合同，委托该组织对工程质量进行监理。建设工程施工以后，监理单位为了保证工程质量，要求进驻施工现场进行监理，却遭到施工企业的拒绝，认为该监理企业与自己没有合同关系，自己也就不承担配合其工作的义务，由此双方产生争端。

【思考】

工程建设监理单位与施工单位之间是什么法律关系？

【案例评析】

这一问题涉及监理单位与施工单位之间的法律关系问题。一般来说，由于监理单位与施工单位之间的民事法律地位是平等的。两者之间都同为建筑市场主体之一，都是为了一个共同的目标，都是为了履行各自的合同义务，两者都是在工程建设的法律规定和其他规范性文件的制约下进行工程建设。但是两者之间并不存在命令与被命令的从属关系。同时，施工单位与监理单位之间也并没有合同法律关系，因此，就本案中的情形来看，施工单位以自己进行监理的权利来源并不是其与施工单位之间的合同而产生的，其权利来源主要是其与业主之间的监理合同以及法律的规定。

监理单位之所以能够监理工程的质量主要是根据项目法人的授权，也即通过监理合同而行使项目法人监督管理施工单位履行建筑工程承包合同的权利。同时，由于建筑工程的质量涉及社会和公共利益，因此，保证建筑工程的质量就不完全是项目法人与监理单位两者之间的私事了，而变成了一种涉及社会公共利益的事情。为了保证建设工程的质量，法律规定应当由监理单位对建设工程的质量进行监督管理。因此，可以说，监理单位对建设工程质量进行监督的权利也来源于法律的规定。以此观之，在本案例中，对于即便监理单位与建设施工企业之间并无任何合同关系，该建设施工企业也无权拒绝与项目法人签订委托监理合同的监理单位的监督检查活动。当然，施工企业对于并非项目法人委托的监理单位要求监理活动可进行拒绝，因此，施工企业可以采取一些弄清监理单位身份的必要措施，但是对于真实监理单位依据监理合同进行监督和活动是不能够拒绝的。

5.4.3 业主与承包商的关系

业主与承包商的关系是雇佣与被雇佣的关系。

业主与承包商签订的是建设工程施工合同。施工合同条件是业主与承包商关系的法律依据。业主和承包商都应按照合同条件的规定，对合同范围内工程履行自己的义务和职责。

需要指出的是，业主通过合同将自己对承包商建设活动的监督管理权委托授予了监理单位，业主就不能再直接指挥承包商的施工活动。而承包商执行业主的指令同样也是违反合同的行为，监理工程师有权拒绝。

综上所述，一项工程的实施是由各自相对独立而又相互制约的三方：业主、监理单位和承包商共同完成的。正确处理业主、监理单位和承包商三者的关系，是保证工程按合同条件实施的关键。

 应用案例 5-5

【案例概况】

某工程项目监理公司承担施工阶段监理，该工程项目已交工并已投产半年。在承包商保修时间内，监理方的服务已经结束，但由于结算没有最后审定，监理费的尾款业主也没有支付。在这种情况下，发生了以下问题。

（1）该项目一个车间在使用循环水的过程中，一个 DN300 的阀门爆裂，铸铁盖破碎后坠落，险些伤人，业主作为重大事故处理，召开现场会谴责承包商，并要求设计、施工、监理、用户各自申述自己的观点，找出阀门破裂的原因。

（2）该项目一个车间在晚上工人下班后突然发水，积水 10cm 左右，给办公用品造成损失，有些设备也被水浸泡，但没有造成损失，只是停产 4 小时清理积水。经查是消防水箱处一个活节头（共 160 多个接头）未拧紧脱丝所致。业主向承包商提出索赔。

（3）在审查结算时，承包商对一台小天车的报价请监理方进行了确认。按合同规定设备订货价格以承包商与供应商签订的合同为凭证，该天车订货合同价为 95 000 元/台，生产厂家是业主及设计指定的，监理方没有再进行询价工作就确认了合同价。在工程结算过程中，业主方预算审定部门对天车价表示怀疑，经业主方询价同型号同厂天车为 25 000 元/台，经了解证实，该天车订货合同是个假合同。

【问题】

作为监理方对上述事件是否承担部分责任？监理方应该如何处理以上事件？

【案例评析】

（1）对于事件（1）监理方的报告内容如下。

该车间已经投产，该管道阀门在安装后测试打压均符合设计要求，监理方及业主代表已验收签证。在保修阶段阀门破裂，承包商有一定的责任。建议业主代表主持召开由用户、设计、承包商参加的技术会议，分析事故原因，提出整改方案，尽快进行修复。作为监理方，在不收取报酬的前提下，可参加事故分析会，若事故与监理方有关，将无偿予以监理。若事故与监理方无关，当业主代表同意增加服务报酬后，可进行监理。

（2）该项目已经竣工，监理方服务已结束。活节头脱丝跑水属偶然事故，建议用户与承包商共同检查全部活节头，避免类似事故再次发生。关于业主提出索赔问题，应由业主方与承建商双方协商解决，监理方不能处理。

（3）监理方应承担没有向生产小天车厂家询价的责任。监理方应建议业主扣除承包商一台小天车的价差 7 万元。

本 章 小 结

本章主要对建设工程监理的基本法律规定，建设工程监理的范围、依据、任务和工作内容，建设工程监理合同以及建设工程监理各方关系分别进行了阐述。

本章的教学目标是使学生树立起程序和责任意识，认识到监理工作在建设活动中的重要意义，是保证工程质量的关键环节。通过案例对监理合同及监理责任问题进行了讲解。

习 题

一、单项选择题

1. 根据《建筑法》的规定，实行监理的建筑工程，由（　　）委托具有相应资质条件的工程监理单位监理。

  A. 施工单位   B. 县级以上人民政府

  C. 建设行政主管部门   D. 建设单位

2. 在《建设工程委托监理合同（示范文本）》中，纲领性的法律文件是（　　）。

  A. 协议书   B. 通用条件   C. 专用条件   D. 补充协议

3. 根据《建筑法》的规定，（　　）可以规定实行强制监理的建筑工程的范围。

  A. 国务院   B. 县级以上人民政府

  C. 市级以上人民政府   D. 省级以上人民政府

4. 实施建筑工程监理前，（　　）应当将委托的工程监理单位、监理的内容及监理权限，书面通知被监理的建筑施工企业。

  A. 建设单位   B. 设计单位

  C. 咨询单位   D. 当地建设行政主管部门

5. 根据《建筑法》，下列有关监理的说法正确的是（　　）。

  A. 建设工程监理企业可以将监理业务部分转让给别的监理企业

  B. 由于监理工作的失误给建设单位造成的损失由承包商承担

  C. 建设工程监理企业可以与承包商隶属于一家单位的不同部门

  D. 监理的权限要视建设单位的委托而定

6. 根据《建筑法》的规定，工程监理单位与承包单位串通，为承包单位谋取非法利益，给建设单位造成损失的，法律后果是（　　）。

  A. 由工程监理单位承担赔偿责任

  B. 由承包单位承担赔偿责任

C. 由建设单位自行承担损失

D. 由工程监理单位和承包单位承担连带赔偿责任

二、多项选择题

1. 按照国家有关规定，下列工程必须实行监理的有（　　）。

A. 一座总投资 1 800 万元的养老院

B. 一个建筑面积 2.6 万平方米的住宅楼

C. 一座总投资 6 100 万元的污水处理厂

D. 一个总投资 3 300 万元的公共停车场

E. 一个总投资 1 000 万元的学校

2. 根据《建筑法》，下列关于建设工程监理的说法正确的有（　　）。

A. 建设工程监理代表建设行政主管部门对承包单位进行监督

B. 工程监理人员发现工程设计不符合建筑工程质量标准时，都应该以书面形式通知承包商予以改正

C. 工程监理人员认为工程施工不符合合同约定的，有权要求建筑施工企业改正

D. 任何工程的监理工作范围和监理权限都是由法律法规所决定的

E. 尽管建筑承包合同当事人没有监理企业，但也是监理人员实施监理的一个主要依据

3. 监理单位实施监理的依据有（　　）。

A. 工程监理合同　　　　　　　　B. 工程监理规划

C. 工程施工承包合同　　　　　　D. 经批准的工程设计文件

E. 有关建设工程的法律、法规

三、简答题

1. 简述建设工程强制监理的范围。

2. 试述建设工程监理的依据和任务。

3. 建设工程监理的酬金包括哪几部分？

4. 简述建设工程监理各方关系。

四、案例题

某监理公司与业主签订的两幢大楼桩基监理合同已履行完毕。上部主体工程监理合同尚未最后正式签字。此时，业主与施工单位签订的地下室挖土合同在履行过程中，一幢楼挖土已近尾声。业主为了省钱，自己确定了一套挖土方案，施工单位明知该方案欠妥，会造成桩基破坏，但是没作任何反应（方案未经监理工程师审查），导致多数工程桩在挖土过程中桩顶偏移断裂。在大量的监测数据证明下，监理单位建议业主通知施工单位停止挖土施工，重新讨论挖土施工方案，业主接受了监理工程师的建议。改变挖土方案后，另一幢楼桩基未受任何破坏。但前一幢楼需补桩加固，花费 160 余万元，耽误工期近 8 个月。

【问题】

（1）此时监理单位应该怎样做？根据是什么？

（2）多花费的 160 余万元应该由谁来承担？

（3）业主方是否应给总承包方增加工期？

[参考答案]

第6章

建设工程安全生产管理法规

学习目标

通过学习，使学生了解建设工程安全生产管理的基本规定，熟悉和掌握安全生产管理的各项制度。

学习要求

能力目标	知识要点	权重
了解建设工程安全生产管理基础知识	安全生产管理的方针	10%
熟悉建设工程安全生产许可证制度	建筑施工企业实行安全生产许可制度、安全许可证的条件与管理	15%
掌握建设工程安全生产责任制度	建设单位、施工单位、监理单位、勘察设计单位及其他相关单位的安全责任	30%
建设工程安全生产教育培训制度	安全生产教育培训的对象和主要内容	15%
掌握建设工程安全生产劳动保护制度	从业人员的权利、工会对从业人员生产安全权利的保护、生产经营单位的劳动保护职责	15%
熟悉生产安全事故的应急救援和调查处理制度	应急救援预案、生产安全事故等级、安全事故报告、安全事故的调查处理	15%

导入案例

某建设工程公司效益不好，公司领导决定进行改革，减负增效。经研究后决定将公司安全部撤销，安全管理人员8人中，4人下岗，4人转岗，原安全部承担的工作转由工会中的两人负责。由于公司领导撤销安全部门，整个公司的安全工作仅仅由两名负责工会工作的人兼任，致使该公司上下对安全生产工作普遍不重视，安全生产管理混乱，经常发生人员伤亡事故。

请思考：该公司领导的做法是否合法？

6.1　建设工程安全生产管理概述

6.1.1　建设工程安全生产管理概念

建设工程安全生产管理是指建设行政主管部门、建筑安全监督管理机构、建筑施工企业及有关单位对建筑生产过程中的安全工作，进行计划、组织、指挥、控制和监督等一系列的管理活动。它包括建筑生产过程中的施工现场人身安全、财产设备安全，施工现场及附近的道路、管线和房屋的安全，施工现场和周围的环境保护及工程建成后的使用安全等方面的内容。

在市场经济条件下，从事生产经营活动的市场主体以盈利为目的，努力追求利润的最大化，这是无可厚非的。但生产经营主体追求自身利益的最大化，决不能以牺牲从业人员甚至公众的生命财产安全为代价。事实上，如果不注意安全生产，一旦发生事故，不但给他人的生命财产造成损害，生产经营者的生产活动也不能正常进行，甚至因此而破产，所以，也会使生产经营者自身遭受损失，有时甚至是难以弥补的重大损失。因此，生产与安全是既相互促进，又相互制约的统一体。保证安全会增加生产成本，加大生产难度，但安全得到保证以后又会促进生产，增进效益。建筑生产的特点是产品固定、人员流动，而且多为露天作业、高处作业，施工条件较差，不安全因素较多，这些因素还随工程的进展而不断变化，因而规律性差、事故隐患多。所以在世界各国，建筑业都是事故多发行业之一。据统计，我国建筑业每年因工死亡率大体为0.3%，仅次于采矿业而居全国各行业的第二位，安全生产形势十分严峻。

根据调查分析，生产过程中人的不安全行为是造成安全事故最主要的原因，也是最直接的原因。因此，建立完善的安全生产制度，加强对建筑生产活动的监督管理，是避免建筑生产事故，保护人身财产安全的最基本保证。

6.1.2　我国建设工程安全生产立法概况

关于安全生产方面的立法，最基本的法律是全国人大常委会颁布的《安全生产法》（2002年，2014年修订）；其次是国务院颁布的《建设工程安全生产管理条例》（2004年）、《安全生产许可证条例》（2004年）、《生产安全事故报告和调查处理条例》（2007年）；此外还有建设部门及相关部委颁布的部门规章和规范性文件：《建筑施工企业安全生产许可证管理规定》（2004年）、《建筑施工特种作业人员管理规定》（2008年）、《建筑施工企业安全生产管理机构设置及专职安全生产管理人员配备办法》（2008年）、《建筑施工企业安全生产许可证动态监管暂行办法》（2008年）、《生产安全事故应急预案管理办法》（2009年）、《建筑施工企业负责人及项目负责人施工现场带班暂行办法》（2011年）、《生产经营单位瞒报谎报事故行为查处办法》（2011年）、《企业安全生产费用提取和使用管理办法》（2012年）、《房屋市政工程生产安全事故报告和查处工作规程》（2013年)等。

6.1.3　建设工程安全生产管理方针

《安全生产法》第3条规定，安全生产工作应当以人为本，坚持安全发展，坚持安全第一、预防为主、综合治理的方针，强化和落实生产经营单位的主体责任，建立生产经营单位负责、职工参与、政府监管、行业自律和社会监督的机制。

安全第一，是从保护和发展生产力的角度，表明在生产范围内安全与生产的关系，肯定安全在建筑生产活动中的首要位置和重要性。当安全与生产发生矛盾的时候，生产应该服从安全，从而消灭隐患，保证建设工程在安全的条件下生产。

预防为主，是指在建设工程生产活动中，针对建设工程生产的特点，对生产要素采取管理措施，有效地控制不安全因素的发展与扩大，把可能发生的事故消灭在萌芽状态，以保证生产活动中人的安全与健康。

综合治理，是指适应我国安全生产形势的要求，自觉遵循安全生产规律，正视安全生产工作的长期性、艰巨性和复杂性，抓住安全生产工作中的主要矛盾和关键环节，综合运用经济、法律、行政等手段，人管、法治、技防多管齐下，并充分发挥社会、职工、舆论的监督作用，有效解决安全生产领域的问题。

6.2　建设工程安全生产许可制度

根据《安全生产许可证条例》第2条规定，国家对矿山企业、建筑施工企业和危险化学品、烟花爆竹、民用爆破器材生产企业实行安全生产许可制度。企业未取得安全生产许可证的，不得从事生产活动。《建筑施工企业安全生产许可证管理规定》第2条规定，国家对建筑施工企业实行安全生产许可制度。建筑施工企业未取得安全生产许可证的，不得从事建筑施工活动。

6.2.1　安全生产许可证的管理机关

国务院建设主管部门负责中央管理的建筑施工企业安全生产许可证的颁发和管理。省、自治区、直辖市人民政府建设主管部门负责前款规定以外的建筑施工企业安全生产许可证的颁发和管理，并接受国务院建设主管部门的指导和监督。

6.2.2　安全生产许可证的取得条件

建筑施工企业取得安全生产许可证，应当具备下列安全生产条件：

（1）建立、健全安全生产责任制，制定完备的安全生产规章制度和操作规程；

（2）保证本单位安全生产条件所需资金的投入；

（3）设置安全生产管理机构，按照国家有关规定配备专职安全生产管理人员；

（4）主要负责人、项目负责人、专职安全生产管理人员经建设主管部门或者其他有关部门考核合格；

（5）特种作业人员经有关业务主管部门考核合格，取得特种作业操作资格证书；

（6）管理人员和作业人员每年至少进行一次安全生产教育培训并考核合格；

（7）依法参加工伤保险，依法为施工现场从事危险作业的人员办理意外伤害保险，为从业人员交纳保险费；

（8）施工现场的办公、生活区及作业场所和安全防护用具、机械设备、施工机具及配件符合有关安全生产法律、法规、标准和规程的要求；

（9）有职业危害防治措施，并为作业人员配备符合国家标准或者行业标准的安全防护用具和安全防护服装；

（10）有对危险性较大的分部分项工程及施工现场易发生重大事故的部位、环节的预防、监控措施和应急预案；

（11）有生产安全事故应急救援预案、应急救援组织或者应急救援人员，配备必要的应急救援器材、设备；

（12）法律、法规规定的其他条件。

6.2.3　安全生产许可证的申请与颁发

建筑施工企业从事建筑施工活动前，应当依照规定向省级以上建设主管部门申请领取安全生产许可证。中央管理的建筑施工企业（集团公司、总公司）应当向国务院建设主管部门申请领取安全生产许可证；其他建筑施工企业，包括中央管理的建筑施工企业（集团公司、总公司）下属的建筑施工企业，应当向企业注册所在地省、自治区、直辖市人民政府建设主管部门申请领取安全生产许可证。

建筑施工企业申请安全生产许可证时，应当向建设主管部门提供下列材料：

（1）建筑施工企业安全生产许可证申请表；

（2）企业法人营业执照；

（3）与申请安全生产许可证应当具备的安全生产条件相关的文件、材料。

建筑施工企业申请安全生产许可证，应当对申请材料实质内容的真实性负责，不得隐瞒有关情况或者提供虚假材料。

建设主管部门应当自受理建筑施工企业的申请之日起 45 日内审查完毕；经审查符合安全生产条件的，颁发安全生产许可证；不符合安全生产条件的，不予颁发安全生产许可证，书面通知企业并说明理由。企业自接到通知之日起应当进行整改，整改合格后方可再次提出申请。

6.2.4　安全生产许可证的有效期

安全生产许可证的有效期为 3 年。安全生产许可证有效期满需要延期的，企业应当于期满前 3 个月向原安全生产许可证颁发管理机关办理延期手续。企业在安全生产许可证有效期内，严格遵守有关安全生产的法律法规，未发生死亡事故的，安全生产许可证有效期届满时，经原安全生产许可证颁发管理机关同意，不再审查，安全生产许可证有效期延期 3 年。

6.2.5 安全许可证的变更、注销及补办

建筑施工企业变更名称、地址、法定代表人等，应当在变更后 10 日内，到原安全生产许可证颁发管理机关办理安全生产许可证变更手续；建筑施工企业破产、倒闭、撤销的，应当将安全生产许可证交回原安全生产许可证颁发管理机关予以注销；建筑施工企业遗失安全生产许可证，应当立即向原安全生产许可证颁发管理机关报告，并在公众媒体上声明作废后，方可申请补办。

6.2.6 安全生产许可证的管理

根据《安全生产许可证条例》和《建筑施工企业安全生产许可证管理规定》，建筑施工企业应当遵守如下强制性规定。

（1）未取得安全生产许可证的，不得从事建筑施工活动。县级以上人民政府建设主管部门应当加强对建筑施工企业安全生产许可证的监督管理。建设主管部门在审核发放施工许可证时，应当对已经确定的建筑施工企业是否有安全生产许可证进行审查，对没有取得安全生产许可证的，不得颁发施工许可证。

（2）建筑施工企业不得转让、冒用安全生产许可证或者使用伪造的安全生产许可证。

（3）建筑施工企业取得安全生产许可证后，不得降低安全生产条件，并应当加强日常安全生产管理，接受建设主管部门的监督检查。安全生产许可证颁发管理机关发现企业不再具备安全生产条件的，应当暂扣或者吊销安全生产许可证。

6.3 建设工程安全生产责任制度

为了保障建筑生产的安全，参与工程建设活动的各方主体都应当承担相应的安全生产责任。

6.3.1 建设单位的安全责任

1. 向施工单位提供资料的责任

《建筑法》第 40 条规定，建设单位应当向建筑施工企业提供与施工现场相关的地下管线资料，建筑施工企业应当采取措施加以保护。《建设工程安全生产管理条例》第 6 条规定，建设单位应当向施工单位提供施工现场及毗邻区域内供水、排水、供电、供气、供热、通信、广播电视等地下管线资料，气象和水文观测资料，相邻建筑物和构筑物、地下工程的有关资料，并保证资料的真实、准确、完整。

2. 依法履行合同的责任

《建设工程安全生产管理条例》第 7 条规定，建设单位不得对勘察、设计、施工和工程监理等单位提出不符合建设工程安全生产法律、法规和强制性标准规定的要求，不得压缩合同约定的工期。国家关于建设工程安全生产方面的法律、法规和工程强制性标准中的许多内容是关于工程建设中保证人民群众生命和财产安全、环境保护和公共利益的规定，参与工程建设的建设、勘察、设计、施工和工程监理等各方均必须严格执行。同时，建设

单位更不能为了早日发挥项目的效益，迫使承包单位大量增加人力、物力投入，简化施工程序，盲目赶工期，这样会诱发很多施工安全事故和工程结构安全隐患，不仅损害了承包单位的利益，也损害了建设单位的根本利益，具有很大的危害性。

3. 提供安全生产费用的责任

《建设工程安全生产管理条例》第 8 条规定，建设单位在编制工程概算时，应当确定建设工程安全作业环境及安全施工措施所需费用。

4. 不得推销劣质材料设备的责任

《建设工程安全生产管理条例》第 9 条规定，建设单位不得明示或者暗示施工单位购买、租赁、使用不符合安全施工要求的安全防护用具、机械设备、施工机具及配件、消防设施和器材。

5. 提供安全施工措施资料的责任

《建设工程安全生产管理条例》第 10 条规定，建设单位在办理施工许可证或者开工报告时，必须报送安全施工措施。建设单位在申请领取施工许可证时，应当提供建设工程有关安全施工措施的资料。依法批准开工报告的建设工程，建设单位应当自开工报告批准之日起 15 日内，将保证安全施工的措施报送建设工程所在地的县级以上地方人民政府建设行政主管部门或者其他有关部门备案。

6. 对拆除工程依法发包并进行备案的责任

《建设工程安全生产管理条例》第 11 条规定，建设单位应当将拆除工程发包给具有相应资质等级的施工单位。建设单位在拆除工程施工 15 日前，必须将下列资料报送建设工程所在地的县级以上地方人民政府建设行政主管部门或者其他有关部门备案。

（1）施工单位资质等级证明。

（2）拟拆除建筑物、构筑物及可能危及毗邻建筑的说明。

（3）拆除施工组织方案。

（4）堆放、清除废弃物的措施。

实施爆破作业的，应当遵守国家有关民用爆炸物品管理的规定。

7. 办理特殊作业申请批准手续的责任

《建筑法》第 42 条规定，有下列情形之一的，建设单位应当按照国家有关规定办理申请批准手续：

（1）需要临时占用规划批准范围以外场地的；

（2）可能损坏道路、管线、电力、邮电通信等公共设施的；

（3）需要临时停水、停电、中断道路交通的；

（4）需要进行爆破作业的；

（5）法律、法规规定需要办理报批手续的其他情形。

6.3.2 施工单位的安全责任

1. 施工单位应具备安全生产条件

《安全生产法》规定，生产经营单位应当具备本法和有关法律、行政法规和国家标准或者行业标准规定的安全生产条件；不具备安全生产条件的，不得从事生产经营活动。

《建设工程安全生产管理条例》第 20 条规定，施工单位从事建设工程的新建、扩建、改建和拆除等活动，应当具备国家规定的注册资本、专业技术人员、技术装备和安全生产等条件，依法取得相应等级的资质证书，并在其资质等级许可的范围内承揽工程。

知 识 链 接

安全生产条件是指施工单位能够满足保障生产经营安全的需要，在正常情况下不会导致人员伤亡和财产损失所必需的各种系统、设施和设备以及与施工相适应的管理组织、制度和技术措施等。

2. 施工单位安全生产责任制度

《安全生产法》第 19 条规定，生产经营单位的安全生产责任制应当明确各岗位的责任人员、责任范围和考核标准等内容。生产经营单位应当建立相应的机制，加强对安全生产责任制落实情况的监督考核，保证安全生产责任制落实到位。

1）施工单位主要负责人的安全生产责任

《建筑法》第 44 规定，建筑施工企业的法定代表人对本企业的安全生产负责。《建设工程安全生产管理条例》第 21 条规定，施工单位主要负责人依法对本单位的安全生产工作全面负责。施工单位的主要负责人是否真正重视安全生产，对本单位安全生产质量的好坏具有至关重要的意义，因此，法律法规明确规定了施工单位主要负责人要对本单位的安全生产工作全面负责。

同时，《安全生产法》第 18 条中规定了主要负责人的安全生产职责。

（1）建立、健全本单位安全生产责任制。

（2）组织制定本单位安全生产规章制度和操作规程。

（3）保证本单位安全生产投入的有效实施。

（4）督促、检查本单位的安全生产工作，及时消除生产安全事故隐患。

（5）组织制定并实施本单位的生产安全事故应急救援预案。

（6）及时、如实报告生产安全事故。

（7）组织制定并实施本单位安全生产教育和培训计划。

生产经营单位发生重大生产安全事故时，单位的主要负责人应当立即组织抢救，并不得在事故调查处理期间擅离职守。

《建设工程安全生产管理条例》第 21 条也明确规定了施工单位主要负责人的职责："建立健全安全生产责任制度和安全生产教育培训制度，制定安全生产规章制度和操作规程，保证本单位安全生产条件所需资金的投入，对所承担的建设工程进行定期和专项安全检查，并做好安全检查记录。"

2）施工单位项目负责人的安全生产责任

《建设工程安全生产管理条例》第 21 条规定，施工单位的项目负责人应当由取得相应执业资格的人员担任，对建设工程项目的安全施工负责，落实安全生产责任制度、安全生产规章制度和操作规程，确保安全生产费用的有效使用，并根据工程的特点组织制定安全施工措施，消除安全事故隐患，及时、如实报告生产安全事故。项目负责人在项目施工活动中占有举足轻重的地位，代表施工企业法人代表，对项目组织实施中劳动力的调配、资金的使用、建筑材料的购进等行使决策权。因此，施工单位项目负责人应当对建设工程项目施工的安全生产负全面责任，是本项目安全生产的第一责任人。

3）施工单位安全生产管理人员的安全生产责任

《建设工程安全生产管理条例》第23条规定，施工单位应当设立安全生产管理机构，配备专职安全生产管理人员。专职安全生产管理人员负责对安全生产进行现场监督检查。发现安全事故隐患，应当及时向项目负责人和安全生产管理机构报告；对违章指挥、违章操作的，应当立即制止。

《安全生产法》第22条具体规定了安全生产管理机构以及安全生产管理人员的职责如下。

（1）组织或者参与拟订本单位安全生产规章制度、操作规程和生产安全事故应急救援预案。

（2）组织或者参与本单位安全生产教育和培训，记录安全生产教育和培训情况。

（3）督促本单位重大危险源的安全管理措施。

（4）组织或者参与本单位应急救援演练。

（5）检查本单位的安全生产状况，及时排查生产安全事故隐患，提出改进安全生产管理的建议。

（6）制止和纠正违章指挥、强令冒险作业、违反操作规程的行为。

（7）督促落实本单位安全生产整改措施。

 案例解析

在本章导入案例中，建筑公司出现的情况是很常见的，建筑施工单位本来就是事故多发、危险性较大、生产安全问题比较突出的领域，更应当将安全生产放在首要位置来抓，否则难免出现安全问题甚至发生事故。《中华人民共和国安全生产法》第19条第1款明确规定，矿山、建筑施工单位和危险物品的生产、经营、储存单位，应当设置安全生产管理机构或者配备专职安全生产管理人员。这样规定，对于提高生产经营单位对安全生产的重视程度，健全生产经营单位安全生产管理机构和管理人员，具有重要意义。在本章导入案例中，建筑公司领导撤销安全生产管理机构，违反《中华人民共和国安全生产法》的上述规定，应当承担相应的法律责任。

3. 施工单位安全生产经济保障措施

1）保证安全生产所必需的资金，专款专用

生产经营单位应当具备的安全生产条件所必需的资金投入，由生产经营单位的决策机构、主要负责人或者个人经营的投资人予以保证，并对由安全生产所必需的资金投入不足导致的后果承担责任。有关生产经营单位应当按照规定提取和使用安全生产费用，专门用于完善和改进安全生产条件的有关支出。安全生产费用在成本中据实列支。

财政部、安全监管总局《企业安全生产费用提取和使用管理办法》(2012 年)

第 7 条　建设工程施工企业以建筑安装工程造价为计提依据。各建设工程类别安全费用提取标准如下：

(1) 矿山工程为 2.5%；

(2) 房屋建筑工程、水利水电工程、电力工程、铁路工程、城市轨道交通工程为 2.0%；

(3) 市政公用工程、冶炼工程、机电安装工程、化工石油工程、港口与航道工程、公路工程、通信工程为 1.5%。

建设工程施工企业提取的安全费用列入工程造价，在竞标时，不得删减，列入标外管理。国家对基本建设投资概算另有规定的，从其规定。

总包单位应当将安全费用按比例直接支付分包单位并监督使用，分包单位不再重复提取。

第 19 条　建设工程施工企业安全费用应当按照以下范围使用：

(1) 完善、改造和维护安全防护设施设备支出(不含"三同时"要求初期投入的安全设施)，包括施工现场临时用电系统、洞口、临边、机械设备、高处作业防护、交叉作业防护、防火、防爆、防尘、防毒、防雷、防台风、防地质灾害、地下工程有害气体监测、通风、临时安全防护等设施设备支出；

(2) 配备、维护、保养应急救援器材、设备支出和应急演练支出；

(3) 开展重大危险源和事故隐患评估、监控和整改支出；

(4) 安全生产检查、评价(不包括新建、改建、扩建项目安全评价)、咨询和标准化建设支出；

(5) 配备和更新现场作业人员安全防护用品支出；

(6) 安全生产宣传、教育、培训支出；

(7) 安全生产适用的新技术、新标准、新工艺、新装备的推广应用支出；

(8) 安全设施及特种设备检测检验支出；

(9) 其他与安全生产直接相关的支出。

第 27 条　企业提取的安全费用应当专户核算，按规定范围安排使用，不得挤占、挪用。年度结余资金结转下年度使用，当年计提安全费用不足的，超出部分按正常成本费用渠道列支。

主要承担安全管理责任的集团公司经过履行内部决策程序，可以对所属企业提取的安全费用按照一定比例集中管理，统筹使用。

2) 保证安全设施所需要的资金

生产经营单位新建、改建、扩建工程项目的安全设施，必须与主体工程同时设计、同时施工、同时投入生产和使用。安全设施投资应当纳入建设项目概算。

3) 保证劳动防护和安全培训的经费

生产经营单位应当安排用于配备劳动防护用品、进行安全生产培训的经费。

4）保证工伤社会保险所需要的资金

生产经营单位必须依法参加工伤社会保险，为从业人员缴纳保险费。

此外，《建设工程安全生产管理条例》中还规定，施工单位对列入建设工程概算的安全作业环境及安全施工措施所需费用，应当用于施工安全防护用具及设施的采购和更新、安全施工措施的落实、安全生产条件的改善，不得挪作他用。

4. 总承包单位与分包单位的安全责任

建设工程实行施工总承包的，由总承包单位对施工现场的安全生产负总责。总承包单位应当自行完成建设工程主体结构的施工。总承包单位依法将建设工程分包给其他单位的，分包合同中应当明确各自的安全生产方面的权利和义务。总承包单位和分包单位对分包工程的安全生产承担连带责任。分包单位应当服从总承包单位的安全生产管理，分包单位不服从管理导致生产安全事故的，由分包单位承担主要责任。

5. 生产安全事故隐患排查治理

《安全生产法》中提出，生产经营单位应当建立生产安全事故隐患排查治理制度，采取技术、管理措施，及时发现并消除事故隐患。事故隐患排查治理情况应当如实记录，并向从业人员通报。

6. 施工现场安全保障措施

1）编制安全技术措施及专项施工方案

建筑施工企业在编制施工组织设计时，应当根据建设工程的特点制定相应的安全技术措施；对专业性较强的工程项目，应当编制专项安全施工组织设计，并采取安全技术措施。

施工单位应当在施工组织设计中编制安全技术措施和施工现场临时用电方案，对下列达到一定规模的危险性较大的分部分项工程编制专项施工方案，并附安全验算结果，经施工单位技术负责人、总监理工程师签字后实施，由专职安全生产管理人员进行现场监督。

（1）基坑支护与降水工程。

（2）土方开挖工程。

（3）模板工程。

（4）起重吊装工程。

（5）脚手架工程。

（6）拆除、爆破工程。

（7）国务院建设行政主管部门或者其他有关部门规定的其他危险性较大的工程。

对上述工程中涉及深基坑、地下暗挖工程、高大模板工程的专项施工方案，施工单位还应当组织专家进行论证、审查。

2）安全施工技术交底

在建设工程施工前，施工单位负责项目管理的技术人员应当对有关安全施工的技术要求向施工作业班组、作业人员作出详细说明，并由双方签字确认。

3）施工现场安全警示标志的设置

施工单位应当在施工现场入口处、施工起重机械、临时用电设施、脚手架、出入通道口、楼梯口、电梯井口、孔洞口、桥梁口、隧道口、基坑边沿、爆破物及有害危险气体和液体存放处等危险部位，设置明显的安全警示标志。安全警示标志必须符合国家标准。

4）施工现场的安全防护

施工单位应当根据不同施工阶段和周围环境及季节、气候的变化，在施工现场采取相应的安全施工措施。施工现场暂时停止施工的，施工单位应当做好现场防护，所需费用由责任方承担，或者按照合同约定执行。

5）施工现场生活区和作业区环境管理

施工单位应当将施工现场的办公、生活区与作业区分开设置，并保持安全距离；办公、生活区的选址应当符合安全性要求。职工的膳食、饮水、休息场所等应当符合卫生标准。施工单位不得在尚未竣工的建筑物内设置员工集体宿舍。

施工现场临时搭建的建筑物应当符合安全使用要求。施工现场使用的装配式活动房屋应当具有产品合格证。

6）施工现场环境保护

施工单位对因建设工程施工可能造成损害的毗邻建筑物、构筑物和地下管线等，应当采取专项防护措施。施工单位应当遵守有关环境保护法律、法规的规定，在施工现场采取措施，防止或者减少粉尘、废气、废水、固体废物、噪声、振动和施工照明对人和环境的危害和污染。在城市市区内的建设工程，施工单位应当对施工现场实行封闭围挡。

7）施工现场消防管理

施工单位应当在施工现场建立消防安全责任制度，确定消防安全责任人，制定用火、用电、使用易燃易爆材料等各项消防安全管理制度和操作规程，设置消防通道、消防水源，配备消防设施和灭火器材，并在施工现场入口处设置明显标志。

8）房屋拆除安全管理

《建筑法》第50条规定，房屋拆除应当由具备保证安全条件的建筑施工单位承担，由建筑施工单位负责人对安全负责。

◉ 知 识 链 接 ┈┈

住房和城乡建设部《建筑拆除工程安全技术规范》(JGJ 147—2004)对建筑拆除工程的安全措施作了以下主要规定。

（1）建筑拆除工程必须由具备爆破或拆除专业承包资质的单位施工，严禁将工程非法转包。

（2）拆除工程的建设单位与施工单位在签订施工合同时，应签订安全生产管理协议，明确双方的安全管理责任。建设单位、监理单位应对拆除工程施工安全负检查督促责任；施工单位应对拆除工程的安全技术管理负直接责任。建设单位应在拆除工程开工前15日，将相关资料报送建设工程所在地的县级以上地方人民政府建设行政主管部门备案。建设单位应向施工单位提供拆除工程的有关图纸和资料以及拆除工程涉及区域的地上、地下建筑及设施分布情况资料。建设单位应负责做好影响拆除工程安全施工的各种管线的切断、迁移工作。当建筑外侧有架空线路或电缆线路时，应与有关部门取得联系，采取防护措施，确认安全后方可施工。

（3）项目经理必须对拆除工程的安全生产负全面领导责任。项目经理部应按有关规定设专职安全员，检查落实各项安全技术措施。施工单位应全面了解拆除工程的图纸和资料，进行现场勘察，编制施工组织设计或安全专项施工方案。

（4）拆除施工采用的脚手架、安全网，必须由专业人员按设计方案搭设，验收合格后方可使用。水平作业时，操作人员应保持安全距离。安全防护设施验收时，应按类别逐项查验，并有验收记录。

（5）拆除工程开工前，应根据工程特点、构造情况、工程量等编制施工组织设计或安全专项施工方案，应经技术负责人和总监理工程师签字批准后实施。施工过程中，如需变更，应经原审批人批准，方可实施。

（6）拆除工程施工前，必须对施工作业人员进行书面安全技术交底。拆除工程施工必须建立安全技术档案，并应包括下列内容：拆除工程施工合同及安全管理协议书；拆除工程安全施工组织设计或安全专项施工方案；安全技术交底；脚手架及安全防护设施检查验收记录；劳务用工合同及安全管理协议书；机械租赁合同及安全管理协议书。

（7）在恶劣的气候条件下，严禁进行拆除作业；拆除施工严禁立体交叉作业。

（8）施工单位必须依据拆除工程安全施工组织设计或安全专项施工方案，在拆除施工现场划定危险区域，并设置警戒线和相关的安全标志，应派专人监管。拆除工程施工区域应设置硬质封闭围挡及醒目警示标志，围挡高度不应低于1.8m，非施工人员不得进入施工区。当临街的被拆除建筑与交通道路的安全跨度不能满足要求时，必须采取相应的安全隔离措施。当日拆除施工结束后，所有机械设备应远离被拆除建筑。施工期间的临时设施，应与被拆除建筑保持安全距离。

（9）拆除工程必须制定生产安全事故应急救援预案。拆除工程在施工过程中，当发生重大险情或生产安全事故时，应及时启动应急预案排除险情、组织抢救、保护事故现场，并向有关部门报告。

（10）施工单位应对从事拆除作业的人员办理意外伤害保险。从业人员应办理相关手续，签订劳动合同，进行安全培训，考试合格后方可上岗作业。作业人员必须配备相应的劳动保护用品，并正确使用。作业人员使用手持机具时，严禁超负荷或带故障运转。

（11）施工单位必须落实防火安全责任制，建立义务消防组织，明确责任人，负责施工现场的日常防火安全管理工作。根据拆除工程施工现场作业环境，应制定相应的消防安全措施。施工现场应设置消防车通道，保证充足的消防水源，配备足够的灭火器材。

（12）施工现场临时用电必须按照国家现行标准的有关规定执行。

（13）楼层内的施工垃圾，应采用封闭的垃圾道或垃圾袋运下，不得向下抛掷。

9）安全设备管理

（1）安全设备的日常管理。

生产经营单位应当在有较大危险因素的生产经营场所和有关设施、设备上，设置明显的安全警示标志。安全设备的设计、制造、安装、使用、检测、维修、改造和报废，应当符合国家标准或者行业标准。生产经营单位必须对安全设备进行经常性维护、保养，并定期检测，保证正常运转。维护、保养、检测应做好记录，并由有关人员签字。

（2）设备的淘汰制度。

国家对严重危及生产安全的工艺、设备实行淘汰制度。生产经营单位不得使用国家明令淘汰、禁止使用的危及生产安全的工艺、设备。

（3）起重机械等自升式架设设施的检验、验收、登记备案制度。

施工单位在使用施工起重机械和整体提升脚手架、模板等自升式架设设施前，应当组织有关单位进行验收，也可以委托具有相应资质的检验检测机构进行验收；使用承租的机械设备和施工机具及配件的，由施工总承包单位、分包单位、出租单位和安装单位共同进行验收。验收合格方可使用。《特种设备安全监察条例》规定的施工起重机械，在验收前应当经有相应资质的检验检测机构监督检验合格。施工单位应当自施工起重机械和整体提升脚手架、模板等自升式架设设施验收合格之日起 30 日内，向建设行政主管部门或者其他有关部门登记。登记标志应当置于或者附着于该设备的显著位置。

6.3.3　工程监理单位的安全责任

1. 安全技术措施及专项施工方案审查义务

工程监理单位应当审查施工组织设计中的安全技术措施或者专项施工方案是否符合工程建设强制性标准。

2. 安全生产事故隐患报告义务

工程监理单位在实施监理过程中，发现存在安全事故隐患的，应当要求施工单位整改；情况严重的，应当要求施工单位暂时停止施工，并及时报告建设单位。施工单位拒不整改或者不停止施工的，工程监理单位应当及时向有关主管部门报告。

3. 应当承担监理责任

工程监理单位和监理工程师应当按照法律、法规和工程建设强制性标准实施监理，并对建设工程安全生产承担监理责任。

6.3.4　勘察设计单位的安全责任

1. 勘察单位的安全责任

勘察单位的安全责任包括以下内容。

（1）勘察单位应当按照法律、法规和工程建设强制性标准进行勘察，提供的勘察文件应当真实、准确，且满足建设工程安全生产的需要。

（2）勘察单位在勘察作业时，应当严格按照操作规程，采取措施保证各类管线、设施和周边建筑物、构筑物的安全。

2. 设计单位的安全责任

（1）设计单位应当按照法律、法规和工程建设强制性标准进行设计，防止因设计不合理导致安全生产事故的发生。

（2）设计单位应当考虑施工安全操作和防护的需要，对涉及施工安全的重点部位和环节在设计文件中注明，并对防范安全生产事故提出指导意见。

（3）采用新结构、新材料、新工艺的建设工程和特殊结构的建设工程，设计单位应当在设计中提出保障施工作业人员安全和预防生产安全事故的措施建议。

（4）设计单位和注册建筑师等注册执业人员应当对其设计负责。

6.3.5　其他相关单位的安全责任

1. 机械设备和配件供应单位的安全责任

为建设工程提供机械设备和配件的单位，应当按照安全施工的要求配备齐全有效的保险、限位等安全设施和装置。

2. 机械设备、施工机具和配件出租单位的安全责任

出租的机械设备和施工工具及配件，应当具有生产（制造）许可证，产品合格证。出租单位应当对出租的机械设备和施工工具及配件的安全性能进行检测，在签订租赁协议时，应当出具检测合格证明。禁止出租检测不合格的机械设备和施工工具及配件。

3. 施工起重机械和自升式架设设施的安全管理

1）安装与拆卸

施工起重机械和自升式架设设施等的安装、拆卸属于特殊专业安装，具有高度危险性，容易造成重大伤亡事故，和施工安全具有密切关系。因此，有必要将其纳入到资质管理。

在施工现场安装、拆卸施工起重机械和整体提升脚手架、模板等自升式架设设施，必须由具有相应资质的单位承担。《建筑业企业资质等级标准》则分别规定了起重设备安装工程专业承包资质（分为3个等级）和整体提升脚手架专业承包资质。

安装、拆卸施工起重机械和整体提升脚手架、模板等自升式架设设施，应当编制拆装方案并制定安全施工措施，由专业技术人员现场监督。施工起重机械和整体提升脚手架、模板等自升式架设设施安装完毕后，安装单位应当自检，出具自检合格证明，并向施工单位进行安全使用说明，办理验收手续并签字。

2）检验检测

（1）强制检测。施工起重机械和整体提升脚手架、模板等自升式架设设施的使用达到国家规定的检验检测期限的，必须经具有专业资质的检验检测机构检测。经检测不合格的，不得继续使用。

施工起重机械和自升式架设设施在使用过程中，应当按照规定进行定期检测，并及时进行全面检修保养。对于达到国家规定的检验检测期限的，必须经具有专业资质的检验检测机构检测。根据国务院《特种设备安全监察条例》的规定，从事施工起重机械定期检验、监督检验的检验检测机构，应当经国务院特种设备安全监督部门核准，取得核准后方可从事检验检测活动。检验检测机构必须具备与所从事的检验检测工作相适应的检验检测人员、检验检测仪器和设备，有健全的检验检测管理制度和检验检测责任制度。同时，检验检测机构进行检测工作应当符合安全技术规范的要求，经检测不合格的，不得继续使用。

（2）检验检测机构的安全责任。

检验检测机构对检测合格的施工起重机械和整体提升脚手架、模板等自升式架设设施，应当出具安全合格证明文件，并对检测结果负责。

根据国务院《特种设备安全监察条例》的规定，检验检测机构和检验检测人员进行特种设备检验检测，应当遵循诚信原则和方便企业的原则，为施工单位提供可靠、便捷的检验检测服务。检验检测机构和检验检测人员应当客观、公正、及时地出具检验检测结果、鉴定结论。检测合格的，应当出具安全合格证明文件。检验检测结果、鉴定结论经检验检测人员签字后，由检验检测机构负责人签署。设备检验检测机构和检验检测人员对检验检测结果、鉴定结论负责。

设备检验检测机构进行设备检验检测时发现严重事故隐患，应当及时告知施工单位，并立即向特种设备安全监督管理部门报告。

6.4　建设工程安全生产教育培训制度

安全生产教育培训工作是建筑施工企业实现安全生产的一项基础性工作。安全生产教育培训制度是安全管理的一项重要的内容，是保证安全生产的重要手段。通过安全教育培训，不仅能提高各级领导和广大职工对"安全第一、预防为主、综合治理"方针的认识，提高安全责任感，提高自觉遵守各项安全生产和规章制度的自觉性，而且能使企业各级管理人员和工人群众掌握安全生产的科学知识，提高安全生产的操作技能，为确保安全生产创造条件。近年来，我国建筑业发展较快，从事建筑施工的人员增加较多，其中不少人员文化素质偏低，更缺乏有关保证建设工程施工安全的专门知识。建筑施工企业中有相当一批职工没有经过建筑安全生产知识的教育培训，不懂安全知识、不熟悉安全操作规范、不会防止建设工程安全事故，这也是造成建设工程安全事故时常发生的原因之一。为了依法加强对建筑企业职工的安全生产教育，保证生产安全，《安全生产法》《建筑法》《建设工程安全生产管理条例》中对建筑施工企业应当建立健全劳动安全生产教育培训制度作了专门规定。

《安全生产法》中要求，生产经营单位应当建立安全生产教育和培训档案，如实记录安全生产教育和培训的时间、内容、参加人员以及考核结果等情况。

安全生产教育培训的对象有施工单位的主要负责人、项目负责人、专职安全生产管理人员、被派遣劳动者、其他企业职工以及实习学生。培训的主要内容包括安全生产的法律、法规知识和安全科学技术知识。

1. 施工单位三类管理人员的考核

《建设工程安全生产管理条例》规定，施工单位的主要负责人、项目负责人、专职安全生产管理人员应当经建设行政主管部门或者其他有关部门考核合格后方可任职。

施工单位的主要负责人要对本单位的安全生产工作全面负责，项目负责人要对所负责的建设工程项目的安全生产工作全面负责，安全生产管理人员更是直接具体承担本单位的日常安全生产管理工作。因此，这3类人员必须经安全生产知识和管理能力考核合格后的方可任职。

2. 每年至少进行一次全员安全生产教育培训

《建设工程安全生产管理条例》规定，施工单位应当对管理人员和作业人员每年至少进行一次安全生产教育培训，其教育培训情况记入个人工作档案。安全生产教育培训考核不合格的人员，不得上岗。

安全教育主要包括安全思想教育、安全知识教育、安全技能教育、安全法制教育和事故案件教育等。安全教育培训可采取多种形式，包括安全报告会、事故分析会、安全技术交流会、安全奖惩会、安全竞赛及安全日(周、月)活动等。

3. 进入新的岗位或者新的施工现场前的安全生产教育培训

《建设工程安全生产管理条例》规定，作业人员进入新的岗位或者新的施工现场前，应当接受安全生产教育培训。未经教育培训或者教育培训考核不合格的人员，不得上岗作业。

进入新岗位、新工地的作业人员往往是安全生产的薄弱环节，对他们要进行专门的教育培训，教育内容包括安全生产重要意义、安全规章制度、安全技术知识、设备性能、操作规程、注意事项以及发生事故时的应急处理等。

4. 采用新技术、新工艺、新设备、新材料前的安全生产教育培训

《建设工程安全生产管理条例》规定，施工单位在采用新技术、新工艺、新设备、新材料时，应当对作业人员进行相应的安全生产教育培训。采用新工艺、新技术、新材料、新设备时，如对其原理、操作规程、存在的危险因素、防范措施及正确处理方法没有清楚的了解，极易发生安全生产事故，且一旦事故发生也不能有效控制而导致损失扩大。因此，必须进行事先的培训，使相关人员了解和掌握其安全技术特性，以采取有效的安全防护措施，防止和减少安全生产事故的发生。

5. 特种作业人员的安全培训考核

《建设工程安全生产管理条例》规定，垂直运输机械作业人员、安装拆卸工、爆破作业人员、起重信号工、登高架设作业人员等特种作业人员，必须按照国家有关规定经过专门的安全作业培训，并取得特种作业操作资格证书后，方可上岗作业。

特种作业人员所从事的岗位，有较大的危险性，容易发生人员伤亡事故，对操作者本人、他人及周围设施的安全有重大危害。因此，特种作业人员工作的好坏直接关系到作业人员的人身安全，也直接关系到施工单位的安全生产工作。我国多年来，一直非常重视特种作业人员的安全教育培训。

● 知 识 链 接

《建筑施工特种作业人员管理规定》（节选）

第2条　建筑施工特种作业人员是指在房屋建筑和市政工程施工活动中，从事可能对本人、他人及周围设备设施的安全造成重大危害作业的人员。

第3条　建筑施工特种作业包括：建筑电工、建筑架子工、建筑起重信号司索工、建筑起重机械司机、建筑起重机械安装拆卸工、高处作业吊篮安装拆卸工，以及经省级以上第3条人民政府建设主管部门认定的其他特种作业。

第4条　建筑施工特种作业人员必须经建设主管部门考核合格，取得建筑施工特种作业人员操作资格证书，方可上岗从事相应作业。

第11条　建筑施工特种作业人员的考核内容应当包括安全技术理论和实际操作。

第16条　用人单位对于首次取得资格证书的人员，应当在其正式上岗前安排不少于3个月的实习操作。

第17条　建筑施工特种作业人员应当参加年度安全教育培训或者继续教育，每年不得少于24小时。

6. 实习学生的安全教育培训

生产经营单位接收中等职业学校、高等学校学生实习的，应当对实习学生进行相应的安全生产教育和培训，提供必要的劳动防护用品。学校应当协助生产经营单位对实习学生进行安全生产教育和培训。

7. 劳务派遣中被派遣劳动者的安全生产教育培训

《安全生产法》第25条规定：生产经营单位使用被派遣劳动者的，应当将被派遣劳动者纳入本单位从业人员统一管理，对被派遣劳动者进行岗位安全操作规程和安全操作技能的教育和培训。劳务派遣单位应当对被派遣劳动者进行必要的安全生产教育和培训。

6.5 建筑安全生产劳动保护制度

6.5.1 从业人员的权利

从业人员往往直接面对生产经营活动中的不安全因素，生命健康安全最易受到威胁，而生产经营单位从追求利润最大化的立场出发，往往容易忽略甚至故意减少对从业人员人身安全的保障。为使从业人员人身安全得到切实保护，法律特别赋予从业人员以自我保护的权利。

1. 签订合法劳动合同权

生产经营单位与从业人员订立的劳动合同，应当载明有关保障从业人员劳动安全、防止职业危害的事项，以及依法为从业人员办理工伤社会保险的事项。生产经营单位不得以任何形式与从业人员订立免除或减轻其对从业人员因生产安全事故伤亡依法应承担责任的协议。

2. 知情权

生产经营单位的从业人员有权了解其作业场所和工作岗位存在的危险因素、防范措施及事故应急措施，生产经营单位应主动告知有关实情。

3. 建议、批评、检举、控告权

安全生产与从业人员的生命安全与健康息息相关，因此从业人员有权参与本单位生产安全方面的民主管理与民主监督。对本单位的安全生产工作提出意见和建议；对本单位安全生产中存在的问题提出批评、检举和控告。生产经营单位不得因此而降低其工资、福利待遇或解除与其订立的劳动合同。

4. 对违章指挥、强令冒险作业的拒绝权

对于生产经营单位的负责人，生产管理人员和工程技术人员违反规章制度，不顾从业人员的生命安全与健康，指挥从业人员进行生产活动的行为；以及在存有危及人身安全的危险因素而又无相应安全保护措施的情况下，强迫命令从业人员冒险进行作业的行为，从业人员都依法享有拒绝服从指挥和命令的权利。生产经营单位不得因此而采取降低工资、福利待遇、解除劳动合同等惩罚、报复手段。

5. 停止作业及紧急撤离权

从业人员发现直接危及人身安全的紧急情况时，有权停止作业或在采取可能的应急措施后撤离作业场所。生产经营单位不得因此而降低其工资、福利待遇或解除其劳动合同。

6. 依法获得赔偿权

《安全生产法》规定，因生产安全事故受到损害的从业人员，除依法享有工伤保险外，依照有关民事法律尚有获得赔偿的权利，还有权向本单位提出赔偿要求，生产经营单位应依法予以赔偿。

6.5.2 工会对从业人员生产安全权利的保护

工会是职工依法组成的工人阶级的群众组织，《工会法》规定，维护职工合法权益是工会的基本职责。《安全生产法》从安全生产的角度进一步明确了工会维护职工生命健康与安全的相关权利。

工会组织依法对安全生产工作进行监督。生产经营单位的工会依法组织职工参加本单位安全生产工作的民主管理和民主监督，维护职工在安全生产方面的合法权益。生产经营单位制定或者修改有关安全生产的规章制度，应当听取工会的意见。

工会有权对建设项目的安全设施与主体工程同时设计、同时施工、同时投入生产和使用进行监督，提出意见。

工会对生产经营单位违反安全生产法律、法规，侵犯从业人员合法权益的行为，有权要求纠正；发现生产经营单位违章指挥，强令冒险作业或发现事故隐患时，有权提出解决的建议，生产经营单位应及时研究答复；发现危及从业人员生命安全的问题时，有权向生产经营单位建议组织从业人员撤离危险场所，生产经营单位必须立即作出处理。

工会有权依法参加事故调查，向有关部门提出处理意见，并要求追究有关人员的责任。

6.5.3 生产经营单位在劳动保护方面的职责

1. 提供劳动保护用品

个人劳动保护用品，是指在建筑施工现场，从事建筑施工活动的人员使用的安全帽、安全带以及安全（绝缘）鞋、防护眼镜、防护手套、防尘（毒）口罩等个人劳动保护用品。劳动保护用品是保护职工安全必不可少的辅助措施，在某种意义上说，它是劳动者防止职业伤害的最后一道屏障。因此，建筑施工企业必须建立健全劳动防护用品的采购、保管、发放、使用和报废等管理制度，安排用于配备劳动防护用品的专项经费，按国家颁发的劳动防护用品配备标准规定，为建筑施工人员采购和配备符合要求的劳动防护用品，督促、教育建筑施工人员正确佩戴和使用劳动防护用品。劳动保护用品的发放和管理，坚持"谁用工，谁负责"的原则。施工作业人员所在企业（包括总承包企业、专业承包企业、劳务企业等）必须按国家规定免费发放劳动保护用品，更换已损坏或已到使用期限的劳动保护用品，不得收取或变相收取任何费用。劳动保护用品必须以实物形式发放，不得以货币或其他物品替代。

2. 书面告知危险岗位的操作规程和违章操作的危害

《建设工程安全生产管理条例》第32条规定，施工单位应当向作业人员书面告知危险岗位的操作规程和违章操作的危害。建设工程多为露天作业，高处与交叉作业多、作业环境复杂，作业场所和工作岗位存在着一定的危险因素。施工单位有义务告知作业人员作业场所和工作岗位存在的危险因素以及应当采取的防范措施和事故应急措施，这一方面有利于作业人员学习操作技能，提高安全生产意识和事故防范能力，减少事故发生，降低事故损失；另一方面这也是对作业人员的知情权的尊重。施工单位应当以书面形式如实告知作业人员危险岗位的操作规程、违章操作的危害以及应当采取的防范措施和事故应急措施，不得隐瞒、省略，更不能欺骗作业人员。

3. 参加保险

1) 社会保险

社会保险是国家和用人单位依照法律规定或合同的约定，对与用人单位存在劳动关系的劳动者在暂时或永久丧失劳动能力以及暂时失业时，为保证其基本生活需要，给予物质帮助的一种社会保障制度，它是社会保障体系的一个重要组成部分。我国目前已建立起的社会保险包括养老保险、医疗保险、失业保险、生育保险以及工伤保险等。其中工伤保险是指职工在劳动过程中因生产安全事故或患职业病，暂时或永久丧失劳动能力时，在医疗和生活上获得物质帮助的社会保险制度。《工伤保险条例》中明确规定，我国境内的各类企业、有雇工的个体工商户应当参加工伤保险，为本单位全部职工或者雇工缴纳工伤保险费。《安全生产法》规定，生产经营单位必须依法参加工伤保险，为从业人员缴纳保险费。

2) 建筑意外伤害保险

建筑意外伤害保险是保护建筑业从业人员合法权益，转移企业事故风险，增强企业预防和控制事故能力，促进企业安全生产的重要手段。

《建设工程安全生产管理条例》第38条规定，施工单位应当为施工现场从事危险作业的人员办理意外伤害保险。意外伤害保险费由施工单位支付。实行施工总承包的，由总承包单位支付意外伤害保险费。意外伤害保险期限自建设工程开工之日起至竣工验收合格止。其具有以下4层含义。

(1) 此种保险的性质为强制性保险。不论施工单位愿意与否、经营好坏、工程造价多少，均必须为施工现场从事危险作业的人员办理意外伤害保险。

(2) 建筑施工企业应当为施工现场从事危险作业和管理的人员，在施工活动过程中发生的人身意外伤亡事故提供保障，办理建筑意外伤害保险、支付保险费。

(3) 建筑意外伤害保险的保险费应当列入建筑安装工程费用。保险费由施工企业支付，施工企业不得向职工摊派。实行施工总承包的，由总承包单位支付意外伤害保险费。

(4) 建筑意外伤害保险的保险期限。保险期限应涵盖工程项目开工之日到工程竣工验收合格日。提前竣工的，保险责任自行终止。因延长工期的，应当办理保险顺延手续。

《建筑法》于 2011 年进行修订，将第 48 条修改为"建筑施工企业应当依法为职工参加工伤保险缴纳工伤保险费。鼓励企业为从事危险作业的职工办理意外伤害保险，支付保险费。"此次修改是为了与 2010 年的《社会保险法》相衔接。修改后，建筑意外伤害保险作为商业保险的一种，不再是强制性保险；而工伤保险作为社会保险的重要类型，是强制性保险。

● 特 别 提 示

对施工现场从事危险作业的职工来说，其有享受工伤保险和建筑意外伤害保险的双重权利。

3）安全生产责任保险

《安全生产法》第 48 条中提出，国家鼓励生产经营单位投保安全生产责任保险。在建筑施工等高危行业推行安全生产责任险，目的是强调各方主动参与事故预防，积极发挥保险机构的社会责任和社会管理功能，运用行业的差别费率和企业的浮动费率以及预防费用机制，实现安全与保险的良性互动，同时企业可以及时得到较大的损失赔偿，弥补工伤保险的覆盖面窄、赔付低的缺陷，起到优势互补的作用。

4. 加强对女职工和未成年工的特殊保护

生产经营单位应根据女职工的不同生理特点和未成年工的身体发育情况，进行特殊保护。

《劳动法》禁止安排女职工从事矿山井下、国家规定的第四级体力劳动强度的劳动和其他禁忌从事的劳动。不得安排女职工在经期从事高处、低温、冷水作业和国家规定的第三级体力劳动强度的劳动。不得安排女职工在怀孕期间从事国家规定的第三级体力劳动强度的劳动和孕期禁忌从事的劳动。对怀孕 7 个月以上的女职工，不得安排其延长工作时间和夜班劳动。女职工生育享受不少于 90 天的产假。不得安排女职工在哺乳未满 1 周岁的婴儿期间从事国家规定的第三级体力劳动强度的劳动和哺乳期间禁忌从事的其他劳动，不得安排其延长工作时间和夜班劳动。

我国法律严禁雇用未满 16 周岁的童工，对于已满 16 周岁但尚未成年的职工，不得安排其从事矿山井下、有毒有害、国家规定的第四级体力劳动强度的劳动和其他禁忌从事的劳动。用人单位应当定期对未成年职工进行健康检查。

6.6 生产安全事故的应急救援和调查处理

建筑业属于事故多发的行业之一。由于建设工程中生产安全事故的发生不可能完全杜绝，在加强施工安全监督管理、坚持预防为主的同时，为了减少建设工程安全事故中的人员伤亡和财产损失，必须在事故发生以前，未雨绸缪，建立建设工程生产安全事故的应急救援制度。

《安全生产法》第 76 条规定，国家加强生产安全事故应急能力建设，在重点行业、领域建立应急救援基地和应急救援队伍，鼓励企业和其他社会力量建立应急救援队伍，配备相应的应急救援装备和物资，提高应急救援的专业化水平。

国务院安全生产监督管理部门建立全国统一的生产安全事故应急救援信息系统，国务院有关部门建立健全相关行业、领域的生产安全事故应急救援信息系统。

6.6.1　生产安全事故应急救援预案

1. 政府相关部门的本行政区域内特大生产安全事故应急救援预案

《安全生产法》第 77 条和《建设工程安全生产管理条例》第 47 条均规定了县级以上地方各级人民政府有组织有关部门制定本行政区域内特大生产安全事故应急救援预案和建立应急救援体系的义务。

应急救援预案是指事先制定的关于特大生产安全事故发生时进行紧急救援的组织、程序、措施、责任以及协调等方面的方案和计划。特大生产安全事故往往具有突发性、紧迫性的特点，如没有事先做好充分的应急准备工作，很难在短时间内组织起有效的抢救，防止事故扩大或减少人员伤亡和财产损失。因此，事先制定应急救援预案，形成应急救援体系的工作十分重要。

2. 施工单位生产安全事故应急救援预案

1）生产安全事故应急救援预案的制定

《安全生产法》第 79 条规定，危险物品的生产、经营、储存单位以及矿山、金属冶炼、城市轨道交通运营、建筑施工单位应当建立应急救援组织；生产经营规模较小的，可以不建立应急救援组织，但应当指定兼职的应急救援人员。危险物品的生产、经营、储存、运输单位以及矿山、金属冶炼、城市轨道交通运营、建筑施工单位应当配备必要的应急救援器材、设备和物资，并进行经常性维护、保养，保证正常运转。

《建设工程安全生产管理条例》第 48 条规定，施工单位应当制定本单位生产安全事故应急救援预案，建立应急救援组织或者配备应急救援人员，配备必要的应急救援器材、设备，并定期组织演练。

上述法律条文包含以下几个层方面的含义。

（1）所有的施工单位都应制定应急救援预案。

（2）建立应急救援组织或配备兼职的应急救援人员。一旦发生生产安全事故，应急救援组织就能够迅速、有效地投入抢救工作，防止事故的进一步扩大，最大限度地减少人员伤亡和财产损失。对一些施工规模较小、从业人员较少、发生事故时应急救援任务相对较轻的施工单位，可以配备能够胜任的兼职应急救援人员，来保证应急救援预案的实施。应急救援人员应经过培训和必要的演练，使其了解本行业安全生产的方针、政策和安全救护规程；掌握救援行动的方法、技能和注意事项；熟悉本单位安全生产情况；掌握应急救援器材、设备的性能、使用方法。

（3）施工单位应当配备必要的应急救援器材、设备。为了保证这些器材、设备处于正常运转状态，在发生事故时用得上、用得好，还应当对这些器材、设备进行经常性维护、保养。

（4）施工单位应定期组织演练，以使配备的应急救援物资、人员符合实际发生事故时的需要。

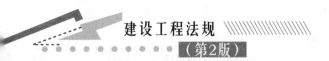

知识链接

生产经营单位应急预案分为综合应急预案、专项应急预案和现场处置方案。

综合应急预案，是指生产经营单位为应对各种生产安全事故而制订的综合性工作方案，是本单位应对生产安全事故的总体工作程序、措施和应急预案体系的总纲。

专项应急预案，是指生产经营单位为应对某一种或者多种类型生产安全事故，或者针对重要生产设施、重大危险源、重大活动防止生产安全事故而制订的专项性工作方案。

现场处置方案，是指生产经营单位根据不同生产安全事故类型，针对具体场所、装置或者设施所制订的应急处置措施。

2）生产安全事故应急预案的实施

（1）应急预案的宣传教育培训。生产经营单位应当采取多种形式开展应急预案的宣传教育，普及生产安全事故避险、自救和互救知识，提高从业人员安全意识和应急处置技能。

生产经营单位应当组织开展本单位的应急预案、应急知识、自救互救和避险逃生技能的培训活动，使有关人员了解应急预案内容，熟悉应急职责、应急处置程序和措施。应急培训的时间、地点、内容、师资、参加人员和考核结果等情况应如实记入本单位的安全生产教育和培训档案。

（2）应急预案的演练。生产经营单位应当制定本单位的应急预案演练计划，根据本单位的事故风险特点，每年至少组织一次综合应急预案演练或者专项应急预案演练，每半年至少组织一次现场处置方案演练。

应急预案演练结束后，应急预案演练组织单位应当对应急预案演练效果进行评估，撰写应急预案演练评估报告，分析存在的问题，并对应急预案提出修订意见。

（3）应急预案的定期评估。应急预案编制单位应当建立应急预案定期评估制度，对预案内容的针对性和实用性进行分析，并对应急预案是否需要修订作出结论。建筑施工企业等生产经营单位，应当每三年进行一次应急预案评估。

3）施工单位在施工现场落实应急预案责任的划分

《建设工程安全生产管理条例》第49条规定，施工单位应当根据建设工程施工的特点、范围，对施工现场易发生重大事故的部位、环节进行监控，制定施工现场生产安全事故应急救援预案。实行施工总承包的，由总承包单位统一组织编制建设工程生产安全事故应急救援预案，工程总承包单位和分包单位按照应急救援预案，各自建立应急救援组织或者配备应急救援人员，配备救援器材、设备，并定期组织演练。此条规定了施工单位在施工现场应急预案的责任划分。

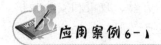应用案例6-1

建筑施工单位不依法建立应急救援组织案

【案例概况】

某建筑施工单位有从业人员1 000多人。该单位安全部门的负责人多次向主要负责人提出要建立应急救援组织。但单位负责人另有看法，认为建立这样一个组织，平时用不上，还需要花钱养着，划不来。真有了事情，可以向上级报告，请求他们给予支援就行了。由于单位主要负责人有这样的认识，该建筑施工单位就一直没有建立应急救援组织。后来，有关部门在进行监督和检查时，责令该单位立即建立应急救援组织。

【案例评析】

这是一起建筑施工单位不依法建立应急救援组织的案件。应急救援组织是指单位内部建立的专门负责对事故进行抢救的组织。建立应急救援组织，对于发生生产安全事故后进行迅速、有效地抢救，避免事故进一步扩大，减少人员伤亡，降低经济损失具有重要的意义。《中华人民共和国安全生产法》第69条规定，危险物品的生产、经营、贮存单位以及矿山、建筑施工单位应当建立应急救援组织生产经营规模较小，可以不建立应急救援组织的，应当指定兼职的应急救援人员。按照一般原则，在市场经济条件下，法律不干预生产经营单位内部机构如何设立，这属于生产经营单位自主经营权的内容。但考虑到危险物品的生产、经营、储存单位以及矿山建筑施工单位的生产经营活动本身具有较大的危险性，容易发生生产安全事故，且一旦发生事故，造成的人员伤亡和财产损失都较大。因此，《中华人民共和国安全生产法》对这些单位有针对性地作出了一些特殊规定，即要求其建立应急救援组织。

本案中的建筑施工单位有1 000多名从业人员，明显属于《中华人民共和国安全生产法》第69条规定的应当建立应急救援组织的情况。但该单位主要负责人却不愿意在这方面进行必要的投资，只算经济账，不算安全账，不建立应急救援组织。这种行为是违反《中华人民共和国安全生产法》上述有关规定的，有关负有安全生产监督管理职责的部门责令其予以纠正是正确的。

6.6.2　生产安全事故报告制度

1. 事故等级

2007年4月7日国务院颁布的《生产安全事故报告和调查处理条例》第3条中规定，根据生产安全事故(以下简称事故)造成的人员伤亡或者直接经济损失，一般分为以下等级。

(1) 特别重大事故，是指造成30人以上死亡，或者100人以上重伤(包括急性工业中毒，下同)，或者1亿元以上直接经济损失的事故。

(2) 重大事故，是指造成10人以上30人以下死亡，或者50人以上100人以下重伤，或者5 000万元以上1亿元以下直接经济损失的事故。

(3) 较大事故，是指造成3人以上10人以下死亡，或者10人以上50人以下重伤，或者1 000万元以上5 000万元以下直接经济损失的事故。

(4) 一般事故，是指造成3人以下死亡，或者10人以下重伤，或者1 000万元以下直接经济损失的事故。

国务院安全生产监督管理部门可以会同国务院有关部门，制定事故等级划分的补充性规定。

2. 重大事故报告

施工单位发生生产安全事故，应当按照国家有关伤亡事故报告和调查处理的规定，及时、如实地向负责安全生产监督管理的部门、建设行政主管部门或者其他有关部门报告；特种设备发生事故的，还应当同时向特种设备安全监督管理部门报告。接到报告的部门应当按照国家有关规定，如实上报。实行施工总承包的建设工程，由总承包单位负责上报事故。

1) 事故报告程序

事故发生后，事故现场有关人员应当立即向本单位负责人报告；单位负责人接到报告

后，应当于 1 小时内向事故发生地县级以上人民政府安全生产监督管理部门和负有安全生产监督管理职责的有关部门报告。情况紧急时，事故现场有关人员可以直接向事故发生地，县级以上人民政府安全生产监督管理部门和负有安全生产监督管理职责的有关部门报告。

● 特 别 提 示

相关责任人员要按照法定程序及时、如实上报事故情况。

报告事故的时间超过规定时限的，属于迟报；因过失对应当上报的事故或者事故发生的时间、地点、类别、伤亡人数、直接经济损失等内容遗漏未报的，属于漏报；故意不如实报告事故发生的时间、地点、初步原因、性质、伤亡人数和涉险人数、直接经济损失等有关内容的，属于谎报；隐瞒已经发生的事故，超过规定时限未向安全监管监察部门和有关部门报告，并经查证属实的，属于瞒报。

安全生产监督管理部门和负有安全生产监督管理职责的有关部门接到事故报告后，应当依照下列规定上报事故情况，并通知公安机关、劳动保障行政部门、工会和人民检察院。

（1）特别重大事故、重大事故逐级上报至国务院安全生产监督管理部门和负有安全生产监督管理职责的有关部门。

（2）较大事故逐级上报至省、自治区、直辖市人民政府安全生产监督管理部门和负有安全生产监督管理职责的有关部门。

（3）一般事故上报至设区的市级人民政府安全生产监督管理部门和负有安全生产监督管理职责的有关部门。

安全生产监督管理部门和负有安全生产监督管理职责的有关部门应当依照前款规定的上报事故情况，同时报告本级人民政府。国务院安全生产监督管理部门和负有安全生产监督管理职责的有关部门以及省级人民政府接到发生特别重大事故、重大事故的报告后，应当立即报告国务院。必要时，安全生产监督管理部门和负有安全生产监督管理职责的有关部门可以越级上报事故情况。

安全生产监督管理部门和负有安全生产监督管理职责的有关部门逐级上报事故情况，每级上报的时间不得超过两小时。

2）事故报告内容

报告事故应当包括：

（1）事故发生单位概况；

（2）事故发生的时间、地点以及事故现场情况；

（3）事故的简要经过；

（4）事故已经造成或者可能造成的伤亡人数（包括下落不明的人数）和初步估计的直接经济损失；

（5）已经采取的措施；

（6）其他应当报告的情况。

事故报告后出现新情况的，应当及时补报。自事故发生之日起 30 日内，事故造成的伤亡人数发生变化的，应当及时补报。

知 识 链 接 ....

根据住房和城乡建设部2013年1月14日颁布的《房屋市政工程生产安全事故报告和查处工作规程》中规定，房屋市政工程发生生产安全事故的，事故报告主要应当包括以下内容。

(1) 事故的发生时间、地点和工程项目名称。

(2) 事故已经造成或者可能造成的伤亡人数(包括下落不明人数)。

(3) 事故工程项目的建设单位及项目负责人、施工单位及其法定代表人和项目经理、监理单位及其法定代表人和项目总监。

(4) 事故的简要经过和初步原因。

(5) 其他应当报告的情况。

3. 事故救援与现场保护

事故发生单位负责人接到事故报告后，应当立即启动事故相应应急预案，或者采取有效措施，组织抢救，防止事故扩大，减少人员伤亡和财产损失。

事故发生地有关地方人民政府、安全生产监督管理部门和负有安全生产监督管理职责的有关部门接到事故报告后，其负责人应当立即赶赴事故现场，组织事故救援。

参与事故抢救的部门和单位应当服从统一指挥，加强协同联动，采取有效的应急救援措施，防止事故扩大，减少人员伤亡和财产损失。

事故抢救过程中应当采取必要措施，避免或者减少对环境造成的危害。

任何单位和个人都应当支持、配合事故抢救，并提供一切便利条件。

事故发生后，有关单位和人员应当妥善保护事故现场以及相关证据，任何单位和个人不得破坏事故现场、毁灭相关证据。因抢救人员、防止事故扩大以及疏通交通等原因，需要移动事故现场物件的，应当做出标志，绘制现场简图并做出书面记录，妥善保存现场重要痕迹和物证。

6.6.3 事故的调查处理

事故调查处理应当按照"实事求是、尊重科学"的原则，及时、准确地查清事故原因，查明事故性质和责任，总结事故教训，提出整改措施，并对事故责任者提出处理意见。《生产安全事故报告和调查处理条例》规定了事故调查和处理的具体办法。

1. 事故的调查

1) 事故调查机关

特别重大事故由国务院或者国务院授权有关部门组织事故调查组进行调查。重大事故、较大事故、一般事故分别由事故发生地省级人民政府、设区的市级人民政府、县级人民政府负责调查。省级人民政府、设区的市级人民政府、县级人民政府可以直接组织事故调查组进行调查，也可以授权或者委托有关部门组织事故调查组进行调查。未造成人员伤亡的一般事故，县级人民政府也可以委托事故发生单位组织事故调查组进行调查。

上级人民政府认为必要时，可以调查由下级人民政府负责调查的事故。自事故发生之日起30日内(道路交通事故、火灾事故自发生之日起7日内)，因事故伤亡人数变化导致

事故等级发生变化，依照规定应当由上级人民政府负责调查的，上级人民政府可以另行组织事故调查组进行调查。

特别重大事故以下等级事故，事故发生地与事故发生单位不在同一个县级以上行政区域的，由事故发生地人民政府负责调查，事故发生单位所在地人民政府应当派人参加。

2）事故调查组的组成

事故调查组的组成应当遵循精简、效能的原则。根据事故的具体情况，事故调查组由有关人民政府、安全生产监督管理部门、负有安全生产监督管理职责的有关部门、监察机关、公安机关以及工会派人组成，并应当邀请人民检察院派人参加。事故调查组可以聘请有关专家参与调查。事故调查组成员应当具有事故调查所需要的知识和专长，并与所调查的事故没有直接利害关系。事故调查组组长由负责事故调查的人民政府指定。事故调查组组长主持事故调查组的工作。

3）事故调查组的职责

事故调查组的职责：查明事故发生的经过、原因、人员伤亡情况及直接经济损失；认定事故的性质和事故责任；提出对事故责任者的处理建议；总结事故教训，提出防范和整改措施；提交事故调查报告。事故调查组有权向有关单位和个人了解与事故有关的情况，并要求其提供相关文件、资料，有关单位和个人不得拒绝。

事故发生单位的负责人和有关人员在事故调查期间不得擅离职守，并应当随时接受事故调查组的询问，如实提供有关情况。事故调查中发现涉嫌犯罪的，事故调查组应当及时将有关材料或者其复印件移交司法机关处理。

事故调查中需要进行技术鉴定的，事故调查组应当委托具有国家规定资质的单位进行技术鉴定。必要时，事故调查组可以直接组织专家进行技术鉴定。技术鉴定所需时间不计入事故调查期限。

事故调查组成员在事故调查工作中应当诚信公正、恪尽职守，遵守事故调查组的纪律，保守事故调查的秘密。未经事故调查组组长允许，事故调查组成员不得擅自发布有关事故的信息。

4）事故调查报告

事故调查组应当自事故发生之日起60日内提交事故调查报告；特殊情况下，经负责事故调查的人民政府批准，提交事故调查报告的期限可以适当延长，但延长的期限最长不超过60日。

事故调查报告应当包括：事故发生单位概况；事故发生经过和事故救援情况；事故造成的人员伤亡和直接经济损失；事故发生的原因和事故性质；事故责任的认定以及对事故责任者的处理建议；事故防范和整改措施。事故调查报告应当附具有关证据材料。事故调查组成员应当在事故调查报告上签名。

事故调查报告报送负责事故调查的人民政府后，事故调查工作即告结束。事故调查的有关资料应当归档保存。

2．事故的处理

重大事故、较大事故、一般事故，负责事故调查的人民政府应当自收到事故调查报告之日起15日内作出批复；特别重大事故，30日内作出批复，在特殊情况下，批复时间可以适当延长，但延长的时间最长不超过30日。有关机关应当按照人民政府的批复，依照法律、行政法规规定的权限和程序，对事故发生单位和有关人员进行行政处罚，对负有事故责任的国家工作人员进行处分。事故发生单位应当按照负责事故调查的人民政府的批复，对本单位负有事故责任的人员进行处理。负有事故责任的人员涉嫌犯罪的，依法追究刑事责任。

事故发生单位应当认真吸取事故教训，落实防范和整改措施，防止事故再次发生。防范和整改措施的落实情况应当接受工会和职工的监督。安全生产监督管理部门和负有安全生产监督管理职责的有关部门应当对事故发生单位落实防范和整改措施的情况进行监督检查。

事故处理的情况由负责事故调查的人民政府或者其授权的有关部门、机构向社会公布，依法应当保密的除外。

应用案例 6-2

瞒报生产安全事故的司法认定

【案例概况】

某省第五建筑工程公司（简称"五建"）系碧海城项目的承建单位。2008 年 3 月 12 日，碧海城项目部木工刘某在施工作业时不慎滑倒，其身体被旁边高速运转的圆盘锯从肺部位置横向切开，工地工人马上拨打 120 求救，但医生赶来后确认刘某已死亡。事故发生时，该项目部经理林某和安全员孙某均不在现场，林某当天知道此事后，向单位负责人报告了相关情况，但没有向当地政府相关部门报告事故，孙某当天获知事故发生后虽赶到了现场，但也没有向政府相关部门报告。事故发生当天，该项目监理部向五建发出了监理工程师通知书，要求将事故上报给该市建筑主管部门，但五建只是向保险公司报了案，让保险公司到现场勘验并拍照。3 月 17日，五建私下与刘某家属达成了赔偿协议。2008 年 4 月初，碧海城项目负责人许某托人联系到时任该市安全生产监督管理局局长的李某进行座谈，虽谈到了安全事故发生后该如何处理的话题，但没有向李某报告本案事故。4 月 14 日，根据市安监局的意见，市建设局对碧海城项目工作人员进行调查，但受调查人员均称没有发生安全生产事故。5 月 5 日，市安监局向市政府书面报告了碧海城发生安全事故的情况。随即，文昌市政府发文成立了事故调查组，开始进行多方调查取证，在向碧海城项目部安全员孙某、项目经理林某调查取证时，两人均证实事故发生后没有向有关部门报告。之后，在安监局对事故情况进行调查的过程中，五建才告知事故情况，碧海城项目部才向市建设局、公安局提交了《关于文昌碧海城工地伤亡事故的报告》。2009 年 2 月，市安监局以五建瞒报生产安全事故为由，对其作出罚款 100 万元的行政处罚决定。

五建不服，于 2009 年 12 月向市人民法院提起诉讼。

【法院判决】

市人民法院审理认为，生产安全事故发生后，事故发生单位应该及时、全面、如实向法定部门报告。五建在事故发生后没有履行法定义务，而是采取了私了的办法处理事故，尽管后来在有关部门调查时报告了事故情况，但并非主动报告。五建存在故意隐瞒事故、逃避法律责任的行为，属于瞒报。故判决维持安监局所作的行政处罚决定。

五建不服一审判决，向该省第一中级人民法院提起上诉。

一中院审理认为，五建在事故发生后，没有严格依照《生产安全事故报告和调查处理条

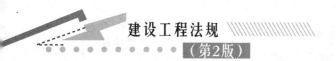

建设工程法规
（第2版）

例》的规定，及时、全面、如实向法定部门报告。事发一个多月后，建设局对事故情况进行调查时，该公司仍隐瞒不报，在安监局调查的过程中，才报告了事故情况。安监局等部门对本案事故情况的了解，是依法定程序进行调查后才获得的，并非来自五建的主动报告，故五建的行为构成瞒报。安监局所作行政处罚决定合法，应予维持。

2010 年 8 月 23 日，一中院终审判决：驳回上诉，维持原判。

【案例评析】

发生生产安全事故后，事故发生单位为隐瞒事故，在法定时限内不主动向法定部门如实报告，在被有关部门发现并开展调查时才不得已告知事故真相的，仍属瞒报事故。

本章小结

本章对建设工程安全生产管理作出了较详细的阐述，包括安全生产管理的方针以及各项建设工程安全生产管理制度：安全生产许可制度、安全生产责任制度、安全生产教育培训制度、安全生产劳动保护制度、生产安全事故的应急救援和调查处理制度。

本章的教学目标是使学生树立起安全生产意识，认识到只有健全安全生产管理制度，才能保障生产安全。通过案例对生产过程中存在的隐患及问题进行了讲解。

习题

一、选择题

1.《安全生产法》规定，安全生产管理，坚持（　　）的方针。

A. 安全第一、预防为主、综合治理

B. 预防为主、防治结合

C. 安全第一、兼顾效益

D. 安全第一、事前控制

2. 下面行为中没有违反《安全生产法》的是（　　）。

A. 某甲发现了安全事故隐患没有向现场安全生产管理人员报告，后事故发生

B. 某乙发现脚手架要倒塌，在没有采取其他措施的情况下迅速逃离现场

C. 某项目经理强行要求有"恐高症"的某丙高空作业

D. 某丁没有按照本单位的规定在施工现场戴安全帽

3.《建设工程安全生产管理条例》规定，不属于监理单位安全生产管理责任和义务的是（　　）。

A. 编制安全技术措施及专项施工方案

B. 审查安全技术措施及专项施工方案

C. 报告安全生产事故隐患

D. 承担建设工程安全生产监理责任

4. 根据《建设工程安全生产管理条例》,总承包单位与分包单位在安全生产管理工作中的关系是(   )。

A. 总承包单位对施工现场的安全生产负总责

B. 分包单位自己负责安全管理工作,不需要服从总承包单位的管理

C. 总承包单位对分包工程的安全生产不负有任何责任

D. 分包单位如果不服从总承包单位的安全生产管理,则总承包单位对分包单位的安全生产不负有任何责任

5. 某施工单位由于现场空间狭小,将雇用来的农民工的集体宿舍安排在了一栋还没有竣工的楼房里,这种行为(   )。

A. 违反了《建设工程安全生产管理条例》

B. 如果这栋楼房主体工程已经结束,并且有证据证明其质量可靠,就没有违反《建设工程安全生产管理条例》

C. 只要农民工同意,就成为一种合同行为,没有违反《建设工程安全生产管理条例》

D. 如果施工单位同时采用了安全防护措施,就没有违反《建设工程安全生产管理条例》

6. 某甲是某分包单位从事高空作业的作业人员,则(   )。

A. 他有权要求施工单位为他办理意外伤害保险

B. 如果办理意外伤害保险,则保险费由分包单位支付

C. 如果他在工程竣工验收的过程中因公受伤,则不属于意外伤害险的承保范围

D. 必须遵守项目负责人的一切指令

7. 施工单位发生生产安全事故,由(   )负责上报事故。

A. 施工单位　　　　　B. 分包单位　　　　　C. 业主　　　　　D. 监理单位

8. 根据《建设工程安全生产管理条例》,施工单位的安全生产费用不应该用来(   )。

A. 购买安全帽　　　　　　　　　B. 更新防护网

C. 购买先进施工机械　　　　　　D. 工人安全培训

9. 施工现场暂时停止施工的,(   )应当做好现场防护,所需费用由(   )承担,或者按照合同约定执行。

A. 建设单位,建设单位　　　　　　B. 施工单位,施工单位

C. 施工单位,建设单位　　　　　　D. 施工单位,责任方

10. 下面不属于从业人员权利的是(   )。

A. 工人甲要求了解作业现场的危险因素

B. 工人乙发现安全隐患后立即向现场安全生产管理人员报告

C. 工人丙在施工中受伤后要求本单位赔偿

D. 工人丁要求获得安全生产培训

二、多项选择题

1. 根据《建设工程安全生产管理条例》,下列(   )是建设单位安全生产管理的主要责任和义务。

A. 向施工单位提供有关资料

B. 不得向有关单位提出影响安全生产的违法要求

C. 不得明示或暗示施工单位使用不符合安全施工要求的物资

D. 及时报告安全生产事故隐患

E. 将拆除工程发包给具有相应资质的施工单位

2. 根据《建设工程安全生产管理条例》，施工单位在使用施工起重机械和整体提升脚手架、模板等自升式架设设施前，应当组织有关单位进行验收，使用承租的机械设备和施工机具及配件的，由（　　）共同进行验收。

A. 施工总承包单位　　　　　　　　B. 分包单位

C. 出租单位　　　　　　　　　　　D. 安装单位

E. 建设单位

3. 根据《建设工程安全生产管理条例》，下列（　　）属于施工单位安全生产责任。

A. 安全生产费用应当专款专用

B. 报送安全施工措施

C. 审查施工组织设计中的安全技术措施

D. 编制安全技术措施及专项施工方案

E. 在危险部位设置安全警示标志

4. 根据《建设工程安全生产管理条例》，下列（　　）是设计单位安全生产管理的主要责任和义务。

A. 按照法律、法规和工程建设强制性标准进行设计，防止因设计不合理导致安全生产事故的发生

B. 考虑施工安全操作和防护的需要，对涉及施工安全的重点部位和环节在设计文件中注明，并对防范安全生产事故提出指导意见

C. 采用新工艺的建设工程，设计单位不必在设计中提出预防生产安全事故的措施建议

D. 设计单位应当对其设计负责

E. 注册建筑师等注册执业人员应当对其设计负责

5. 在下列几种有关安全生产许可证的取得、使用情况中，施工企业应负法律责任的有（　　）。

A. 未取得安全生产许可证进行施工

B. 转让或接受转让安全生产许可证

C. 冒用安全生产许可证

D. 安全生产许可证遗失，在公众媒体上声明作废

E. 安全生产许可证期满后未办理延期继续生产

6.《建设工程安全生产管理条例》规定，在施工现场（　　）等危险部位，应设置明显的、符合国家标准的安全警示标志。

A. 出入通道口　　　　　　　　　　B. 孔洞口

C. 临时用电设施部位　　　　　　　D. 生活区

E. 基坑边沿

三、简答题

1. 建筑安全生产管理方针是什么？

2. 安全生产许可证的取得条件有哪些？

3. 生产经营单位在劳动保护方面负有哪些职责？

4. 如何进行建筑施工现场的安全防护管理？

5. 安全生产教育和培训的内容有哪些？

6. 根据生产安全事故造成的人员伤亡或者直接经济损失，事故一般分为哪几个等级？

7. 生产安全事故发生后如何进行应急救援与调查处理？

四、案例题

2004 年 5 月 12 日上午 9 时许，某市二期工程工地，一高达 75m 的拆卸烟囱物料提升架突然向南倾翻，正在料架上进行高空拆卸作业的 30 余名民工被瞬间从不同高度抛下，造成 21 人死亡，10 人受伤（其中 4 人伤势严重）。该案发生后，该市检察院成立了案件协调小组，与纪检、公安等有关部门密切配合，在案发第一线全力以赴审查办理该案。经查：2003 年 10 月，某建设公司中标承建了此二期工程。2004 年 4 月，该公司项目经理马某将中标的烟囱工程违规转包给不具备工程施工资质的承建人刘某。为了节省开支，减少投入费用，刘某等人自行购买材料加工物料提升架，并让不具备高空作业资格的民工进行安装拆卸。5 月 12 日，刘某在明知物料提升架固定在烟囱上的两处缆绳被拆除的情况下，违反操作规程，组织民工冒险作业拆除物料提升架，导致惨剧发生。

【问题】

（1）我国对工程重大事故的等级是如何规定的？本案属于几级事故？

（2）发生重大事故后的报告和调查程序是怎样的？

（3）谁是施工现场管理的责任人和责任单位？

（4）为避免事故的发生，应当如何加强建筑安全生产管理？

［参考答案］

第7章

建设工程质量管理法规

学习目标

通过学习，提高工程质量责任意识，熟悉和掌握建设工程质量管理的各项制度。

学习要求

能 力 目 标	知 识 要 点	权重
了解建设工程质量管理基础知识	建设工程质量管理体系、建设工程质量管理立法概况	5%
掌握建设工程质量责任制度	建设单位、勘察设计单位、施工单位的质量责任和义务	20%
熟悉建设工程质量标准化制度	工程建设标准体制、工程建设强制性标准的实施与监督管理	10%
熟悉建设工程质量监督制度	建设工程质量监督管理内容、建设工程质量监督机构、建设工程质量事故报告制度	10%
了解建设工程质量检测制度	建设工程检测机构资质、建设工程质量检测业务要求、建设工程质量检测的监督检查	5%
掌握建设工程竣工验收制度	工程竣工验收的条件、程序、监督和备案	20%
掌握建设工程质量保修制度	质量保修书、保修范围和期限、保修责任、保修程序、质量保证金	20%
了解建设工程质量奖励制度	鲁班奖等	5%
了解建筑企业质量体系认证制度	GB/T 19000 质量体系标准、《工程建设施工企业质量管理规范》认证	5%

导 入 案 例

甲市的乙建设工程股份公司首次进入丙直辖市施工，为了落实乙公司长期占有直辖市建筑市场份额的理念，乙公司董事会明确了在丙直辖市施工工程的主导思想，即"干一个工程，树一块丰碑，建立公司良好的社会信誉"。公司年轻的项目经理赵某根据自己的意愿，为了确保工程质量高于验收标准，并确保本工程获得丙直辖市的优质样板工程，决定暗自修改基础、主体工程混凝土的配合比，使得修改后的混凝土强度比施工图纸设计混凝土强度整体高一个等级，项目经理部自己承担所增加的费用。

请思考：项目经理的决定是否妥当？

7.1 建设工程质量管理概述

7.1.1 建设工程质量概念及其特性

建设工程质量有广义和狭义之分。从狭义上说，建设工程质量仅是指工程实体质量，即在国家现行的有关法律、法规、技术标准、设计文件和合同中，对工程的安全、适用、经济和美观等特性的综合要求。广义上的建设工程质量还包括工程建设参与者的服务质量和工作质量。它反映在其服务是否及时、主动，态度是否诚恳、守信，管理水平是否先进，工作效率是否很高等方面。它又可分为思想政治工作质量、管理工作质量、技术工作质量和后勤工作质量等。应该说，工程实体质量的好坏是决策、计划、勘察、设计和施工等单位各方面各环节工作质量的综合反映。现在，国内外都趋向于从广义上来理解建设工程质量，但本书中的建设工程质量主要还是指工程本身的质量，即狭义上的建设工程质量。

建设工程质量的特性主要表现在以下六方面。

（1）适用性，即功能，是指工程满足使用目的的各种性能，包括理化性能、结构性能、使用性能和外观性能。

（2）耐久性，即寿命，是指工程在规定的条件下，满足规定功能要求使用的年限，也就是工程竣工后的合理使用寿命周期。

（3）安全性，是指工程建成后在使用过程中保证结构安全、保证人身和环境免受危害的程度。

（4）可靠性，是指工程在规定的时间和规定的条件下完成规定功能的能力。

（5）经济性，是指工程从规划、勘察、设计、施工到整个产品使用寿命周期内的成本和消耗的费用。工程经济性具体表现为设计成本、施工成本和使用成本三者之和。

（6）与环境的协调性，是指工程与其周围生态环境协调，与所在地区经济环境协调以及与周围已建工程相协调，以适应可持续发展的要求。

上述六方面的质量特性彼此之间是相互依存的，总体而言，适用、耐久、安全、可靠、经济与环境适应性，都是必须达到的基本要求，缺一不可。

7.1.2 建设工程质量管理体系

建设工程质量的优劣直接关系到国民经济的发展和人民生命的安全，因此，加强建设工程质量的管理，是一个十分重要的问题。根据有关法规规定，我国已经建立起了对建设工程质量进行管理的体系，它包括宏观管理和微观管理两个方面。

（1）宏观管理是国家对建设工程质量所进行的监督管理，它具体由建设行政主管部门及其委托授权机构实施，这种管理贯穿在工程建设的全过程和各个环节之中，既对工程建设从计划、规划、土地管理、环保、消防等方面进行监督管理，又对工程建设的主体从资质认定和审查，成果质量检测、验证和奖惩等方面进行监督管理，还对工程建设中各种活动如工程建设招标投标，工程施工、验收、维修等进行监督管理。

（2）微观管理包括两个方面。一是工程承包单位，如勘察单位、设计单位、施工单位自己对所承担工作的质量管理。它们要按要求建立专门质检机构，配备相应的质检人员，建立相应的质量保证制度，如审核校对制、培训上岗制、质量抽检制、各级质量责任制和部门领导质量责任制等。二是建设单位对所建工程的管理，它可成立相应的机构和人员，对所建工程的质量进行监督管理，也可委托社会监督单位对工程建设的质量进行监理。现在，世界上大多数国家都推行监理制，我国也正在推行和完善这一制度。

7.1.3　建设工程质量管理立法概况

建设工程质量管理一直是国家建设工程管理的重要内容，因此《建筑法》将"建设工程质量管理"专门另章规定。为了更好地贯彻《建筑法》的规定，2000年1月30日国务院制定了与《建筑法》相配套的《建设工程质量管理条例》，它对建筑市场主体的质量责任和义务作出了明确而具体的规定。国务院建设行政主管部门及相关部门也曾先后颁发了许多调整建设工程质量管理的建设行政部门规章及一般规范性文件。例如，《房屋建筑工程质量保修办法》（2000年）、《实施工程建设强制性标准监督规定》（2000年）、《建设部关于建设工程质量监督机构深化改革的指导意见》（2000年）、《建设工程勘察质量管理办法》（2002年）、《工程质量监督工作导则》（2003年）、《建设工程质量保证金管理暂行办法》（2005年）、《建设工程质量检测管理办法》（2005年）、《房屋建筑和市政基础设施工程质量监督管理规定》（2010年）、《房屋建筑和市政基础设施工程施工图设计文件审查管理办法》（2013年）、《建设工程五方责任主体项目负责人质量终身责任追究暂行办法》（2014年）等。

7.2　建设工程质量责任制度

《建设工程质量管理条例》第3条规定，建设单位、勘察单位、设计单位、施工单位、工程监理单位依法对建设工程质量负责。

7.2.1　建设单位的质量责任和义务

1. 依法对工程进行发包的责任

《建设工程质量管理条例》第7条规定，建设单位应当将工程发包给具有相应资质等级的单位，不得将建设工程肢解发包。

建设单位应当依法行使工程发包权，《建筑法》对此已有明确规定。

2. 依法对材料设备招标的责任

《建设工程质量管理条例》第8条规定，建设单位应当依法对工程建设项目的勘察、设计、施工、监理以及与工程建设有关的重要设备、材料等的采购进行招标。

建设单位实施的工程建设项目采购行为，应当符合《招标投标法》及其相关规定。

3. 提供原始资料的责任

《建设工程质量管理条例》第 9 条规定，建设单位必须向有关的勘察、设计、施工、工程监理等单位提供与建设工程有关的原始资料。原始资料必须真实、准确、齐全。

《建设工程安全生产管理条例》对此有类似规定。

4. 不得干预投标人的责任

《建设工程质量管理条例》第 10 条规定，建设工程发包单位不得迫使承包方以低于成本价格竞标。在这里，承包方主要指勘察、设计和施工单位。建设单位不得任意压缩合理工期，不得明示或者暗示设计单位或者施工单位违反工程建设强制性标准，降低建设工程质量。

5. 送审施工图的责任

《建设工程质量管理条例》第 11 条规定，建设单位应当将施工图设计文件报县级以上人民政府建设行政主管部门或者其他有关部门审查。施工图设计文件未经审查批准的，不得使用。

根据这一规定，施工图设计文件审查成为基本建设必须进行的程序之一，建设单位应当严格执行。关于施工图设计文件审查的主要内容，《建设工程勘察设计管理条例》第 33 条进一步明确规定，县级以上人民政府有关行政主管部门"应当对施工图设计文件中涉及公共利益、公众安全、工程建设强制性标准的内容进行审查"。

6. 依法委托监理的责任

《建设工程质量管理条例》第 12 条规定，实行监理的建设工程，建设单位应当委托具有相应资质等级的工程监理单位进行监理，也可以委托具有工程监理相应资质等级并与被监理工程的施工承包单位没有隶属关系或者其他利害关系的该工程的设计单位进行监理。

7. 办理工程质量监督手续

建设单位在领取施工许可证或者开工报告前，应当按照国家有关规定办理工程质量监督手续。

8. 确保提供的物资符合要求的责任

《建设工程质量管理条例》第 14 条规定，按照合同约定，由建设单位采购建筑材料、建筑构配件和设备的，建设单位应当保证建筑材料、建筑构配件和设备符合设计文件和合同要求。建设单位不得明示或者暗示施工单位使用不合格的建筑材料、建筑构配件和设备。

如果建设单位提供的建筑材料、建筑构配件和设备不符合设计文件和合同要求，属于违约行为，应当向施工单位承担违约责任，施工单位有权拒绝接收这些货物。

9. 不得擅自改变主体和承重结构进行装修的责任

《建设工程质量管理条例》第 15 条规定，涉及建筑主体和承重结构变动的装修工程，建设单位应当在施工前委托原设计单位或者具有相应资质等级的设计单位提出设计方案；

没有设计方案的，不得施工。

10. 依法组织竣工验收的责任

《建设工程质量管理条例》第16条规定，建设单位收到建设工程竣工报告后，应当组织设计、施工、工程监理等有关单位进行竣工验收。

建设工程竣工验收是施工全过程的最后一道程序，是建设投资成果转入生产或使用的标志，也是全面考核投资效益、检验设计和施工质量的重要环节。

在工程实践中，部分建设单位忽视竣工验收的重要性，未经竣工验收或验收不合格，将工程提前交付使用。这种不规范的行为很容易产生质量问题，并会在发、承包双方之间就质量责任归属问题产生争议。

● 知 识 链 接

《建设工程质量管理条例》第16条第3款明确规定，建设工程经竣工验收合格的，方可交付使用。如果建设单位有下列行为，根据《建设工程质量管理条例》将承担法律责任。

（1）未组织竣工验收，擅自交付使用的。

（2）验收不合格，擅自交付使用的。

（3）对不合格的建设工程按照合格工程验收的。

根据最高人民法院的有关司法解释规定，建设工程未经竣工验收，发包人擅自使用后，又以使用部分质量不符合约定为由主张权利的，不予支持；但是承包人应当在建设工程的合理使用寿命内对地基基础工程和主体结构质量承担民事责任。

11. 移交建设项目档案的责任

《建设工程质量管理条例》第17条规定，建设单位应当严格按照国家有关档案管理的规定，及时收集、整理建设项目各环节的文件资料，建立健全建设项目档案，并在建设工程竣工验收后，及时向建设行政主管部门或者其他有关部门移交建设项目档案。

● 知 识 链 接

（1）列入城建档案馆（室）档案接收范围的工程，建设单位在组织工程竣工验收前，应提请城建档案管理机构对工程档案进行预验收，建设单位未取得城建档案管理机构出具的认可文件，不得组织工程竣工验收。

（2）列入城建档案馆接受范围的工程，建设单位在工程竣工验收后3个月内，必须向城建档案馆移交一套符合规定的工程档案。

（3）停建、缓建建设工程的档案，暂由建设单位保管。

（4）对改建、扩建和维修工程，建设单位应当组织设计、施工单位据实修改、补充和完善原工程档案。对改变的部位，应当重新编制工程档案，并在工程竣工验收后3个月内向城建档案馆移交。

（5）建设单位向城建档案馆移交工程档案时，应办理移交手续，填写移交目录，双方签字、盖章后移交。

7.2.2　勘察、设计单位的质量责任和义务

1. 依法承揽工程的责任

《建设工程质量管理条例》第18条规定，从事建设工程勘察、设计的单位应当依法取得相应等级的资质证书，并在其资质等级许可的范围内承揽工程。

禁止勘察、设计单位超越其资质等级许可的范围或者以其他勘察、设计单位的名义承揽工程。禁止勘察、设计单位允许其他单位或者个人以本单位的名义承揽工程。

勘察、设计单位不得转包或者违法分包所承揽的工程。

2. 执行强制性标准的责任

《建设工程质量管理条例》第19条规定，勘察、设计单位必须按照工程建设强制性标准进行勘察、设计，并对其勘察、设计的质量负责。注册建筑师、注册结构工程师等注册执业人员应当在设计文件上签字，对设计文件负责。

3. 勘察、设计成果的责任

《建设工程质量管理条例》第20条规定，勘察单位提供的地质、测量、水文等勘察成果必须真实、准确。

《建设工程质量管理条例》第21条规定，设计单位应当根据勘察成果文件进行建设工程设计。设计文件应当符合国家规定的设计深度要求，注明工程合理使用年限。

《建设工程质量管理条例》第22条规定，设计单位在设计文件中选用的建筑材料、建筑构配件和设备，应当注明规格、型号、性能等技术指标，其质量要求必须符合国家规定的标准。除有特殊要求的建筑材料、专用设备、工艺生产线等外，设计单位不得指定生产厂、供应商。

4. 解释设计文件的责任

《建设工程质量管理条例》第23条规定，设计单位应当就审查合格的施工图设计文件向施工单位作出详细说明。

由于施工图是设计单位设计的，设计单位对施工图会有更深刻的理解，由其对施工单位作出说明是非常必要的，有助于施工单位理解施工图，保证工程质量。

知识链接

《建设工程勘察设计管理条例》第30条规定，建设工程勘察、设计单位应当在建设工程施工前，向施工单位和监理单位说明建设工程勘察、设计意图，解释建设工程勘察、设计文件。建设工程勘察、设计单位应当及时解决施工中出现的勘察、设计问题。

5. 参与质量事故分析的责任

《建设工程质量管理条例》第24条规定，设计单位应当参与建设工程质量事故分析，并对因设计造成的质量事故，提出相应的技术处理方案。

7.2.3 施工单位的质量责任和义务

1. 依法承揽工程的责任

《建设工程质量管理条例》第25条规定，施工单位应当依法取得相应等级的资质证书，并在其资质等级许可的范围内承揽工程。

禁止施工单位超越本单位资质等级许可的业务范围或者以其他施工单位的名义承揽工程。禁止施工单位允许其他单位或者个人以本单位的名义承揽工程。施工单位不得转包或者违法分包工程。

2. 建立质量保证体系的责任

《建设工程质量管理条例》第26条规定，施工单位对建设工程的施工质量负责。

施工单位应当建立质量责任制，确定工程项目的项目经理、技术负责人和施工管理负责人。

建设工程实行总承包的，总承包单位应当对全部建设工程质量负责；建设工程勘察、设计、施工、设备采购的一项或者多项实行总承包的，总承包单位应当对其承包的建设工程或者采购的设备的质量负责。

3. 分包单位保证工程质量的责任

《建设工程质量管理条例》第27条规定，总承包单位依法将建设工程分包给其他单位的，分包单位应当按照分包合同的约定对其分包工程的质量向总承包单位负责，总承包单位与分包单位对分包工程的质量承担连带责任。

4. 按图施工的责任

《建设工程质量管理条例》第28条规定，施工单位必须按照工程设计图纸和施工技术标准施工，不得擅自修改工程设计，不得偷工减料。施工单位在施工过程中发现设计文件和图纸有差错的，应当及时提出意见和建议。

工程设计图纸和施工技术标准都属于合同文件的一部分，如果施工单位没有按照工程设计图纸施工，首先要对建设单位承担违约责任。同时，由于不按照工程设计图纸和工程技术标准施工存在潜在的巨大的社会危害性，法律又将其确定为违法行为。如果施工单位在施工的过程中发现施工图确实存在一些问题，应当提出意见和建议，并按照规定程序提请变更。

 案例解析

本章导入案例中项目经理的决定非常不可取。

施工单位有按图施工的责任。项目经理的决定将改变设计图纸，应该得到设计人的同意。根据《建设工程质量管理条例》第28条规定，施工单位必须按照工程设计图纸和施工技术标准施工，不得擅自修改工程设计，不得偷工减料。

项目经理的决定是单方面的好意，表面上看是提高了建筑工程的混凝土强度，对建筑工程施工是有积极意义，殊不知建筑工程是一个整体，单方面提高混凝土强度不一定会提高建筑工程整体强度。反而会造成社会资源的巨大浪费。

5. 对建筑材料、构配件和设备进行检验的责任

《建设工程质量管理条例》第29条规定，施工单位必须按照工程设计要求、施工技术标准和合同约定，对建筑材料、建筑构配件、设备和商品混凝土进行检验，检验应当有书面记录和专人签字；未经检验和检验产品不合格的，不得使用。

施工单位对建筑材料、建筑构配件、设备和商品混凝土的检验是保证工程质量的重要环节。如果不能把住这道关口，就可能使劣质的建筑材料、构配件和设备用于工程，从而留下质量和安全的隐患。

 应用案例 7-1

【案例概况】

某工程设计为有防水要求的筏形基础，采用 C50、P12 混凝土，承包商施工方案确定使用泵送商品混凝土，并与混凝土供应商签订合同。商品混凝土随到随用，由于现场调配的问题，商品混凝土在现场等待时间过长，施工单位没有对商品混凝土及时进行和易性检验，混凝土坍落度太低，混凝土不能及时从管中泵出。结果在基础浇筑施工 3 小时后发生了堵管现象。由于已经浇筑完毕的混凝土初凝，导致了拟连续浇筑的基础不能形成一个整体，产生了人为施工缝，给工程造成了损失。

【问题】

责任应该由谁承担？

【案例评析】

本案例中所说的责任应该由施工单位承担。

理由一：商品混凝土进场应该及进行混凝土拌合物和易性检验，施工现场经常进行坍落度试验。坍落度检测结果应该与混凝土配合比单相符，才能用于泵送，否则退回供应商。根据《建设工程质量管理条例》第29条规定，施工单位必须按照工程设计要求、施工技术标准和合同时约定，对建筑材料、建筑构配件、设备和商品混凝土进行检验，检验应当有书面记录和专人签字；未经检验和检验产品不合格的，不得使用。

理由二：混凝土拌合物的和易性是指拌合物易于施工操作(搅拌、运输、浇筑、捣实)并能获得质量均匀、成型密实的性能。和易性是综合指标，包括流动性、粘聚性和保水性 3 项指标。坍落度指标代表流动性。泵送混凝土对拌合物的要求主要是流动性和粗骨料的粒径。由于施工单位安排不当，造成混凝土拌合物等待时间较长，造成拌合物的和易性发生变化，所以责任应该由施工单位承担。

6. 对施工质量进行检验的责任

《建设工程质量管理条例》第30条规定，施工单位必须建立、健全施工质量的检验制度，严格工序管理，做好隐蔽工程的质量检查和记录。隐蔽工程在隐蔽前，施工单位应当通知建设单位和建设工程质量监督机构。

隐蔽工程具有不可逆性，对隐蔽工程的验收应当严格按照法律、法规、强制性标准及合同约定进行。由于隐蔽工程将要被后一道工序所覆盖，所以要在覆盖之前进行验收，验收的数据作为最终验收的数据。

隐蔽工程检查

（1）承包人自检。承包人应当对工程隐蔽部位进行自检，并经自检确认是否具备覆盖条件。

（2）检查程序。除专用合同条款另有约定外，工程隐蔽部位经承包人自检确认具备覆盖条件的，承包人应在共同检查前48小时书面通知监理人检查，通知中应载明隐蔽检查的内容、时间和地点，并应附有自检记录和必要的检查资料。

监理人应按时到场并对隐蔽工程及其施工工艺、材料和工程设备进行检查。经监理人检查确认质量符合隐蔽要求，并在验收记录上签字后，承包人才能进行覆盖。经监理人检查质量不合格的，承包人应在监理人指示的时间内完成修复，并由监理人重新检查，由此增加的费用和（或）延误的工期由承包人承担。

除专用合同条款另有约定外，监理人不能按时进行检查的，应在检查前24小时向承包人提交书面延期要求，但延期不能超过48小时，由此导致工期延误的，工期应予以顺延。监理人未按时进行检查，也未提出延期要求的，视为隐蔽工程检查合格，承包人可自行完成覆盖工作，并作相应记录报送监理人，监理人应签字确认。监理人事后对检查记录有疑问的，可按"重新检查"的约定重新检查。

（3）重新检查。承包人覆盖工程隐蔽部位后，发包人或监理人对质量有疑问的，可要求承包人对已覆盖的部位进行钻孔探测或揭开重新检查，承包人应遵照执行，并在检查后重新覆盖恢复原状。经检查证明工程质量符合合同要求的，由发包人承担由此增加的费用和（或）延误的工期，并支付承包人合理的利润；经检查证明工程质量不符合合同要求的，由此增加的费用和（或）延误的工期由承包人承担。

（4）承包人私自覆盖。承包人未通知监理人到场检查，私自将工程隐蔽部位覆盖的，监理人有权指示承包人钻孔探测或揭开检查，无论工程隐蔽部位质量是否合格，由此增加的费用和（或）延误的工期均由承包人承担。

7. 见证取样的责任

《建设工程质量管理条例》第31条规定，施工人员对涉及结构安全的试块、试件以及有关材料，应当在建设单位或者工程监理单位监督下现场取样，并送具有相应资质等级的质量检测单位进行检测。

在工程施工过程中，为了控制工程总体或局部施工质量，需要依据有关技术标准和规定的方法，对用于工程的材料和构件抽取一定数量的样品进行检测，并根据检测结果判断其所代表部位的质量。

8. 返修保修的责任

《建设工程质量管理条例》第32条规定，施工单位对施工中出现质量问题的建设工程或者竣工验收不合格的建设工程，应当负责返修。

在建设工程竣工验收合格前，施工单位应对质量问题履行返修义务；建设工程竣工验收合格后，施工单位应对保修期内出现的质量问题履行保修义务。

9. 教育培训的责任

《建设工程质量管理条例》第33条规定，施工单位应当建立、健全教育培训制度，加强对职工的教育培训；未经教育培训或者考核不合格的人员，不得上岗作业。

7.2.4 工程监理单位的质量责任和义务

1. 依法承揽业务的责任

《建设工程质量管理条例》第34条规定，工程监理单位应当依法取得相应等级的资质证书，并在其资质等级许可的范围内承担工程监理业务。

禁止工程监理单位超越本单位资质等级许可的范围或者以其他工程监理单位的名义承担工程监理业务。禁止工程监理单位允许其他单位或者个人以本单位的名义承担工程监理业务。工程监理单位不得转让工程监理业务。

2. 独立监理的责任

《建设工程质量管理条例》第35条规定，工程监理单位与被监理工程的施工承包单位以及建筑材料、建筑构配件和设备供应单位有隶属关系或者其他利害关系的，不得承担该项建设工程的监理业务。

独立是公正的前提条件，监理单位如果不独立是不可能保持公正的。

3. 依法监理的责任

《建设工程质量管理条例》第36条规定，工程监理单位应当依照法律、法规以及有关技术标准、设计文件和建设工程承包合同，代表建设单位对施工质量实施监理，并对施工质量承担监理责任。

《建设工程质量管理条例》第38条规定，监理工程师应当按照工程监理规范的要求，采取旁站、巡视和平行检验等形式，对建设工程实施监理。

知 识 链 接

旁站：项目监理机构对工程的关键部位或关键工序的施工质量进行的监督活动。

巡视：项目监理机构对施工现场进行的定期或不定期的检查活动。

平行检验：项目监理机构在施工单位自检的同时，按有关规定、建设工程监理合同约定对同一检验项目进行的检测试验活动。

4. 确认工程质量的责任

《建设工程质量管理条例》第37条规定，工程监理单位应当选派具备相应资格的总监理工程师和监理工程师进驻施工现场。

未经监理工程师签字，建筑材料、建筑构配件和设备不得在工程上使用或者安装，施工单位不得进行下一道工序的施工。未经总监理工程师签字，建设单位不拨付工程款，不进行竣工验收。

 应用案例 7-2

【案例概况】

某施工承包单位承接了某市重点工程，该工程为现浇框架结构，地下2层，地上11层。在该工程地下室顶板施工过程中，钢筋已经送检。施工单位为了在雨季到来之前完成基础施工，在钢筋送检没有得到检验结果时，未经监理工程师许可，擅自进行混凝土施工。待地下室顶板混凝土浇筑完毕后，钢筋检测结构出来后，发现此批钢筋有一个重要指标不符合规范要求，造成该地下室顶板工程返工。

【案例评析】

责任当然要由施工单位承担，首先，地下室顶板未进行隐蔽验收，不能进行下一道工序；材料进场后，施工单位应向监理机构提交"工程材料报审表"，附钢筋出厂合格证，技术说明书及按规定要求进行送检的检验报告，经监理工程师审查并确认合格后，方可使用。

7.3 建设工程质量标准化制度

标准是为在一定范围内获得最佳秩序，对活动或其结果规定共同的和重复使用的规则、导则或特性的文件。该文件经协商一致并经一个公认的机构批准。

对基本建设中各类工程的勘察、规划、设计、施工、安装和验收等需要协调统一的事项所制定的标准，称为工程建设标准。

我国历来重视工程建设标准化工作，先后颁布了许多关于工程建设标准化的法律、法规和规章等。1988年12月29日，第七届全国人民代表大会通过了《中华人民共和国标准化法》于1989年4月1日正式施行。《标准化法》的立法目的在于发展社会主义商品经济，促进技术进步，改进产品质量，提高社会经济效益，维护国家和人民的利益，使标准化工作适应社会主义现代化建设和发展对外经济关系的需要。1990年4月6日，国务院颁布了《中华人民共和国标准化法实施条例》；1992年12月30日，建设部颁布了《工程建设国家标准管理办法》和《工程建设行业标准管理办法》；2000年8月1日，建设部颁布了《实施工程建设强制性标准监督规定》等。这一系统法律规范的颁布实施，使我国工程建设标准化工作进入了法制管理轨道。

7.3.1 工程建设标准体制

我国标准分为国家标准、行业标准、地方标准和企业标准四级。

对需要在全国范畴内统一的技术要求，应当制定国家标准。

对没有国家标准而又需要在全国某个行业范围内统一的技术要求，可以制定行业标准。

对没有国家标准和行业标准而又需要在省、自治区、直辖市范围内统一的工业产品的安全、卫生要求，可以制定地方标准。

企业生产的产品没有国家标准、行业标准和地方标准的，应当制定相应的企业标准。对已有国家标准、行业标准或地方标准的，鼓励企业制定严于国家标准、行业标准或地方标准要求的企业标准。

另外，对于技术尚在发展中，需要有相应的标准文件引导其发展或具有标准化价值，尚不能制定为标准的项目，以及采用国际标准化组织、国际电工委员会及其他国际组织的技术报告的项目，可以制定国家标准化指导性技术文件。

1. 国家标准

根据《工程建设国家标准管理办法》的规定，对需要在全国范围内统一的下列技术要求，应当制定国家标准。

（1）工程建设勘察、规划、设计、施工（包括安装）及验收等通用的质量要求。

（2）工程建设通用的有关安全、卫生和环境保护的技术要求。

（3）工程建设通用的术语、符号、代号、量与单位、建筑模数和制图方法。

（4）工程建设通用的试验、检验和评定等方法。

（5）工程建设通用的信息技术要求。

（6）国家需要控制的其他工程建设通用的技术要求。

国家标准分为强制性标准和推荐性标准。下列标准属于强制性标准。

（1）工程建设勘察、规划、设计、施工（包括安装）及验收等通用的综合标准和重要的通用的质量标准。

（2）工程建设通用的有关安全、卫生和环境保护的标准。

（3）工程建设重要的通用的术语、符号、代号、量与单位、建筑模数和制图方法标准。

（4）工程建设重要的通用的试验、检验和评定方法等标准。

（5）工程建设重要的通用的信息技术标准。

（6）国家需要控制的其他工程建设通用的标准。

强制性标准以外的标准是推荐性标准。

国家标准由国务院工程建设行政主管部门审查批准，由国务院标准化行政主管部门统一编号，由国务院标准化行政主管部门和国务院工程建设行政主管部门联合发布。

国家标准实施后，应当根据科学技术的发展和工程建设的需要，由该国家标准的管理部门适时组织有关单位进行复审。复审一般在国家标准实施后每5年进行一次。

2. 行业标准

根据《工程建设行业标准管理办法》规定，对没有国家标准而需要在全国某个行业范围内统一的下列技术要求，可以制定如下行业标准。

（1）工程建设勘察、规划、设计、施工（包括安装）及验收等行业专用的质量要求。

（2）工程建设行业专用的有关安全、卫生和环境保护的技术要求。

（3）工程建设行业专用的术语、符号、代号、量与单位和制图方法。

（4）工程建设行业专用的试验、检验和评定等方法。

（5）工程建设行业专用的信息技术要求。

（6）其他工程建设行业专用的技术要求。

行业标准分为强制性标准和推荐性标准。下列标准属于强制性标准。

（1）工程建设勘察、规划、设计、施工（包括安装）及验收等行业专用的综合性标准和

重要的行业专用的质量标准。

（2）工程建设行业专用的有关安全、卫生和环境保护的标准。

（3）工程建设重要的行业专用的术语、符号、代号、量与单位和制图方法标准。

（4）工程建设重要的行业专用的试验、检验和评定方法等标准。

（5）工程建设重要的行业专用的信息技术标准。

（6）行业需要控制的其他工程建设标准。

强制性标准以外的标准是推荐性标准。

行业标准由国务院有关行政主管部门审批、编号和发布。其中，两个以上部门共同制定的行业标准，由有关的行政主管部门联合审批、发布，并由其主编部门负责编号。

行业标准不得与国家标准相抵触。有关行业标准之间应当协调、统一，避免重复。行业标准的某些规定与国家标准不一致时，必须有充分的科学依据和理由，并经国家标准的审批部门批准。行业标准在相应的国家标准实施后，应当及时修订或废止。行业标准实施后，该标准的批准部门应当根据科学技术的发展和工程建设的实际需要适时进行复审，确认其继续有效或予以修订、废止。一般每5年复审一次，复审结果报国务院工程建设行政主管部门备案。

3. 地方标准

地方标准是指对没有国家标准、行业标准，而又需要在某个地区范围内统一的技术要求所制定的技术标准。地方标准根据当地的气象、地质和资源等特殊情况的技术要求而制定。各省、自治区、直辖市建设主管部门负责本地区工程建设标准的计划、组织草拟、审查和发布。例如，我国东北地区寒冷，有些地方是冻土，沿海一带是软土地区，中西部多为黄土地区，这些地区的地质情况与通常一般的地质情况不同，允许这些地区在符合我国地基基础技术规范国家标准所规定的基本技术要求的前提下，结合当地地质的具体情况，补充制定适合本地区地基基础的技术规范。

4. 企业标准

《标准化实施条例》第17条规定，企业生产的产品没有国家标准、行业标准和地方标准的，应当制定相应的企业标准，作为组织生产的依据。可见，企业标准是指在企业的产品没有国家标准、行业标准、地方标准的情况，为了组织生产需要在企业内部统一技术要求所制定的标准。企业标准是企业自己制定的，只适用于企业内部，作为本企业组织生产的依据，而不能作为合法交货、验收的依据。

企业标准不得违反有关法律、法规和国家、行业的强制性标准。企业标准一般应由企业按隶属关系报当地政府标准化行政主管部门备案。国家鼓励企业制定优于国家标准、行业、地方标准的企业标准，这主要是为了充分发挥企业的优势和特长，增强企业竞争能力，提高经济效益。

（特）（别）（提）（示）

下级标准只能是上级标准的补充，不得低于上级标准。当不同级别的标准发生矛盾时，以上级超标准为准。在解决导入案例中的问题时，我们也要遵循此原则和方法，查找相应的工程建设标准，并对其等级与效力进行判断与适用。

7.3.2 工程建设强制性标准的实施

《中华人民共和国标准化法》第 14 条规定，强制性标准，必须执行。不符合强制性标准的产品，禁止生产、销售和进口。推荐性标准，国家鼓励企业自愿采用。

我国现行的工程建设法律法规，尤其是《建设工程质量管理条例》中，在工程建设强制性标准实施方面，针对建筑市场主体的质量责任和行为分别作出了规定。

1. 建设单位质量责任

《建设工程质量管理条例》第 10 条规定，建设单位不得明示或暗示设计单位或施工单位违反工程建设强制性标准，降低建设工程质量。

2. 勘察、设计单位质量责任

《建设工程质量管理条例》第 19 条规定，勘察单位、设计单位必须按照工程建设强制性标准进行勘察、设计，并对勘察、设计的质量负责。

3. 施工单位质量责任

《建设工程质量管理条例》第 28 条规定，施工单位必须按照工程设计图纸和施工技术标准施工，不得擅自修改工程设计，不得偷工减料。

4. 监理单位质量责任

《建设工程质量管理条例》第 36 条规定，工程监理单位应当依照法律、法规以及有关技术标准、设计文件和建设工程承包合同，代表建设单位对施工质量实施监理，并对施工质量承担监理责任。

严格执行工程建设强制性标准是工程建设主体的法定义务，是工程建设从业人员的法定责任，违法了强制性标准即为违法，要承担相应的民事和刑事责任。

7.3.3 工程建设强制性标准的监督管理

工程建设强制性标准是指直接涉及工程质量、安全、卫生及环境保护等方面的工程建设标准强制性条文。在我国境内从事新建、扩建和改建等工程建设活动，必须执行工程建设强制性标准。住房和城乡建设部 2000 年颁布的《实施工程建设强制性标准监督规定》明确规定了工程建设强制性标准实施的监督制度，目的在于保证建设工程质量，保障人民的生命、财产安全，维护社会公共利益。

1. 监督管理体制

国家工程建设标准强制性条文由国务院建设行政主管部门会同国务院有关行政主管部门确定。国务院建设行政主管部门负责全国实施工程建设强制性标准的监督管理工作。国务院有关行政主管部门按照国务院的职能分工负责实施工程建设强制性标准的监督管理工作。县级以上地方人民政府建设行政主管部门负责本行政区域内实施工程建设强制性标准的监督管理工作。

2. 监督管理机构

(1) 建设项目规划审查机关应当对工程建设规划阶段执行强制性标准的情况实施监督。

（2）施工图设计审查单位应当对工程建设勘察、设计阶段执行强制性标准的情况实施监督。

（3）建筑安全监督管理机构应当对工程建设施工阶段执行施工安全强制性标准的情况实施监督。

（4）工程质量监督机构应当对工程建设施工、监理和验收等阶段执行强制性标准的情况实施监督。

（5）工程建设标准批准部门应当对工程项目执行强制性标准情况进行监督检查。

3. 监督检查的方式

工程建设标准批准部门应当定期对建设项目规划审查机关、施工图设计文件审查单位、建筑安全监督管理机构、工程质量监督机构实施强制性标准的监督进行检查，对监督不力的单位和个人，给予通报批评，建议有关部门处理。

工程建设标准批准部门应当对工程项目执行强制性标准情况进行监督检查。监督检查可以采取重点检查、抽查和专项检查的方式。

工程建设标准批准部门应当将强制性标准监督检查结果在一定范围内公告。

4. 监督检查的内容

根据《实施工程建设强制性标准监督规定》，强制性标准监督检查的内容如下。

（1）有关工程技术人员是否熟悉、掌握强制性标准。

（2）工程项目的规划、勘察、设计、施工和验收等是否符合强制性标准的规定。

（3）工程项目采用的材料、设备是否符合强制性标准的规定。

（4）工程项目的安全和质量是否符合强制性标准的规定。

（5）工程中采用的导则、指南、手册和计算机软件的内容是否符合强制性标准的规定。

7.4 建设工程质量监督制度

工程质量监督是建设行政主管部门或其委托的工程质量监督机构（统称监督机构）根据国家的法律、法规和工程建设强制性标准，对责任主体和有关机构履行质量责任的行为以及工程实体质量进行监督检查、维护公众利益的行为。

《建筑法》及《建设工程质量管理条例》中都明确规定：国家实行建设工程质量监督管理制度；建设部2003年颁布的《工程质量监督工作导则》、住房和城乡建设部2010年颁布的《房屋建筑和市政基础设施工程质量监督管理规定》对工程质量监督管理作出了更加明确而详尽的规定。

7.4.1 建设工程质量监督的实施主体

国务院住房和城乡建设主管部门负责全国房屋建筑和市政基础设施工程质量监督管理工作，县级以上地方人民政府建设主管部门负责本行政区域内工程质量监督管理工作，工程质量监督管理的具体工作可以由县级以上地方人民政府建设主管部门委托所属的工程质量监督机构实施。

7.4.2 建设工程质量监督管理的内容

工程质量监督管理应当包括下列内容。

（1）执行法律法规和工程建设强制性标准的情况。

（2）抽查涉及工程主体结构安全和主要使用功能的工程实体质量。

（3）抽查工程质量责任主体和质量检测等单位的工程质量行为。

（4）抽查主要建筑材料、建筑构配件的质量。

（5）对工程竣工验收进行监督。

（6）组织或者参与工程质量事故的调查处理。

（7）定期对本地区工程质量状况进行统计分析。

（8）依法对违法违规行为实施处罚。

7.4.3 建设工程质量监督的程序

对工程项目实施质量监督，应当依照下列程序进行。

（1）受理建设单位办理质量监督手续。

（2）制订工作计划并组织实施。

（3）对工程实体质量、工程质量责任主体和质量检测等单位的工程质量行为进行抽查、抽测。

（4）监督工程竣工验收，重点对验收的组织形式、程序等是否符合有关规定进行监督。

（5）形成工程质量监督报告。

（6）建立工程质量监督档案。

特 别 提 示

工程竣工验收合格后，建设单位应当在建筑物明显部位设置永久性标牌，载明建设、勘察、设计、施工、监理单位等工程质量责任主体的名称和主要责任人姓名。

7.4.4 建设工程质量监督机构

1. 建设工程质量监督机构的性质

建设工程质量监督机构是经省级以上建设行政主管部门或有关专业部门考核认定的独立法人。建设工程质量监督机构接受县级以上地方人民政府建设行政主管部门或有关专业部门的委托，依法对建设工程质量进行强制性监督，并对委托部门负责。

2. 建设工程质量监督机构应具备的基本条件

（1）具有符合规定的监督人员。人员数量由县级以上地方人民政府建设主管部门根据实际需要确定。监督人员应当占监督机构总人数的75%以上。

（2）有固定的工作场所和满足工程质量监督检查工作需要的仪器、设备和工具等。

（3）有健全的质量监督工作制度，具备与质量监督工作相适应的信息化管理条件。

监督机构可以聘请中级职称以上的工程类专业技术人员协助实施工程质量监督。

◉ 知 识 链 接

监督人员应当具备下列条件。

（1）具有工程类专业大学专科以上学历或者工程类执业注册资格。

（2）具有三年以上工程质量管理或者设计、施工、监理等工作经历。

（3）熟悉掌握相关法律法规和工程建设强制性标准。

（4）具有一定的组织协调能力和良好职业道德。

监督人员符合上述条件经考核合格后，方可从事工程质量监督工作。

3. 建设工程质量监督机构的主要工作内容

根据《工程质量监督工作导则》的规定，建设工程质量监督机构的主要工作内容包括以下几方面。

（1）对责任主体和有关机构履行质量责任的行为的监督检查。

（2）对工程实体质量的监督检查。

（3）对施工技术资料、监理资料以及检测报告等有关工程质量的文件和资料的监督检查。

（4）对工程竣工验收的监督检查。

（5）对混凝土预制构件及预拌混凝土质量的监督检查。

（6）对责任主体和有关机构违法、违规行为的调查取证和核实、提出处罚建议或按委托权限实施行政处罚。

（7）提交工程质量监督报告。

（8）随时了解和掌握本地区工程质量状况。

（9）其他内容。

7.4.5 对责任主体和有关机构质量行为的监督

1. 一般规定

（1）抽查责任主体和有关机构执行有关法律、法规及工程技术标准的情况。

（2）抽查责任主体和有关机构质量管理体系的建立和实施情况。

（3）发现存在违法违规行为的，按建设行政主管部门委托的权限对违法违规事实进行调查取证，对责任单位、责任人提出处罚建议或按委托权限实施行政处罚。

2. 监督机构应对建设单位的下列行为进行抽查

（1）施工前办理质量监督注册、施工图设计文件审查、施工许可（开工报告）手续情况。

（2）按规定委托监理情况。

（3）组织图纸会审、设计交底、设计变更工作情况。

（4）组织工程质量验收情况。

（5）原设计有重大修改、变动的、施工图设计文件重新报审情况。

(6) 及时办理工程竣工验收备案手续情况。

3. 监督机构应对勘察、设计单位的下列行为进行抽查

(1) 参加地基验槽、基础、主体结构及有关重要部位工程质量验收和工程竣工验收情况。

(2) 签发设计修改变更、技术洽商通知情况。

(3) 参加有关工程质量问题的处理情况。

4. 监督机构应对施工单位的下列行为进行抽查

(1) 施工单位资质、项目经理部管理人员的资格、配备及到位情况；主要专业工种操作上岗资格、配备及到位情况。

(2) 分包单位资质与对分包单位的管理情况。

(3) 施工组织设计或施工方案审批及执行情况。

(4) 施工现场施工操作技术规程及国家有关规范、标准的配置情况。

(5) 工程技术标准及经审查批准的施工图设计文件的实施情况。

(6) 检验批、分项、分部(子分部)、单位(子单位)工程质量的检验评定情况。

(7) 质量问题的整改和质量事故的处理情况。

(8) 技术资料的收集、整理情况。

5. 监督机构应对监理单位的下列行为进行抽查

(1) 监理单位资质、项目监理机构的人员资格、配备及到位情况。

(2) 监理规划、监理实施细则(关键部位和工序的确定及措施)的编制审批内容的执行情况。

(3) 对材料、构配件、设备投入使用或安装前进行审查情况。

(4) 对分包单位的资质进行核查情况。

(5) 见证取样制度的实施情况。

(6) 对重点部位、关键工序实施旁站监理情况。

(7) 质量问题通知单签发及质量问题整改结果的复查情况。

(8) 组织检验批、分项、分部(子分部)工程的质量验收、参与单位(子单位)工程质量的验收情况。

(9) 监理资料收集整理情况。

6. 监督机构应对工程质量检测单位的下列行为进行抽查

(1) 是否超越核准的类别、业务范围承接任务。

(2) 检测业务基本管理制度情况。

(3) 检测内容和方法的规范性程度。

(4) 检测报告形成程序、数据及结论的符合性程度。

 应用案例 7-3

【案例概况】

某质量监督站派出的监督人员到施工现场进行检查，发现工程进度相对于施工合同中约定的进度，已经严重滞后。于是，质量监督站的监督人员对施工单位和监理单位提出了批评，并

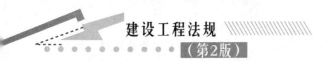

拟对其进行行政处罚。

【问题】

质量监督站的决定正确吗？

【案例评析】

质量监督站的决定不正确。

首先，政府监督的依据是法律、法规和强制性标准，不包括合同。所以，进度不符合合同要求，不属于监督范围之内。其次，即使应该予以行政处罚，也不是由监督人员直接处罚，而是由其报告委托部门后实施。

7.4.6　建设工程质量事故报告制度

根据《建设工程质量管理条例》第 52 条规定，建设工程发生质量事故，有关单位应当在 24 小时内向当地建设行政主管部门和其他有关部门报告。对重大质量事故，事故发生地的建设行政主管部门和其他有关部门应当按照事故类别和等级向当地人民政府、上级建设行政主管部门和其他有关部门报告。

7.5　建设工程质量检测制度

"百年大计，质量第一"。建筑业作为国民经济的支柱性产业，其重要位置不言而喻，建筑业的发展与壮大直接影响到国民经济的发展速度。建筑工程质量检测是建筑业的一个重要组成部分，但是，其长期以来并没有引起人们的足够重视，工程质量事故屡屡发生。我国加入 WTO 后，人们对质量的意识不断提高，建筑工程质量检测行业逐步被人们所重视。

建设工程质量检测是工程质量监督的重要手段。由工程质量检测机构接受委托，依据国家有关法律、法规和工程建设强制性标准，对涉及结构安全项目的抽样检测和对进入施工现场的建筑材料、构配件的见证取样检测。

7.5.1　建设工程检测机构资质

建设工程检测机构是具有独立法人资格的中介机构，检测机构资质按照其承担的检测业务内容分为专项检测机构资质和见证取样检测机构资质。

（1）专项检测机构和见证取样检测机构应满足下列基本条件。

① 专项检测机构的注册资本不少于 100 万元人民币，见证取样检测机构不少于 80 万元人民币。

② 所申请检测资质对应的项目应通过计量认证。

③ 有质量检测、施工、监理或设计经历，并接受了相关检测技术培训的专业技术人员不少于 10 人；边远的县（区）的专业技术人员可不少于 6 人。

④ 有符合开展检测工作所需的仪器、设备和工作场所；其中，使用属于强制检定的计量器具，要经过计量检定合格后，方可使用。

⑤ 有健全的技术管理和质量保证体系。

（2）专项检测机构除应满足基本条件外，还需满足下列条件。

① 地基基础工程检测类。专业技术人员中从事工程桩检测工作 3 年以上并具有高级或者中级职称的不得少于 4 名，其中 1 人应当具备注册岩土工程师资格。

② 主体结构工程检测类。专业技术人员中从事结构工程检测工作 3 年以上并具有高级或者中级职称的不得少于 4 名，其中 1 人应当具备二级注册结构工程师资格。

③ 建筑幕墙工程检测类。专业技术人员中从事建筑幕墙检测工作 3 年以上并具有高级或者中级职称的不得少于 4 名。

④ 钢结构工程检测类。专业技术人员中从事钢结构机械连接检测、钢网架结构变形检测工作 3 年以上并具有高级或者中级职称的不得少于 4 名，其中 1 人应当具备二级注册结构工程师资格。

（3）见证取样检测机构除应满足基本条件外，专业技术人员中从事检测工作 3 年以上并具有高级或者中级职称的不得少于 3 名；边远的县（区）可不少于 2 人。

知 识 链 接

建设工程质量检测的业务内容如下。

1）专项检测

（1）地基基础工程检测。

（2）主体结构工程现场检测。

（3）建筑幕墙工程检测。

（4）钢结构工程检测。

2）见证取样检测

（1）水泥物理力学性能检验。

（2）钢筋（含焊接与机械连接）力学性能检验。

（3）砂、石常规检验。

（4）混凝土、砂浆强度检验。

（5）简易土工试验。

（6）混凝土掺加剂检验。

（7）预应力钢绞线、锚夹具检验。

（8）沥青、沥青混合料检验。

7.5.2　建设工程质量检测业务要求

1. 质量检测业务的委托

质量检测业务，由工程项目建设单位委托具有相应资质的检测机构进行检测。委托方与被委托方应当签订书面合同。检测结果利害关系人对检测结果发生争议的，由双方共同认可的检测机构复检，复检结果由提出复检方报当地建设主管部门备案。

2. 质量检测试样

质量检测试样的取样应当严格执行有关工程建设标准和国家有关规定，在建设单位或者工程监理单位监督下现场取样。提供质量检测试样的单位和个人，应当对试样的真实性负责。

3. 检测报告

检测机构完成检测业务后，应当及时出具检测报告。检测报告经检测人员签字、检测机构法定代表人或者其授权的签字人签署，并加盖检测机构公章或者检测专用章后方可生效。检测报告经建设单位或者工程监理单位确认后，由施工单位归档。见证取样检测的检测报告中应当注明见证人单位及姓名。

任何单位和个人不得明示或者暗示检测机构出具虚假检测报告，不得篡改或者伪造检测报告。

4. 检测机构的法律要求

（1）检测机构不得与行政机关，法律、法规授权的具有管理公共事务职能的组织以及所检测工程项目相关的设计单位、施工单位、监理单位有隶属关系或者其他利害关系。检测人员不得同时受聘于两个或者两个以上的检测机构。检测机构和检测人员不得推荐或者监制建筑材料、构配件和设备。

（2）检测机构不得转包检测业务。

（3）检测机构应当对其检测数据和检测报告的真实性和准确性负责。检测机构违反法律、法规和工程建设强制性标准，给他人造成损失的，应当依法承担相应的赔偿责任。

（4）检测机构应当将检测过程中发现的建设单位、监理单位、施工单位违反有关法律、法规和工程建设强制性标准的情况，以及涉及结构安全检测结果的不合格情况，及时报告工程所在地建设主管部门。

（5）检测机构应当建立档案管理制度。检测合同、委托单、原始记录、检测报告应当按年度统一编号，编号应当连续，不得随意抽撤、涂改。检测机构应当单独建立检测结果不合格项目台账。

7.5.3 建设工程质量检测的监督检查

1. 建设工程质量检测的监督检查内容

县级以上地方人民政府建设主管部门应当加强对检测机构的监督检查，主要检查下列内容。

（1）是否符合本办法规定的资质标准。

（2）是否超出资质范围从事质量检测活动。

（3）是否有涂改、倒卖、出租、出借或者以其他形式非法转让资质证书的行为。

（4）是否按规定在检测报告上签字盖章，检测报告是否真实。

（5）检测机构是否按有关技术标准和规定进行检测。

（6）仪器设备及环境条件是否符合计量认证要求。

（7）法律、法规规定的其他事项。

2. 建设工程质量检测的监督检查措施

建设主管部门实施监督检查时，有权采取下列措施。

（1）要求检测机构或者委托方提供相关的文件和资料。

（2）进入检测机构的工作场地（包括施工现场）进行抽查。

（3）组织进行比对试验以验证检测机构的检测能力。

（4）发现有不符合国家有关法律、法规和工程建设标准要求的检测行为时，责令改正。

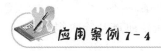

应用案例 7-4

【案例概况】

某综合楼为现浇框架结构，地下1层，地上8层。主体结构施工到第6层时，发现2层竖向结构混凝土试块强度达不到设计要求，委托省级有资质的检测单位，对2层竖向实体结构进行检测鉴定，认定2层竖向实体结构强度能够达到设计要求。

【问题】

2层竖向结构的质量应如何验收？

【案例评析】

2层竖向结构的质量可以正常验收。

理由：混凝土试块强度不足是检验中发现的质量问题，经过有资质的检测机构进行实体检测后，混凝土实体强度符合设计要求，可以认定混凝土强度符合设计要求。质量验收时，应附实体检测报告。

7.6　建设工程竣工验收制度

建设工程竣工验收是指建设单位在收到建设工程竣工报告后，应当组织设计、施工和工程监理等有关单位进行竣工验收，建设工程经验收合格的，方可投入使用。

7.6.1　工程竣工验收的条件

工程项目的竣工验收是施工全过程的最后一道程序，也是工程项目管理的最后一项工作。它是建设投资成果转入生产或使用的标志，也是全面考核投资效益、检验设计和施工质量的重要环节。根据《建筑法》第61条和《建设工程质量管理条例》第16条的规定，交付竣工验收的建筑工程，应当符合以下要求。

（1）完成建设工程设计和合同约定的各项内容。

（2）有完整的技术档案和施工管理资料。

（3）有工程使用的主要建筑材料、建筑构配件和设备的进场试验报告。

（4）有勘察、设计、施工、工程监理等单位分别签署的质量合格文件。

（5）有施工单位签署的工程保修书。

建设工程竣工经验收合格后，方可交付使用。未经验收或者验收不合格的，不得交付使用。

7.6.2　工程竣工验收的程序

根据《房屋建筑工程和市政基础设施工程竣工验收规定》，工程竣工验收应当按以下程序进行。

（1）工程完工后，施工单位向建设单位提交工程竣工报告，申请工程竣工验收。实行监理的工程竣工报告须经总监理工程师签署意见。

（2）建设单位收到工程竣工报告后，对符合竣工验收要求的工程，组织勘察、设计、施工、监理等单位和其他有关方面的专家组成验收组，制定验收方案。

（3）建设单位应当在工程竣工验收7个工作日前将验收的时间、地点及验收组名单书面通知负责监督该工程的工程质量监督机构。

（4）建设单位组织工程竣工验收。

① 建设、勘察、设计、施工、监理单位分别汇报工程合同履约情况和在工程建设各个环节执行法律、法规和工程建设强制性标准的情况。

② 审阅建设、勘察、设计、施工、监理单位的工程档案资料。

③ 实地查验工程质量。

④ 对工程勘察、设计、施工、设备安装质量和各管理环节等方面作出全面评价，形成经验收组人员签署的工程竣工验收意见。

参与工程竣工验收的建设、勘察、设计、施工、监理等各方不能形成一致意见时，应当协商提出解决的方法，等意见一致后，重新组织工程竣工验收。

工程竣工验收合格后，建设单位应当及时提出工程竣工验收报告。

知 识 链 接

工程竣工验收报告主要包括工程概况，建设单位执行基本建设程序情况，对工程勘察、设计、施工、监理等方面的评价，工程竣工验收时间、程序、内容和组织形式，工程竣工验收意见等内容。

工程竣工验收报告还应附有下列文件。

（1）施工许可证。

（2）施工图设计文件审查意见。

（3）施工单位提出的工程竣工报告、监理单位提出的工程质量评估报告、勘察设计单位提出的质量检查报告、施工单位签署的工程质量保修书。

（4）验收组人员签署的工程竣工验收意见。

（5）法规、规章规定的其他有关文件。

7.6.3 工程竣工验收监督

负责监督该工程的工程质量监督机构应当对工程竣工验收的组织形式、验收程序、执行验收标准等情况进行现场监督，发现有违反建设工程质量管理规定行为的，责令改正，并将对工程竣工验收的监督情况作为工程质量监督报告的重要内容。

（1）监督机构应对以下工程竣工验收文件进行审查。

① 施工单位出具的工程竣工报告，包括结构安全、室内环境质量和使用功能抽样检测资料等合格证明文件，以及施工过程中发现的质量问题整改报告等。

② 勘察、设计单位出具的工程质量检查报告。

③ 监理单位出具的工程质量评估报告。

（2）监督机构应对验收组成员组成及竣工验收方案进行监督。

（3）监督机构应对工程实体质量进行抽测、对观感质量进行检查。

（4）工程竣工验收监督的记录应包括下列内容。

① 对工程建设强制性标准执行情况的评价。

② 对观感质量检查验收的评价。

③ 对工程竣工验收的组织及程序的评价。

④ 对工程竣工验收报告的评价。

7.6.4　工程竣工验收备案

2000 年 4 月 7 日建设部以部令 78 号的形式发布了《房屋建筑工程和市政基础设施工程竣工验收备案管理暂行办法》，2009 年 10 月 19 日住房和城乡建设部以第 2 号部令对此作了修订，改为《房屋建筑工程和市政基础设施工程的竣工验收备案管理办法》。

国务院建设行政主管部门负责全国房屋建筑工程和市政基础设施工程的竣工验收备案管理工作。县级以上地方人民政府建设行政主管部门负责本行政区域内工程的竣工验收备案管理工作。

1. 工程竣工验收备案时间

建设单位应当自工程竣工验收合格之日起 15 日内，按照规定向工程所在地的县级以上地方人民政府建设行政主管部门备案。

2. 工程竣工验收备案的条件

建设单位办理工程竣工验收备案应当提交下列文件。

（1）工程竣工验收备案表。

（2）工程竣工验收报告。竣工验收报告应当包括工程报建日期，施工许可证号，施工图设计文件审查意见，勘察、设计、施工、工程监理等单位分别签署的质量合格文件及验收人员签署的竣工验收原始文件，市政基础设施的有关质量检测和功能性试验资料以及备案机关认为需要提供的有关资料。

（3）法律、行政法规规定应当由规划、环保等部门出具的认可文件或者准许使用文件。

（4）法律规定应当由公安消防部门出具的对大型的人员密集场所和其他特殊建设工程验收合格的证明文件。

（5）施工单位签署的工程质量保修书。

（6）法规、规章规定必须提供的其他文件。

住宅工程还应当提交《住宅质量保证书》和《住宅使用说明书》。

备案机关收到建设单位报送的竣工验收备案文件，验证文件齐全后，应当在工程竣工验收备案表上签署文件收讫。

工程竣工验收备案表一式两份，一份由建设单位保存，一份留备案机关存档。

3. 工程竣工验收备案的监督

工程质量监督机构应当在工程竣工验收之日起 5 日内，向备案机关提交工程质量监督报告。备案机关发现建设单位在竣工验收过程中有违反国家有关建设工程质量管理规定行为的，应当在收讫竣工验收备案文件 15 日内，责令停止使用，重新组织竣

工验收。

备案机关决定重新组织竣工验收并责令停止使用的工程，建设单位在备案之前已投入使用或者建设单位擅自继续使用造成使用人损失的，由建设单位依法承担赔偿责任。

7.7　建设工程质量保修制度

建设工程质量保修制度是指建筑工程办理交工验收手续后，在规定的保修期限内，因施工、材料等原因造成的质量缺陷，应当由施工单位负责维修。

7.7.1　建设工程质量保修书

《建设工程质量管理条例》第 39 条规定，建设工程实行质量保修制度。建设工程承包单位在向建设单位提交工程竣工验收报告时，应当向建设单位出具质量保修书。质量保修书应当明确建设工程的保修范围、保修期限和保修责任等。

根据《建设工程质量管理条例》第 16 条的规定，有施工单位签署的工程保修书是建设工程竣工验收应具备的条件之一。工程质量保修书也是一种合同，是发、承包双方就保修范围、保修期限和保修责任等设立权利和义务的协议，集中体现了承包单位对发包单位的工程质量保修承诺。实践证明，一份完善的质量保修书，除了保修范围、保修期限和保修责任等基本内容外，还应当包括保修金的有关约定。

7.7.2　建设工程质量的保修范围和保修期限

1. 保修范围

《建筑法》第 62 条规定，建设工程的保修范围应当包括地基基础工程、主体结构工程、屋面防水工程和其他土建工程，以及电气管线、上下水管线的安装工程，供热、供冷系统工程等项目。

2. 保修期限

《建设工程质量管理条例》第 40 条规定，在正常使用条件下，建设工程最低保修期限分为以下几种情况。

（1）基础设施工程、房屋建筑的地基基础工程和主体结构工程，为设计文件规定的该工程合理使用年限。

（2）屋面防水工程、有防水要求的卫生间、房间和外墙面的防渗漏，为 5 年。

（3）供热与供冷系统，为 2 个采暖期、供冷期。

（4）电气管道、给排水管道、设备安装和装修工程，为 2 年。

其他项目的保修期限由发包方与承包方约定。

建设工程的保修期，自竣工验收合格之日起计算。

● 特 别 提 示 ●

建设工程最低保修期限的四项保修范围属于法律强制性规定。超出该范围的其他项目的保修不是强制的，而是属于发承包双方意思表述，通常由发包方在招标文件中事先明确规定，或由双方在竣工验收前另行达成约定。

法律强制性限定了最低保修期限，即发承包双方约定的保修期限不得低于条例规定的期限，但可以延长。

7.7.3 建设工程保修责任

《建设工程质量管理条例》第 41 条规定，建设工程在保修范围和保修期内发生质量问题的，施工单位应当履行保修义务，并对造成的损失承担赔偿责任。

根据该条规定，质量问题应当发生在保修范围和保修期以内，是承包单位承担保修责任的两个前提条件。《房屋建设工程质量保修办法》规定了以下 3 种不属于保修范围的情况。

(1) 因使用不当造成的质量缺陷。

(2) 第三方造成的质量缺陷。

(3) 不可抗力造成的质量缺陷。

知 识 链 接

因建设工程质量缺陷造成人身伤害的，侵害人承担赔偿责任；造成受害人财产损失的，侵害人应当赔偿，并负责工程维修。

7.7.4 建设工程保修程序

根据国家有关规定及行业惯例，就工程质量保修事宜，建设单位和承包单位应遵守如下基本程序。

(1) 建设工程在保修期限内出现质量缺陷，发包单位应当向承包单位发出保修通知。

(2) 承包单位接到保修通知后，应当到现场核查情况，在保修书约定的时间内予以保修。发生涉及结构安全或者严重影响使用功能的紧急抢修事故，承包单位接到保修通知后，应当立即到达现场抢修。

(3) 承包单位不按工程质量保修书约定保修的，发包单位可以另行委托其他单位保修，由原承包单位承担相应责任。

(4) 保修费用由造成质量缺陷的责任方承担。如果质量缺陷是由于承包单位未按照工程建设强制性标准和合同要求施工造成的，那么承包单位不仅要负责保修，还要承担保修费用。但是，如果质量缺陷是由于设计单位、勘察单位或发包单位、监理单位的原因造成的，承包单位仅负责保修，其有权对由此发生的保修费用向建设单位索赔。发包单位向承包单位承担赔偿责任后，有权向造成质量缺陷的责任方追偿。

7.7.5 建设工程质量保证金

1. 质量保证金的含义

建设工程质量保证金(保修金)(以下简称保证金)是指发包人与承包人在建设工程承包合同中约定，从应付的工程款中预留，用以保证承包人在缺陷责任期内对建设工程出现的缺陷进行维修的资金。

缺陷是指建设工程质量不符合工程建设强制性标准、设计文件，以及承包合同的约定。

2. 缺陷责任期

缺陷责任期从工程通过竣（交）工验收之日起计。由于承包人原因导致工程无法按规定期限进行竣（交）工验收的，缺陷责任期从实际通过竣（交）工验收之日起计。由于发包人原因导致工程无法按规定期限进行竣（交）工验收的，在承包人提交竣（交）工验收报告90天后，工程自动进入缺陷责任期。

缺陷责任期一般为6个月、12个月或24个月，具体可由发、承包双方在合同中约定。

缺陷责任期内，由承包人原因造成的缺陷，承包人应负责维修，并承担鉴定及维修费用。如承包人不维修也不承担费用，发包人可按合同约定扣除保证金，并由承包人承担违约责任。承包人维修并承担相应费用后，不免除对工程的一般损失赔偿责任。由他人原因造成的缺陷，发包人负责组织维修，承包人不承担费用，且发包人不得从保证金中扣除费用。

3. 质量保证金的数额

发包人应当在招标文件中明确保证金预留、返还等内容，并与承包人在合同条款中对涉及保证金的下列事项进行约定。

（1）保证金预留、返还方式。

（2）保证金预留比例、期限。

（3）保证金是否计付利息，如计付利息、利息的计算方式。

（4）缺陷责任期的期限及计算方式。

（5）保证金预留、返还及工程维修质量、费用等争议的处理程序。

（6）缺陷责任期内出现缺陷的索赔方式。

建设工程竣工结算后，发包人应按照合同约定及时向承包人支付工程结算价款并预留保证金。

全部或者部分使用政府投资的建设项目，按工程价款结算总额5%左右的比例预留保证金。社会投资项目采用预留保证金方式的，预留保证金的比例可参照执行。

4. 质量保证金的返还

缺陷责任期内，承包人认真履行合同约定的责任，到期后，承包人向发包人申请返还保证金。

发包人在接到承包人返还保证金申请后，应于14日内会同承包人按照合同约定的内容进行核实。如无异议，发包人应当在核实后14日内将保证金返还给承包人，逾期支付的，从逾期之日起，按照同期银行贷款利率计付利息，并承担违约责任。发包人在接到承包人返还保证金申请后14日内不予答复，经催告后14日内仍不予答复，视同认可承包人的返还保证金申请。

 应用案例 7-5

【案例概况】

某工程，建设单位与甲施工单位签订了施工合同，与丙监理单位签订了监理合同。经建设单位同意，甲施工单位确定乙施工单位作为分包单位，并签订了分包合同。

施工过程中，甲施工单位的资金出现困难，无法按分包合同约定支付乙施工单位的工程进度款，乙施工单位向建设单位提出支付申请，建设单位同意申请，并向乙施工单位支付进度款。

专业监理工程师在巡视中发现，乙施工单位施工的在施部位存在质量隐患，专业监理工程师随即向甲施工单位签发了整改通知。甲施工单位回函称，建设单位已直接向乙施工单位支付了工程款，因而本单位对乙施工单位施工的工程质量不承担责任。

工程完工，甲施工单位向建设单位提交了竣工验收报告后，建设单位于2006年9月20日组织勘察、设计、施工、监理等单位竣工验收，工程竣工验收通过，各单位分别签署了工程质量《竣工验收鉴定证书》。建设单位于2007年3月办理了工程竣工备案。因使用需要，建设单位于2006年10月中旬，要求乙施工单位按其示意图在已竣工验收的地下车库承重墙上开车库大门，该工程于2006年11月底正式投入使用。2008年2月，该工程排水管道严重漏水，经丙监理单位实地检查，确认系新开车库门施工时破坏了承重结构所致。建设单位依工程还在保修期内，要求甲施工单位无偿修理。建设行政主管部门对责任单位进行了处罚。

【问题】

(1) 甲施工单位回函的说法是否正确？

(2) 工程竣工验收程序是否合适？

(3) 造成严重漏水，应该由哪个单位承担责任？

(4) 建设行政主管部门应该对哪个单位进行处罚？

【案例评析】

(1) 甲施工单位回函的说法不正确。

理由：《建设工程质量管理条例》第27条规定，总承包单位依法将建设工程分包给其他单位的，分包单位应当按照分包合同的约定对其分包工程的质量向总承包单位负责，总承包单位与分包单位对分包工程的质量承担连带责任。

因此，无论建设单位是否已向乙施工单位付款，分包单位按分包合同约定对其分包的工程质量向总承包单位负责。总承包单位对分包工程质量承担连带责任。甲施工单位回函的说法不正确。

(2) 工程竣工验收程序不合适。

正确的程序应该为：施工单位准备→监理单位总监组织初验→建设单位组织竣工验收。

(3) 造成严重漏水，应该由建设单位和乙施工单位承担责任。

理由：在承重结构上开门属于改变原设计，应经原设计单位同意并出具设计变更或变更图纸后，才可以施工。建设单位擅自做主，改变承重结构的原设计有过错；乙施工单位无设计方案，改变承重结构有过错。依据《建设工程质量管理条例》第15条规定，涉及建筑主体和承重结构变动的装修工程，建设单位应当在施工前委托原设计单位或者具有相应资质等级的设计单位提出设计方案；没有设计方案的，不得施工。

(4) 建设行政主管部门应该处罚建设单位和乙施工单位。

理由：建设单位未按时竣工验收备案，擅自改变承重结构；乙施工单位无设计方案施工。

7.8 建设工程质量奖励制度

为了鼓励建筑施工企业加强管理，搞好工程质量，争创一流工程，推动我国工程质量水平普遍提高，我国实行优秀工程奖励制度。其中，设立的国家级建筑奖项有：鲁班奖、詹天佑奖、梁思成奖、华夏建设科学技术奖、绿色建筑创新奖、全国建筑工程装饰奖、中国建筑工程钢结构奖、工程项目管理优秀奖等。同时，各省、市也设立了相应的建筑奖项，如北京市的"长城杯"、上海市的"白玉兰奖"、山西的"汾水杯"等。

1. 鲁班奖

"鲁班奖"原是1987年由中国建筑业联合会设立的，是行业性荣誉奖，属于民间性质，1996年7月根据建设部"两奖合一"的决定，将1981年政府设立并组织实施的"国家优质工程奖"与"建筑工程鲁班奖"合并，奖名定为"中国建筑工程鲁班奖"。主要目的是为了鼓励建筑施工企业加强管理，搞好工程质量，争创一流工程，推动我国工程质量水平普遍提高。目前，这项标志着中国建筑业工程质量的最高荣誉，由建设部、中国建筑业协会颁发。

鲁班奖有严格的评选办法和申报、评审程序，并有严格的评审纪律。工程由中国建筑施工企业自愿申报，经省、自治区、直辖市建筑业协会和国务院有关部门（总公司）建设协会择优推荐后进行评选。评选工作由中国建筑业协会组织实施，每年评选一次，获奖工程数额为80个。如国家体育场（鸟巢）、北京奥林匹克篮球馆、国家体育馆、首都国际机场三号航站楼、国家大剧院等工程荣获2008年鲁班奖。

2. 詹天佑奖

1999年设立的"詹天佑奖"全称为"中国土木工程詹天佑大奖"，是中国土木工程设立的最大奖项。该奖由中国土木工程学会、詹天佑土木工程科技发展基金会联合设立，其主要目的是为了推动土木工程建设领域的科技创新活动，促进土木工程建设的科技进步，进一步激励土木工程界的科技与创新意识。因此，该奖又被称为建筑业的"科技创新工程奖"。

3. 绿色建筑创新奖

"绿色建筑创新奖"由建设部设立，由建设部科学技术委员会负责实施，日常管理由建设部科学技术司负责，每两年评审一次。设立该奖的目的是，贯彻落实科学发展观，促进节约资源、保护环境和建设事业可持续发展，加快推进我国绿色建筑及其技术的健康发展。

"绿色建筑创新奖"分工程类项目奖和技术与产品类项目奖。工程类项目奖包括绿色建筑创新综合奖项目、智能建筑创新专项奖项目和节能建筑创新专项奖项目；技术与产品类项目奖是指应用于绿色建筑工程中具有重大创新、效果突出的新技术、新产品、新工艺。

"绿色建筑创新奖"是一个全新的奖项。它的设立，将推动更多建筑企业向公众提供健康、舒适、安全的居住、工作和活动的空间，同时实现节能、节地、节水、节材、环保的"四节一环保"目标，最终构建"人—建筑—自然"三者的和谐统一。

4. 工程项目管理优秀奖

工程项目管理优秀奖，是中国勘察设计协会和中国工程咨询协会，在工程咨询和勘察设计行业继续开展评定优秀工程项目管理和优秀工程总承包项目并进行评奖表彰活动，每两年开展一次。其设立目的是为了总结、推广工程项目管理和工程总承包先进经验，鼓励先进，扩大交流，促进中国建设项目管理与国际通行的管理模式接轨，推动中国工程项目管理和工程总承包向专业化、市场化、科学化方向发展。优秀工程项目管理项目设工程项目管理金奖、银奖、铜奖。工程项目管理优秀奖的获奖项目优秀工程总承包项目设工程总承包金钥匙奖、银钥匙奖、铜钥匙奖。

7.9   建筑企业质量体系认证制度

《建筑法》规定：国家对从事建筑活动的单位推行质量体系认证制度，从事建筑活动的单位根据自愿原则可以向国务院产品质量监督管理部门或其授权部门认可的认证机构申请企业质量体系认证。经认证合格的，由认证机构向该企业颁发企业质量体系认证证书。

7.9.1   企业质量体系认证

企业质量体系认证，是指由国家认可的认证机构，根据企业申请，依据认证标准，按照规定的程序，对企业的质量保证体系，包括企业的质量管理制度、企业的生产、技术条件等保证产品质量的诸因素进行全面的评审，对符合认证要求的，通过颁发认证证明书的形式，证明企业的质量保证能力符合相应标准的活动。

实践证明，建立企业内部质量运行体系，开展质量管理体系认证工作，对于提高建筑工程质量，增强企业综合竞争能力，具有重要的现实意义和积极的促进意义。

知 识 链 接

《产品质量法》规定如下。

国家根据国际通用的质量管理标准，推行企业质量体系认证制度。企业根据自愿原则可以向国务院产品质量监督管理部门认可的或者国务院产品质量监督部门授权的部门认可的认证机构申请企业质量体系认证。经认证合格的，由认证机构颁发企业质量体系认证证书。

国家参照国际先进的产品标准和技术要求，推行产品质量认证制度。企业根据自愿原则可以向国务院产品质量监督管理部门认可的或者国务院产品质量监督部门授权的部门认可的认证机构申请产品质量认证。经认证合格的，由认证机构颁发产品质量认证证书，准许企业在产品或者其包装上使用产品质量认证标志。

7.9.2   GB/T 19000 质量体系标准

ISO 9000 族标准是由国际标准化组织组织制定并颁布的国际标准，我国也发布了等同采用国际标准的 GB/T 19000《质量管理和质量保证》系列标准，由 5 个标准组成。这些标准，既可作为生产企业质量保证工作的依据，也是企业申请质量体系认证的认证标准。

如双方同意，它也可作为供需双方对产品质量的认证标准。

（1）GB/T 19000 - ISO 9000《质量管理和质量保证——选择和使用指南》。

（2）GB/T 19001 - ISO 9001《质量体系——设计/开发、生产、安装和服务的质量保证模式》。

（3）GB/T 19002 - ISO 9002《质量体系——生产和安装的质量保证模式》。

（4）GB/T 19003 - ISO 9003《质量体系——最终检验和试验的质量保证模式》。

（5）GB/T 19004 - ISO 9004《质量管理和质量体系要素——指南》。

GB/T 19000 - ISO 9000《质量管理和质量保证》系列标准是在总结国际成功经验的基础上，从质量管理的共性出发，阐述了质量管理工作的基本原则、基本规律和质量体系要素的基本构成，它适用于不同体制、不同行业的生产、服务企业开展质量管理工作，同样也适用于建筑业企事业单位的质量管理工作。

7.9.3 《工程建设施工企业质量管理规范》认证

1.《工程建设施工企业质量管理规范》简介

《工程建设施工企业质量管理规范》（GB/T 50430—2007）（以下简称《规范》）是 2007 年 10 月 23 日建设部和国家质量监督检验检疫总局联合发布的针对我国工程建设施工企业贯彻质量管理体系的国家标准。

建筑业企业通常进行的是《质量管理体系要求》（ISO 9001 标准）认证，2010 年 6 月 10 日，住房和城乡建设部与国家认监委联合发布了《关于在建筑施工领域质量管理体系认证中应用〈工程建设施工企业质量管理规范〉的公告》（2010 年第 21 号）。《公告》要求自 2010 年 11 月 1 日起，在中国境内对建筑施工企业实施质量管理体系认证时，应当依据《规范》和《质量管理体系要求》（ISO 9001 标准）开展认证审核工作。换言之，也就是明确要求：所有的建筑施工企业要按照《规范》和《质量管理体系要求》（ISO 9001 标准）的要求建立和保持管理体系，认证机构要按照"1+1"（ISO 9001+GB/T 50430）的模式来进行双标一体化认证审核活动，才能保持质量管理体系认证注册。

住房和城乡建设部与国家认监委首次在体系认证方面联合发文，体现了我国政府在加强行业监管、促进企业加强质量管理、推动经济可持续发展的决心和能力。同时，《规范》的实施为提高我国建筑施工企业质量管理水平，提升建筑工程质量，满足建筑施工领域质量管理工作专业化要求，增强企业的知名度和竞争力，提供了良好的契机。

2.《工程建设施工企业质量管理规范》的特点

《规范》作为工程建设施工企业质量管理的第一个国家标准，也是施工企业质量管理的第一个管理型规范，具有以下一些特点。

（1）《规范》的基本思想与 ISO 9000 系列标准保持一致，在内容上全面涵盖了 ISO 9001 标准的要求。

（2）《规范》在条文结构安排上充分体现了施工企业管理活动特点，突出了过程方法和 PDCA 思想。

（3）结合施工行业管理特点，《规范》在 ISO 9001 标准基础上又提出了诸多进一步的要求。

（4）《规范》本土化、行业化特点突出，语言简洁明了，便于企业贯彻实施。

（5）《规范》与我国施工行业现行管理模式保持一致，施工企业在贯彻时不仅不会增加负担，反而减少了由于企业对 ISO 9000 标准的误解产生的形式化操作，而减轻负担。

3.《工程建设施工企业质量管理规范》中要求的管理制度

《规范》中要求形成的管理制度有以下 16 个。

（1）质量目标管理制度。

（2）文件管理制度。

（3）记录管理制度。

（4）人力资源管理制度。

（5）员工绩效考核制度。

（6）施工机具管理制度。

（7）工程项目投标及工程承包合同管理制度。

（8）建筑材料、构配件和设备管理制度。

（9）分包管理制度。

（10）工程项目施工质量管理制度。

（11）施工质量检查制度。

（12）试验、检测管理制度。

（13）质量问题处理制度。

（14）质量事故责任追究制度。

（15）质量管理自查与评价制度。

（16）质量信息管理和质量管理改进制度。

本章小结

本章对建设工程质量管理作出了较详细的阐述，包括建设工程质量管理体系以及各项质量管理制度：建设工程质量责任制度、建设工程质量标准化制度、建设工程质量监督制度、建设工程质量检测制度、建设工程竣工验收制度、建设工程质量保修制度、建设工程质量奖励制度、建筑企业质量体系认证制度。

本章的教学目标是使学生强化工程质量责任意识，认识到只有加强对建设工程质量管理，保证工程质量，就是保护人民生命和财产安全。通过案例对工程质量责任进行了讲解。

习题

一、单项选择题

1. 根据《建设工程质量管理条例》，建设工程承包单位在向建设单位提交竣工验收报告时，应当向建设单位出具（　　）。

　　A. 质量保修书　　　　B. 质量保证书　　　　C. 质量维修书　　　　D. 质量保函

2. 根据《建设工程质量管理条例》，下列选项中（　　）不符合施工单位质量责任和义务的规定。

　　A. 施工单位应当在其资质等级许可的范围内承揽工程

　　B. 施工单位不得转包工程

　　C. 施工单位不得分包工程

　　D. 总承包单位与分包单位对分包工程的质量承担连带责任

3. 根据《建设工程质量管理条例》，（　　）应按照国家有关规定组织竣工验收，建设工程验收合格的，方可交付使用。

　　A. 建设单位　　　　B. 施工单位　　　　C. 监理单位　　　　D. 设计单位

4. 建设单位应当在工程竣工验收合格后的（　　）内到县级以上建设行政主管部门或者其他有关部门备案。

　　A. 15 日　　　　B. 30 日　　　　C. 45 日　　　　D. 60 日

5. 《建设工程质量管理条例》规定，在正常使用条件下，屋面防水工程、有防水要求的卫生间、房间和外墙面的防渗漏，最低保修期限为（　　）。

　　A. 1 年　　　　B. 2 年　　　　C. 5 年　　　　D. 设计年限

6. 根据《建设工程质量管理条例》规定，下列选项中（　　）不属于建设单位的质量责任和义务。

　　A. 建设单位应当将工程发包给具有相应资质等级的承包单位

　　B. 建设工程发包单位不得迫使承包方以低于成本的价格竞标

　　C. 施工图设计文件未经审查批准的，建设单位不得使用

　　D. 建设工程实行质量保修制度，建设单位应履行保修义务

7. 施工人员对涉及结构安全物试块，应当在（　　）监督下现场取样，并送具有相应资质等级的质量检测单位进行检测。

　　A. 建设单位　　　　　　　　　　　　B. 监理单位

　　C. 建设单位和监理单位　　　　　　　D. 建设单位或监理单位

8. 工程建设标准可以分为强制性标准和推荐性标准，这是根据（　　）划分的。

　　A. 约束性　　　　B. 内容　　　　C. 属性　　　　D. 级别

9. 下列关于建设工程质量保证金的说法，错误的是（　　）。

　　A. 全部或者部分使用政府投资的建设项目，按工程价款结算总额 5% 左右的比例预留保证金

　　B. 采用工程质量工程、工程质量保险等保证方式的，保证金的预留比例应降低

　　C. 发包人在接到承包人返还保证金申请后，应于 14 日内会同承包人按照合同约定的内容进行核实

　　D. 缺陷责任期可由发、承包双方在合同中约定

二、多项选择题

1. 我国工程建设标准的分级包括（　　）。

　　A. 国家标准　　　　B. 行业标准　　　　C. 地方标准

D. 地区标准　　　　E. 企业标准

2. 下面违反《建设工程质量管理条例》的有（　　）。

A. 施工单位转包工程

B. 建设单位将工程肢解发包

C. 设计单位为使用的特殊材料指定了生产厂家

D. 工程监理单位没有按照有关技术标准实施监理

E. 建设单位向施工单位提供的施工场地内的地下工程资料不准确

3.《建设工程质量管理条例》规定，关于建设单位的质量责任和义务的说法不正确的有（　　）。

A. 可将建设工程肢解发包　　　　B. 采购合格的建筑材料

C. 送审施工图的责任　　　　　　D. 提供的原始资料允许有偏差

E. 组织主体结构的验收

4. 设计单位在设计文件中选用的建筑材料、建筑构配件和设备，应当注明规格、型号和性能等技术指标，其质量要求必须符合国家规定的标准。设计单位可以指定（　　）。

A. 生产商　　　　　　　　　　　B. 供应商

C. 中介机构　　　　　　　　　　D. 有特殊要求的建筑材料

E. 有特殊要求的专用设备

5.《建设工程质量管理条例》规定，关于施工单位的质量责任和义务的说法正确的有（　　）。

A. 依法挂靠　　　　　　　　　　B. 依法转包

C. 依法分包　　　　　　　　　　D. 见证取样的责任

E. 按图施工的责任

三、简答题

1. 简述建设单位、施工单位、监理单位的质量责任和义务。

2. 简述工程质量保修书的内容。

3. 简述工程竣工验收的条件。

四、案例题

某工程于 2003 年 5 月开工，施工过程中业主方采购的 SBS 改性沥青防水卷材经施工单位检验后使用。2004 年 8 月 15 日工程竣工验收。2008 年 10 月业主发现屋面有渗漏，经鉴定屋面防水渗漏系防水卷材本身质量问题造成的，业主认为防水卷材已经过施工单位检验，因此对屋面防水渗漏的质量问题不承担责任，故业主要求施工单位进行维修。

【问题】业主的说法是否妥当？为什么？

[参考答案]

第8章

劳动与社会保险法规

⚙ 学习目标

　　通过学习，掌握劳动合同的规定，熟悉劳动争议的处理，了解劳动者依法应享有的社会保险。

⚙ 学习要求

能力目标	知识要点	权重
掌握劳动合同的基本概念和相关规定	劳动合同、劳动合同的订立、效力、履行和变更、解除和终止、特别规定	50%
熟悉劳动争议的处理	劳动仲裁、诉讼	30%
熟悉社会保险	养老、医疗、工伤、失业、生育保险	20%

导 入 案 例　1

赵某是某出租汽车公司的司机。2008 年，该公司与其签订了承包合同。合同规定：赵某每年向单位上交承包利润后，本人的病、伤、残、亡等企业均不负责。在一次交通事故中，赵某负伤致残。赵某和该公司发生了争议并起诉到劳动行政部门，要求解决其伤残保险待遇问题。

请思考：赵某的请求是否能得到支持？

8.1　劳动合同法规

8.1.1　劳动合同法概述

1. 劳动合同法

1）劳动合同法的概念

劳动合同法是调整劳动合同关系的法律规范的总称。制定劳动合同法的目的在于完善劳动合同制度，明确劳动合同双方当事人的权利和义务，保护劳动者的合法权益，构建和发展和谐、稳定的劳动关系。

劳动合同法有广义和狭义之分。狭义的劳动合同法指《中华人民共和国劳动合同法》（以下简称《劳动合同法》）。广义的劳动合同法，是指调整劳动合同关系的法律规范的总称，包括宪法中有关劳动事务的规定；全国人民代表大会及其常务委员会制定的《劳动法》和《劳动合同法》；国务院制定的《劳动合同法实施条例》等。

2）劳动合同法的适用范围

（1）劳动合同法的空间适用范围。《劳动合同法》适用于除香港、澳门特别行政区以及台湾以外的我国的全部领域。

（2）劳动合同法的对象适用范围。

① 我国境内的企业、个体经济组织、民办非企业单位等组织与劳动者建立劳动关系，订立、履行、变更、解除或者终止劳动合同，适用劳动合同法。

② 国家机关、事业单位、社会团体和与其建立劳动关系的劳动者，订立、履行、变更、解除或者终止劳动合同，依照劳动合同法执行。

③ 事业单位与实行聘用制的工作人员订立、履行、变更、解除或者终止劳动合同，法律、行政法规或者国务院另有规定的，依照其规定；未作规定的，依照劳动合同法有关规定执行。

（3）劳动合同法的时间效力。《劳动合同法》于 2007 年 6 月 29 日第十届全国人民代表大会常务委员会第二十八次会议通过，自 2008 年 1 月 1 日起施行；2012 年 12 月 28 日第十一届全国人民代表大会常务委员会第三十次会议对《劳动合同法》进行了修订，自 2013 年 7 月 1 日起施行。

2. 劳动合同

1）劳动合同的概念

劳动合同，是指劳动者与用人单位确立劳动关系，明确双方权利和义务的书面协议。

劳动合同是确立劳动关系的普遍性法律形式，是用人单位与劳动者履行劳动权利和义务的依据。

2）劳动合同的特征

与民事合同相比，劳动合同具有如下特征。

（1）劳动合同主体的特定性。劳动合同的主体是特定的，包括劳动者和用人单位。

（2）劳动合同形式的要式性。书面形式是劳动合同的法定形式。《劳动合同法》第10条第1款规定，建立劳动关系，应当订立书面劳动合同。第16条第1款还规定，劳动合同由用人单位与劳动者协商一致，并经用人单位与劳动者在劳动合同文本上签字或者盖章生效。这表明书面劳动合同是确定劳动关系的普遍法律形式，但对于事实劳动关系，我国法律也予以保护。

（3）劳动合同内容的法定性。劳动合同内容主要以劳动法律和法规为依据，且具有强制性规定。法律虽规定允许劳动者和用人单位协商订立劳动合同，但是协商的内容不得违反法律和行政法规，否则无效。

3）劳动合同的种类

根据《劳动合同法》第12条规定，劳动合同分为固定期限劳动合同、无固定期限劳动合同和以完成一定工作任务为期限的劳动合同。签订何种类型的劳动合同，用人单位与劳动者可以通过自由协商确定，但应遵守法律强制性规定。

（1）固定期限劳动合同。固定期限的劳动合同，是指用人单位与劳动者约定合同终止时间的劳动合同。用人单位与劳动者协商一致，可以订立固定期限劳动合同。双方约定的劳动合同期满，双方无续订劳动合同的意思表示，劳动合同即告终止。如果双方有续订劳动合同的意思表示，则可以续订。但劳动合同法对固定期限的劳动合同有订立次数的限制，连续订立两次固定期限劳动合同后续订的，劳动者提出要求签订无固定期限劳动合同的，用人单位应当按照法律规定签订无固定期限的劳动合同。固定期限的劳动合同在具备法定终止情形时，如劳动者丧失劳动能力，用人单位破产、解散，该固定期限劳动合同亦终止。

（2）无固定期限劳动合同。无固定期限劳动合同，是指用人单位与劳动者约定无确定终止时间的劳动合同。即双方当事人在合同书上只约定合同生效的起始日期，没有确定合同的终止日期。在不出现法律、法规规定的或当事人约定的变更、解除劳动合同的条件或法定终止情形时，无固定期限劳动合同可持续至劳动者法定退休年龄为止。无固定期限劳动合同在符合法律、法规规定的或双方约定的变更、解除条件或法定终止情形时，可以依法变更、解除和终止。法律规定无固定期限劳动合同的目的在于保护劳动者的"黄金年龄"，保护劳动者的职业稳定权，解决劳动合同的短期化问题。

用人单位与劳动者协商一致，可以订立无固定期限劳动合同。根据《劳动合同法》规定，有下列情形之一，劳动者提出或者同意续订、订立劳动合同的，除劳动者提出订立固定期限劳动合同外，应当订立无固定期限劳动合同。

① 劳动者在该用人单位连续工作满10年的。

② 用人单位初次实行劳动合同制度或者国有企业改制重新订立劳动合同时，劳动者在该用人单位连续工作满10年且距法定退休年龄不足10年的。

③ 连续订立两次固定期限劳动合同，且劳动者没有《劳动合同法》第39条规定的过

错性辞退和第40条第1项、第2项规定的非过错性辞退情形，续订劳动合同的。为了使劳动合同制度平稳过渡，劳动合同法规定连续订立固定期限劳动合同的次数，自劳动合同法施行后续订固定期限劳动合同时开始计算。

④ 用人单位自用工之日起满1年不与劳动者订立书面劳动合同的，视为用人单位与劳动者已订立无固定期限劳动合同。

知 识 链 接

无固定期限劳动合同会把工人养懒吗？

《劳动合同法》剥夺了企业解雇员工的自由？其实，欧美、日本在雇工制度上都不如中国"自由"。人家的竞争力哪里来的呢？

某全国政协委员在"两会"上提案，称《劳动合同法》为"大锅饭的劳动条例"，建议取消无固定期限劳动合同。其理由是，这个《劳动合同法》剥夺了企业解雇员工的自由，导致了干好干坏一个样的"大锅饭"主义，削弱了企业的竞争力。如果拿当年计划经济时代的经验来判断，此话没错；如果看看市场经济国家，情况则复杂得多。

从原则上讲，我主张比较灵活的劳动市场。但是，这种劳动市场必须建立在公正的博弈基础上。比如，工人有权自由组织工会，集体和资方讨价还价，并且能够参与国家和地方的各级选举，直接影响公共政策的形成（因为他们票数比资方多，多少弥补了缺乏资本的劣势，和资方形成权力的均衡）。如果这些条件具备，国家对雇工等方面的管制还是少一点为好。如果这些条件不具备，则国家出来保证员工的一些基本权益也不为过。

那么，这样的《劳动合同法》是否真是大锅饭，会把工人养懒了吗？我们知道，日本在战后经济高速增长中，一直维持终身雇佣的制度。在20世纪80年代，这一制度甚至被认为是日本企业成功的秘诀。诺贝尔经济学奖得主Robert Solow专门研究雇佣、工资和增长问题。他说，日本的终身雇佣制度，在整体上比美国灵活的雇工制度更有效率。因为在这种制度下，老板知道职工一辈子要给自己干，于是从职工一生的生产力着眼，不断对之进行培训。美国企业则对职工只使用不培训。这是日本工人素质高于美国工人的原因。其实观察一下那个时代的日本就知道，日本职工不仅不懒，而且超时工作、以厂为家，甚至出现"过劳死"的问题。

再看看欧洲的主要工业国家，政府对解雇工人有严格的限制，名义上没有终身雇佣，实际上也差不多。美国是雇工制度最灵活的国家，但各种法规也把企业管得很严，失业也有相当完备的救济制度。美国有句骂那些"负心汉"老板的话："他们炒了自己的妻子比解雇自己的秘书还容易！"也就是说，老板把办公室的秘书解雇，比打离婚还难。这话有些夸张，但多少反映了社会现实。可以说，主要的发达国家，在雇工制度上都不如中国这么"自由"。他们的竞争力哪里来的呢？

Robert Solow有句名言："从长时段看，那些有着强烈的、特殊的认同感的地方，比没有这样的认同的地方更容易繁荣……舒适生活（livability）不是中产阶级的奢侈品，而是经济之必需。"一个成功的企业，必须培养员工对企业的认同感；而这种认同感，也必须建立在企业对职工长期的甚至终身的承诺的基础上。这样，他们才能看到随着企业的成长而构筑自己舒适生活的希望。

（3）以完成一定工作任务为期限的劳动合同。以完成一定工作任务为期限的劳动合同，是指用人单位与劳动者约定以某项工作的完成为合同期限的劳动合同。当该项工作完成后，劳动合同即告终止。这种劳动合同没有明确合同有效时间的长短，而是将某项工作任务完成的时间作为劳动合同终止的时间，实际是固定期限劳动合同的转化。主要是便于用人单位根据工作性质、工作任务完成的状况，灵活确定劳动合同开始和结束的时间，具有较大的灵活性。

用人单位与劳动者协商一致，可以订立以完成一定工作任务为期限的劳动合同，其适用于建筑业和临时性、季节性的工作或者其他由于工作性质可以采取此种合同期限的工作。

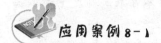

企业不订立合同应承担法律责任

【案例概况】

小李"托亲戚找朋友"好不容易进了一家公司工作，当时没有签订合同，进去后干的活很杂，工作岗位不固定，每个月领的工资也不一样。一年后，他多次与公司协商签订劳动合同，想把工作岗位、内容和工资等各方面固定下来，可公司总是以"我们需要的就是一个能干杂活的人"，"公司效益不固定，工资也不能固定"，"如果不想干就另谋高就"等理由予以推托。结果，他干了一年多，合同也没签成。后来公司换了个老板，一上任就把他辞退了。

【案例评析】

《劳动合同法》第82条规定，用人单位自用工之日起超过一个月不满一年未与劳动者订立书面劳动合同的，应当向劳动者每月支付两倍的工资。《劳动合同法》第14条第3款规定，用人单位自用工之日起满一年不与劳动者订立书面劳动合同的，视为用人单位与劳动者已订立无固定期限劳动合同。因此，依据《劳动合同法》的规定，小李的要求是合法合理的，而公司辞退他是违法的，因为公司实际上与他已经订立了无固定期限的劳动合同。

8.1.2 劳动合同的订立

1. 劳动合同订立的形式

《劳动合同法》第10条规定，建立劳动关系，应当订立书面劳动合同。同时要求劳动合同文本由用人单位和劳动者各执一份。

签订书面劳动合同是《劳动合同法》规定的用人单位应履行的强制性义务。如果不签订书面劳动合同，用人单位将承担相应的法律责任。用人单位自用工之日起即与劳动者建立劳动关系。已建立劳动关系，未同时订立书面劳动合同的，应当自用工之日起一个月内订立书面劳动合同。用人单位自用工之日起超过一个月不满一年未与劳动者订立书面劳动合同的，应当向劳动者每个月支付两倍的工资。用人单位未在用工的同时订立书面劳动合同，与劳动者约定的劳动报酬不明确的，新招用的劳动者的劳动报酬按照集体合同规定的标准执行；没有集体合同或者集体合同未规定的，实行同工同酬。

劳动合同的书面形式除劳动合同书外，还包括专项劳动协议、用人单位依法制定的劳动规章制度等劳动合同书的附件。用人单位应当依法建立和完善劳动规章制度，在制定、修改或者决定有关劳动报酬、工作时间、休息休假、劳动安全卫生、保险福利、职工培训、劳动纪律以及劳动定额管理等直接涉及劳动者切身利益的规章制度或者重大事项时，应当经职工代表大会或者全体职工讨论，提出方案和意见，与工会或者职工代表平等协商确定。在规章制度和重大事项决定实施过程中，工会或者职工认为不适当的，有权向用人单位提出，通过协商予以修改完善。用人单位应当将直接涉及劳动者切身利益的规章制度和重大事项决定公示，或者告知劳动者。

2. 劳动合同订立的原则

订立劳动合同时，应当遵循以下原则。

1) 合法原则

合法原则要求劳动合同必须依法订立，不得违反法律、行政法规的规定，不得违反国家强制性、禁止性的规定。劳动合同依法订立即具有法律效力，用人单位与劳动者应当履行劳动合同约定的义务。

合法原则首先要求订立劳动合同的主体合法，即劳动合同的当事人必须具备合法资格，劳动者应是年满16周岁、身体健康、具有劳动能力的中国公民，外国公民也可在我国就业，但其就业年龄必须满18周岁；用人单位应是依法成立或核准登记的企业、个体经济组织、民办非企业单位、国家机关、事业单位、社会团体，根据法律规定有使用和管理劳动者的权利。劳动合同的订立主体不合法，有可能导致劳动合同的全部无效，造成劳动无效的过错方根据法律规定要承担法律责任。

其次，劳动合同的内容要合法。劳动合同的内容必须符合国家法律和行政法规的规定。

最后，劳动合同订立的程序和形式要合法。劳动合同订立的程序必须符合法律规定，未经双方协商一致、强迫订立的劳动合同无效。劳动合同必须以书面形式订立。

2) 公平原则

公平原则要求劳动合同订立、履行、变更、解除或者终止时，应公平合理，利益均衡，不得使某一方的利益过于失衡。作为劳动合同双方当事人的用人单位和劳动者法律地位是平等的，法律面前一律平等，劳动关系的运行中不应有倾向性，但由于用人单位在组织、经济地位上与劳动者存在明显的优势地位，且双方信息不对称，劳动者往往在劳动关系运行中处于劣势。因此，劳动合同立法及执法有必要通过制度设计加强对劳动者利益的保护，消除双方当事人事实上的不平等，使劳动者与用人单位的利益均衡，以实现结果公平。

3) 平等自愿、协商一致原则

平等，是指在订立劳动合同过程中，双方当事人的法律地位平等，有双向选择权，不存在管理与服从的关系，任何一方不得凭借事实上的地位强迫对方接受不合理、不公平、不合法的条款；自愿，是指劳动合同的订立及其合同内容的达成，完全出于当事人自己的意志，是其真实意思的表示，任何一方不得将自己的意志强加于对方，也不允许第三人非法干预；协商一致，是指经过双方当事人充分协商，达成一致意见，签订劳动合同。

4) 诚实信用原则

诚实信用是指劳动合同的双方当事人订立、履行、变更、解除或者终止劳动合同过程中，应当讲究信用、诚实不欺，在追求自身合法权益的同时，以善意的方式履行义务，尊重对方当事人的利益和他人利益，不得损人利己。诚信原则要求劳动关系的双方当事人互

相尊重，用人单位尊重劳动者的人格，尊重劳动者的选择，平等待人；劳动者要有自我意识，克服心理失衡，自觉维护用人单位的形象和荣誉，双方真正建立一种和谐、互惠的关系，一种平等、信任的关系，在用人单位内部形成公平、公开、公正、有序的劳动秩序。

诚实信用原则的实施需要有相应的法律规定作保障，《劳动合同法》中规定的订立劳动合同时双方的知情权：用人单位招用劳动者时，应当如实告知劳动者工作内容、工作条件、工作地点、职业危害、安全生产状况、劳动报酬，以及劳动者要求了解的其他情况；用人单位有权了解劳动者与劳动合同直接相关的基本情况，劳动者应当如实说明。

知 识 链 接

《劳动合同法》第9条　用人单位招用劳动者，不得扣押劳动者的居民身份证和其他证件，不得要求劳动者提供担保或者以其他名义向劳动者收取财物。

3. 劳动合同的条款

劳动合同的条款，一般分为必备条款和可备条款。劳动合同的必备条款是法律规定劳动合同必须具备的条款，它是生效劳动合同所必须具备的条款。可备条款是劳动合同的约定条款，是除法定必备条款外劳动合同当事人可以协商约定、也可以不约定的条款。约定条款的缺少，并不影响劳动合同的成立。

特 别 提 示

向劳动者提供载明法律规定的必备条款的劳动合同文本是用人单位的法定义务，用人单位不履行这一义务将承担行政责任和赔偿责任。

1）必备条款

（1）用人单位的名称、住所和法定代表人或者主要负责人。

（2）劳动者的姓名、住址和居民身份证或者其他有效身份证件号码。

（3）劳动合同期限。

（4）工作内容和工作地点。

（5）工作时间和休息休假。

（6）劳动报酬。

（7）社会保险。

（8）劳动保护、劳动条件和职业危害防护。

（9）法律、法规规定应当纳入劳动合同的其他事项。

2）可备条款

可备条款一般包括试用期条款、培训条款、保守秘密条款、补充保险和福利待遇等其他事项条款。

（1）试用期条款。劳动合同的试用期是劳动者与用人单位为相互了解、选择而约定的考察期。试用期满，被试用者即成为正式职工。对劳动合同的试用期，《劳动合同法》作了如下规范。

① 试用期时间的限制。劳动合同期限3个月以上不满1年的，试用期不得超过1个月；劳动合同期限1年以上不满3年的，试用期不得超过2个月；3年以上固定期限和无

固定期限的劳动合同，试用期不得超过 6 个月。

② 限制试用期的约定次数。同一用人单位与同一劳动者只能约定一次试用期。

③ 规定不得约定试用期的情形。以完成一定工作任务为期限的劳动合同或者劳动合同期限不满 3 个月的，不得约定试用期。

④ 规定试用期不成立的情形。试用期包含在劳动合同期限内。劳动合同仅约定试用期的，试用期不成立，该期限为劳动合同期限。

⑤ 保障试用期内劳动者的劳动报酬权。劳动者在试用期的工资不得低于本单位相同岗位最低档工资或者劳动合同约定工资的 80%，并不得低于用人单位所在地的最低工资标准。

⑥ 用人单位不得滥用解雇权。在试用期中，除有证据证明劳动者不符合录用条件、劳动者有违规违纪违法行为、不能胜任工作等情形外，用人单位不得解除劳动合同。用人单位在试用期解除劳动合同的，应当向劳动者说明理由。

（2）保守商业秘密和与知识产权相关的保密事项条款。

● 知 识 链 接 ●●

商业秘密是指不为公众所知悉，能为权利人带来经济利益，具有实用性并经权利人采取保密措施的技术信息和经营信息。

用人单位与劳动者可以在劳动合同中约定保守用人单位的商业秘密和与知识产权相关的保密事项。约定保守商业秘密条款的目的在于保护用人单位的知识产权。双方当事人可以就商业秘密的范围、保密期限、保密措施、保密义务及违约责任和赔偿责任等进行约定。劳动者因违反约定保密事项给用人单位造成损失的，应承担赔偿责任。

（3）竞业限制条款。竞业限制条款是双方当事人在劳动合同中约定负有保密义务的劳动者在劳动关系存续期间或在解除、终止劳动关系后一定期限内不得自营或者为他人经营与原用人单位有竞争关系的业务。约定竞限制条款的目的在于防止不正当竞争。竞业限制的期限最长不得超过 2 年，用人单位在竞业限制期限内按月给予劳动者经济补偿。劳动者违反竞业限制约定的，应当按照约定向用人单位支付违约金。竞业限制的人员限于用人单位的高级管理人员、高级技术人员和其他负有保密义务的人员。竞业限制的范围、地域、期限由用人单位与劳动者约定，竞业限制的约定不得违反法律、法规的规定。

（4）服务期限协议。服务期，是指法律规定的因用人单位为劳动者提供专业技术培训，双方约定的劳动者为用人单位必须服务的期间。劳动关系实践中，用人单位经常通过服务期限协议，进行人力资源的合理调配，法律规定用人单位为劳动者提供专项培训费用，对其进行专业技术培训的，可以与该劳动者订立协议约定服务期，并约定劳动者违反服务期约定的，应当按照约定向用人单位支付违约金。同时要保障劳动者的劳动报酬权，用人单位与劳动者约定服务期的，不影响按照正常的工资调整机制提高劳动者在服务期期间的劳动报酬。

（5）违约金条款。违约金是用人单位与劳动者在劳动合同中约定的不履行或不完全履行劳动合同约定义务时，由违约方支付给对方的一定金额的货币。《劳动合同法》对违约金条款进行限制，规定只有在用人单位与劳动者约定服务期限、约定保守用人单位的商业秘密和与知识产权相关的保密事项、约定竞业限制条款时，才能与劳动者约定违约金，且对因劳动者违反服务期限协议而约定的违约金的数额不得超过用人单位提供的培训费用，用人单位要求劳动者支付的违约金不得超过服务期尚未履行部分所应分摊的培训费用。

4. 劳动合同的效力

1）劳动合同的生效

劳动合同由用人单位与劳动者协商一致，并经用人单位与劳动者在劳动合同文本上签字或者盖章生效。劳动合同依法成立，即具有法律效力，对双方当事人都有约束力，双方必须履行劳动合同中规定的义务。

2）劳动合同的无效

劳动合同的无效是指当事人违反法律、法规，订立的不具有法律效力的劳动合同。

劳动合同的无效有下列情形。

（1）以欺诈、胁迫的手段或者乘人之危，使对方在违背真实意思的情况下订立或者变更劳动合同的。

（2）用人单位免除自己的法定责任、排除劳动者权利的。

（3）违反法律、行政法规强制性规定的。

对劳动合同的无效或者部分无效有争议的，由劳动争议仲裁机构或者人民法院确认。劳动合同部分无效，不影响其他部分效力的，其他部分仍然有效。劳动合同被确认无效，劳动者已付出劳动的，用人单位应当向劳动者支付劳动报酬。劳动报酬的数额，参照本单位相同或者相近岗位劳动者的劳动报酬确定。

案例解析

《劳动合同法》第26条规定，用人单位免除自己的法定责任，排除劳动者权利的，属于劳动合同的无效或者部分无效。本章导入案例1中赵某与公司订立的劳动合同中规定的该出租汽车公司不负担赵某任何伤残待遇费的条款属于用人单位免除自己的法定责任，内容明显违法。因此，这一条款是无效的。

应用案例 8-2

【案例概况】

王某到某公司应聘填写录用人员情况登记表时，隐瞒了自己曾先后两次受行政、刑事处分的事实，与公司签订了3年期限的劳动合同。事隔3日，该公司收到当地检察院对王某不起诉决定书。经公司进一步调查得知，王某曾因在原单位盗窃电缆而受到过严重警告处分，之后又盗窃原单位苫布被查获，因王某认罪态度较好，故不起诉。该公司调查之后，以王某隐瞒受过处分，不符合本单位录用条件为由，在试用期内解除了与王某的劳动关系。

【案例评析】

《劳动合同法》第3条规定，订立劳动合同，应当遵循合法、公平、平等自愿、协商一致、诚实信用的原则。平等自愿的原则是指劳动者和用人单位在法律上处于平等的地位，且劳动合同订立的过程是完全出于当事人自己的意愿，而且是出于内心的真实意思表示。诚实信用原则是指在劳动合同订立的过程中，劳动者和用人单位必须诚实、善意地行使权利，不诈不欺，诚实守信。

本案中，王某在填写录用人员情况登记表时，隐瞒了自己曾先后两次受行政、刑事处分的事实，是一种不诚实，不善意的行为，违背了诚实信用原则。虽然签订合同是双方自愿的，但这种自愿是建立在虚假材料的基础上的，本质上是违背了平等自愿的原则。

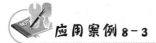 **应用案例 8-3**

上海：中国首例员工封杀令——游戏公司向离职员工索赔百万

【案例概况】

2006年8月30日，某电脑报及部分网站上刊登了上海某游戏公司对6位前雇员的"通缉令"，大致意思是该6名员工与公司存在竞业禁止协议，希望同行业企业不要雇佣此6人，以免引起纠纷(连带责任)，并公布了这6名离职员工的姓名、照片、身份证号码。

继"真人通缉令"之后，上海某游戏公司针对2006年离职的游戏开发团队的主要员工，又举起劳动索赔的大旗，在不同的区级、中级人民法院提起诉讼43起，其中个案的索赔金额达600万元。2007年5月22日下午，这一系列纠纷中的一案在卢湾区法院开庭审理。

此案的被告童某、赵某等5位，都曾为上海某游戏公司的网游核心开发人员，离职前，他们正在开发、完善两款网络游戏《真封神》和《如来神掌》。2006年7月左右，游戏开发团队的领军人物赖某，突然被公司开除，引发争议，童某等人随后提出辞职。该游戏公司2006年年底在卢湾区法院诉称，童某等5人提出离职后，未经公司许可，便拒绝到公司上班，也不肯向公司指定的工作人员交接工作。公司与一马来西亚公司签约的升级游戏项目被迫中断，公司前期投入的开发费用也付诸东流，所以，向每个被告索赔提前离职造成的经济损失200万元，并请求判令5人履行交接手续。

2007年3月，该游戏公司再次在卢湾区法院提起诉讼，要求5被告共同赔偿因未依法办理离职交接手续给原告造成的损失共计人民币574.4万元，美元5万元。该劳动争议案已被受理。庭上，游戏公司改变诉求，只依据《员工服务期协议》向5名被告索取16万元到30万元不等的违约金112万元，离职赔偿金并入3月份起诉的案件里。原告代理人表示，5名被告作为公司核心开发人员，都与公司签订了《员工服务期协议》，他们提前离职20个月，按规定，要付给公司月薪乘以20个月的违约金，这样算下来5人的违约金为16万元—30万元不等。5被告表示，2006年7月17日，他们提出离职后，并没有离开公司，而是等待办理相关手续，但后来由于人身安全受到威胁，他们从2007年8月5日起，不再到公司去。另外，被告代理律师表示，原告并没按照《员工服务期协议》给几位被告特殊待遇，所以，这些条款只是单方面约束员工，显失公平，是无效的。此前，劳动仲裁也认为双方所签的不是服务期协议。本案尚在审理中。

该游戏公司与离职员工间的诉讼案件已经达到了43起之多，其中13起为员工起诉公司，30起为公司起诉员工，员工起诉公司的13起中，已有7起结案，全部为员工胜诉；公司起诉员工的30起案件中，已撤诉一起，判决一起，判决的为员工胜诉。

【案例评析】

跳槽、离职是在任何行业都很普通的行为，业内主创人员离职甚至带着团队集体离职的事情也屡见不鲜，尽管干系重大，但像该游戏公司这样对离职人员发出"业界封杀令"并动用法

律手段追究责任的却是不多。"竞业限制"是否也需有合理边界？该游戏公司"封杀员工"一案对于司法实践中以及《劳动合同法》中关于"竞业限制"规定的探讨有重要参考意义。

按照《劳动合同法》规定，用人单位和劳动者签订保密协议，约定竞业限制条款的，应该约定在员工解除或者终止劳动合同后，在竞业限制期限内按月给予劳动者经济补偿。竞业限制协议应该是在双方自愿的情况下签署的，同时需要双方的共同遵守。若用人单位没有给劳动者竞业限制补偿金的，就不能要求劳动者履行竞业限制义务。另外，员工在离职时未做工作交接的，公司可以要求其承担赔偿责任，但是前提是公司必须有证据证明自己的经济损失。

用人单位积极寻求合法的手段维护自己的合法权益，是值得肯定的，但任何维权行为均应符合法律的规定，并应有合法有效的证据，同时，亦应注意管理的尺度问题。

8.1.3 劳动合同的履行和变更

导 入 案 例 2

某建筑企业强令建筑工人在没有安全保护设施的情况下施工，建筑工人当场予以拒绝。该建筑公司以工人不服从指挥、不履行劳动合同为由，认为工人违约，欲解除这些工人的劳动合同。

【问题】

建筑工人拒绝单位的违章指挥和强令冒险作业，能视为违约吗？

1. 劳动合同的履行

1）劳动合同履行的概念

劳动合同的履行是指劳动合同的双方当事人按照合同规定，履行各自应承担义务的行为。劳动合同依法订立即具有法律约束力，用人单位与劳动者应当按照劳动合同的约定，全面履行各自的义务。

2）劳动合同履行中用人单位的义务

（1）用人单位应当按照劳动合同约定和国家规定，及时向劳动者足额支付劳动报酬。

（2）用人单位应当严格执行劳动定额标准，不得强迫或者变相强迫劳动者加班。

（3）用人单位安排加班的，应当按照国家有关规定向劳动者支付加班费。

知 识 链 接 ··

《中华人民共和国劳动法》相关规定如下。

第41条 用人单位由于生产经营需要，经与工会和劳动者协商后可以延长工作时间，一般每日不得超过1小时；因特殊原因需要延长工作时间的，在保障劳动者身体健康的条件下延长工作时间每日不得超过3小时，但是每月不得超过36小时。

第42条 有下列情形之一的，延长工作时间不受本法第41条的限制。

（1）发生自然灾害、事故或者因其他原因，威胁劳动者生命健康和财产安全，需要紧急处理的。

（2）生产设备、交通运输线路、公共设施发生故障，影响生产和公众利益，必须及时抢修的。

（3）法律、行政法规规定的其他情形。

第44条 有下列情形之一的，用人单位应当按照下列标准支付高于劳动者正常工作时间工资的工资报酬。

（1）安排劳动者延长工作时间的，支付不低于工资150％的工资报酬。

（2）休息日安排劳动者工作又不能安排补休的，支付不低于工资200％的工资报酬。

（3）法定休假日安排劳动者工作的，支付不低于工资300％的工资报酬。

3）劳动合同履行中劳动者的权利

（1）用人单位拖欠或者未足额支付劳动报酬的，劳动者可以依法向当地人民法院申请支付令，人民法院应当依法发出支付令。

（特　别　提　示）

支付令是法院适用督促程序的一种方式。所谓督促程序，又称债务催偿程序，是指人民法院根据债权人的申请，向债务人发出支付令，催促债务人在法定期限内向债权人清偿债务的一种程序。督促程序是民事诉讼法中的一种非讼的特别程序。在现实生活中，有许多债务纠纷案件债权债务关系明确，当事人之间并不存在争议，对于此类案件，债权人可不通过通常的诉讼程序，直接向人民法院提出申请，以支付令的方式使债权人取得执行名义，以简便方式及时实现其债权。

（2）劳动者拒绝用人单位管理人员违章指挥、强令冒险作业的，不视为违反劳动合同。

案例解析

导入案例2分析如下。

《劳动合同法》第32条规定，劳动者拒绝用人单位管理人员违章指挥、强令冒险作业的，不视为违反劳动合同。劳动者对危害生命安全和身体健康的劳动条件，有权对用人单位提出批评、检举和控告。这赋予了劳动者在履行劳动合同中的拒绝权，这对保障劳动者的生命安全非常重要。

另外，《劳动法》规定，劳动者享有获得劳动安全卫生保护的权利。同时还规定，劳动者对用人单位管理人员违章指挥、强令冒险作业，有权拒绝执行；对危害生命安全和身体健康的行为，有权提出批评、检举和控告。因此，这些建筑工人的拒绝是在行使法律赋予劳动者的权利，不能视为劳动者的违约行为。

《安全生产法》中规定，从业人员有权拒绝违章指挥和强令冒险作业。生产经营单位不得因从业人员对本单位安全生产工作提出批评、检举、控告或者拒绝违章指挥、强令冒险作业而降低其工资、福利等待遇或者解除与其订立的劳动合同。

（3）劳动者对危害生命安全和身体健康的劳动条件，有权对用人单位提出批评、检举和控告。

4）用人单位某些事项变动对劳动合同履行的影响

用人单位变更名称、法定代表人、主要负责人或者投资人等事项，不影响劳动合同的履行；用人单位发生合并或者分立等情况，原劳动合同继续有效，劳动合同由承继其权利和义务的用人单位继续履行。

2. 劳动合同的变更

劳动合同的变更是指当事人双方对尚未履行或尚未完全履行的劳动合同，依照法律规定的条件和程序，对原劳动合同进行修改或增删的行为。

劳动合同变更应遵守平等自愿、协商一致的原则，不得违反法律、行政法规的规定。用人单位与劳动者协商一致，可以变更劳动合同约定的内容。变更劳动合同，应当采用书面形式。变更后的劳动合同文本由用人单位和劳动者各执一份。

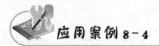

应用案例 8-4

不服调动被解职

【案例概况】

柯先生在南京一家电子设备公司从事销售业务，这些年来他的业绩在公司里一直名列前茅，可是去年单位的一纸调令让他感到无法理解。原来，单位声称要拓展外地业务，将柯先生调往河南担任销售负责人，并且每年给300万元的销售任务。"一起被派到其他省的还有几个同事，我们的共同特点是年纪大了。"柯先生说，"我是南京人，小孩也快高考了，这时让我到外地去开拓，心理上难以接受。而且根据公司的实力，到一个新地方一年销售300万，简直是不可能完成的任务。"由于对公司的通知不服，公司随即以不接受安排为由与他解除劳动合同。柯先生于是申请了劳动仲裁，最后将公司告上了法院。

【法院判决】

法院审理后认为，单位对员工的岗位作出调整，应事先与员工协商。而这家公司未与柯先生商量就擅自作出岗位的重大调整，并且当员工提出异议后直接解除合同，做法不妥。据此法院判决公司对柯先生进行赔偿。

【案例评析】

《劳动合同法》中明确规定，劳动合同的变更必须双方都同意，协商一致，也就是说，如果双方协商不一致，如劳动者不同意，就不能改变已经签订好的劳动合同。因此，单位要求员工变动岗位时，必须征得员工同意，否则单位的擅自变更无效。

8.1.4 劳动合同的解除和终止

1. 劳动合同的解除

劳动合同的解除是指劳动合同当事人在劳动合同期限届满之前依法提前终止劳动合同关系的行为。劳动合同的解除可分为协商解除、劳动者单方解除和用人单位单方解除等。

1）协商解除

经劳动合同当事人协商一致，劳动合同可以解除。

2）劳动者单方解除

具备法律规定的条件时，劳动者享有单方解除权，无须双方协商达成一致意见，也无须征得用人单位的同意。劳动者单方解除劳动合同有以下3种情况。

（1）预告解除。即劳动者履行预告程序后单方解除劳动合同。劳动者提前30日以书面形式通知用人单位，可以解除劳动合同。劳动者在试用期内提前3日通知用人单位，可以解除劳动合同。

（2）用人单位有违法、违约情形，劳动者有权单方解除劳动合同。用人单位有下列情形之一的，劳动者可以解除劳动合同。

① 未按照劳动合同约定提供劳动保护或者劳动条件的。

② 未及时足额支付劳动报酬的。

③ 未依法为劳动者缴纳社会保险费的。

④ 用人单位的规章制度违反法律、法规的规定，损害劳动者权益的。

⑤ 因用人单位以欺诈、胁迫的手段或者乘人之危，使劳动者在违背真实意思的情况下订立或者变更劳动合同而致使劳动合同无效的。

⑥ 法律、行政法规规定劳动者可以解除劳动合同的其他情形。

（3）立即解除。用人单位以暴力、威胁或者非法限制人身自由的手段强迫劳动者劳动的，或者用人单位违章指挥、强令冒险作业危及劳动者人身安全的，劳动者可以立即解除劳动合同，无须事先告知用人单位。

3）用人单位单方解除

具备法律规定的条件时，用人单位享有单方解除权，无须双方协商达成一致意见。用人单位单方解除劳动合同，应当事先将理由通知工会。用人单位违反法律、行政法规规定或者劳动合同约定的，工会有权要求用人单位纠正。用人单位应当研究工会的意见，并将处理结果书面通知工会。

用人单位单方解除劳动合同有以下3种情形。

（1）过错性解除。过错性解除，即劳动者有过错性情形时，用人单位有权单方解除劳动合同。《劳动合同法》对过错性解除的程序无严格的限制，且用人单位无须支付劳动者解除劳动合同的经济补偿金。根据《劳动合同法》第39条规定，劳动者有下列情形之一的，用人单位可以解除劳动合同。

① 在试用期间被证明不符合录用条件的。

② 严重违反用人单位的规章制度的。

③ 严重失职，营私舞弊，给用人单位造成重大损害的。

④ 劳动者同时与其他用人单位建立劳动关系，对完成本单位的工作任务造成严重影响，或者经用人单位提出，拒不改正的。

⑤ 因劳动者以欺诈、胁迫的手段或者乘人之危，使对方在违背真实意思的情况下订立或者变更劳动合同的情形致使劳动合同无效的。

⑥ 被依法追究刑事责任的。

（2）非过错性解除。非过错性解除，即劳动者本人无过错，但由于主客观原因致使劳动合同无法履行，用人单位在符合法律规定的情形下，履行法律规定的程序后有权单方解除劳动合同。根据《劳动合同法》第40条规定，适用于劳动者有下列情形之一的。

① 劳动者患病或者非因工负伤，在规定的医疗期满后不能从事原工作，也不能从事由用人单位另行安排的工作的。

医疗期是指劳动者根据其工龄等条件，依法可以享受的停工医疗并发给病假工资的期

间，也是禁止解除劳动合同的期间。根据我国劳动法规定，医疗期根据劳动者工作年限的长短确定为 3～24 个月。

② 劳动者不能胜任工作，经过培训或者调整工作岗位，仍不能胜任工作的。

③ 劳动合同订立时所依据的客观情况发生重大变化，致使劳动合同无法履行，经用人单位与劳动者协商，未能就变更劳动合同内容达成协议的。

对非过错性解除劳动合同，用人单位应提前 30 日以书面形式通知劳动者本人或者额外支付劳动者 1 个月工资后，可以解除劳动合同。用人单位还应承担支付经济补偿金的义务。

（3）裁员。裁员是指用人单位为降低劳动成本，改善经营管理，因经济或技术等原因裁减一定数量的劳动者。

《劳动合同法》第 41 条规定，有下列情形之一，需要裁减人员 20 人以上或者裁减不足 20 人但占企业职工总数 10% 以上的，用人单位提前 30 日向工会或者全体职工说明情况，听取工会或者职工的意见后，裁减人员方案经向劳动行政部门报告，可以裁减人员：

① 依照企业破产法规定进行重整的；

② 生产经营发生严重困难的；

③ 企业转产、重大技术革新或者经营方式调整，经变更劳动合同后，仍需裁减人员的；

④ 其他因劳动合同订立时所依据的客观经济情况发生重大变化，致使劳动合同无法履行的。

裁减人员时，应当优先留用下列人员：

① 与本单位订立较长期限的固定期限劳动合同的；

② 与本单位订立无固定期限劳动合同的；

③ 家庭无其他就业人员，有需要扶养的老人或者未成年人的。

用人单位依照规定裁减人员，在 6 个月内重新招用人员的，应当通知被裁减的人员，并在同等条件下优先招用被裁减的人员。用人单位应当依法向被裁减人员支付经济补偿金。

（4）不得解除劳动合同情形。为了保护劳动者的合法权益，防止用人单位滥用解除权，法律还规定了用人单位不得解除劳动合同的情形。

劳动者有下列情形之一的，用人单位不得依照《劳动合同法》第 40 条、第 41 条规定非过错性解除劳动合同或裁员：

① 从事接触职业病危害作业的劳动者未进行离岗前职业健康检查，或者疑似职业病病人在诊断或者医学观察期间的；

② 在本单位患职业病或者因工负伤并被确认丧失或者部分丧失劳动能力的；

③ 患病或者非因工负伤，在规定的医疗期内的；

④ 女职工在孕期、产期、哺乳期的；

⑤ 在本单位连续工作满 15 年，且距法定退休年龄不足 5 年的；

⑥ 法律、行政法规规定的其他情形。

应用案例 8-5

【案例概况】

史小姐供职于一家律师事务所,担任行政工作。2012 年底,史小姐发现自己怀孕了,刚开始史小姐不敢向事务所说明这个情况,后来随着肚子越来越大,再也无法隐瞒时,才向事务所主任说明了怀孕这个事实。主任得知后,较为恼火,第二天就让行政主管通知史小姐被辞退了。史小姐怎么也想不到是这个结果。在这种情况下,如何办才好?

【案例评析】

由于史小姐正在孕期,应当受到特别的保护。根据《劳动合同法》第 42 条第 4 项规定,女职工在孕期、产期、哺乳期的,用人单位不得依照本法第 40 条、第 41 条的规定解除劳动合同。同时,《妇女权益保障法》第 27 条规定,任何单位不得因结婚、怀孕、产假、哺乳等情形,降低女职工的工资,辞退女职工,单方解除劳动(聘用)合同或者服务协议。

因此,这家律师事务所以女职工怀孕为由进行辞退的做法,是一种严重的违法行为。所以,按照《劳动合同法》的规定,史小姐可以要求用人单位继续履行劳动合同。

2. 劳动合同的终止

劳动合同的终止,是指符合法律规定情形时,双方当事人的权利和义务不复存在,劳动合同的法律效力即行消灭。

有下列情形之一的,劳动合同终止。

(1) 劳动合同期满的。

(2) 劳动者开始依法享受基本养老保险待遇的。

(3) 劳动者死亡,或者被人民法院宣告死亡或者宣告失踪的。

(4) 用人单位被依法宣告破产的。

(5) 用人单位被吊销营业执照、责令关闭、撤销或者用人单位决定提前解散的。

(6) 法律、行政法规规定的其他情形。

《劳动合同法》对某些劳动者特殊保护,规定在劳动者有下列情形之一的,劳动合同到期不得终止,应当续延至相应的情形消失时终止。

(1) 从事接触职业病危害作业的劳动者未进行离岗前职业健康检查,或者疑似职业病病人在诊断或者医学观察期间的。

(2) 在本单位患职业病或者因工负伤并被确认丧失或者部分丧失劳动能力的。

(3) 患病或者非因工负伤,在规定的医疗期内的。

(4) 女职工在孕期、产期、哺乳期的。

(5) 在本单位连续工作满 15 年,且距法定退休年龄不足 5 年的。

(6) 法律、行政法规规定的其他情形。

在本单位患职业病或者因工负伤并被确认丧失或者部分丧失劳动能力劳动者的劳动合同的终止,按照国家有关工伤保险的规定执行。

3. 经济补偿金

经济补偿金是用人单位解除或终止劳动合同时,给予劳动者的一次性货币补偿。经济补偿金的目的在于从经济方面制约用人单位的解雇行为,对失去工作的劳动者给予经济上的补偿，并解决劳动合同短期化问题。

1）补偿标准

经济补偿按劳动者在本单位工作的年限，每满1年支付1个月工资的标准向劳动者支付。6个月以上不满1年的，按1年计算；不满6个月的，向劳动者支付半个月工资的经济补偿。

劳动者月工资高于用人单位所在直辖市、设区的市级人民政府公布的本地区上年度职工月平均工资3倍的，向其支付经济补偿的标准按职工月平均工资3倍的数额支付，向其支付经济补偿的年限最高不超过12年。

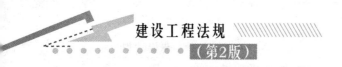

特 别 提 示

月工资是指劳动者在劳动合同解除或者终止前12个月的平均工资。

2）用人单位应当支付经济补偿金的法定情形

根据《劳动合同法》第46条规定，用人单位应当在下列情形下向劳动者支付经济补偿金。

（1）因用人单位违法、违约迫使劳动者依照《劳动合同法》第38条规定解除劳动合同的。

（2）用人单位依照《劳动合同法》第36条规定向劳动者提出解除劳动合同并与劳动者协商一致解除劳动合同的。

（3）用人单位依照《劳动合同法》第40条规定非过错解除劳动合同的。

（4）用人单位依照《劳动合同法》第41条第1款规定解除劳动合同的（即以裁员的方式解除劳动合同）。

（5）除用人单位维持或者提高劳动合同约定条件续订劳动合同，劳动者不同意续订的情形外，依照《劳动合同法》第44条第1项规定终止固定期限劳动合同的（即在劳动合同期满时，用人单位以低于原劳动合同约定的条件要求与劳动者续订劳动合同，而劳动者不同意续订）。

（6）依照《劳动合同法》第44条第4项、第5项规定终止劳动合同的（即用人单位因被依法宣告破产、被吊销营业执照、责令关闭、撤销或者用人单位决定提前解散而终止劳动合同）。

（7）法律、行政法规规定的其他情形。

8.1.5 特别规定

1. 集体合同

1）集体合同的概念

集体合同是企业职工一方与用人单位通过平等协商，就劳动报酬、工作时间、休息休假、劳动安全卫生、保险福利等事项订立的书面协议。集体合同是协调劳动关系、保护劳动者权益、建立现代企业管理制度的重要手段。劳动合同与集体合同的关系体现在以下几个方面。

（1）劳动合同规定的劳动者的个人劳动条件和劳动标准不得低于集体合同的规定，否则无效。《劳动合同法》第55条规定，集体合同中劳动报酬和劳动条件等标准不得低于当地人民政府规定的最低标准；用人单位与劳动者订立的劳动合同中劳动报酬和劳动条件等标准不得低于集体合同规定的标准。

（2）劳动合同约定不明时，适用集体合同的规定。《劳动合同法》第18条规定，劳动合同对劳动报酬和劳动条件等标准约定不明确，引发争议的，用人单位与劳动者可以重新协商；协商不成的，适用集体合同规定；没有集体合同或者集体合同未规定劳动报酬的，实行同工同酬；没有集体合同或者集体合同未规定劳动条件等标准的，适用国家有关规定。

（3）未订立书面劳动合同的，有集体合同则适用集体合同的规定。《劳动合同法》第11条规定，用人单位未在用工的同时订立书面劳动合同，与劳动者约定的劳动报酬不明确的，新招用的劳动者的劳动报酬按照集体合同规定的标准执行；没有集体合同或者集体合同未规定的，实行同工同酬。

2）集体合同的订立

集体合同由工会代表企业职工一方与用人单位订立；尚未建立工会的用人单位，由上级工会指导劳动者推举的代表与用人单位订立。企业职工一方与用人单位可以订立劳动安全卫生、女职工权益保护、工资调整机制等专项集体合同。在县级以下区域内，建筑业、采矿业和餐饮服务业等行业可以由工会与企业方面代表订立行业性集体合同，或者订立区域性集体合同。

3）集体合同的生效

集体合同订立后，应当报送劳动行政部门；劳动行政部门自收到集体合同文本之日起15日内未提出异议的，集体合同即行生效。依法订立的集体合同对用人单位和劳动者具有约束力。行业性、区域性集体合同对当地本行业、本区域的用人单位和劳动者具有约束力。

4）集体合同争议处理

用人单位违反集体合同，侵犯职工劳动权益的，工会可以依法要求用人单位承担责任；因履行集体合同发生争议，经协商解决不成的，工会可以依法申请仲裁或提起诉讼。

2. 劳务派遣

1）劳务派遣的概念

劳务派遣，是指劳务派遣单位与劳动者订立劳动合同后，由派遣单位与实际用工单位通过签订劳务派遣协议，将劳动者派遣到要派单位工作，要派单位实际使用劳动者，要派单位向劳务派遣单位支付管理费而形成的关系。修订后的《劳动合同法》针对劳务派遣中的突出问题进行了修改。其主要的立法目的就是控制劳务派遣的数量，防止冲击正常员工；同时维护职工权利，纠正同工不同酬的现象。

特 别 提 示

劳务派遣单位与劳动者建立劳动关系，劳动者却不为劳务派遣单位提供劳动，而是为要派单位提供劳动，但没有劳动关系，造成了劳动力的雇佣和使用分离。

劳动合同用工是我国的企业基本用工形式。劳务派遣用工是补充形式，只能在临时性、辅助性或者替代性的工作岗位上实施。用工单位应当严格控制劳务派遣用工数量，不

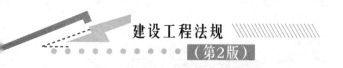

得超过其用工总量的一定比例，具体比例由国务院劳动行政部门规定。

临时性工作岗位是指存续时间不超过 6 个月的岗位；辅助性工作岗位是指为主营业务岗位提供服务的非主营业务岗位；替代性工作岗位是指用工单位的劳动者因脱产学习、休假等原因无法工作的一定期间内，可以由其他劳动者替代工作的岗位。

2）劳务派遣单位

经营劳务派遣业务应当具备下列条件：①注册资本不得少于人民币 200 万元；②有与开展业务相适应的固定的经营场所和设施；③有符合法律、行政法规规定的劳务派遣管理制度；④法律、行政法规规定的其他条件。经营劳务派遣业务，应当向劳动行政部门依法申请行政许可；经许可的，依法办理相应的公司登记。未经许可，任何单位和个人不得经营劳务派遣业务。

劳务派遣单位就是用人单位，应当履行用人单位对劳动者的义务，遵守法律规定，与被派遣劳动者订立书面劳动合同。其劳动合同应符合如下要求：劳务派遣单位应当与被派遣劳动者订立 2 年以上的固定期限劳动合同；在劳动合同中除应当载明劳动合同的必备条款外，还应当载明被派遣劳动者的用工单位以及派遣期限、工作岗位等情况；为保障被派遣劳动者的劳动报酬权，劳务派遣单位应按月支付劳动报酬；被派遣劳动者在无工作期间，劳务派遣单位应当按照所在地人民政府规定的最低工资标准，向其按月支付报酬；劳务派遣单位不得克扣用工单位按照劳务派遣协议支付给被派遣劳动者的劳动报酬；劳务派遣单位和用工单位不得向被派遣劳动者收取费用；劳务派遣单位跨地区派遣劳动者的，被派遣劳动者享有的劳动报酬和劳动条件，按照用工单位所在地的标准执行。

3）劳务派遣协议

劳务派遣协议是劳务派遣单位与实际用工单位就劳务派遣事项签订的书面协议。《劳动合同法》第 59 条规定，劳务派遣单位派遣劳动者应当与接受以劳务派遣形式用工的单位订立劳务派遣协议。劳务派遣协议应当约定派遣岗位和人员数量、派遣期限、劳动报酬和社会保险费的数额与支付方式以及违反协议的责任；用工单位应当根据工作岗位的实际需要与劳务派遣单位确定派遣期限，不得将连续用工期限分割订立数个短期劳务派遣协议。《劳动合同法》第 60 条第 1 款规定，劳务派遣单位应当将劳务派遣协议的内容告知被派遣劳动者。

4）用人单位的义务

《劳动合同法》虽未规定在劳务派遣关系中实际用工单位是劳动法意义上的用人单位，但从以下几个方面强化劳务派遣中实际用工单位的义务。

（1）执行国家劳动标准，提供相应的劳动条件和劳动保护。

（2）告知被派遣劳动者的工作要求和劳动报酬。

（3）支付加班费、绩效奖金，提供与工作岗位相关的福利待遇。

（4）对在岗被派遣劳动者进行工作岗位所必需的培训。

（5）连续用工的，实行正常的工资调整机制。

（6）不得将被派遣劳动者再派遣到其他用人单位。

（7）用人单位不得设立劳务派遣单位向本单位或者所属单位派遣劳动者。

应用案例 8-6

拒付加班费

【案例概况】

刘某是广州一家劳务派遣公司员工，双方签订了劳动合同，其中约定在合同期内，刘某被派遣至广州某保洁公司当保洁员，工资为每月1 200元。上班后，刘某被安排早中晚各打扫卫生一次，每次3小时。3个月后，刘某发现其他保洁员都有加班工资，唯独她没有，于是多次与保洁公司交涉，但该公司认为其与公司没有劳动关系，所以不予支付加班费。最后刘某唯有通过劳动仲裁来解决。

【案例评析】

根据《劳动合同法》中关于用工单位义务的规定，支付加班费、绩效奖金，提供与工作岗位相关的福利待遇是用工单位的一项法定义务。

5）被派遣劳动者的权利

被派遣劳动者享有与用工单位的劳动者同工同酬的权利。用工单位应当按照同工同酬原则，对被派遣劳动者与本单位同类岗位的劳动者实行相同的劳动报酬分配办法。用工单位无同类岗位劳动者的，参照用工单位所在地相同或者相近岗位劳动者的劳动报酬确定。劳务派遣单位与被派遣劳动者订立的劳动合同和与用工单位订立的劳务派遣协议，载明或者约定的向被派遣劳动者支付的劳动报酬应当符合前款规定。

被派遣劳动者有权在劳务派遣单位或者用工单位依法参加或者组织工会，维护自身的合法权益。

被派遣劳动者可以依照《劳动合同法》与用人单位协商一致解除劳动合同，在用人单位有违法、违约情形时，有权与劳务派遣单位解除劳动合同。

6）损害责任的承担

用工单位给被派遣劳动者造成损害的，劳务派遣单位与用工单位承担连带赔偿责任。

应用案例 8-7

派遣服务时意外受伤，两家单位负连带责任

【案例概况】

苏阿姨是某家政公司的员工，受公司指派到某私营企业做保洁服务。在擦窗户玻璃时，她一不小心从办公室的窗台上跌倒在地板上，导致手部骨折。该企业老板及时将她送到医院治疗，但拒绝支付医疗费。苏阿姨找家政公司要医疗费，不料公司老板却说："你是为那家企业打扫卫生时受的伤，可以找他们索赔。"而该企业老板却认为自己已经支付了保洁费，且已及时将苏阿姨送到了医院，"可以说是仁至义尽了"。两单位对于医疗费互相踢皮球，都表示不予支付。

【案例评析】

在《劳动合同法》颁布以前，这种情况是这样处理的，根据《民法通则》第43条规定，

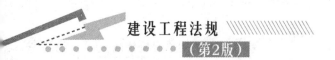
企业法人对他的法定代表人或其他工作人员的经营活动承担民事责任。苏阿姨是受家政公司的指派从事保洁工作的，是为家政公司履行义务。她受伤也是在为家政公司履行义务过程中发生的，因此责任应由家政公司来承担。

但是《劳动合同法》第92条对此有了新规定，在劳务派遣单位派遣过程中，如果给被派遣劳动者造成损害的，劳务派遣单位与用工单位承担连带赔偿责任。因此，依据《劳动合同法》的规定，苏阿姨的医疗费既可以向家政公司要，也可以向私营企业要，两家单位都有赔付的义务。

3. 非全日制用工

非全日制用工，是指以小时计酬为主，劳动者在同一用人单位一般平均每日工作时间不超过4小时，每周工作时间累计不超过24小时的用工形式。

非全日制用工是灵活用工的一种形式，非全日制用工可以不订立书面劳动合同，双方当事人可以订立口头协议；从事非全日制用工的劳动者可以与一个或者一个以上用人单位订立劳动合同；但是，后订立的劳动合同不得影响先订立的劳动合同的履行。非全日制用工双方当事人任何一方都可以随时通知对方终止用工。终止用工，用人单位不向劳动者支付经济补偿。

为保障非全日制用工劳动者的劳动权利，《劳动合同法》规定，非全日制用工双方当事人不得约定试用期；非全日制用工小时计酬标准不得低于用人单位所在地人民政府规定的最低小时工资标准；非全日制用工劳动报酬结算支付周期最长不得超过15日。

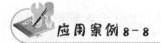

应用案例 8-8

飞行员辞职被索 1 500 万元，获判"零赔付"解约

【案例概况】

某航空有限责任公司的两名飞行员提出辞职后，遭到航空公司共计 1 500 余万元的索赔。顺义区劳动争议仲裁委员会裁决双方解除合同，两名飞行员不用支付一分钱。据悉，对于辞职飞行员的"零赔付"裁决，在全国还是首例。

飞行员王某和郭某都是空军的转业军人，在某航空公司已工作六七年，职务均为正驾驶。2008年2月，两人以不满公司没有将他们十多年的军龄算入工龄中、多次为他们安排超时飞行任务和无故克扣飞行安全奖等为由，向公司提出辞职。遭到公司拒绝后，两人向顺义区仲裁委员会申请仲裁，请求裁定解除劳动合同、航空公司移交两人的飞行档案和执照、补发飞行安全奖、工龄工资和经济补偿金。

开庭时，该航空公司的代理人拒绝接受两名飞行员的辞职要求，否认公司为他们超时安排飞行任务。并当庭提出反诉，分别向他们索赔违约金和补偿费800余万元和700余万元。新华航空的理由是，两人签订的都是无固定期限合同，应一直供职到退休年龄，提前辞职给公司造成了巨大的经济损失，因此要求他们赔偿各种培训费用、管理费用及突然离职的空职成本。对此，两名飞行员表示，他们在转业前就已是空军的成熟飞行员，航空公司并没有为他们花费巨额的培训费用。顺义区仲裁委员会经过审理后裁决，王某和郭某与航空公司解除劳动合同；航空公司自解除劳动合同之日起15日内为两人办理档案转移手续。仲裁费由该航空公司承担2/3。不过，两人要求补发工资损失等的依据不足，仲裁委不支持。

【案例评析】

关于解除合同：依据《劳动合同法》的规定，劳动者提前 30 日以书面形式通知用人单位解除劳动合同，无须征得用人单位同意。郭某和王某提出解除劳动合同 30 日后，航空公司应为他们办理档案和社会保险转移手续。

关于巨额违约金：双方在合同中对于违约金的约定，与《劳动合同法》中"用人单位不得与劳动者约定由劳动者承担违约金"的规定相悖，因此，该诉求不能支持。

关于培训补偿费：因航空公司没有在规定的期限内提交对两名飞行员安排培训的证据原件、培训费明细等，因此，这些请求也不支持。

"零赔付"案例判决将有利于缓解"返航门"。

两名飞行员的代理律师认为，郭某和王某辞职案的仲裁结果，开我国飞行员辞职仲裁案"零赔付"的先河，为中国的飞行员依法维护自己的合法权益树立了成功的案例，对于缓解愈演愈烈的飞行员"辞职门""返航门""罢飞"等过激行为起到了积极的作用，有利于辞职飞行员对于依法途径解决纠纷树立信心。

8.2　劳动争议的处理

导 入 案 例 3

王某不服公司与他解除劳动合同的决定，双方协商不成，遂向当地劳动争议仲裁委员会申请仲裁。在申请仲裁过程中，王某发现当地劳动争议仲裁委员会的人与单位领导很熟，在仲裁过程中定会偏袒公司，于是决定放弃仲裁请求，向人民法院提起诉讼，要求公司撤销解除劳动合同的决定。法院会受理王某的起诉吗？

8.2.1　劳动争议

劳动争议，又称劳动纠纷，是指劳动关系当事人（用人单位与劳动者）之间关于劳动权利和义务的争议。适用《劳动争议调解仲裁法》的劳动争议包括以下几点：

（1）因确认劳动关系发生的争议；

（2）因订立、履行、变更、解除和终止劳动合同发生的争议；

（3）因除名、辞退和辞职、离职发生的争议；

（4）因工作时间、休息休假、社会保险、福利、培训以及劳动保护发生的争议；

（5）因劳动报酬、工伤医疗费、经济补偿或者赔偿金等发生的争议；

（6）法律、法规规定的其他劳动争议。

8.2.2　劳动争议的处理方式

根据《劳动争议调解仲裁法》第 4 条、第 5 条规定，发生劳动争议，劳动者可以与用人单位协商，也可以请工会或者第三方共同与用人单位协商，达成和解协议。发生劳动争议，当事人不愿协商、协商不成或者达成和解协议后不履行的，可以向调解组织申请调解；不愿调解、调解不成或者达成调解协议后不履行的，可以向劳动争议仲裁委员会申请仲裁；对仲裁裁决不服的，除法律另有规定的外，可以向人民法院提起诉讼。由此可见，我国劳动争议的解决途径有协商、调解、仲裁和诉讼。

1. 协商

协商，是指当事人各方在自愿、互谅的基础上，按照法律规定，通过摆事实讲道理解决纠纷的一种方法。劳动者可以与用人单位协商，也可以请工会或者第三方共同与用人单位协商。协商解决劳动争议是一种简便易行、最有效、最经济的方法，能及时解决争议，消除分歧，提高办事效率，节省费用，也有利于双方的团结和相互的协作关系。

协商解决纠纷应在平等、自愿、合法的原则下进行，经协商达成的和解协议不具备强制执行力。

2. 调解

通过调解解决劳动争议，有利于把争议及时解决在基层，最大限度地降低当事人双方的对抗性，节约仲裁资源和诉讼资源。为了充分发挥调解的作用，《劳动争议调解仲裁法》不仅规定在仲裁程序中，仲裁庭作出裁决前应当先行调解，而且单列一章专门规定调解程序，突出了调解的作用，意在引导当事人双方更多地通过调解解决劳动争议。

1）调解组织

发生劳动争议，当事人可以到下列调解组织申请调解：企业劳动争议调解委员会；依法设立的基层人民调解组织；在乡镇、街道设立的具有劳动争议调解职能的组织。

企业劳动争议调解委员会由职工代表和企业代表组成。职工代表由工会成员担任或者由全体职工推举产生，企业代表由企业负责人指定。企业劳动争议调解委员会主任由工会成员或者双方推举的人员担任。

劳动争议调解组织的调解员应当由公道正派、联系群众、热心调解工作，并具有一定法律知识、政策水平和文化水平的成年公民担任。

2）调解程序

当事人申请劳动争议调解可以书面申请，也可以口头申请。口头申请的，调解组织应当当场记录申请人基本情况、申请调解的争议事项、理由和时间。调解劳动争议，应当充分听取双方当事人对事实和理由的陈述，耐心疏导，帮助其达成协议。

3）调解协议

经调解达成协议的，应当制作调解协议书。调解协议书由双方当事人签名或者盖章，经调解员签名并加盖调解组织印章后生效，对双方当事人具有约束力，当事人应当履行。自劳动争议调解组织收到调解申请之日起15日内未达成调解协议的，当事人可以依法申请仲裁。

达成调解协议后，一方当事人在协议约定期限内不履行调解协议的，另一方当事人可以依法申请仲裁。

4）申请支付令

因支付拖欠劳动报酬、工伤医疗费、经济补偿或者赔偿金事项达成调解协议，用人单位在协议约定期限内不履行的，劳动者可以持调解协议书依法向人民法院申请支付令。人民法院应当依法发出支付令。

3. 劳动争议仲裁

1）劳动争议仲裁的特点

劳动仲裁不同于仲裁法规定的一般经济纠纷的仲裁，其不同点在于以下几点。

（1）申请程序不同。一般经济纠纷的仲裁，要求双方当事人在事先或事后达成仲裁协议，然后才能据此向仲裁机构提出仲裁申请；而劳动争议的仲裁，则不要求当事人事先或事后达成仲裁协议，只要当事人一方提出申请，有关的仲裁机构即可受理。

（2）仲裁机构设置不同。《仲裁法》规定的仲裁机构，主要在直辖市、省会城市及根据需要在其他设区的市设立；而劳动争议仲裁机构的设置，主要是在省、自治区的市、县设立，或者直辖市的区、县设立。

（3）裁决的效力不同。《仲裁法》规定一般经济纠纷的仲裁实行一裁终局制度，即仲裁裁决作出后，当事人就同一纠纷再申请仲裁或者向人民法院起诉的，仲裁委员会或者人民法院不予受理；而当事人对劳动争议仲裁裁决不服的，除《劳动争议调解仲裁法》规定的几类特殊劳动争议外，可以向人民法院起诉。由此可见，劳动争议的裁决一般不是终局的，法律规定仲裁这一程序，主要是考虑到这类纠纷的处理专业性较强，由一些熟悉这方面业务的人员来处理效果比较好，有利于快速、高效地解决纠纷，同时也在一定程度上减轻了法院的诉讼压力，节约了审判资源。

与诉讼相比，劳动仲裁法律制度具有一定的优越性，包括以下几点。

（1）快捷性。用仲裁的方法解决争议，程序简便，时间比较短。劳动争议需要快速处理，当事人一般都不愿意在纠纷处理上花费很长时间和很多精力，仲裁正好适应了这一要求。

（2）专业性。参加仲裁的仲裁员是来自劳动和法律方面的专家，具有处理劳动争议的丰富经验，有利于提高仲裁办案质量。但是，仲裁裁决书发生法律效力后，当事人不履行仲裁裁决的，仲裁机构不能强制执行，只能由当事人申请人民法院强制执行。

（3）经济性。为了减轻申请劳动争议仲裁的劳动者的经济负担，规定劳动争议仲裁不收费，劳动争议仲裁委员会的经费由财政予以保障。

2）劳动争议仲裁委员会与仲裁员

（1）劳动争议仲裁委员会。

① 劳动争议仲裁委员会的设立。劳动争议仲裁委员会是依法成立的，通过仲裁方式处理劳动争议的专门机构，它独立行使劳动争议仲裁权。劳动争议仲裁委员会按照统筹规划、合理布局和适应实际需要的原则设立。省、自治区人民政府可以决定在市、县设立；直辖市人民政府可以决定在区、县设立。直辖市、设区的市也可以设立一个或者若干个劳动争议仲裁委员会。劳动争议仲裁委员会不按行政区划层层设立。

② 劳动争议仲裁委员会的组成。劳动争议仲裁委员会由劳动行政部门代表、工会代表和企业方面代表组成。劳动争议仲裁委员会组成人员应当是单数。

③ 劳动争议仲裁委员会的职责。劳动争议仲裁委员会依法履行下列职责：聘任、解聘专职或者兼职仲裁员；受理劳动争议案件；讨论重大或者疑难的劳动争议案件；对仲裁活动进行监督。劳动争议仲裁委员会下设办事机构，负责办理劳动争议仲裁委员会的日常工作。

劳动争议仲裁委员会负责管辖本区域内发生的劳动争议。劳动争议由劳动合同履行地或者用人单位所在地的劳动争议仲裁委员会管辖。双方当事人分别向劳动合同履行地和用人单位所在地的劳动争议仲裁委员会申请仲裁的，由劳动合同履行地的劳动争议仲裁委员会管辖。

（2）仲裁员。

① 仲裁员的条件。劳动争议仲裁委员会应当设仲裁员名册。仲裁员应当公道正派并符合下列条件之一：曾任审判员的；从事法律研究、教学工作并具有中级以上职称的；具有法律知识、从事人力资源管理或者工会等专业工作满5年的；律师执业满3年的。

② 仲裁员的回避。仲裁员有下列情形之一，应当回避，当事人也有权以口头或者书面方式提出回避申请：是本案当事人或者当事人、代理人的近亲属的；与本案有利害关系的；与本案当事人、代理人有其他关系，可能影响公正裁决的；私自会见当事人、代理人，或者接受当事人、代理人的请客送礼的。

3）劳动争议仲裁的管辖

劳动争议仲裁委员会负责管辖本区域内发生的劳动争议。劳动争议由劳动合同履行地或者用人单位所在地的劳动争议仲裁委员会管辖。双方当事人分别向劳动合同履行地和用人单位所在地的劳动争议仲裁委员会申请仲裁的，由劳动合同履行地的劳动争议仲裁委员会管辖。

4）劳动争议仲裁的程序

（1）申请和受理。劳动争议申请仲裁的时效期间为1年。仲裁时效期间从当事人知道或者应当知道其权利被侵害之日起计算。仲裁时效，因当事人一方向对方当事人主张权利，或者向有关部门请求权利救济，或者对方当事人同意履行义务而中断。从中断时起，仲裁时效期间重新计算。因不可抗力或者有其他正当理由，当事人不能在上述规定的仲裁时效期间申请仲裁的，仲裁时效中止。从中止时效的原因消除之日起，仲裁时效期间继续计算。

劳动关系存续期间因拖欠劳动报酬发生争议的，劳动者申请仲裁不受前款规定的仲裁时效期间的限制；但是，劳动关系终止的，应当自劳动关系终止之日起1年内提出。

应用案例 8-9

劳动仲裁有时效，过期仲裁被驳回

农某离开工作单位9年后，以原单位违法劳动合同法为由，向劳动争议仲裁委员会申请仲裁，仲裁委员会作出超过仲裁时效驳回申请的决定后，农某向法院提起诉讼。日前，经过审理，广西壮族自治区崇左市江州区人民法院法院依法驳回其诉讼请求。

太平镇的农某于2003年11月6日应聘到崇左某糖业公司从事司磅员工作，属该公司招用的2003—2004年度榨季季节工，双方当时未签订劳动合同。榨季结束后，公司认为双方约定的劳动合同终止条件出现，并于2004年4月16日口头通知农某：由于本榨季生产已经结束，不用再到公司上班了。农某自次日起也不再到岗。

2012年3月26日，农某向崇左市劳动人事争议仲裁委员会申请仲裁。农某提出，糖业公司聘用其工作，虽然没有签订劳动合同，但双方已经形成事实上的劳动关系。公司口头辞退自己，既未说明理由，也未办理任何书面解聘手续，又不给予相应的经济补偿金，违反了相关劳动法律法规的规定，侵害了自己的合法权益。请求裁决崇左某糖业公司恢复与自己的劳动关系，支付自2004年5月至2012年3月的工资54 000元，未签订劳动合同的经济赔偿金38 000元，并补缴社会保险费。2012年5月24日，仲裁委员以超过仲裁时效为由，驳回农某的仲裁请求，农某向法院起诉。

法院经过审理认为，自被告崇左某糖业有限公司于 2004 年 4 月 17 日与原告终止劳动关系后，双方的劳动争议即已发生，原告至 2012 年 3 月 26 日才向仲裁委员会提出仲裁申请。根据《劳动争议调解仲裁法》第 27 条，劳动争议申请仲裁的时效期间为一年，仲裁时效期间从当事人知道或者应当知道其权利被侵害之日起计算。原告的仲裁申请，已超过了申请仲裁的期限。据此，法院判决驳回原告的诉讼请求。

申请人申请仲裁应当提交书面仲裁申请，并按照被申请人人数提交副本。书写仲裁申请确有困难的，可以口头申请，由劳动争议仲裁委员会记入笔录，并告知对方当事人。

劳动争议仲裁委员会收到仲裁申请之日起 5 日内，认为符合受理条件的，应当受理，并通知申请人；认为不符合受理条件的，应当书面通知申请人不予受理，并说明理由。对劳动争议仲裁委员会不予受理或者逾期未作出决定的，申请人可以就该劳动争议事项向人民法院提起诉讼。

劳动争议仲裁委员会受理仲裁申请后，应当在 5 日内将仲裁申请书副本送达被申请人。被申请人收到仲裁申请书副本后，应当在 10 日内向劳动争议仲裁委员会提交答辩书。劳动争议仲裁委员会收到答辩书后，应当在 5 日内将答辩书副本送达申请人。被申请人未提交答辩书的，不影响仲裁程序的进行。

（2）开庭和裁决。劳动争议仲裁委员会裁决劳动争议案件实行仲裁庭制。仲裁庭由 3 名仲裁员组成，设首席仲裁员。简单劳动争议案件可以由 1 名仲裁员独任仲裁。

当事人申请劳动争议仲裁后，可以自行和解。达成和解协议的，可以撤回仲裁申请。

仲裁庭在作出裁决前，应当先行调解。调解达成协议的，仲裁庭应当制作调解书。调解书应当写明仲裁请求和当事人协议的结果。调解书由仲裁员签名，加盖劳动争议仲裁委员会印章，送达双方当事人。调解书经双方当事人签收后，发生法律效力。调解不成或者调解书送达前，一方当事人反悔的，仲裁庭应当及时作出裁决。

仲裁庭裁决劳动争议案件，应当自劳动争议仲裁委员会受理仲裁申请之日起 45 日内结束。案情复杂需要延期的，经劳动争议仲裁委员会主任批准，可以延期并书面通知当事人，但是延长期限不得超过 15 日。逾期未作出仲裁裁决的，当事人可以就该劳动争议事项向人民法院提起诉讼。仲裁庭裁决劳动争议案件时，其中一部分事实已经清楚，可以就该部分先行裁决。

仲裁庭对追索劳动报酬、工伤医疗费、经济补偿或者赔偿金的案件，根据当事人的申请，可以裁决先予执行，移送人民法院执行。仲裁庭裁决先予执行的，应当符合下列条件：当事人之间权利义务关系明确；不先予执行将严重影响申请人的生活。劳动者申请先予执行的，可以不提供担保。

5）劳动争议仲裁体制

（1）一裁终局制。《劳动争议调解仲裁法》第 47 条规定，下列劳动争议，除本法另有规定的外，仲裁裁决为终局裁决，裁决书自作出之日起发生法律效力：①追索劳动报酬、工伤医疗费、经济补偿或者赔偿金，不超过当地月最低工资标准 12 个月金额的争议；②因执行国家的劳动标准在工作时间、休息休假、社会保险等方面发生的争议。

《劳动争议调解仲裁法》尽管规定了对两大类劳动争议案件的一裁终局制，但并未全然关闭诉讼大门，其特别向劳动者开通了法律救济的"绿色通道"。该法第 48 条规定，劳动者对第47条规定的仲裁裁决不服的，可以自收到仲裁裁决书之日起15日内向人民法院提起诉讼。可见，劳动者如果不认可该裁决，可以在15天的法定期限内提起诉讼，那样仲裁裁决并不能产生终局效力。

特别值得注意的是，提出诉讼的权利，法律只赋予劳动者，用人单位对于此两类裁决不服，是不能向法院提出起诉的。在用人单位不能对该裁决提起诉讼的前提下，法律同时赋予用人单位权利救济的途径，即用人单位可以依据该法第49条的规定，向法院申请撤销违法裁决。《劳动争议调解仲裁法》第49条规定，用人单位有证据证明第47条规定的仲裁裁决有下列情形之一，可以自收到仲裁裁决书之日起30日内向劳动争议仲裁委员会所在地的中级人民法院申请撤销裁决：①适用法律、法规确有错误的；②劳动争议仲裁委员会无管辖权的；③违反法定程序的；④裁决所根据的证据是伪造的；⑤对方当事人隐瞒了足以影响公正裁决的证据的；⑥仲裁员在仲裁该案时有索贿受贿、徇私舞弊、枉法裁决行为的。人民法院经组成合议庭审查核实裁决有前款规定情形之一的，应当裁定撤销。仲裁裁决被人民法院裁定撤销的，当事人可以自收到裁定书之日起15日内就该劳动争议事项向人民法院提起诉讼。

（2）一裁二审制。《劳动争议调解仲裁法》第50条规定，当事人对该法第47条规定以外的其他劳动争议案件的仲裁裁决不服的，可以自收到仲裁裁决书之日起15日内向人民法院提起诉讼；期满不起诉的，裁决书发生法律效力。一裁二审制将仲裁作为诉讼的一个前置程序，不经仲裁，当事人不能直接向人民法院提起诉讼。

 案例解析

导入案例3分析如下。

按照我国《劳动争议调解仲裁》的规定，在用人单位与劳动者发生劳动争议时，可以通过协商、调解、仲裁、诉讼等途径来解决。其中协商、调解不是劳动争议处理的必经程序，除第47条规定之外的劳动争议，劳动争议仲裁委员会的仲裁是处理劳动争议的必经程序，只有经过仲裁，当事人才可以向人民法院起诉。因此本案中，王某必须先向劳动争议仲裁委员会申请仲裁，仲裁裁决不服，才可以向人民院提起诉讼。如果王某认为仲裁委员会相关工作人员与本单位领导有较好的私人关系可能影响公正处理，他可以依法提出回避申请，但不能未经仲裁而直接起诉。

4. 诉讼

《劳动争议调解仲裁法》中规定了3种可以向法院起诉的模式。

1）申请人对不作为案件可以不经仲裁直接起诉

根据《劳动争议调解仲裁法》第29条规定，对劳动争议仲裁委员会不予受理或者逾期未作出决定的，申请人可以就该劳动争议事项向人民法院提起诉讼。

2）劳动者对一裁终局劳动争议的仲裁裁决不服可以起诉

根据《劳动争议调解仲裁法》第48条规定，劳动者对本法第47条规定的仲裁裁决不服的，可以自收到仲裁裁决书之日起15日内向人民法院提起诉讼。

3）当事人对一般劳动争议仲裁裁决不服可以起诉

根据《劳动争议调解仲裁法》第50条规定，当事人对本法第47条规定以外的其他劳动争议案件的仲裁裁决不服的，可以自收到仲裁裁决书之日起 15 日内向人民法院提起诉讼。人民法院处理劳动争议适用《民事诉讼法》规定的程序，由各级人民法院受理，实行二审终审。

8.3 社会保险法规

8.3.1 社会保险概述

1. 保险

保险是指投保人根据合同约定，向保险人支付保险费，保险人对于合同约定的可能发生的事故因其发生所造成的财产损失承担赔偿保险金责任，或者当被保险人死亡、伤残、疾病或者达到合同约定的年龄、期限时承担给付保险金责任的行为。保险具有经济补偿、资金融通、社会管理的功能。

2. 社会保险

社会保险是政府通过立法强制实施，多渠道筹集资金，运用保险方式处置劳动者面临的特定社会风险，在劳动者由于年老、患病、工伤、失业、生育等原因，暂时或永久丧失劳动能力而失去生活收入时，依法从国家和社会获得物质帮助的一项社会保障制度。

社会保险具有以下特征。

（1）强制性。社会保险作为劳动者享有的一项法律赋予的权利，必须通过立法强制实施才能得到保证。凡法律规定范围内的用人单位和劳动者都必须按照规定缴纳社会保险费，不能拒绝，对不履行法定义务的要追究相应的法律责任。

（2）互助性。社会保险实际上是借助国家的力量进行国民收入的再次分配的一种制度，是经济收入在不同的劳动者之间横向转移，具有互助性。

（3）储存性。在每一个劳动者能够劳动的时候，由社会将其创造的一部分收入逐年扣除并储存起来，再由社会进行统一分配和使用。

（4）差别性。社会保险待遇并非实行人人一样平均，而是和劳动者的劳动付出有一定的联系。

（5）社会性。社会保险待遇享受人数众多，遍及社会不同地区、行业、不同经济形式中的所有法定劳动者，对社会的政治经济稳定影响重大。

（6）福利性。社会保险是政府推行的一项重要的社会政策，目的在于保障社会成员的基本生活。

● 知 识 链 接 ···

社会保险与商业保险的区别如下。

（1）性质不同：社会保险具有保障性，不以营利为目的；商业保险具有经营性，以追求经济效益为目的。

（2）建立基础不同：社会保险建立在劳动关系基础上，只要形成了劳动关系，用人单位就必须为职工办理社会保险；商业保险自愿投保，以合同契约形式确立双方权利义务关系。

（3）管理体制不同：社会保险由政府职能部门管理；商业保险由企业性质的保险公司经营管理。

（4）对象不同：参加社会保险的对象是劳动者，其范围由法律规定，受资格条件的限制；商业保险的对象是自然人，投保人一般不受限制，只要自愿投保并愿意履行合同条款即可。

（5）保障范围不同：社会保险解决绝大多数劳动者的生活保障；商业保险只解决一部分投保人的问题。

（6）资金来源不同：社会保险的资金由国家、企业、个人三方面分担；商业保险的资金只有投保人保费的单一来源。

（7）待遇计发不同：社会保险的待遇给付原则是保障劳动者基本生活，保险待遇一般采取按月支付形式，并随社会平均工资增长每年调整；商业保险则按"多投多保，少投少保，不投不保"的原则确定理赔标准。

（8）时间性不同：社会保险是稳定的、连续性的；商业保险是一次性、短期的。

（9）法律基础不同：社会保险由劳动法、社会保险法及其配套法规来规范，商业保险则由经济法、商业保险法及其配套法规来规范。

8.3.2 我国现行社会保险体系

《社会保险法》中规定了目前我国社会保险制度，主要包括基本养老保险、基本医疗保险、工伤保险、失业保险和生育保险。

1. 基本养老保险

基本养老保险是国家和社会法律和法规为解决劳动者在达到国家规定的解除劳动年龄界限，或因年老丧失劳动能力退出劳动岗位后的基本生活一种社会保险制度。

基本养老保险一般具有以下特点：①通过国家立法强制实行，企业单位和个人都必须参加，符合条件的人，可向社会保险部门领取养老金；②养老保险费源，一般由国家、单位和个人三方或单位和个人双方共同负担，并广泛的社会互济；③养老保险具有社会性，影响很大，享受人多且同较长，费用支出庞大，因此，必须设置专门机构，实行现代化、专业社会化的统一规划和管理。

根据《社会保险法》的规定，基本养老保险制度覆盖了我国城乡全体居民：一是用人单位及其职工，应当参加基本养老保险，由用人单位和职工共同缴纳基本养老保险费；二是无雇工的个体工商户、未在用人单位参加基本养老保险的非全日制从业人员以及其他灵活就业人员，可以参加基本养老保险，由个人缴纳基本养老保险费；三是农村居民可以参加新型农村社会养老保险；四是城镇未就业的居民可以参加城镇居民社会养老保险；五是进城务工的农村居民按照本法规定参加社会保险；六是公务员和参照公务员法管理的工作人员养老保险的办法由国务院规定。

2. 基本医疗保险

基本医疗保险是为补偿劳动者因疾病风险造成的经济损失而建立的一项社会保险制度。通过用人单位和个人缴费，建立医疗保险基金，参保人员患病就诊发生医疗费用后，由医疗保险机构对其给予一定的经济补偿。基本医疗保险制度的建立和实施集聚了单位和社会成员的经济力量，再加上政府的资助，可以使患病的社会成员从社会获得必要的物质帮助，减轻医疗费用负担，防止患病的社会成员"因病致贫"。

基本医疗保险的覆盖范围：《社会保险法》第 23 条规定，职工应当参加基本医疗保险，由用人单位和职工按照国家规定共同缴纳基本医疗保险费。无雇工的个体工商户、未在用人单位参加职工基本医疗保险的非全日制从业人员以及其他灵活就业人员可以参加职工基本医疗保险，由个人按照国家规定缴纳基本医疗保险费。

按照国务院《关于建立城镇职工基本医疗保险制度的决定》的规定，城镇所有用人单位，包括企业（国有企业、集体企业、外商投资企业、私营企业等）、机关、事业单位、社会团体、民办非企业单位及其职工，都要参加基本医疗保险。乡镇企业及其职工、城镇个体经济组织业主及其从业人员是否参加基本医疗保险，由省、自治区、直辖市人民政府决定。随着原劳动和社会保障部对灵活就业人员、农民工、非公经济组织参保政策的明确，城镇职工基本医疗保险实际上已经覆盖了城镇全体从业人员。

3. 工伤保险

1）工伤保险的概念

工伤保险是指国家立法建立的，通过社会统筹的办法，集中用人单位工伤保险费，建立工伤保险基金，对在生产、工作过程中受伤致残、患职业病丧失或者部分丧失劳动能力的劳动者及对劳动者死亡后无生活来源、无劳动能力的遗属提供经济帮助。这种补偿既包括医疗伤、康复等费用，也包括保障基本生活的费用。

2）工伤保险的适用范围

根据《社会保险法》和《工伤保险条例》等法律规定，下列单位的人员在工作中受伤，可以申请工伤认定。

（1）中国境内的所有形式企业中的劳动者，包括公司、合伙、个人独资企业及有雇工的个体工商户。

（2）不属于财政拨款支持范围或没有经常性财政拨款的事业单位、民间非营利组织的工作人员因工作遭受事故伤害或者患职业病的，其工伤范围、工伤认定、劳动能力鉴定、待遇标准等按照《工伤保险条例》的规定执行。

（3）无营业执照或者未经依法登记、备案的单位以及被依法吊销营业执照或者撤销登记、备案单位的工作人员，或者用人单位非法用的童工，可以比照工伤保险待遇的标准，由用人单位支付一次性补偿。

3）工伤的范围

（1）认定为工伤的情形。《工伤保险条例》第 14 条规定，职工有下列情形之一的，应当认定为工伤。

① 在工作时间和工作场所内，因工作原因受到事故的。

② 工作时间前后在工作场所内，从事与工作有关的预备性或者收尾性工作受到事故伤害的。

③ 在工作时间和工作场所内，因履行工作职责受到暴力等意外伤害的。

④ 患职业病的。

⑤ 因公外出期间，由于工作原因受到伤害或者发生事故下落不明的。

⑥ 在上下班途中，受到非本人主要责任的交通事故或者城市轨道交通、客运轮渡、

火车事故伤害的。

⑦ 法律、行政法规规定应当认定为工伤的其他情形。

（2）视同工伤的情形。《工伤保险条例》第15条规定，职工有下列情形之一，视同工伤。

① 在工作时间和工作岗位，突发疾病死亡或者在48小时之内经抢救无效死亡的；

② 在抢险救灾等维护国家利益、公共并受到伤害的；

③ 职工原在军队服役，因战、因公负伤致残命伤残军人证，到用人单位后旧伤复发的。

职工有第①、②项情形的，按照有关规定享受工伤保险待遇；职工有第③项情形的，按照有关规定享受除一次性伤残补助金以外的工伤保险待遇。

（3）不得认定为工伤情形。《工伤保险条例》第16条规定，职工符合本条例第14条、第15条的规定，但是有下列情形之一的，不得认定为工伤或者视同工伤。

① 故意犯罪的。

② 醉酒或者吸毒的。

③ 自残或者自杀的。

 应用案例 8－10

【案例概况】

李亚荣是某制药有限公司一名职工，因家在郊区，每天她都是自驾私家车上下班。年初某日晚下班途中，因李亚荣车速过快，在一个转弯处为躲避某骑车老人，导致侧翻，李亚荣腰部摔成多处骨折，落下9级伤残。交警部门认定她承担主要责任。因是在下班途中发生的交通事故，她想向公司申请工伤认定，并享受工伤待遇，可否？

【案例评析】

李亚荣所言情形，不符合《工伤保险条例》中规定的工伤范围，不能享受工伤待遇。《工伤保险条例》第14条第(六)项规定，职工在上下班途中，受到非本人主要责任的交通事故或者城市轨道交通、客运轮渡、火车事故伤害的，应当认定为工伤。可见，上下班途中因交通事故受到伤害，并非一律可以认定为工伤，只有"受到非本人主要责任的交通事故或者城市轨道交通、客运轮渡、火车事故伤害的"，才能认定为工伤，而李亚荣因是本次交通事故的主要责任者，所以，不属于工伤范围。

4）工伤认定申请

职工发生事故伤害或者按照职业病防治法规定被诊断、鉴定为职业病，所在单位应当自事故伤害发生之日或者被诊断、鉴定为职业病之日起30日内，向统筹地区社会保险行政部门提出工伤认定申请。遇有特殊情况，经报社会保险行政部门同意，申请时限可以适当延长。

用人单位未按规定提出工伤认定申请的，工伤职工或者其近亲属、工会组织在事故伤害发生之日或者被诊断、鉴定为职业病之日起1年内，可以直接向用人单位所在地统筹地区社会保险行政部门提出工伤认定申请。

用人单位未在规定的时限内提交工伤认定申请，在此期间发生符合规定的工伤待遇等有关费用由该用人单位负担。

5）劳动能力鉴定

职工发生工伤，经治疗伤情相对稳定后存在残疾、影响劳动能力的，应当进行劳动能力鉴定。劳动能力鉴定由用人单位、工伤职工或者其近亲属向设区的市级劳动能力鉴定委员会提出申请，并提供工伤认定决定和职工工伤医疗的有关资料。

4. 失业保险

失业保险是指国家通过立法强制实施的，由用人单位、职工个人缴费及国家财政补贴等渠道筹集资金建立失业保险基金，对因失业而暂时中断工资收入的劳动者提供物质帮助的制度。失业保险作为社会保险的一种，也具有强制性、普遍性、互济性、预防性、补偿性、公正性等特点。

失业保险制度具有以下功能：一是保障失业者失业期间的基本生活，使其免遭失业带来的贫困；二是促进失业人员再就业；三是调节收入分配，促进社会公平正义；四是作为社会的"安全网"和"减震阀"，维护社会平稳运行。

根据《社会保险法》的规定，失业保险制度覆盖了所有用人单位及其职工。根据《失业保险条例》的规定，失业保险的覆盖范围包括城镇所有企业、事业单位及其职工，其中，城镇企业包括国有企业、城镇集体企业、外商投资企业、城镇私营企业以及其他城镇企业。另外，省、自治区、直辖市人民政府根据当地实际情况，可以将失业保险的覆盖范围扩大到本行政区域内的社会团体及其专职人员、民办非企业单位及其职工、有雇工的城镇个体工商户及其雇工。

5. 生育保险

生育保险是指国家通过立法确立的在职业妇女因生育子女而暂时中断劳动时，由国家和社会及时给予生活保障和物质帮助的一项社会保险制度。国家建立生育保险制度的宗旨是，通过提供生育津贴、医疗服务和产假等待遇，维持、恢复和增进生育妇女身体健康，并使婴儿得到精心的照顾和哺育。

《社会保险法》第53条规定，职工应当参加生育保险，由用人单位按照国家规定缴纳生育保险费，职工不缴纳生育保险费。根据这一规定，生育保险制度覆盖了所有用人单位及其职工。

 应用案例 8-11

【案例概况】

某外商独资公司，高薪聘用了一位博士毕业生赵某，担任副总经理。当时，在谈到工资待遇时，公司说："董事会给你定的工资为1.2万元。不过，我们是一家外资公司，之所以工资定得这么高，是因为除了工资以外，再没有其他福利待遇了。像什么医药费报销、养老等问题都得自己解决，公司概不负责。"听了这话，赵博士心里盘算开了："这个公司给我的工资的确是够多的，可就是将来万一得了什么大病，或者老了怎么办呢？"但他转念又一想："我刚30多岁，一般也不会有什么大病，至于养老问题，现在考虑还为时过早。倒不如趁年轻多挣些钱，实惠。"工作以后，赵博士为了解除自己的后顾之忧，每月从工资中拿出1 000元，向保险公司投了一份养老保险。这样一来，他在这家公司工作，也觉得很踏实多了。几个月后，由于赵博士与董事长在公司的经营管理等重大问题上，产生了分歧，被董事长炒了"鱿鱼"。赵

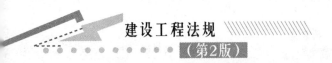
博士不服，双方为此打到了劳动争议仲裁委员会。

在劳动争议仲裁委员会，赵博士提出公司未给他缴纳养老保险的问题，他认为这是侵犯他合法权益的行为。但公司认为："不为你缴纳养老保险，是事先跟你讲好的，你既然干了，就说明咱们的协议已经达成，你现在无权反悔。再说，你不是自己已经向保险公司投了养老保险了吗？"谁的观点有道理？

【案例评析】

养老保险是国家为了保障职工退休后的基本生活，而建立的一种社会保障制度，也是社会保险的一种。劳动法规定的社会保险，不同于保险公司的商业保险，主要区别在于：（1）前者是在与用人单位发生劳动关系时，劳动者应享有的权利，但后者却不是；（2）前者是强制性的，即企业和劳动者必须依法参加，而后者是自愿性的，即是否参加，完全凭企业或劳动者自愿。所以，赵博士自己向保险公司投保的养老保险，不能代替社会保险中的养老保险。

根据《劳动法》第72条规定，用人单位和劳动者必须依法参加社会保险，缴纳社会保险费。这说明，参加社会保险，缴纳社会保险费不光是用人单位的义务，也是劳动者的义务。它是用人单位和劳动者的共同义务。

因此，该外商公司以高薪来取代职工的养老保险，是违反法律规定的。它不光应该依法为职工缴纳养老保险，还应该同时缴纳失业、医疗等政府规定的社会保险。

本章小结

本章对劳动合同及社会保险制度作了较详细的阐述，包括劳动合同法的规定、劳动争议的处理、我国社会保险体系。

本章的教学目标是使学生具备劳动及社会保险方面的法律知识。通过案例对劳动与社会保险的法律规定有了更深入的了解。

习题

一、单项选择题

1. 用人单位自用工之日起满（　　　）不与劳动者订立书面劳动合同的，视为用人单位与劳动者已订立无固定期限劳动合同。

A. 1个月　　　　　B. 6个月　　　　　C. 1年　　　　　D. 18个月

2. 某企业与张某不签订了劳动合同。张某工作后，单位发现其严重近视，因该工种对视力有严格要求，张某不适应该工作。企业经了解得知，张某在录用时隐瞒了其视力的真实情况，于是该企业决定解除与张某的劳动合同。对此，下列说法正确的是（　　　）。

A. 因张某不能胜任该项工作，劳动合同应予以解除

B. 因张已被考核录用，企业无权单方解除劳动合同

C. 此劳动合同不应解除，而应变更

D. 此劳动合同无效，自订立时起无法律效力

3. 甲、乙两人在机械厂的同一车间工作，某日上班时，甲因疏忽大意，操作不当，致乙右臂伤残。有关该事件的下列表述正确的是（　　）。

A. 假设乙不能从事原来的工作，也不能由机械厂另行安排工作，则机械厂仍不得解除与乙的劳动合同

B. 乙所受损失应向甲要求赔偿

C. 机械厂工会对该厂解除与甲或乙的劳动合同无权提出意见

D. 机械厂在对乙作出相应经济赔偿的前提下可以解除与乙的劳动合同

4. 张某去一家企业应聘，称自己原是杂志社高级翻译，精通英、日两门外语。该企业正急需张某这样的人才，准备以高薪委以重任，并签订了劳动合同。然而张某在实际工作中经常出现错误，给该企业造成较大财产损失。经了解张某从未当过翻译，英语水平差，日语更是一窍不通。该企业决定与张某解除劳动合同。问劳动争议处理机构应如何认定此案？（　　）

A. 张某不同意解除劳动合同，该企业无权单方解除劳动合同

B. 张某给该企业造成较大损失，该企业有权解除劳动合同

C. 此劳动合同不应解除，应予变更

D. 该劳动合同应认定为无效

5. 劳动者在试用期内提前（　　）日通知用人单位，可以解除劳动合同。

A. 30　　　　　B. 3　　　　　C. 15　　　　　D. 10

二、多项选择题

1. 某公司欲解除与职工李某之间的劳动合同，其所提出的如下解约理由或做法中，（　　）是有法律依据的。

A. 李某经过培训仍不能胜任现工作

B. 李某不满25周岁结婚，违反了公司关于男职工满25周岁才能结婚的规定

C. 公司因严重亏损而决定裁员，因此解除了与李某的劳动合同

D. 李某非因公出车祸受伤住院，公司向李某送去3个月工资并通知其解除劳动合同

E. 李某在应聘时提供了虚假的学历证明

2. 江某大学毕业后到一公司工作，双方订立劳动合同约定，江某向公司保证5年内不离开公司，如调动则需支付公司违约金1万元，公司分配江某住房一套。3年后，江某准备赴国外自费留学，答应公司学习结束后再回来。公司提出江某如果回来保证接收，但现在江某提前解除合同，江某需支付违约金，退出房屋。江某不同意，双方遂起纠纷。根据劳动法的有关规定，下列有关本案的表述正确的有（　　）。

A. 江某无须支付违约金1万元，也无须退出房屋

B. 江某无须支付违约金

C. 江某应退出房屋

D. 江某应支付违约金

E. 江某与公司劳动合同中的此项约定无效

3. 某宾馆贴出的招聘广告中有下列内容，不符合《劳动合同法》规定的有（　　）。

A. 必须是年龄在15周岁以上20周岁以下

B. 合同试用期为9个月

C. 必须签订6年的劳动合同

D. 一经录用，女性在合同有效期间内不能结婚，否则在哺乳期间将解除合同

E. 签订劳动合同时应出示本人的身份证件

4. 属于我国《社会保险法》中规定的社会保险类型有（　　）。

A. 基本养老保险　　　　　　　　　　B. 基本医疗保险

C. 工伤保险　　　　　　　　　　　　D. 失业保险

E. 意外伤害保险

5. 根据《工伤保险条例》规定，职工应当认定为工伤的情形的有（　　）。

A. 在工作时间和工作场所内，因工作原因受到事故的

B. 在工作时间和工作场所内，因履行工作职责受到暴力等意外伤害的

C. 患职业病的

D. 自杀的

E. 故意犯罪的

三、简答题

1. 试述集体合同与劳动合同的关系。

2.《劳动合同法》中对试用期是如何规定的？

3. 什么情形下劳动者可以单方解除劳动合同？

四、案例题

1. 2007年4月，吴某被聘为某商场的营业员，并与该商场签订了为期两年的劳动合同，合同规定：吴某需先交2 000元风险抵押金，如吴某违约，则2 000元押金不再退还，李某试用期为6个月，试用期每月工资为500元，试用期满后每月工资800元。合同还规定，如果李某严重违反商场的劳动纪律或者患病住院、怀孕等，商场有权立即解除劳动合同，并且不需要给吴某任何经济补偿。

【问题】　该劳动合同中存在哪些违反《劳动合同法》的地方？

2. 某企业招用了一批合同制工人，其中有两名刚满15岁。劳动合同中约定，工人入厂时，需交身份证以作抵押，合同期限5年，其中试用期为1年，在履行合同中，若发现不能胜任工作，企业可以随时解除劳动合同。法定节日需照常工作，工资不变。每3个月发放一次工资。

【问题】　企业的招工行为及劳动合同的内容有哪些违反了《劳动合同法》的规定？

［参考答案］

第 9 章

建设工程其他相关法律制度

学习目标

通过学习，了解与建设工程相关的其他法律制度：环境保护法律制度、节约能源法律制度、消防法律制度、档案法律制度、税收法律制度等。

学习要求

能力目标	知识要点	权重
了解环境保护法律制度	环境保护基本制度、水污染防治、大气污染防治、环境噪声污染防治、固体废物污染防治	20%
了解节约能源法律制度	节约能源法的特点、节能管理制度、建筑节能规定	20%
了解消防法律制度	消防设计和施工的质量责任、消防设计的审核与验收、工程建设中的消防安全措施	20%
了解档案法律制度	工程档案的分类、建设工程文件归档整理、重大建设项目档案验收	20%
了解税收法律制度	税收制度、纳税人的权利与义务、税收管理制度、税款征收制度	20%

9.1 环境保护法律制度

住宅楼建在工厂旁产生了环境噪声污染纠纷，应该怎样处理？

某企业厂界噪声超标，由于原来企业周围全是空地，无受害者，就不存在扰民问题，不构成环境噪声污染。但随着城市的发展，该企业周围被开发为住宅楼，需要保持安静，从而产生了环境噪声污染。周围居民要求企业停止污染，赔偿损失，环保部门也要求企业承担治理环境噪声污染和缴纳排污费的责任和义务。但企业认为后来的住宅楼是在居民自己明知这是噪声区域而故意进入的情况下建成的，也就是说噪声污染是由于住宅楼的建设造成的，不应由企业承担污染责任。对此，应当怎样处理？居民是否有权要求企业停止噪声污染？环保部门是否应向该企业征收环境噪声超标排污费？

9.1.1 环境保护法概述

1. 环境保护法的概念

环境保护法有广义和狭义之分。狭义的环境保护法是指 1989 年 12 月 26 日实施的《中华人民共和国环境保护法》（以下简称《环境保护法》），广义的环境保护法指的是与环境保护相关的法律体系，包括《环境保护法》《水污染防治法》《大气污染防治法》《环境噪声污染防治法》和《固体废物污染防治法》等。

2. 环境保护基本制度

1）环境规划制度

环境规划是指为了使环境与社会、经济协调发展，国家将"社会－经济－环境"作为一个复合的生态系统，依据社会经济规律、生态规律和地学原理，对其发展变化趋势进行研究而对人类自身活动所做的时间和空间的合理安排。在环境保护中，规划有着重要作用，是在环境保护中贯彻预防原则，防止污染从而改变被动治理的根本措施。对其规范化、法制化的形成也是综合性的、先进的环境管理制度——环境规划制度。

《环境保护法》第 12 条规定，县级以上人民政府环境保护行政主管部门，应当会同有关部门对管辖范围内的环境状况进行调查和评价，拟定环境保护规划，经计划部门综合平衡后，报同级人民政府批准实施。

（1）环境规划的分类和内容。

① 按规划的时间期限分为短期规划、中期规划和长规规划。通常短期规划以 5 年为限，中期规划以 15 年为限，长期规划以 20 年、30 年、50 年为限。

② 按规划的法定效力分为强制性规划和指导性规划。

③ 按规划的性质分为污染控制规划、国民经济整体规划和国土利用规划 3 大类，每一类还可以按范围、行业或专业再细化成子项规划。其中，污染控制规划是针对污染引起的环境问题编制的，主要是对工农业生产、交通运输和城市生活等人类活动对环境造成的污染而规定的防治目标和措施。

（2）环境规划的编制程序。

① 对象调查。这是制订规划的第一步，要通过周密细致的调查，摸清规划对象本身现状及其与外界事物的联系。

② 历史比较及有关环境问题的分类排队。其目的在于总结各方面的经验教训，从中发现规律，用以指导规划的制定。

③ 目标导向预测。主要是预测环境的发展趋势和防治的可能成就。

④ 拟制方案。根据规模目标预测结果和现实条件，拟定实现目标的不同备选方案，并确定主要污染物的目标削减量。

⑤ 系统分析，择优决策。根据经济、社会和环境协调发展的原则，进行近期与远期的全面考虑，兼顾全局和局部利益，择优选择方案，以保证经济、社会发展和环境保护的全面开展。

2）清洁生产制度

清洁生产是指不断采取改进设计、使用清洁的能源和原料、采用先进的工艺技术与设备、改善管理、综合利用等措施，从源头削减污染，提高资源利用效率，减少或者避免生产、服务和产品使用过程中污染物的产生和排放，以减轻或者消除对人类健康和环境的危害。清洁生产制度则是对上述各环节、内容和措施的法定化、正规化和制度化。

（1）清洁生产的适用对象。清洁生产的适用对象为在我国领域内，从事生产和服务活动的单位以及从事相关管理活动的部门。

（2）清洁生产的推行。清洁生产的推行以政府为主，主要采取行政指导的方式，主要包括以下制度。

① 清洁生产规划制度。其目的是明确清洁生产的目标、政策、措施、方法等具体要求和内容，使清洁生产有计划、有步骤地进行。

② 清洁生产信息制度。建立清洁生产信息交换中心和信息传播网，示范和推广清洁生产技术，打破清洁生产信息的地区、行业封锁，保证清洁生产信息渠道的畅通。

③ 清洁生产技术创新、交流制度。包括制定清洁生产名录，审定、发布清洁生产的技术、工艺，限期采用清洁生产技术，制定清洁生产的教育培训计划，精心组织对有关清洁生产人员的培训等内容。

④ 清洁产品的环境标志制度。制定有关清洁生产产品的标准及质量检验方法，对清洁产品进行环境标志认证。

⑤ 严重污染环境的落后生产技术、工艺、设备和产品的限期淘汰制度。

（3）清洁生产的实施。清洁生产的实施以企业为主，主要是通过对企业设置其在清洁生产方面的权利和义务来进行的。

① 清洁生产审计制度。清洁生产审计是企业对生产全过程中每个单元操作的生产和排污情况进行定量审查，找出高消耗和排污的原因，然后提出对策，制订和实施预防方案。

② 体系认证的制度。体系认证的制度是企业向国家认证认可监督管理部门授权的认证机构提出认证申请，通过环境管理体系认证，提高清洁生产水平。

（4）清洁生产的经济刺激。对从事清洁生产研究、示范和培训的，实施国家清洁生产重点技术改造项目列入国务院和县级以上地方人民政府同级财政安排的有关技术进步专项资金的扶持范围；对利用废物生产产品和从废物中回收原料的，减征或者免征增值税。

3）环境影响评价制度

环境影响评价是指对规划和建设项目实施后可能造成的环境影响进行分析、预测和评估，提出预防或者减轻不良环境影响的对策和措施，进行跟踪监测的方法与制度。2002年12月28日，全国人民代表大会常务委员会发布了《环境影响评价法》，以法律的形式确立了规划和建设项目的环境影响评价制度。关于建设项目的环境影响评价制度，该法主要规定了以下内容。

（1）对建设项目的环境影响评价实行分类管理。建设单位应当按照下列规定组织编制环境影响报告书、环境影响报告表或者填报环境影响登记表（以下统称环境影响评价文件）。

① 可能造成重大环境影响的，应当编制环境影响报告书，对产生的环境影响进行全面评价。

② 可能造成轻度环境影响的，应当编制环境影响报告表，对产生的环境影响进行分析或者专项评价。

③ 对环境影响很小、不需要进行环境影响评价的，应当填报环境影响登记表。

（2）环境影响报告书的基本内容。建设项目的环境影响报告书应当包括下列内容。

① 建设项目概况。

② 建设项目周围环境现状。

③ 建设项目对环境可能造成影响的分析、预测和评估。

④ 建设项目环境保护措施及其技术、经济论证。

⑤ 建设项目对环境影响的经济损益分析。

⑥ 对建设项目实施环境监测的建议。

⑦ 环境影响评价的结论。

涉及水土保持的建设项目，还必须经由水土行政主管部门审查同意的水土保持方案。

（3）建设项目环境影响评价机构。接受委托为建设项目环境影响评价提供技术服务的机构，应当经国务院环境保护行政主管部门考核审查合格后，颁发资质证书，按照资质证书规定的等级和评价范围，从事环境影响评价服务，并对评价结论负责。为建设项目环境影响评价提供技术服务的机构的资质条件和管理办法，由国务院环境保护行政主管部门制定。

国务院环境保护行政主管部门对已取得资质证书的为建设项目环境影响评价提供技术服务的机构名单，应当予以公布。

为建设项目环境影响评价提供技术服务的机构，不得与负责审批建设项目环境影响评价文件的环境保护行政主管部门或者其他有关审批部门存在任何利益关系。

环境影响评价文件中的环境影响报告书或者环境影响报告表，应当由具有相应环境影响评价资质的机构编制。任何单位和个人不得为建设单位指定对其建设项目进行环境影响评价的机构。

（4）建设项目环境影响评价文件的审批管理。建设项目的环境影响评价文件，由建设单位按照国务院的规定报有审批权的环境保护行政主管部门审批；建设项目有行业主管部门的，其环境影响报告书或者环境影响报告表应当经行业主管部门预审后，报有审批权的环境保护行政主管部门审批。

审批部门应当自收到环境影响报告书之日起 60 日内，收到环境影响报告表之日起 30 日内，收到环境影响登记表之日起 15 日内，分别作出审批决定并书面通知建设单位。

建设项目的环境影响评价文件经批准后，建设项目的性质、规模、地点、采用的生产工艺或者防治污染、防止生态破坏的措施发生重大变动的，建设单位应当重新报批建设项目的环境影响评价文件。

建设项目的环境影响评价文件自批准之日起超过 5 年，方决定该项目开工建设的，其环境影响评价文件应当报原审批部门重新审核；原审批部门应当自收到建设项目环境影响评价文件之日起 10 日内，将审核意见书面通知建设单位。

建设项目的环境影响评价文件未经法律规定的审批部门审查或者审查后未予批准的，该项目审批部门不得批准其建设，建设单位不得开工建设。建设项目建设过程中，建设单位应当同时实施环境影响报告书、环境影响报告表以及环境影响评价文件审批部门审批意见中提出的环境保护对策措施。

（5）环境影响的后评价和跟踪管理。在项目建设、运行过程中产生不符合经审批的环境影响评价文件情形的，建设单位应当组织环境影响的后评价，采取改进措施，并报原环境影响评价文件审批部门和建设项目审批部门备案；原环境影响评价文件审批部门也可以责成建设单位进行环境影响的后评价，采取改进措施。

环境保护行政主管部门应当对建设项目投入生产或者使用后所产生的环境影响进行跟踪检查，对造成严重环境污染或者生态破坏的，应当查清原因、查明责任。对属于为建设项目环境影响评价提供技术服务的机构编制不实的环境影响评价文件的，或者属于审批部门工作人员失职、渎职，对依法不应批准的建设项目环境影响评价文件予以批准的，依法追究其法律责任。

4）"三同时"制度

"三同时"制度，是指建设项目中的环境保护设施必须与主体工程同时设计、同时施工、同时投产使用的制度。该制度适用于下几个方面的开发建设项目：新建、扩建、改建项目；技术改造项目；一切可能对环境造成污染和破坏的其他工程建设项目。

（1）设计阶段。建设项目的初步设计，应当按照环境保护设计规范的要求，编制环境保护篇章，并依据经批准的建设项目环境影响报告书或者环境影响报告表，在环境保护篇章中落实防治环境污染和生态破坏的措施以及环境保护设施投资概算。

（2）试生产阶段。建设项目的主体工程完工后，需要进行试生产的，其配套建设的环境保护设施必须与主体工程同时投入试运行。建设项目试生产期间，建设单位应当对环境保护设施运行情况和建设项目对环境的影响进行监测。

（3）竣工验收和投产使用阶段。建设项目竣工后，建设单位应当向审批该建设项目环境影响报告书、环境影响报告表或者环境影响登记表的环境保护行政主管部门，申请该建设项目需要配套建设的环境保护设施竣工验收。环境保护设施竣工验收，应当与主体工程竣工验收同时进行。需要进行试生产的建设项目，建设单位应当自建设项目投入试生产之日起 3 个月内，向审批该建设项目环境影响报告书、环境影响报告表或者环境影响登记表的环境保护行政主管部门，申请该建设项目需要配套建设的环境保护设施竣工验收。分期建设、分期投入生产或者使用的建设项目，其相应的环境保护设施应当分期验收。环境保护行政主管部门应当自收到环境保护设施竣工验收申请之日起 30 日内，完成验收。建设项目需要配套建设的环境保护设施经验收合格，该建设项目方可正式投入生产或者使用。

5）排污收费制度

排污收费制度，是指国家环境管理机关依照法律规定对排污者征收一定费用的一整套管理措施。

我国的排污收费制度主要包括以下内容。

（1）排污收费的对象。征收排污费的对象是超过国家或地方污染物排放标准排放污染物的企业和事业单位。

（2）排污收费的范围。排污收费的范围，是指对排放的哪些污染物征收排污费。按照有关规定，征收排污费的污染物包括污水、废气、固体废物、噪声和放射性物质这五大类。

但是，对于蒸汽机车和其他流动污染源排放的废气，在符合环境保护标准的储存或处置的设施、处置的工业固体废物，进入城市水集中处理设施的污水，不征收排污费。

（3）缴纳排污费以外的其他法律义务和责任。对排污者而言，其缴纳了排污费，并不免除其负担治理污染、赔偿污染损失和法律规定的其他义务和责任。

6）环境保护许可制度

环境保护许可制度，是指从事有害或可能有害环境的活动之前，必须向有关管理机关提出申请，经审查批准，发给许可证后，方可进行该活动的一整套管理措施。在环境保护许可制度中，使用最广泛的是排污许可证。

（1）排污许可证的适用范围。对依法实施重点污染物排放总量控制的水体排放重点水污染物的和对大气污染物总量控制区排放主要大气污染物的实行排污许可制度。

（2）排污许可制度的实施程序。排污许可制度的实施程序如下。

① 排污申报登记。排污单位向环境保护主管部门如实申报排放污染物的种类、数量、浓度、排放的方式和排放去向。

② 分配排污量。各地区确定本地区污染物排放总量控制指标和分配污染物总量削减指标。

③ 发放许可证。对不超过排污总量控制指标的排污单位，颁发《排放许可证》；对超出排污总量控制指标的排污单位，颁发《临时排放许可证》，并限期削减排放量。

④ 发证后的监督管理。

7）限期治理制度

限期治理制度，是指对现已存在的危害环境的污染源，由法定机关作出决定，令其在一定期限内治理并达到规定要求的一整套措施。主要包括以下几个方面的内容。

（1）限期治理的对象。目前法律规定的限期治理对象主要有以下两类。

① 位于特别保护区域内的超标排污的污染源。在国务院、国务院有关主管部门和省、自治区、直辖市人民政府划定的风景名胜区、自然保护区和其他需要特别保护的区域内，按规定不得建设污染环境的工业生产设施；建设其他设施，其污染物排放不得超过规定的排放标准；已经建成的设施，其污染物排放超过规定的排放标准的，要限期治理。

② 造成严重污染的污染源。实践中通常是根据污染物的排放是否对人体健康有严重影响和危害、是否严重扰民、经济效益是否远小于环境危害所造成的损失、是否属于有条

件治理而不治理等情况，来考虑是否属于严重污染。

（2）限期治理的决定权。按照法律规定，市、县或者市、县级以下人民政府管辖的企业事业单位的限期治理，由市、县级人民政府决定；中央或省、自治区、直辖市人民政府直接管辖的企业事业单位的限期治理，由省、自治区、直辖市人民政府决定。

（3）限期治理的目标和期限。限期治理的目标，就是限期治理要达到的结果。一般情况下是浓度目标，即通过限期治理使污染源排放的污染物达到一定的排放标准。

限期治理的期限由决定限期治理的机关根据污染源的具体情况、治理的难度、治理能力等因素来合理确定。其最长期限不得超过 3 年。

8）环境标准制度

环境标准制度，是国家根据人体健康、生态平衡和社会经济发展对环境结构、状态的要求，在综合考虑本国自然环境特征、科学技术水平和经济条件的基础上，对环境要素间的配比、布局和各环境要素的组成以及进行环境保护工作的某些技术要求加以限定的规范。我国的环境标准制度主要包括以下内容。

（1）环境标准的分类。我国的环境标准分为五大类：环境质量标准、污染物排放标准、环境基础标准、环境方法标准和环境样品标准。

（2）环境标准的分级。我国的环境标准分为两级，即国家环境标准和地方环境标准。

（3）环境标准制定权利的划分。按照法律规定，国务院环境保护行政主管部门可以制定所有种类的环境标准。省、自治区、直辖市人民政府只能就国家环境质量标准中未规定的项目制定地方补充标准，对国家已有规定的，不能另行制定标准；对国家污染物排放标准中的未规定的项目，可以制定地方污染物排放标准；对国家污染物排放标准中已规定的项目，只能制定严于国家污染物排放标准的地方污染物排放标准，而不能制定宽于国家污染物排放标准的地方污染物排放标准。地方环境标准必须报国务院环境保护行政主管部门备案。省、自治区、直辖市人民政府无权制定环境基础标准、环境方法标准和环境样品标准。

9.1.2　水污染防治法律制度

1. 水污染防治法概述

《中华人民共和国水污染防治法》（以下简称《水污染防治法》）于 1984 年 5 月 11 日第六届全国人民代表大会常务委员会第五次会议通过，于 1996 年 5 月 15 日第八届全国人民代表大会常务委员会第十九次会议、2008 年 2 月 28 日第十届全国人民代表大会常务委员会第三十二次会议两次修订，新修订后的《水污染防治法》将面对严重的水污染挑战，国家提出了"让江河湖泊休养生息"的战略思想。新修订的《水污染防治法》为这一战略思想的实施提供了强有力的法律保障。新修订的《水污染防治法》共 8 章 92 条，比修订前增加了 30 条，其内容因增补而更加丰富，结构因调整而更趋完整，制度因创新而更符合实际。修订后的《水污染防治法》有诸多重大进展，在监管制度方面体现了 10 项创新。

1）更加突出饮用水安全

党和国家非常关心人民群众的饮水安全，污染防治是环保工作的重中之重，确保饮用水安全是首要环节。

修订后的《水污染防治法》从 4 个方面加强了饮用水的法律保护：增加了"保障饮用

水安全"作为该法的立法目的；提出"优先保护饮用水水源"作为首要指导原则；在结构上增设"饮用水水源保护"专章，主要规定了饮用水保护区划、禁设排污口、禁止或者限制含磷洗涤剂等措施；在罚则部分加重了对危害饮用水行为的处罚，从而将"保护饮用水安全"放在了首位。

2）强化地方政府的环境责任

在许多地方环境污染的背后，总能看到地方保护主义的影子。将环境指标纳入政府官员考核指标体系将是斩断这种保护主义的利剑。修订后的《水污染防治法》提出了考核评价制度，从两方面完善了政府的责任机制：一是规定国家实行水环境保护目标责任制；二是同时明确目标完成情况作为对地方人民政府及其负责人考核评价的内容。

3）生态补偿机制写进法律

保护江河源头的生态环境，下游地区是主要受惠者，但上游地区却往往因此丧失某些发展的机会，从而造成地区间的发展失衡。实践证明，实行生态补偿有利于扭转这种失衡现象。修订后的《水污染防治法》第7条规定，国家通过财政转移支付等方式，建立健全对位于饮用水水源保护区区域和江河、湖泊、水库上游地区的水环境生态保护补偿机制。这一规定为推进生态补偿机制的建立提供了有力的法律保障。

4）明确规定禁止超标排污

《水污染防治法》修订之前，超标排放水污染物的行为相当普遍。究其原因，可以归因于两方面的法律缺失：一是法律没有明确规定禁止超标排污，二是超标排污没有明确的法律责任。修订后的《水污染防治法》力图扭转这种现象，其中第9条明确规定，排放水污染物不得超过排放标准；第74条进一步明确规定，排放水污染物超过标准的，责令其限期治理，并处罚款。

5）总量控制的适用范围扩大

修订前的《水污染防治法》虽然规定了总量控制制度，但只适用于"特殊水体"，即排污达标但水质不达标的水体。修订后的《水污染防治法》对总量控制制度作了两方面的修改：一是扩大了总量控制的适用范围，不再局限于排污达标但质量不达标的水体，并要求地方政府将总量控制指标逐级分解落实到基层和排污单位；二是除国家重点水污染物外，允许省级政府可以确定本行政区域实施总量控制的地方重点水污染物。

6）"区域限批"手段法制化

"区域限批"制度是环境监管手段的重要创新。实践证明，"区域限批"制度的效果非常明显，不仅使违法建设单位受到严厉惩罚，也使一些地方政府官员对环评等法律制度产生了敬畏之心。修订后的《水污染防治法》及时吸纳了这一创新，并将其由行政管理措施上升为强制实施的法律制度。第18条规定，对超过重点水污染物排放总量控制指标的地区，有关人民政府环境保护主管部门应当暂停审批新增重点水污染物排放总量的建设项目的环境影响评价文件。

7）公众参与有保障

公众对改善严重污染的水环境具有极大的热情，法律为公众参与设计了相关制度。新修订的《水污染防治法》从以下4个方面提供了公众参与的制度保障。

（1）赋予公众检举权。《水污染防治法》第10条规定，任何单位和个人都有权对污染损害水环境的行为进行检举。

（2）对违法者公开曝光。《水污染防治法》第19条规定，上级环保部门对未完成总量控制指标的下级行政区予以公布，各级环保部门对违法企业予以公布。

（3）统一发布国家水环境状况信息，保障公众环境知情权。

（4）公益诉讼初露端倪，允许环保社会团体依法支持因水污染受害人向法院提起诉讼。

8）排污许可制度进入法律

修订后的《水污染防治法》第20条不仅提出了国家实行排污许可制度，同时还规定了这一制度的基本内容，具体如下。

（1）明确了4类适用对象：向水体排放工业废水的企业单位，向水体排放医疗污水的医疗卫生机构，城镇污水集中处理设施的运营单位，其他按照规定应当取得排污许可证的企业事业单位。

（2）明确了两项基本要求：禁止无证排污，禁止违证排污。

（3）明确授权立法，即排污许可的具体办法和实施步骤由国务院规定。

9）创设排污单位的自我监测义务

排污单位貌视法律义务弄虚作假，而环保部门又因监管力量薄弱缺乏对实际情况的了解，这是一些地方基层环保工作的实际状况。在修订过程中，有关机关充分研究了国情，并参考了国外经验，认为自我监测、记录和申报是企业的基本义务，随时抽查和核实是环保部门的基本权力。修订后的《水污染防治法》对此从以下4个方面作出规定。

（1）新设定排污单位具有自我监测义务，要求其安装自动监测设备并与环保部门联网，保存原始监测记录。

（2）明确其适用于"重点排污单位"。

（3）规定重点排污单位名录由环保部门商同有关部门确定。

（4）规定未安装、未联网、未监测、未保存原始监测记录的单位，将被处以10万元罚款。

10）事故应急处置规范得到加强

2005年发生的松花江特大水污染事件，造成了令人沉痛的后果，它不仅推动了我国对待突发事件的预防工作，也在一定程度上直接推动了《水污染防治法》的修订。修订后的《水污染防治法》专设第6章，集中规定了"水污染事故处置"方面的要求，主要包括以下内容。

（1）政府应当做好突发水污染事故的应急准备、应急处置和事后恢复。

（2）企业应当制订应急预案，并定期演练。

（3）发生事故后，企业应当立即启动应急预案，采取应急措施。

（4）环保部门应当及时报告政府，抄送有关部门。

2. 水污染防治措施

1）一般规定

（1）禁止向水体排放油类、酸液、碱液或者剧毒废液。禁止在水体清洗装储过油类或者有毒污染物的车辆和容器。

（2）禁止向水体排放、倾倒放射性固体废物或者含有高放射性和中放射性物质的废水。向水体排放含低放射性物质的废水，应当符合国家有关放射性污染防治的规定和标准。

（3）向水体排放含热废水，应当采取措施，保证水体的水温符合水环境质量标准。

（4）含病原体的污水应当经过消毒处理；符合国家有关标准后，方可排放。

（5）禁止向水体排放、倾倒工业废渣、城镇垃圾和其他废弃物。禁止将含有汞、镉、砷、铬、铅、氰化物或黄磷等可溶性剧毒废渣向水体排放、倾倒或者直接埋入地下。存放可溶性剧毒废渣的场所，应当采取防水、防渗漏和防流失的措施。

（6）禁止在江河、湖泊、运河、渠道、水库最高水位线以下的滩地和岸坡堆放、存储固体废弃物和其他污染物。

（7）禁止利用渗井、渗坑、裂隙和溶洞排放、倾倒含有毒污染物的废水、含病原体的污水和其他废弃物。

（8）禁止利用无防渗漏措施的沟渠、坑塘等输送或者存储含有毒污染物的废水、含病原体的污水和其他废弃物。

（9）多层地下水的含水层水质差异大的，应当分层开采；对已受污染的潜水和承压水，不得混合开采。

（10）兴建地下工程设施或者进行地下勘探、采矿等活动，应当采取防护性措施，防止地下水污染。

（11）人工回灌补给地下水，不得恶化地下水质。

2）工业水污染防治

（1）国务院有关部门和县级以上地方人民政府应当合理规划工业布局，要求造成水污染的企业进行技术改造，采取综合防治措施，提高水的重复利用率，降低废水和污染物排放量。

（2）国家对严重污染水环境的落后工艺和设备实行淘汰制度。国务院经济综合宏观调控部门会同国务院有关部门，公布限期禁止采用的严重污染水环境的工艺名录和限期禁止生产、销售、进口、使用的严重污染水环境的设备名录。生产者、销售者、进口者或者使用者应当在规定的期限内停止生产、销售、进口或者使用列入前款规定的设备名录中的设备。工艺的采用者应当在规定的期限内停止采用列入前款规定的工艺名录中的工艺。规定被淘汰的设备，不得转让给他人使用。

（3）国家禁止新建不符合国家产业政策的小型造纸、制革、印染、染料、炼焦、炼硫、炼砷、炼汞、炼油、电镀、农药、石棉、水泥、玻璃、钢铁、火电以及其他严重污染水环境的生产项目。

（4）企业应当采用原材料利用效率高、污染物排放量少的清洁工艺，并加强管理，减少水污染物的产生。

9.1.3 大气污染防治法律制度

《中华人民共和国大气污染防治法》（以下简称《大气污染防治法》）于 2000 年 4 月 29 日由我国第九届全国人民代表大会常务委员会第十五次会议修订通过，并于 2000 年 9 月 1 日起施行。这里的大气污染，是指有害物质进入大气，对人类和生物造成危害的现象。

1. 防治大气污染的监督管理体制

《大气污染防治法》规定，国务院和地方各级人民政府，必须将大气环境保护工作纳入国民经济和社会发展计划，合理规划工业布局，加强防治大气污染的科学研究，采取防治大气污染的措施，保护和改善大气环境。县级以上人民政府环境保护部门对大气污染防治实施监督管理。各级公安、交通、铁道、渔业管理部门根据各自的职责，对机动车船污染大气实施监督管理。县级以上人民政府及其他有关主管部门在各自职责范围内对大气污染防治实施监督管理。这是该法对防治大气污染监督管理体制的规定。我国大气污染防治任务艰巨，大气污染源多，牵涉面广，危害范围大，仅由环境保护部门承担监督管理职责是难以胜任的。该法同时规定，由公安、交通、铁道、渔业管理部门根据各自的职责，分管机动车船污染大气的监督管理工作。

《大气污染防治法》对国务院和地方各级人民政府在大气污染防治中总的职责作出规定，可概括为以下 4 个方面。

（1）统一规划管理。"国务院和地方各级人民政府，必须将大气环境保护工作纳入国民经济和社会发展计划，合理规划工业布局，加强防治大气污染的科学研究，采取防治大气污染的措施，保护和改善大气环境。"这一规定将大气环保工作纳入国家发展计划，是保障大气污染防治与经济建设协调发展的关键。

（2）依靠科学技术。国务院和地方各级人民政府必须加强大气污染防治的科学研究，并采取各种防治大气污染的技术措施，如改进城市燃料结构等。只有国家和地方各级行政机关亲自组织推广，这些科学技术措施才能在大气环境保护中得以有效的实施。

（3）综合手段调整。"国家采取有利于大气污染防治以及相关的综合利用活动的经济、技术政策和措施"是修改后的《大气污染防治法》新设置的重要条款。这里所指的经济政策，如中国人民银行规定，大气污染防治投资项目可享受优先贷款的待遇。在技术政策方面，如国家鼓励、支持生产无铅汽油技术等。

（4）重视植树绿化。"各级人民政府应当加强植树造林和城市绿化工作。"树林和草地具有阻挡烟尘、净化大气的作用，搞好绿化是保护和改善大气环境质量的重要工作。

2. 大气污染防治措施

1）防治燃煤产生的大气污染

我国能源主要依靠燃煤，防治大气污染应以防治燃煤所产生的烟尘和二氧化硫为主。为此，修订后的《大气污染防治法》设专章作了明确的规定，主要包括燃煤污染的一般防治和燃煤二氧化硫污染的特殊防治两个方面的内容。

（1）燃煤污染的一般防治。

① 锅炉产品必须符合标准才能制造、销售或者进口。《大气污染防治法》第 27 条规定，国务院有关主管部门应当根据国家规定的锅炉大气污染物排放标准，在锅炉产品质量标准中规定相应的要求；达不到规定要求的锅炉，不得制造、销售或者进口。该规定从污染源头进行防治，体现了预防为主的原则，可望改变锅炉排放烟气污染大气的现象。

② 发展城市集中供热。《大气污染防治法》第 28 条规定，城市建设应当统筹规划，统一解决热源，发展集中供热。发展集中供热，使用高效、低排污的锅炉，可以节省燃料、减少污染，又可以充分利用余热，方便生产和生活。可见，发展城市集中供热是防治烟尘污染的有效途径。

③ 新建、扩建燃煤设施的排污不得超过标准。《大气污染防治法》第 30 条规定，新建、扩建排放二氧化硫的火电厂和其他大中型企业，超过规定的污染物排放标准或者问题控制指

标的，必须建设配套脱硫、除尘装置或者采取其他控制二氧化硫排放、除尘的措施。

④ 改进城市能源结构，推广清洁能源的生产和使用。《大气污染防治法》第25条规定，国务院有关主管部门和地方各级人民政府应当采取措施，改进城市能源结构，推广清洁能源的生产和使用。改进能源结构，因地制宜地推广天然气、沼气、太阳能、风能和水电等能源是减少煤烟污染的重要途径。将散煤气化发电、发展城市煤气化在减少煤烟尘污染方面成效显著，但投资额较大，一时难以普及。因此，应积极推广成型煤的生产和使用。"成型煤"即将散煤加工成的蜂窝煤，在制作蜂窝煤时加入固硫剂，在使用方式上推广上燃式的点燃方式。实践证明，燃用蜂窝煤，尤其是上点火蜂窝煤比散煤燃烧充分，热效率高，还可大量降低二氧化硫和烟尘的排放量。

（2）对燃煤产生的二氧化硫污染的特殊防治。燃煤除了产生烟尘污染大气环境之外，还会产生二氧化硫并引起酸雨污染，这种污染危害极大，是燃煤污染防治的重点。酸雨和二氧化硫污染将是我国大气污染的主要类型。为了遏止这种趋势，新修订的《大气污染防治法》作出了以下规定。

① 划定酸雨控制区和二氧化硫污染控制区。《大气污染防治法》第18条规定，国务院环境保护部门会同国务院有关部门，根据气象、地形和土壤等自然条件，可以对已经产生、可能产生酸雨的地区或者其他二氧化硫污染严重的地区，经国务院批准后，划定为酸雨控制区或者二氧化硫污染控制区。可见，划分控制区，不仅要考虑当地的污染状况，还要根据气象和地形等自然条件，考虑是否受异地排污输送的影响和当地经济、社会等因素的影响。划定控制区的目的，是为了强化对酸雨和二氧化硫污染的防治。

这些规定表明，我国对燃煤产生的大气污染，已由原来单纯控制烟尘污染转变为以改善大气环境质量为目标的各种污染物质的控制。这是我国环境保护法首次规定的区域污染综合防治新模式，具有重大意义。

② 推行煤炭洗选加工，限制高硫分和高灰分煤炭开采。《大气污染防治法》第24条规定，国家推行煤炭洗选加工，降低煤的硫分和灰分，限制高硫分、高灰分煤炭的开采。这是该法为了提高煤炭品质，防治燃煤污染而对煤矿企业的强制性要求。提高煤炭品质最重要的环节是推行煤炭洗选加工。这样做可以降低其硫分和灰分，使燃煤锅炉减少污染物的排放，也可使燃烧器械延长寿命、降低成本。限制高硫分、高灰分煤炭的开采，这是《大气污染防治法》为提高燃煤品质所作的另一项重要规定。我国以前没有这方面的要求，致使大量劣质煤直接用作燃料，而对燃烧所用的煤炭提出含硫分、灰分的品质要求，是当今世界许多经济发达国家的做法。

为了降低煤的硫分和灰分，除了限制高硫分、高灰分煤炭的开采之外，《大气污染防治法》还规定，新建的所采煤炭属于高硫分、高灰分的煤矿企业，必须建设配套的煤炭洗选设备；对已建成所采煤炭属于高硫分、高灰分的煤矿企业，必须建设配套的煤炭洗选设备；对已建成所采煤炭属于高硫分、高灰分的煤矿企业，则应当按照国务院批准的规划，限期建成配套的煤炭洗选设施。此外，《大气污染防治法》还规定，国家禁止一切单位和个人开采含放射性和砷等有毒、有害物质超过规定标准的煤炭。这些有毒、有害物质均不能通过洗选程序而去除其危害性。

2）防治废气、粉尘和恶臭污染

《大气污染防治法》对防治废气、粉尘和恶臭污染作出了专章规定。基本内容如下。

（1）严格限制含有毒物质的废气和粉尘的排放。工矿企业在生产过程中会向环境排放大量含有毒物质的废气，如汞蒸气和氯气等，对人体健康十分有害。粉尘是工业锅炉以及烧汽油的汽车所排放的直径小于烟尘的微粒，对人体危害性更大。因此，《大气污染防治法》第 36 条规定，严格限制向大气排放含有毒物质的废气和粉尘；确需排放的，必须经过净化处理，不超过规定的排放标准。对于毒性较小或者不含毒性物质的粉尘，排放单位必须采取除尘措施，如大型工业窑炉采用静电和袋式等高效除尘技术。

为了防止运输、装卸和储存过程中有毒、有害气体或粉尘散发污染大气环境，《大气污染防治法》第 35 条规定，必须采取密闭措施或其他防护措旋。如采用密闭式车辆运输或在运输前加湿等。

（2）防止可燃性气体污染大气。工业生产中排放的许多可燃性气体，如焦炉气、石油化工尾气等，是可以回收利用作为工业或民用的燃料和热源的。《大气污染防治法》规定，不具备回收利用条件而向大气排放的，应当进行防治污染处理，如进行过滤净化或者使其充分燃烧等。对于含有毒、有害物质的可燃性气体，如电石气、有机烃类尾气等，因排入环境会造成对人体健康的危害，需要严格控制和采取防范措施，排放之前须报当地环境保护行政主管部门批准。

（3）配备脱硫装置。减少温室气体排放、防止全球气候变暖是当今世界各国共同关注的全球环境问题。《大气污染防治法》第 38 条规定，炼制石油、生产合成氨、煤气和燃煤焦化、有色金属冶炼过程中排放有硫化物气体的，应当配备脱硫装置或者采取其他脱硫措施。硫是十分重要的化工原料，积极采取措施回收利用硫，既保护了环境，又增加了经济收入。但是，回收硫的成本很高，《大气污染防治法》只规定了对排硫量大的上述 5 类企业应当配备脱硫装置或采取其他脱硫措施，如采取排烟脱硫等。

（4）防止放射性物质污染大气和保护臭氧层的规定。《大气污染防治法》第 39 条规定，向大气排放含放射性物质的气体和气溶胶，必须符合国家有关放射性防护的规定，不得超过规定的排放标准。大气中的放射性物质，除了自然因素之外，主要来自人们从事核材料的开采和冶炼、核工业的排放物、核电站和核试验的散落物等，这些放射性物质进入人体，到达一定剂量会引起病变，因此，它们只有不超过规定的排放标准才准予排放。为此，我国制定了有关放射性防护的规定。

新修订的《大气污染防治法》还增加了保护臭氧层的规定，这是根据我国承认的有关国际环境保护公约作出的规定。该法第 45 条规定，国家鼓励、支持消耗臭氧层物质替代品的生产和使用，逐步减少消耗臭氧层物质的产量，直至停止消耗臭氧层物质的生产和使用。在国家规定的期限内，生产、进口消耗臭氧层物质的单位必须按照国务院有关行政主管部门核定的配额进行生产、进口。

（5）防治饮食服务业排放油烟污染。《大气污染防治法》第 44 条规定，城市饮食服务业的经营者，必须采取措施，防治油烟对附近居民的居住环境造成污染。这是针对近年来迅速发展的城市第三产业所作的新规定。

（6）防治恶臭气体和有毒、有害烟尘污染。恶臭气体是指能刺激人的感官引起不快或有有害影响的气体。恶臭气体可对人体呼吸系统、消化系统、心血管系统、内分泌系统及神经系统产生不利影响。高浓度的恶臭气体会引起吸入者肺水肿甚至死亡。《大气污染防治法》第 40 条规定，向大气排放恶臭气体的排污单位，必须采取措施防止周围居民区受到污染。这些措施包括防止泄漏、高温燃烧、水洗或掩埋等。《大气污染防治法》第41条还规定，在人口集中地区和其他依法需要特殊保护的区域内，禁止焚烧沥青、油毡、橡胶、塑料、皮革、垃圾以及其他产生有毒、有害烟尘和恶臭气体的物质。禁止在人口集中地区、机场周围、交通干线附近以及当地人民政府划定的区域露天焚烧秸秆、落叶等烟尘的物质。焚烧这些物质不仅有恶臭气味，而且还会产生对人体健康有毒、有害的气体和粉尘，并可能对交通安全造成威胁，所以必须禁止。

（7）防治沙尘污染。由沙尘造成的大气污染是我国近年来城市大气污染的重要污染源，且污染程度急剧加深，新修订的《大气污染防治法》对这类污染的防治作出了专门规定。其中，第10条规定，各级人民政府应当加强植树种草、城乡绿化工作，因地制宜地采取有效措施做好防沙、治沙工作，改善大气环境质量。第43条规定，城市人民政府应当采取绿化责任制，加强建设施工管理，扩大地面铺装面积，控制渣土堆放和清洁运输等措施，提高人均占有绿地面积，减少市区裸露地面和地面尘土，防治城市扬尘污染。防治沙尘污染不同于传统的污染防治，其必须强调自然资源保护和污染防治的结合，这类法律规定体现了现代环境法的发展趋势。

3）防治机动车船污染

近年来，我国汽车使用量急剧增加，氮氧化物污染已成为北京等特大城市冬季的主要污染物。为了遏止这种趋势，新修订的《大气污染防治法》对防治车船污染列专章进行了规定。其中，第32条规定，机动车船向大气排放污染物不得超过规定的排放标准。任何单位和个人不得制造、销售或者进口污染物排放超过规定排放标准的机动车船。对超过规定排放标准的机动车船，应当采取治理措施。

同时，《大气污染防治法》第34条规定，国家鼓励生产和消费使用清洁能源的机动车船。国家鼓励和支持生产、使用优质燃料油，采取措施减少燃料油中有害物质对大气环境的污染。单位和个人应当按照国务院规定的期限，停止生产、进口销售含铅汽油。

9.1.4　环境噪声污染防治法律制度

《中华人民共和国环境噪声污染防治法》（以下简称《环境噪声污染防治法》）于1996年10月29日全国人民代表大会八届二十二次常委会通过，自1997年3月1日起施行。

1. 环境噪声污染防治监督管理体制

现实生活中能够产生环境噪声的噪声源比较多，涉及工业生产、建筑施工、交通运输和社会生活，我国环境噪声污染防治的监督管理体制是环境保护部门负责统一监督管理，与其他有关部门按照各自职责分别实施监督管理相结合的体制。

1）环境保护行政主管部门对环境噪声污染防治实施统一监督管理

（1）国务院环境保护行政主管部门作为对全国环境噪声污染防治工作实施统一监督管理的部门，负责下列主要工作。

① 分别不同的功能区，制定国家声环境质量标准。

② 根据国家声环境质量标准和国家经济、技术条件，制定国家环境噪声排放标准。

③ 建立环境噪声监测制度，制定监测规范，并会同有关部门组织监测网络等。

（2）县级以上地方人民政府环境保护行政主管部门作为对本行政区域内的环境噪声污

染防治工作实施统一监督管理的部门，负责下列主要工作。

① 建设项目环境影响报告书的审批。

② 建设项目中环境噪声污染防治设施的验收。

③ 企事业单位拆除或者闲置环境噪声污染防治设施申报的审批。

④ 对排放环境噪声的单位进行现场检查。

⑤ 负责接受工业企业使用产生环境噪声污染的固定设备的申报。

⑥ 负责接受城市市区范围内施工单位使用机械设备产生环境噪声的申报。

⑦ 负责接受城市市区噪声敏感建筑物集中区域内商业企业使用固定设备造成环境噪声污染的申报。

⑧ 依法对违法行为给予行政处罚等。

2）其他有关部门按照各自职责分别对有关的环境噪声污染防治工作实施监督管理

各级公安、交通、铁路和民航等主管部门，根据各自的职责，对交通运输和社会生活噪声污染防治实施监督管理。如城市人民政府公安机关可根据本地城市市区区域声环境保护的需要，划定禁止机动车辆行驶和禁止其使用声响装置的路段和时间，向社会公告，并进行监督管理，对违反者予以处罚等。

2. 环境噪声污染防治措施

1）工业与建筑施工噪声污染防治

《环境噪声污染防治法》第 22 条至第 30 条对防治工业建筑施工噪声污染作出了规定，概述如下。

（1）在城市范围内向周围生活环境排入工业与建筑施工噪声的，应当符合国家规定的工业企业厂界和建筑施工场界环境噪声排放标准。

（2）产生环境噪声污染的工业企业，应当采取有效措施，减轻噪声对周围生活的影响。

（3）国务院有关部门要对产生噪声污染的工业设备，根据噪声环境保护要求和技术经济条件，逐步在产品的国家标准和行业标准中规定噪声限值。

（4）在城市市区范围内，建筑施工过程中使用机械设备，可能产生环境噪声污染的，施工单位必须在开工 15 日以前向所在地县以上环境行政主管部门申报该工程的项目名称、施工场所和期限、可能产生的环境噪声值以及所采取的环境噪声污染防治措施的情况。

（5）在城市市区噪声敏感区域内，禁止夜间进行产生噪声污染的施工作业，但抢修、抢险作业和因生产工艺上要求或者特殊需要必须连续作业的除外。因特殊需要必须连续作业的，必须有县级以上人民政府或者其有关主管部门的证明。夜间作业，必须公告附近居民。

案例解析

不对环境造成污染是每一个单位和个人的义务，而不对环境造成污染的尺度就是其排放的污染物符合国家或地方的污染物排放标准。排放噪声的企业之所以对他人的生活、工作和学习造成了干扰，就是因为有该企业噪声超标的前提，那么它也就没有履行不污染环境的义务。不履行保护环境义务者，当然要承担相应的责任。

在本章导入案例1中，只要超标的噪声干扰他人的正常生活、学习和工作，它就由原先的"不污染"变成了现在的"污染"，排污者也要承担相应的法律责任。因此，当一个工厂企业周围建起居民楼，其超标噪声干扰了他人的生活、工作和学习时，受害者有权要求排污者停止侵害、赔偿损失，环保部门也有权要求排污者治理污染、缴纳超标排污费。

2）交通运输噪声污染防治

《环境噪声污染防治法》第31条至第40条对防治交通运输噪声污染作出了规定，具体如下。

（1）禁止制造、销售或者进口超过规定的噪声限值的汽车。

（2）在市区范围内行驶的机动车的消声器和喇叭必须符合国家规定的要求，必须使用喇叭的，应控制音量。

（3）机动车和机动船在市内航道行驶，铁路机动车驶经或者进入市区、疗养区，必须按规定使用声响装置。

（4）城市公安机关可根据声环境需要，划定禁止机动车行驶和禁鸣喇叭路段。

（5）民用航空器除起飞降落，一般不得飞越城市上空。

3）社会生活噪声污染防治

《环境噪声污染防治法》第41条至第47条对防治社会生活噪声污染作了规定。

（1）商业活动造成噪声污染，必须向县以上环保行政主管部门申报防治噪声污染设施情况，禁用高音喇叭招揽顾客。

（2）文化娱乐场所的边界噪声必须符合国家规定的标准，不符合规定的不发许可证和营业执照。

（3）禁止单位和个人在噪声敏感区使用高音量广播。

（4）使用家用电器、乐器，应控制音量，避免对周围造成噪声污染。

9.1.5　固体废物污染防治法律制度

《中华人民共和国固体废物污染防治法》于1995年10月30日第八届全国人民代表大会常务委员会第十六次会议通过，自1996年4月1日起施行。固体废物污染是指固体废物在产生、收集、储藏、运输、利用和处置的过程中产生的危害环境的现象。

1．固体废物污染环境防治措施

（1）产生固体废物的单位和个人，应当采取措施，防止或者减少固体废物对环境的污染。

（2）收集、贮存、运输、利用、处置固体废物的单位和个人，必须采取防扬散、防流失、防渗漏或者其他防止污染环境的措施。不得在运输过程中沿途丢弃、遗撒固体废物。

（3）在国务院和国务院有关主管部门及省、自治区、直辖市人民政府划定的自然保护区、风景名胜区、生活饮用水源地和其他需要特别保护的区域内，禁止建设工业固体废物集中贮存、处置设施、场所和生活垃圾填埋场。

（4）转移固体废物出省、自治区、直辖市行政区域贮存、处置的，应当向固体废物移出地的省级人民政府环境保护行政主管部门报告，并经固体废物接受地的省级人民政府环境保护行政主管部门许可。

（5）禁止我国境外的固体废物进境倾倒、堆放、处置。

（6）国家禁止进口不能用作原料的固体废物，限制进口可以用作原料的固体废物。

（7）露天贮存冶炼渣、化工渣、燃煤灰渣、废矿石、尾矿和其他工业固体废物的，应当设置专用的贮存设施、场所。

（8）建设工业固体废物贮存、处置的设施、场所，必须符合国务院环境保护行政主管部门规定的环境保护标准。

（9）施工单位应当及时清运、处置建筑施工过程中产生的垃圾，并采取措施，防止污染环境。

2. 危险废物污染环境防治措施

危险废物，是指列入国家危险废物名录或者根据国家规定的危险废物鉴别标准和鉴别方法认定的具有危险特性的废物。

（1）对危险废物的容器和包装物以及收集、贮存、运输、处置危险废物的设施、场所，必须设置危险废物识别标志。

（2）以填埋方式处置危险废物不符合国务院环境保护行政主管部门规定的，应当缴纳危险废物排污费。危险废物排污费征收的具体办法由国务院规定。危险废物排污费用于危险废物污染环境的防治，不得挪作他用。

（3）从事收集、贮存、处置危险废物经营活动的单位，必须向县级以上人民政府环境保护行政主管部门申请领取经营许可证，具体管理办法由国务院规定。禁止无经营许可证或者不按照经营许可证的规定从事危险废物收集、贮存、处置的经营活动。禁止将危险废物提供或者委托给无经营许可证的单位从事收集、贮存、处置的经营活动。

（4）收集、贮存危险废物，必须按照危险废物特性分类进行。禁止混合收集、贮存、运输、处置性质不相容而未经安全性处置的危险废物。禁止将危险废物混入非危险废物中贮存。

（5）转移危险废物的，必须按照国家有关规定填写危险废物转移联单，并向危险废物移出地和接受地的县级以上地方人民政府环境保护行政主管部门报告。

（6）运输危险废物，必须采取防止污染环境的措施，并遵守国家有关危险货物运输管理的规定。禁止将危险废物与旅客在同一运输工具上载运。

（7）收集、贮存、运输、处置危险废物的场所、设施、设备和容器、包装物及其他物品转作他用时，必须经过消除污染的处理，方可使用。

（8）直接从事收集、贮存、运输、利用、处置危险废物的人员，应当接受专业培训，经考核合格，方可从事该项工作。

（9）产生、收集、贮存、运输、利用、处置危险废物的单位，应当制定在发生意外事故时采取的应急措施和防范措施，并向所在地县级以上地方人民政府环境保护行政主管部门报告，环境保护行政主管部门应当进行检查。

（10）禁止经我国过境转移危险废物。

9.2　节约能源法律制度

导 入 案 例 2

2008 年，国内供热节能与分户计量整体解决方案首次被推出，采用这种方案，预计平均供热节能将达到 20% 左右。该项目是由北京某节能服务有限公司研发设计的。"我们的热分配表具有很好的性价比，蒸发式热分配表每只成本只有几十元，报价仅为国外同类产品的30%~50%。"该公司董事长说，整个系统通过"一表一阀"来默契配合，通过温控阀让用户自己真正掌控热量，做到"冷暖自如"。供热节能项目的提出，正是顺应目前节约能源的趋势，符合我国新修订的节约能源法的要求。

9.2.1 节约能源法概述

1. 节约能源与节约能源法

节约能源，是指加强用能管理，采取技术上可行、经济上合理以及环境和社会可以承受的措施，从能源生产到消费的各个环节，降低消耗、减少损失和污染物排放、制止浪费，有效、合理地利用能源。

当前，我国经济保持快速发展，但喜中有忧的是，我们也为此付出了沉重的资源和环境代价，这种以高消耗、高污染来带动经济高增长的发展模式是不可持续的。为增强全社会的节能意识，树立节能新风尚，营造良好的节能社会氛围，早在1997年我国就制定了《中华人民共和国节约能源法》（以下简称《节约能源法》），由于原《节约能源法》的指导思想沿袭了计划经济的思路，既没有形成符合市场经济要求的强制与激励相结合的机制，也忽略了市场机制指导下政府的定位问题，因而其实际作用有一定的局限性。近些年来，社会各界呼吁修改《节约能源法》的声音接连不断，尤其是中央提出建设资源节能型、环境友好型社会以来，修改《节约能源法》更是迫在眉睫。2007年10月28日，胡锦涛主席签署主席令，新修订的《节约能源法》为我国科学发展再添法律利器，其有助于解决当前我国经济发展与能源资源及环境之间日益尖锐的矛盾。

2. 新修订的《节约能源法》的特点

新修订的《节约能源法》最主要的进步是完善了促进节能的经济政策，主要表现在以下5个方面。

（1）扩大了法律调整的范围。修订后的《节约能源法》增加了建筑节能、交通运输节能、公共机构节能等内容，这对加强这些领域的节能工作必将起到积极的促进作用。

（2）健全了节能管理制度和标准体系。新修订的《节约能源法》设立了一系列节能管理制度，如节能目标责任评价考核制度、固定资产投资项目节能评估和审查制度、落后用能产品淘汰制度、重点用能单位节能管理制度、能效标识管理制度、节能奖励制度等。《节约能源法》还明确国家要制定强制性用能产品（设备）能效标准、建筑节能标准、交通运输营运车船燃料消耗限值标准、公共机构能源消耗定额和支出标准等。

（3）完善了促进节能的经济政策。修订后的《节约能源法》规定中央财政和省级地方财政要安排节能专项资金支持节能工作，对生产、使用列入推广目录需要支持的节能技术和产品实行税收优惠，对节能产品的推广和使用给予财政补贴，引导金融机构增加对节能项目的信贷支持等，从总体上构建了推动节能的政策框架。

（4）明确了节能管理和监督主体。修订后的《节约能源法》规定了统一管理、分工协作、相互协调的节能管理体制，理顺了节能主管部门与各相关部门在节能监督管理中的职责。

（5）强化了法律责任。修订后的《节约能源法》规定了19项法律责任，包括违反固定资产投资项目节能评估和审查规定，重点用能单位违反管理制度，生产、进口、销售不符合强制性能效标准的用能产品、设备，使用国家明令淘汰的用能设备或者生产工艺，违反能效标识管理，编造虚假能源统计数据等方面的法律责任，明确了相应的处罚措施，加大了处罚范围和力度。

9.2.2 节能管理制度

1. 节能目标责任制和节能考核评价制度

修订后的《节约能源法》规定，国家实行节能目标责任制和节能评价考核制度，将节能目标完成情况作为对地方政府及其负责人考核评价的内容；省级地方政府每年要向国务院报告节能目标责任的履行情况。这使节能问责制的要求刚性化、法定化，有利于增强各级领导干部的节能责任意识，强化政府的主导责任。

2. 固定资产投资项目节能评估和审查制度

《节约能源法》规定，应建立固定资产投资项目节能评估和审查制度，通过项目评估和节能评审，控制不符合强制性节能标准和节能设计规范的投资项目，遏制高耗能行业盲目发展和过快增长。

3. 落后高耗能产品、设备和生产工艺淘汰制度

《节约能源法》规定，国家要制定并公布淘汰的用能产品、设备和生产工艺的目录及实施办法；禁止生产、进口、销售国家明令淘汰的用能产品、设备。这不仅把住了高耗能产品、设备和生产工艺的市场入口关，也加大了淘汰力度。

4. 重点用能单位节能管理制度

《节约能源法》明确了重点用能单位的范围，对重点用能单位和一般用能单位实行分类指导和管理；规定重点用能单位应每年向管理节能工作部门报送能源利用状况报告；要求管理节能工作的部门加强对重点用能单位的监督和管理；规定重点用能单位必须设立能源管理岗位，聘任能源管理负责人。

5. 能效标识管理制度

新修订的《节约能源法》将能效标识管理作为一项法律制度确立下来，明确了能效标识的实施对象，要求生产者和进口商必须对能效标识及相关信息的准确性负责，并对应标未标、违规使用能效标识等行为规定了具体的处罚措施。

6. 节能表彰奖励制度

《节约能源法》规定，各级人民政府对在节能管理、节能科学技术研究和推广应用中有显著成绩以及检举严重浪费能源行为的单位和个人，给予表彰和奖励。这是加强节能管理的一项鼓励措施，旨在为全社会树立先进典型，激发全社会做好节能工作的积极性。

9.2.3 建筑节能

1. 建筑节能的监督管理体制

国务院建设主管部门负责全国建筑节能的监督管理工作。

县级以上地方各级人民政府建设主管部门负责本行政区域内建筑节能的监督管理工作。县级以上地方各级人民政府建设主管部门会同同级管理节能工作的部门编制本行政区域内的建筑节能规划。建筑节能规划应当包括既有建筑节能改造计划。

建设主管部门应当加强对在建建设工程执行建筑节能标准情况的监督检查。

2. 各参建单位的节能责任

1）建设单位

建设单位应当按照节能政策要求和节能标准委托工程项目的设计。建设单位不得以任何理由要求设计单位、施工单位擅自修改经审查合格的节能设计文件，降低节能标准。

2）设计单位

设计单位应当依据节能标准的要求进行设计，保证节能设计质量。

3）施工图设计文件审查机构

施工图设计文件审查机构在进行审查时，应当审查节能设计的内容，在审查报告中单列节能审查章节；不符合节能强制性标准的，施工图设计文件审查结论应当定为不合格。

4）监理单位

监理单位应当依照法律、法规以及节能标准、节能设计文件、建设工程承包合同及监理合同对节能工程建设实施监理。

5）施工单位

施工单位应当按照审查合格的设计文件和节能施工标准的要求进行施工，保证工程施工质量。

 特 别 提 示

《节约能源法》第35条明确规定，建筑工程的建设单位、设计单位、施工单位和监理单位应当遵守建筑节能标准。不符合建筑节能标准的建筑工程，建设主管部门不得批准开工建设；已经开工建设的，应当责令停止施工、限期改正；已经建成的，不得销售或者使用。

6）房地产开发企业

房地产开发企业在销售房屋时，应当向购买人明示所售房屋的节能措施、保温工程保修期等信息，在房屋买卖合同、质量保证书和使用说明书中载明，并对其真实性、准确性负责。

3. 建筑节能制度

（1）使用空调采暖、制冷的公共建筑应当实行室内温度控制制度。

（2）国家采取措施，对实行集中供热的建筑分步骤实行供热分户计量、按照用热量收费的制度。新建建筑或者对既有建筑进行节能改造，应当按照规定安装用热计量装置、室内温度调控装置和供热系统调控装置。

知 识 链 接

供热分户计量的优势有以下几个。

（1）控制方便，节约能源。住户能根据自己房屋情况，自主调节流量达到适合的温

度。在外出时可以调小或关闭阀门,达到节约的目的。根据发达国家的经验,采用集中供热、计量收费的措施,可节约能源 20%～30%。

(2) 解决供暖费收取难的问题。采用收费管理系统,既减轻了收费难度,又提高了供热部门的工作效率和收费率,节省大量的人力资源,增强了供热收费的透明度,又体现了人性化管理。

(3) 国家鼓励在新建建筑和既有建筑节能改造中使用新型墙体材料等节能建筑材料和节能设备,安装和使用太阳能等可再生能源利用系统。

知 识 链 接

住房和城乡建设部第 143 号令发布,2006 年 1 月 1 日起施行的《民用建筑节能管理规定》中规定,鼓励发展下列建筑节能技术和产品。

(1) 新型节能墙体和屋面的保温、隔热技术与材料。

(2) 节能门窗的保隔热和密闭技术。

(3) 集中供热和热、电、冷联产联供技术。

(4) 供热采暖系统温度调控和分户热量计量技术与装置。

(5) 太阳能、地热等可再生能源应用技术及设备。

(6) 建设照明节能技术与产品。

(7) 空调制冷节能技术与产品。

(8) 其他技术成熟、效果显著的节能技术和节能管理技术。

9.3 消防法律制度

导 入 案 例 3

A 公司于 2005 年 8 月在江阴某地建造 10 幢标准厂房,A 公司按规定办理了报批手续,对于建筑工程的消防设计也作了报批审核,江阴市消防队对消防设计出具了两份审核意见书,一份是对厂房、生活楼建筑工程消防设计的审核意见,一份是厂区室外给水工程、泵房水池和消防控制室建筑工程消防设计审核意见书。上述工程于 2006 年 9 月通过了土建的竣工验收,并于 2008 年 3 月办理了竣工验收备案,并办理了房产证。但在竣工验收中的消防专项验收中,消防队仅出具了厂区室外给水工程泵房水池和消防控制室建筑工程消防验收合格意见,在该意见中第三条提出,厂房和生活楼在投入使用前或内部装修前应另行向公安消防机构申报审批。2011 年 10 月 10 日,B 公司与 A 公司签订了房屋租赁合同,B 公司租赁了 A 公司的 5 号楼,在合同中约定,承租人在租赁期间须自行办理工商、税务、消防、环保、用水、用电等需相关职能部门批准手续,相关营业手续必须批准后,方可投入使用,其费用自理,并约定在出租人房屋现有设备和设施现状的基础上,承租方为满足自身生产需求,还需增加的任何相关设施设备(如安装消防喷淋设备等)其费用自理。合同签订后,承租人未办理消防批准手续。2012 年 3 月 6 日,承租人发生火灾,消防队的火灾事故认定书认为起火原因为:起火点为四层烘房西南角,起火原因系烘房设备故障引起。因火灾影响，相邻另一家公司亦受到损失，现相邻公司要求 B 公司与 A 公司承担赔偿责任。

《中华人民共和国消防法》（简称《消防法》）于 1998 年 4 月 29 日第九届全国人民代表大会常务委员会第二次会议通过，自 1998 年 9 月 1 日起施行。2008 年 10 月 28 日第十一届全国人民代表大会常务委员会第五次会议对《消防法》进行了修订。此外，公安部于 2009 年 4 月 30 日公布《建设工程消防监督管理规定》，2012 年 7 月 17 日进行了修订。

9.3.1 消防设计、施工的质量责任

《消防法》第 9 条规定，建设工程的消防设计、施工必须符合国家工程建设消防技术标准。建设、设计、施工、工程监理等单位依法对建设工程的消防设计、施工质量负责。

1. 建设单位承担的消防设计、施工质量责任

建设单位不得要求设计、施工、工程监理等有关单位和人员违反消防法规和国家工程建设消防技术标准，降低建设工程消防设计、施工质量，并承担下列消防设计、施工的质量责任。

（1）依法申请建设工程消防设计审核、消防验收，依法办理消防设计和竣工验收消防备案手续并接受抽查；建设工程内设置的公众聚集场所未经消防安全检查或者经检查不符合消防安全要求的，不得投入使用、营业。

（2）实行工程监理的建设工程，应当将消防施工质量一并委托监理。

（3）选用具有国家规定资质等级的消防设计、施工单位。

（4）选用合格的消防产品和满足防火性能要求的建筑构件、建筑材料及装修材料。

（5）依法应当经消防设计审核、消防验收的建设工程，未经审核或者审核不合格的，不得组织施工；未经验收或者验收不合格的，不得交付使用。

2. 设计单位承担的消防设计质量责任

（1）根据消防法规和国家工程建设消防技术标准进行消防设计，编制符合要求的消防设计文件，不得违反国家工程建设消防技术标准强制性要求进行设计。

（2）在设计中选用的消防产品和具有防火性能要求的建筑构件、建筑材料、装修材料，应当注明规格、性能等技术指标，其质量要求必须符合国家标准或者行业标准。

（3）参加建设单位组织的建设工程竣工验收，对建设工程消防设计实施情况签字确认。

3. 施工单位承担的消防施工的质量和安全责任

（1）按照国家工程建设消防技术标准和经消防设计审核合格或者备案的消防设计文件组织施工，不得擅自改变消防设计进行施工，降低消防施工质量。

（2）查验消防产品和具有防火性能要求的建筑构件、建筑材料及装修材料的质量，使用合格产品，保证消防施工质量。

（3）建立施工现场消防安全责任制度，确定消防安全负责人。加强对施工人员的消防教育培训，落实动火、用电、易燃可燃材料等消防管理制度和操作规程。保证在建工程竣工验收前消防通道、消防水源、消防设施和器材、消防安全标志等完好有效。

4. 工程监理单位承担的消防施工的质量监理责任

（1）按照国家工程建设消防技术标准和经消防设计审核合格或者备案的消防设计文件实施工程监理。

（2）在消防产品和具有防火性能要求的建筑构件、建筑材料、装修材料施工、安装前，核查产品质量证明文件，不得同意使用或者安装不合格的消防产品和防火性能不符合要求的建筑构件、建筑材料、装修材料。

（3）参加建设单位组织的建设工程竣工验收，对建设工程消防施工质量签字确认。

9.3.2 消防设计的审核与验收

1. 消防设计文件的审核与备案

国务院公安部门规定的大型的人员密集场所和其他特殊建设工程，建设单位应当将消防设计文件报送公安机关消防机构审核。公安机关消防机构依法对审核的结果负责。

按照国家工程建设消防技术标准需要进行消防设计的建设工程，除以上需要进行消防设计审核定的工程外，建设单位应当自依法取得施工许可之日起 7 个工作日内，将消防设计文件报公安机关消防机构备案，公安机关消防机构应当进行抽查。

依法应当经公安机关消防机构进行消防设计审核的建设工程，未经依法审核或者审核不合格的，负责审批该工程施工许可的部门不得给予施工许可，建设单位、施工单位不得施工；其他建设工程取得施工许可后经依法抽查不合格的，应当停止施工。

2. 消防设计竣工的验收与备案

按照国家工程建设消防技术标准需要进行消防设计的建设工程竣工，依照下列规定进行消防验收、备案。

（1）属于国务院公安部门规定的大型的人员密集场所和其他特殊建设工程，建设单位应当向公安机关消防机构申请消防验收。

（2）其他建设工程，建设单位在验收后应当报公安机关消防机构备案，公安机关消防机构应当进行抽查。

依法应当进行消防验收的建设工程，未经消防验收或者消防验收不合格的，禁止投入使用；其他建设工程经依法抽查不合格的，应当停止使用。

 知 识 链 接

《建设工程消防监督管理规定》(2012 年)(节选)

第 13 条 对具有下列情形之一的人员密集场所，建设单位应当向公安机关消防机构申请消防设计审核，并在建设工程竣工后向出具消防设计审核意见的公安机关消防机构申请消防验收。

（1）建筑总面积大于 2 万平方米的体育场馆、会堂，公共展览馆、博物馆的展厅。

（2）建筑总面积大于 1.5 万平方米的民用机场航站楼、客运车站候车室、客运码头候船厅。

（3）建筑总面积大于 1 万平方米的宾馆、饭店、商场、市场。

（4）建筑总面积大于 2 500 平方米的影剧院，公共图书馆的阅览室，营业性室内健

身、休闲场馆，医院的门诊楼，大学的教学楼、图书馆、食堂，劳动密集型企业的生产加工车间，寺庙、教堂。

（5）建筑总面积大于1 000平方米的托儿所、幼儿园的儿童用房，儿童游乐厅等室内儿童活动场所，养老院、福利院，医院、疗养院的病房楼，中小学校的教学楼、图书馆、食堂，学校的集体宿舍，劳动密集型企业的员工集体宿舍。

（6）建筑总面积大于五百平方米的歌舞厅、录像厅、放映厅、卡拉OK厅、夜总会、游艺厅、桑拿浴室、网吧、酒吧，具有娱乐功能的餐馆、茶馆、咖啡厅。

第14条　对具有下列情形之一的特殊建设工程，建设单位必须向公安机关消防机构申请消防设计审核，并且在建设工程竣工后向出具消防设计审核意见的公安机关消防机构申请消防验收。

（1）设有本规定第13条所列的人员密集场所的建设工程。

（2）国家机关办公楼、电力调度楼、电信楼、邮政楼、防灾指挥调度楼、广播电视楼、档案楼。

（3）本条第（1）项、第（2）项规定以外的单体建筑面积大于四万平方米或者建筑高度超过五十米的公共建筑。

（4）国家标准规定的一类高层住宅建筑。

（5）城市轨道交通、隧道工程，大型发电、变配电工程。

（6）生产、储存、装卸易燃易爆危险物品的工厂、仓库和专用车站、码头，易燃易爆气体和液体的充装站、供应站、调压站。

3. 建设工程投入使用前的消防安全检查

公众聚集场所在投入使用、营业前，建设单位或者使用单位应当向场所所在地的县级以上地方人民政府公安机关消防机构申请消防安全检查。

公安机关消防机构应当自受理申请之日起10个工作日内，根据消防技术标准和管理规定，对该场所进行消防安全检查。未经消防安全检查或者经检查不符合消防安全要求的，不得投入使用、营业。

9.3.3　工程建设中的消防安全措施

1. 机关、团体、企业、事业单位应当履行的消防安全职责

《消防法》第16条规定，机关、团体、企业、事业等单位应当履行下列消防安全职责：

（1）落实消防安全责任制，制定本单位的消防安全制度、消防安全操作规程，制定灭火和应急疏散预案。

（2）按照国家标准、行业标准配置消防设施、器材，设置消防安全标志，并定期组织检验、维修，确保完好有效。

（3）对建筑消防设施每年至少进行一次全面检测，确保完好有效，检测记录应当完整准确，存档备查。

（4）保障疏散通道、安全出口、消防车通道畅通，保证防火防烟分区、防火间距符合消防技术标准。

（5）组织防火检查，及时消除火灾隐患。

（6）组织进行有针对性的消防演练。

（7）法律、法规规定的其他消防安全职责。

单位的主要负责人是本单位的消防安全责任人。

2. 工程建设中应当采取的消防安全措施

（1）生产、储存、经营易燃易爆危险品的场所不得与居住场所设置在同一建筑物内，并应当与居住场所保持安全距离。生产、储存、经营其他物品的场所与居住场所设置在同一建筑物内的，应当符合国家工程建设消防技术标准。

（2）禁止在具有火灾、爆炸危险的场所吸烟、使用明火。因施工等特殊情况需要使用明火作业的，应当按照规定事先办理审批手续，采取相应的消防安全措施；作业人员应当遵守消防安全规定。

进行电焊、气焊等具有火灾危险作业的人员和自动消防系统的操作人员，必须持证上岗，并遵守消防安全操作规程。

（3）生产、储存、装卸易燃易爆危险品的工厂、仓库和专用车站、码头的设置，应当符合消防技术标准。易燃易爆气体和液体的充装站、供应站、调压站，应当设置在符合消防安全要求的位置，并符合防火防爆要求。

已经设置的生产、储存、装卸易燃易爆危险品的工厂、仓库和专用车站、码头，易燃易爆气体和液体的充装站、供应站、调压站，不再符合前款规定的，地方人民政府应当组织、协调有关部门、单位限期解决，消除安全隐患。

（4）生产、储存、运输、销售、使用、销毁易燃易爆危险品，必须执行消防技术标准和管理规定。

进入生产、储存易燃易爆危险品的场所，必须执行消防安全规定。禁止非法携带易燃易爆危险品进入公共场所或者乘坐公共交通工具。

储存可燃物资仓库的管理，必须执行消防技术标准和管理规定。

（5）建筑构件、建筑材料和室内装修、装饰材料的防火性能必须符合国家标准；没有国家标准的，必须符合行业标准。

人员密集场所室内装修、装饰，应当按照消防技术标准的要求，使用不燃、难燃材料。

（6）任何单位、个人，不得损坏、挪用或者擅自拆除、停用消防设施、器材，不得埋压、圈占、遮挡消火栓或者占用防火间距，不得占用、堵塞、封闭疏散通道、安全出口、消防车通道。人员密集场所的门窗不得设置影响逃生和灭火救援的障碍物。

（7）负责公共消防设施维护管理的单位，应当保持消防供水、消防通信、消防车通道等公共消防设施的完好有效。在修建道路以及停电、停水、截断通信线路时有可能影响消防队灭火救援的，有关单位必须事先通知当地公安机关消防机构。

9.4 档案法律制度

导入案例 4

2007 年 8 月 13 日，湖南省凤凰县堤溪大桥发生坍塌事件。在对此事故的调查中，大家在各类报纸上都可以看到，国务院事故调查领导小组首先采取的一项措施就是：封存大桥项目所有档案资料以及工程监理资料待查。从这项措施中，我们不难看出建设工程档案资料是何等的重要。一个具体的建设工程包含实体和资料两个不可分割的组成部分，而工程档案资料则是工程实体的图文记载，是工程施工全过程的真实写照。因此，相关责任人要以对社会、对历史高度负责的态度，保证档案资料的完整、规范、准确、真实，并按有关规定向城建档案馆移交工程竣工档案资料。

9.4.1　档案立法概况

《中华人民共和国档案法》（以下简称《档案法》）于 1987 年 9 月 5 日第六届全国人民代表大会常务委员会第二十二次会议通过，1996 年 7 月 5 日第八届全国人民代表大会常务委员会第二十次会议对其进行了修正。《档案法》的立法目的在于加强对档案的管理、收集和整理工作，有效地保护和利用档案，为社会主义现代化建设服务。依据《档案法》，2001 年 3 月 5 日，住房和城乡建设部、国家质量监督总局联合发布了《建设工程文件归档整理规范》（GB/T 50328—2001），该规范自 2001 年 7 月 1 日起实施，适用于建设工程文件的归档整理以及建设工程档案的验收。此外，2006 年 6 月 14 日，国家档案局、国家发展和改革委员会联合印发了《重大建设项目档案验收办法》，该办法对重大建设项目档案验收的组织、验收申请、验收要求作出了更具体的规定。

9.4.2　建设工程文件

建设工程文件是在工程建设过程中形成的各种形式的信息记录，包括工程准备阶段文件、监理文件、施工文件、竣工图和竣工验收文件，也可简称为工程文件。

1. 工程准备阶段文件

工程准备阶段文件，是指工程开工以前，在立项、审批、征地、勘察、设计和招标投标等工程准备阶段形成的文件，包括以下内容：

（1）立项文件；

（2）建设用地、征地、拆迁文件；

（3）勘察、测绘、设计文件；

（4）招标投标文件；

（5）开工审批文件；

（6）财务文件；

（7）建设、施工、监理机构及负责人名单等。

2. 监理文件

监理文件，是指监理单位在工程设计和施工等监理过程中形成的文件。主要包括以下内容：

（1）监理规划；

（2）监理月报中的有关质量问题；

（3）监理会议纪要中的有关质量问题；

（4）进度控制文件；

（5）质量控制文件；

（6）造价控制文件；

（7）分包资质文件；

（8）监理通知；

（9）合同与其他事项管理文件；

（10）监理工作总结。

3. 施工文件

施工文件，是指施工单位在工程施工过程中形成的文件。不同专业的工程对施工文件的要求不尽相同，一般包括以下内容：

（1）施工技术准备文件；

（2）施工现场准备文件；

（3）地基处理记录；

（4）工程图纸变更记录；

（5）施工材料、预制构件质量证明文件及复试试验报告；

（6）设备、产品质量检查、安装记录；

（7）施工试验记录、隐蔽工程检查记录；

（8）施工记录；

（9）工程质量事故处理记录；

（10）工程质量检验记录。

4. 竣工图和竣工验收文件

竣工图是指在工程竣工验收后，真实反映建设工程项目施工结果的图样。竣工验收文件是指建设工程项目竣工验收活动中形成的文件。竣工验收文件主要包括以下内容：

（1）工程竣工总结；

（2）竣工验收记录；

（3）财务文件；

（4）声像、缩微、电子档案。

9.4.3　建设工程文件归档整理

1. 基本规定

（1）建设、勘察、设计、施工、监理等单位应将工程文件的形成和积累纳入工程建设管理的各个环节和有关人员的职责范围内。

（2）在工程文件与档案的整理立卷、验收移交工作中，建设单位应履行下列职责。

① 在工程招标及勘察、设计、施工、监理等单位签订协议、合同时，应对工程文件的套数、费用、质量和移交时间等提出明确要求。

② 收集和整理工程准备阶段、竣工验收阶段形成的文件，并应进行立卷归档。

③ 负责组织、监督和检查勘察、设计、施工、监理等单位的工程文件的形成、积累和立卷归档工作。

④ 收集和汇总勘察、设计、施工、监理等单位立卷归档的工程档案。

⑤ 在组织工程竣工验收前，应提请当地的城建档案管理机构对工程档案进行预验收；

未取得工程档案验收认可文件，不得组织工程竣工验收。

⑥ 对列入城建档案馆（室）接收范围的工程，工程竣工验收后 3 个月内，向当地城建档案馆（室）移交一套符合规定的工程档案。

（3）勘察、设计、施工、监理等单位应将本单位形成的工程文件立卷后向建设单位移交。

（4）建设工程项目实行总承包的，总包单位负责收集、汇总各分包单位形成的工程档案，并应及时向建设单位移交；各分包单位应将本单位形成的工程文件整理、立卷后及时移交总包单位。建设工程项目由几个单位承包的，各承包单位负责收集、整理立卷其承包项目的工程文件，并应及时向建设单位移交。

（5）城建档案管理机构应对工程文件的立卷归档工作进行监督、检查和指导。在工程竣工验收前，应对工程档案进行预验收，验收合格后，须出具工程档案认可文件。工程实行总承包的，总承包单位负责收集、汇总各分包单位形成的档案，并应及时向建设单位移交；工程由几个单位承包的，各承包单位负责收集、整理立卷其承包项目的工程文件，并应及时移交给建设单位。

2．工程文件的归档

对与工程建设有关的重要活动、记载工程建设主要过程和现状、具有保存价值的各种载体的文件，均应收集齐全，整理立卷后归档。

（1）归档文件必须完整、准确、系统，能够反映工程建设活动的全过程。归档的文件必须经过分类整理，并应组成符合要求的案卷。

（2）归档时间：根据建设程序和工程特点，归档可以分阶段进行，也可以在单位或分部工程通过竣工验收后进行。勘察单位、设计单位应当在任务完成时，施工单位、监理单位应当在工程竣工验收前，将各自形成的有关工程档案向建设单位归档。

（3）勘察单位、设计单位、施工单位在收齐工程文件并整理立卷后，建设单位、监理单位应根据城建管理机构的要求对档案文件完整、准确、系统情况和案卷质量进行审查。审查合格后向建设单位移交。

（4）工程档案一般不少于两套：一套由建设单位保管，一套（原件）移交当地城建档案馆（室）。

（5）勘察、设计、施工、监理等单位向建设单位移交档案时，应编制移交清单，并由双方签字、盖章后方可交接。

（6）凡设计单位、施工单位及监理单位需要向本单位归档的文件，应按国家有关规定的要求单独立卷归档。

3．工程档案的验收与移交

（1）列入城建档案馆（室）档案接收范围的工程，建设单位在组织工程竣工验收前，应提请城建档案管理机构对工程档案进行预验收。建设单位未取得城建档案管理机构出具的认可文件，不得组织工程竣工验收。

（2）城建档案管理机构在进行工程档案预验收时，应重点验收以下内容。

① 工程档案齐全、系统、完整。

② 工程档案的内容真实、准确地反映工程建设活动和工程实际状况。

③ 工程档案已整理立卷,立卷符合本规范的规定。

④ 竣工图绘制方法、图式及规格等符合专业技术要求,图面整洁,盖有竣工图章。

⑤ 文件的形成,来源符合实际,要求单位或个人签章的文件,其签章手续完备。

⑥ 文件材质、幅面、书写、绘图、用墨和托裱等符合要求。

(3) 列入城建档案馆(室)接收范围的工程,建设单位在工程竣工验收后 3 个月内,必须向城建档案馆(室)移交一套符合规定的工程档案。

(4) 停建、缓建建设工程的档案,暂由建设单位保管。

(5) 对改建、扩建和维修工程,建设单位应当组织设计、施工单位据实修改、补充和完善原工程档案。对改变的部位,应当重新编制工程档案,并在工程验收后 3 个月内向城建档案馆(室)移交。

(6) 建设单位向城建档案馆(室)移交工程档案时,应办理移交手续,填写移交目录,由双方签字、盖章后交接。

9.4.4　重大建设项目档案验收

1. 适用范围

《重大建设项目档案验收办法》适用于各级政府投资主管部门组织或委托组织进行竣工验收的固定资产投资项目。所称的各级政府投资主管部门是指各级政府发展改革部门和具有投资管理职能的经济(贸易)部门。

2. 验收组织

1) 验收的组织与验收组的组成

(1) 国家发展和改革委员会组织验收的项目,由国家档案局组织项目档案的验收。

(2) 国家发展和改革委员会委托中央主管部门(含中央管理企业)、省级政府投资主管部门组织验收的项目,由中央主管部门档案机构、省级档案行政管理部门组织项目档案的验收,验收结果报国家档案局备案。

(3) 省以下各级政府投资主管部门组织验收的项目,由同级档案行政管理部门组织项目档案的验收。

(4) 国家档案局对中央主管档案机构、省级档案行政管理部门组织的项目档案验收进行监督、指导。项目主管部门、各级档案行政管理部门应加强项目档案验收前的指导和咨询,必要时可组织预检。

2) 项目档案验收组的组成

(1) 国家档案局组织的项目档案验收,验收组由国家档案局、中央主管部门和项目所在地省级档案行政管理部门等单位组成。

(2) 中央主管部门档案机构组织的项目档案验收,验收组由中央主管部门档案机构及项目所在地省级档案行政管理部门等单位组成。

(3) 省级及省以下各级档案行政管理部门组织的项目档案验收,由档案行政管理部门、项目主管部门等单位组成。

(4) 凡在城市规划区范围内建设的项目,项目档案验收成员应包括项目所在地的城建档案接收单位。

（5）项目档案验收组人数为不少于5人的单数，组长由验收组织单位人员担任。必要时可邀请有关专业人员参加验收组。

3. 验收申请

（1）申请项目档案验收应具备的条件。

① 项目主体工程和辅助设施已按照设计建成，能满足生产或使用的需要。

② 项目试运行指标考核合格或者达到设计能力。

③ 完成了项目建设全过程文件材料的收集、整理与归档工作。

④ 基本完成了项目档案的分类、组卷、编目等整理工作。

（2）项目建设单位应向项目档案验收组织单位报送档案验收申请报告，并填报"重大建设项目档案验收申请表"。

（3）项目档案验收组织单位应在收到申请报告后的10个工作日内作出答复。

（4）项目档案验收申请报告的主要内容。

① 项目建设及项目档案管理概况。

② 保证项目档案的完整、准确、系统所采取的控制措施。

③ 项目文件材料的形成、收集、整理与归档情况，竣工图的编制情况及质量状况。

④ 档案在项目建设、管理、试运行中的作用。

⑤ 存在的问题及解决措施。

4. 验收要求

1）项目档案验收会议

项目档案验收应在项目竣工验收3个月之前完成。项目档案验收以验收组织单位召集验收会议的形式进行。

项目档案验收会议的主要议程如下。

（1）项目建设单位（法人）汇报项目建设概况、项目档案工作情况。

（2）监理单位汇报项目档案质量的审核情况。

（3）项目档案验收组检查项目档案及档案管理情况。

（4）项目档案验收组对项目档案质量进行综合评价。

（5）项目档案验收组形成并宣布项目档案验收意见。

2）项目档案质量的评价

检查项目档案，采用质询、现场查验或抽查案卷的方式。抽查档案数量应不少于100卷，抽查重点为项目前期管理性文件、隐蔽工程文件、竣工文件、质检文件、重要合同和协议等。

3）项目档案验收意见

项目档案验收意见的主要内容如下。

（1）项目建设概况。

（2）项目档案管理情况，包括项目档案工作的基础管理工作，项目文件材料的形成、收集、整理与归档情况，竣工图的编制情况及质量，档案的种类、数量，档案的完整性、准确性、系统性及安全性评价，档案验收的结论性意见。

（3）存在的问题、整改要求与建议。

4）项目档案验收结果

档案验收结果分为合格与不合格。

项目档案验收组半数以上成员同意通过验收的为合格。项目档案验收合格的项目，由项目档案验收组出具项目档案验收意见。

项目档案验收不合格的项目，由项目档案验收组提出整改意见，要求建设单位于项目竣工验收前对存在的问题限期整改，并进行复查。复查后仍不合格的，不得进行竣工验收，并由档案验收组提请有关部门对建设单位进行通报批评。造成档案损失的，应依法追究有关单位及人员的责任。

9.5 税收法律制度

导入案例 5

国家税务总局通报当前涉税违法犯罪活动的特征，其中，建筑安装企业偷税问题较多。建筑安装企业具有建筑时间长、工程跨度大、流动性强等特点，有的企业施工完毕后长期不结转收入；部分企业账册不健全、不规范，隐瞒销售收入；有的采用核定纳税方式，其工程成本项目不取得发票。

9.5.1 税收与税法概述

1. 税法的概念

税法是调整税收征纳关系的法律规范的总称，主要包括《税收征收管理法》《企业所得税法》《个人所得税法》和《企业所得税暂行条例》等税收法律法规。

2. 税收制度

1）税收的概念与特征

税收是国家凭借政治权力或公共权力对社会产品进行分配的形式。税收是满足社会公共需要的分配形式。税收具有强制性、无偿性和固定性。税收作为经济杠杆之一，具有调节收入分配、促进资源配置和促进经济增长的作用。

2）税收制度的构成要素

在任何一个国家，不论采用什么样的税收制度，构成税种的要素都不外乎以下几项：纳税人、征税对象、税目、税率、计税方法、纳税环节、纳税期限、纳税地点和税收优惠。

（1）纳税人。纳税人是纳税义务人的简称，是税法规定的直接负有纳税义务的法人和自然人。

（2）征税对象。征税对象，又称课税客体、纳税客体，是税法规定的征税的目的物。

征税对象是一个税种区别于另一种税种的主要标志，是税收制度的基本要素之一。每一种税都必须明确规定对什么征税，体现着税收范围的广度。一般来说，不同的税种有着不同的课税对象，不同的课税对象决定着税种所应有的不同性质。国家为了筹措财政资金和调节经济的需要，可以根据客观经济状况选择课税对象。正确选择课税对象，是实现税制优化的关键。

（3）税目。税目是税法对征税对象规定的具体征税项目，是对征税对象质的界定。设置税目的目的：一是为了体现公平原则根据不同项目的利润水平和国家经济政策，通过设置不同的税率进行税收调控；二是为了体现简便原则，对性质相同、利润水平相同且国家经济政策调控方向也相同的项目进行分类，以便按照项目类别设置税率。有些税种不分课税对象的性质，一律按照课税对象的应税数额采用同一税率计征税款，因此没有必要设置税目，如企业所得税。有些税种具体课税对象复杂，需要规定税目，如消费税、营业税等，一般都规定有不同的税目。

（4）税率。税率是应纳税额与课税对象之间的比例，是计算应纳税额的尺度，它体现了征税的深度。税率的设计，直接反映着国家的有关经济政策，直接关系着国家财政收入的多少和纳税人税收负担的高低，是税收制度的中心环节。

我国现行税率大致可分为以下3种。

① 比例税率。实行比例税率，对同一征税对象不论数额大小，都按同一比例征税。比例税率的优点表现在：同一课税对象的不同纳税人税收负担相同，能够鼓励先进，鞭策落后，有利于公平竞争；计算简便，有利于税收的征收管理。

② 定额税率。定额税率又称固定税额、单位税额，即按征税对象确定的计量单位，直接规定一个固定的税额。一般适用于从量计征的税种。定额税率的优点是：从量计征，不是从价计征，有利于鼓励纳税人提高产品质量和改进包装，计算简便。但是，由于税额的规定同价格的变化情况脱离，在价格提高时，不能使国家财政收入随国民收入的增长而同步增长，在价格下降时，则会限制纳税人的生产经营积极性。

③ 累进税率。累进税率即按征税对象数额的大小，划分若干等级，每个等级由低到高规定相应的税率。征税对象数额越大，税率越高，数额越小，税率越低。累进税率可进一步分为：全额累进税率、超额累进税率、全率累进税率、超率累进税率等。我国现行税法采用的是超额累进税率和超率累进税率。

超额累进税率。即按征税对象数额的大小划分为若干等级，每一等级规定一个税率，税率一次提高，每一纳税人的征税对象依所属等级同时适用几个税率分别计算，将计算结果相加后得出应纳税额。

超率累进税率。是指以征税对象数额的相对率划分为若干等级，分别规定相应的差别税率，相对率每超过一个级距的，对超过的部分就按高一级的税率计算征税。即按征税对象数额的大小划分为若干等级，每一等级规定一个税率，税率一次提高，每一纳税人的征税对象依所属等级同时适用几个税率分别计算，将计算结果相加后得出应纳税额。

（5）纳税环节。纳税环节是商品在过程中缴纳税款的环节。任何税种都要确定纳税环节，有的比较明确、固定，有的则需要在许多流转环节中选择确定。如对一种产品，在生产、批发和零售诸个环节中，可以选择只在生产环节征税，称为一次课征制，也可以选择在两个环节征税，称为两次课征制。还可以实行在所有流转环节都征税，称为多次课征制。

确定纳税环节，是流转课税的一个重要问题。它关系到税制结构和税种的布局，关系到税款能否及时足额入库，关系到地区间税收收入的分配，同时关系到企业的经济核算和是否便利纳税人缴纳税款等问题。所以，选择确定纳税环节，必须和价格制度、企业财务核算制度相适应，同纯收入在各个环节的分布情况相适应，以利于经济发展和控制税源。

（6）纳税期限。纳税期限是负有纳税义务的纳税人向国家缴纳税款的最后时间限制。它是税收强制性、固定性在时间上的体现。确定纳税期限，要根据课税对象和国民经济各部门生产经营的不同特点来决定。

（7）税收优惠。税收优惠，是指税法对某些特定的纳税人或征税对象给予免除部分或全部纳税义务的规定。减税是对应纳税额少征一部分税款；免税是对应纳税额全部免征。减税免税是对某些纳税人和征税对象给予鼓励和照顾的一种措施。

3. 现行的税种

按课税对象分类，税收可以分为流转税、所得税、财产税、资源税和行为税。

（1）流转税：流转税是对流转额征税的一类税收。如增值税、消费税、营业税、关税。

（2）所得税：所得税是对所得额（或收入额）征税的一类税收。如企业所得税、个人所得税等。

（3）财产税：财产税是对财产的价值征税的一类税收。如房产税、车船税等。

（4）资源税：资源税是对自然资源征税的一类税收。如资源税、土地增值税、城镇土地使用税等。

（5）行为税：行为税是对特定行为征税的一类税收。如印花税、城市维护建设税等。

9.5.2 纳税人的权利与义务

根据《税收征收管理法》，法律、行政法规规定负有纳税义务的单位和个人为纳税人。法律、行政法规规定负有代扣代缴、代收代缴税款义务的单位和个人为扣缴义务人。纳税人、扣缴义务人必须依照法律、行政法规的规定缴纳税款、代扣代缴、代收代缴税款。

1. 纳税人的权利

（1）依法提出申请享受税收优惠的权利。

（2）依法请求税务机关退回多征税款的权利。

（3）依法提起税务行政复议和税务行政诉讼的权利。

（4）依法对税务人员的违法行为进行检举和控告的权利。

（5）因税务机关的行为违法或不当，致使纳税人合法权益遭受损害时，有依法请求得到赔偿的权利。

（6）向税务机关咨询税法及纳税程序的权利。

（7）要求税务机关为其保密的权利。

（8）对税务机关作出的决定享有陈述和申辩的权利。

2. 纳税人的义务

（1）依法办理税务登记、变更或注销税务登记。

（2）依法进行账簿、凭证管理。

（3）按期进行纳税申报，按时足额缴纳税款。

（4）向税务机关提供生产销售情况和其他资料，主动接受并配合税务机关的税务检查。

（5）执行税务机关的行政处罚决定，按照规定缴纳滞纳金和罚款。

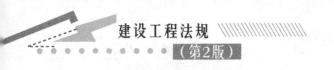
9.5.3 税务管理制度

1. 税务登记制度

1）开业、变更、注销登记

企业及其在外地设立的分支机构等从事生产、经营的纳税人，应当自领取营业执照起30日内，向税务机关申报办理税务登记。税务登记内容发生变化的，纳税人应当自办理工商变更登记起30日内，向税务机关办理变更登记。在办理工商注销登记前，先办理税务注销。

2）税务登记证件

纳税人办理下列事项时，必须持税务登记证件：开立银行账户；申请减税、免税、退税；申请办理延期申报、延期缴纳税款；领购发票；申请开具外出经营活动税收管理证明；办理停业、歇业等。

2. 账簿凭证管理制度

根据《税收征收管理法》的有关规定，纳税人、扣缴义务人按照有关法律、行政法规和国务院财政、税务主管部门的规定设置账簿，根据合法、有效凭证记账，进行核算。从事生产、经营的纳税人、扣缴义务人必须按照国务院财政、税务主管部门规定的保管期限保管账簿、记账凭证、完税凭证及其他有关资料，账簿、记账凭证、完税凭证及其他有关资料不得伪造、变造或者擅自损毁。

3. 纳税申报管理制度

纳税人必须依照法律、行政法规规定或者税务机关依照法律、行政法规规定确定的申报期限、申报内容如实办理纳税申报，报送税务申报表、财务会计报表以及税务机关根据实际需要要求纳税人报送的其他纳税资料。扣缴义务人必须依照法律、行政法规规定或者税务机关依照法律、行政法规的规定确定的申报期限、申报内容如实办理纳税申报，报送代扣代缴、代收代缴税款报告表以及税务机关根据实际需要要求纳税人报送的其他有关资料。

纳税人、扣缴义务人不能按期办理纳税申报或者报送代扣代缴、代收代缴税款报告表的，经税务机关核准，可以延期申报，但应在核准的延期内办理税款结算。

9.5.4 税款征收制度

1. 代扣代缴税款制度

扣缴义务人依照法律、行政法规的规定履行代扣、代收税款的义务。对法律、行政法规没有规定负有代扣、代收税款义务的单位和个人，税务机关不得要求其履行代扣、代收税款义务。扣缴义务人依法履行代扣、代收税款义务时，纳税人不得拒绝。纳税人拒绝的，扣缴义务人应当及时报告税务机关处理。税务机关按照规定付给扣缴义务人代扣、代收手续费。

2. 延期缴纳税款制度

纳税人、扣缴义务人按照法律、行政法规规定或者税务机关依照法律、行政法规的规定确定的期限，缴纳或者解缴税款。纳税人因有特殊困难，不能按期缴纳税款的，经省、自治区、直辖市国家税务局、地方税务局批准，可以延期缴纳税款，但最长不得超过3个月。

3. 税收滞纳金征收制度

纳税人未按照规定期限缴纳税款的，扣缴义务人未按照规定期限解缴税款的，税务机关除责令限期缴纳外，从滞纳税款之日起，按日加收滞纳税款0.05%的滞纳金。

4. 税收保全措施

税务机关有根据认为从事生产、经营的纳税人有逃避纳税义务行为的，可以在规定的纳税期之前，责令限期缴纳应纳税款；在限期内发现纳税人有明显的转移、隐匿其应纳税的商品、货物以及其他财产或者应纳税收入的迹象的，税务机关可以责成纳税人提供纳税担保。如果纳税人不能提供纳税担保，经县以上税务局(分局)局长批准、税务机关可以采取下列税收保全措施：书面通知纳税人开户银行或者其他金融机构暂停支付纳税人的金额相当于应纳税款的存款；扣押、查封纳税人的价值相当于应纳税款的商品、货物或者其他财产。

纳税人在前款规定的限期内缴纳税款的，税务机关必须立即解除税收保全措施；限期期满仍未缴纳税款的，经县级以上税务局(分局)局长批准，税务机关可以书面通知纳税人开户银行或者其他金融机构从其暂停支付的存款中扣缴税款，或者拍卖所扣押、查封的商品、货物或者其他财产，以拍卖所得抵缴税款。

采取税收保全措施不当，或者纳税人在限期内已缴纳税款，税务机关未立即解除税收保全措施，使纳税人的合法利益遭受损失的，税务机关应当承担赔偿责任。

5. 税收强制执行措施

从事生产、经营的纳税人、扣缴义务人未按照规定的期限缴纳或者解缴税款，纳税担保人未按照规定的期限缴纳所担保的税款，由税务机关责令限期缴纳，逾期仍未缴纳的，经县级以上税务局(分局)局长批准，税务机关可以采取下列强制执行措施：书面通知其开户银行或者其他金融机构从其存款中扣缴税款；扣押、查封、拍卖其价值相当于应纳税款的商品、货物或者其他财产，以拍卖所得抵缴税款。税务机关采取强制执行措施时，对前款所列纳税人、扣缴义务人、纳税担保人未缴纳的滞纳金同时强制执行。

9.5.5 违反税法的法律责任

1. 法律责任的形式

经济责任主要包括加收滞纳金和赔偿损失。

行政责任主要包括行政处罚和行政处分。前者主要是针对纳税人和扣缴义务人的，主要包括责令限期改正，责令缴纳税款；采取税收保全措施和税收强制执行措施；罚款；吊销税务登记证；收回税务机关发给的票证和吊销营业执照等。行政处分是针对税务机关的工作人员的，主要包括警告、记过、记大过、降级、撤职和开除。

刑事责任主要包括罚金、拘役、有期徒刑和无期徒刑。

2. 主要违法行为的法律责任

(1) 纳税人未按照规定期限缴纳税款的，扣缴义务人未按照规定期限解缴税款的，税务机关除责令限期缴纳外，从滞纳税款之日起，按日加收滞纳税款0.05%的滞纳金。

（2）纳税人有下列行为之一的，由税务机关责令限期改正，可以处 2 000 元以下的罚款；情节严重的，处 2 000 元以上 1 万元以下的罚款；未按照规定的期限申报办理税务登记、变更或者注销登记的；未按照规定设置、保管账簿或者保管记账凭证和有关资料的；未按照规定将财务、会计制度或者财务、会计处理办法和会计核算软件报送税务机关备查的；未按照规定将其全部银行账号向税务机关报告的；未按照规定安装、使用税控装置，或者损毁或擅自改动税控装置的。

（3）对纳税人偷税的，由税务机关追缴其不缴或者少缴的税款、滞纳金，并处不缴或者少缴的税款 50％以上 5 倍以下的罚款；偷税数额占应纳税额的 10％以上不满 30％并且偷税数额在 1 万元以上不满 10 万元的，或者因偷税被税务机关给予两次行政处罚又偷税的，处 3 年以下有期徒刑或者拘役，并处偷税数额 1 倍以上 5 倍以下罚金；偷税数额占应纳税额的 30％以上并且偷税数额在 10 万元以上的，处 3 年以上 7 年以下有期徒刑，并处偷税数额 1 倍以上 5 倍以下罚金。

（4）纳税人欠缴应纳税款，采取转移或者隐匿财产的手段，妨碍税务机关追缴欠缴的税款的，由税务机关追缴欠缴的税款、滞纳金，并处欠缴税款 50％以上 5 倍以下的罚款；欠缴税款数额在 1 万元以上不满 10 万元的，处 3 年以下有期徒刑或者拘役，并处或者单处欠缴税款 1 倍以上 5 倍以下罚金；数额在 10 万元以上的，处 3 年以上 7 年以下有期徒刑，并处欠缴税款 1 倍以上 5 倍以下罚金。以暴力、威胁方法拒不缴纳税款的，除由税务机关追缴其拒缴的税款、滞纳金外，处 3 年以下有期徒刑或者拘役，并处拒缴税款 1 倍以上 5 倍以下罚金；情节严重的，处 3 年以上 7 年以下有期徒刑，并处拒缴税款 1 倍以上 5 倍以下罚金。情节轻微，未构成犯罪的，由税务机关追缴其拒缴的税款、滞纳金，并处拒缴税款 1 倍以上 5 倍以下罚款。

（5）纳税人、扣缴义务人的开户银行或者其他金融机构拒绝接受税务机关依法检查纳税人、扣缴义务人存款账户，或者拒绝执行税务机关作出的冻结存款或者扣缴税款的决定，或者在接到税务机关的书面通知后帮助纳税人、扣缴义务人转移存款，造成税款流失的，由税务机关处 10 万元以上 50 万元以下的罚款，对直接负责的主管人员和其他直接责任人员处 1 000 元以上 1 万元以下的罚款。

（6）税务机关违反规定擅自改变税收征收管理范围和税款入库预算级次的，责令限期改正，对直接负责的主管人员和其他直接责任人员依法给予降级或者撤职的行政处分。

（7）未经税务机关依法委托征收税款的，责令退还收取的财物，依法给予行政处分或行政处罚；致使他人合法权益受到损失的，依法承担赔偿责任；构成犯罪的，依法追究刑事责任。

（8）税务人员利用职务上的便利，收受或索取纳税人、扣缴义务人财物或者谋取其他不正当利益，构成犯罪的，依法追究刑事责任；不构成犯罪的，依法给予行政处分。

（9）税务人员徇私舞弊或者玩忽职守，不征或者少征应征税款，致使国家税收遭受重大损失，构成犯罪的，依法追究刑事责任；尚不构成犯罪的，依法给予行政处分。

（10）违反法律、行政法规的规定，擅自作出的开征、停征或者减税、免税、退税、补税以及其他同税收法律、行政法规相抵触的决定的，除依照本法规定撤销其擅自作出的决定外，补征应征未征税款，退还不应征收而征收的税款，并由上级机关追究直接负责的主管人员和其他直接责任人员的行政责任，构成犯罪的，依法追究刑事责任。

3. 追究法律责任的主体和期限

追究法律责任的主体主要包括征税机关和人民法院。行政处罚，罚款额在 2 000 元以下的，可以由税务所决定。违反税收法律、行政法规应当给予行政处罚，在 5 年内未被发现的，不再给予行政处罚。

◉ 知 识 链 接

房地产开发及建筑安装企业偷税的几种手段

（1）售房收入不及时记账、纳税申报不真实。

一些房地产开发企业采用向税务机关提供修改过的购房合同、故意降低售房单价和开具自制收据收取房款等手段，将收入存放在不同的银行账户中，大量收入不及时记账，不就其真实收入进行纳税申报，形成偷税。

（2）以商品房抵顶借（贷）款、工程款和土地转让款，不申报纳税。

多数房地产企业都是借（贷）款进行房地产开发，有些房地产商因贷款到期后不能偿还或者无钱支付建安公司工程款及土地拥有者的土地转让价款，便以部分商品房抵顶这些款项，而对这部分商品房，企业采取不记或少记收入的手段，造成少缴税款。

（3）房地产企业"提前返租"、"有奖销售"等行为不计收入。

个别房地产企业为了尽快销售房屋，推出了一系列优惠方案，主要有"提前返还租金"，即客户在购买门市时，销售方承诺在几年内负责对外出租，并在客户付款时按照一定比例提前支付几年租金，这几年租金在购房款中抵扣，客户只需交齐剩余房款，就可视同全额购房；"有奖销售"，即对购买商铺者进行抽奖活动，中奖者返还一定金额的购房款或者赠送部分商铺面积，而销售方未将返还的租金收入、购房金额或赠送面积作价计入销售收入，造成少缴税金。

（4）不按规定清算土地增值税。

按照《土地增值税暂行条例》规定，一个开发项目应在全部竣工决算销售后，应清算应缴纳的土地增值税。而多数房地产开发企业利用种种手段钻这一政策"空子"，迟迟不进行决算，或留下几套"尾房"，不进行销售，逃避土地增值税的清算，影响了土地增值税税款的及时足额入库。

（5）建筑安装企业不按工程形象进度计算收入，少缴税款。

大多数建筑安装企业不按工程形象进度计算收入，而是按实际收到工程款作为工程收入的实现；个别建筑安装企业即使收到工程款，也不及时申报纳税。

（6）建筑安装企业成本结转比较混乱，影响企业所得税。

由于建筑安装企业的工程项目多、工期长、成本不固定，许多企业不按单个工程项目核算成本，造成收入与成本配比困难，而大多数建筑安装企业在核算时以实际收到工程款作为收入的实现，而发生的成本、费用据实列支，从而造成成本费用和收入不配比的现象比较严重，影响了利润，造成少缴企业所得税。

【法律点评】

偷税得不偿失。偷税不利于房地产企业及建筑安装企业的健康发展，因为查补税金要在网上等新闻媒介公布，将极大损害企业形象。对于企业法定代表人和财务负责人等个人来讲，一旦因主观故意的偷税行为被查处，不仅要处以补征税款、加收滞纳金和数倍的罚款等经济制裁，还要被追究刑事责任，显然是得不偿失的。《税收征管法》第63条规定，纳税人伪造、变造、隐匿、擅自销毁账簿、记账凭证，或者在账簿上多列支出或者不列、少列收入，或者经税务机关通知申报而拒不申报或者进行虚假的纳税申报，不缴或者少缴应纳税款的，是偷税。对纳税人偷税的，由税务机关追缴其不缴或者少缴的税款、滞纳金，并处不缴或者少缴的税款50％以上5倍以下的罚款；构成犯罪的，依法追究刑事责任。《中华人民共和国刑法》第201条规定，纳税人实施偷税行为，偷税数额占应纳税额的10％以上且偷税数额在1万元以上的，对法定代表人和相关责任人员处以3年以下有期徒刑或者拘役，并处以偷税数款1倍以上5倍以下罚金。

本章小结

本章对建设工程相关法律制度作了较详细的阐述，包括环境保护法律制度、节约能源法律制度、消防法律制度、档案法律制度和税收法律制度等。

本章的教学目标是使学生增强守法意识，在工程建设中同样要严格遵守相关的法律规范，处理和协调好各方面工作。通过案例对相关法律制度进行了讲解。

习题

一、单项选择题

1. 下列选项中不属于工程建设强制性标准实施情况进行监督检查的方式的是（　　）。

A. 重点检查　　　　B. 专项检查　　　　C. 抽查　　　　D. 普查

2. 国家实行固定资产投资项目（　　）制度。不符合强制性节能标准的项目，依法负责项目审批或者核准的机关不得批准或者核准建设。

A. 用能审查　　　　　　　　B. 用能核准

C. 节能评估和审查　　　　　D. 单位产品耗能限额标准

3. 环境保护设施验收，应当与主体工程竣工验收（　　）进行。

A. 分别　　　　B. 同时　　　　C. 交叉　　　　D. 顺序

4.《环境影响评价法》规定，建设项目的环境影响评价文件自批准之日起超过（　　），方决定该项目开工建设的，其环境影响评价文件应当报原审批部门重新审核。

A. 2年　　　　B. 3年　　　　C. 4年　　　　D. 5年

5. 建设项目档案的原件由（　　）保管。

A. 建设单位　　　B. 施工单位　　　C. 城建档案馆　　　D. 监理单位

6.《重大建设项目档案验收办法》适用于（　　）项目的档案验收。

A. 规模巨大，超过一定标准的建设项目

B. 中央部门投资的建设项目

C. 各级政府投资主管部门组织验收的项目

D. 列入重点工程的项目

7. 企业应自领取营业执照起（　　）日内，向税务机关申报税务登记。

A. 10　　　　　　　B. 15　　　　　　　C. 30　　　　　　　D. 60

8. 纳税人因有特殊困难，不能按期缴纳税款的，经省、自治区、直辖市国家税务局、地方税务局批准，可以（　　）。

A. 延期纳税　　　　B. 免税　　　　　　C. 减税　　　　　　D. 终止纳税

二、简答题

1. 什么是环境保护"三同时"制度？

2. 简述各参建单位的节能责任。

3. 简述各参建单位所承担的消防质量责任。

4. 建设工程文件主要包括哪些？

5. 纳税人应如何进行税务登记？

三、案例题

2001 年 10 月，天通花园小区 27 户居民联名将某建筑公司告上法庭。4 个月以前，与该居民区一墙之隔的安顺花园破土动工。从此，这里的居民便没过上一天清静日子。建筑工地日夜施工，夜间，工地上的探照灯将居民家中照得亮如白昼，刺耳的噪声更是使附近的居民夜不能寐，痛苦不堪。这里的居民以老人和孩子居多，睡眠不足使得老人身体每况愈下，孩子的健康和学业也受到影响。居民们不堪忍受建筑噪声，愤而向"环保 110"投诉。

环保部门接到投诉后，进行了实地勘察和监测。经查明，该工程是由某建筑公司承建的。该建筑公司在开工前，未向该市环境保护行政主管部门进行申报。环保部门到工地查看时，发现工地正在夜间施工，对此该建筑公司负责人申辩：他们并未在夜间大规模施工，只是因混凝土浇筑工艺的特殊需要，开始之后就无法中止，即便是夜间也不能停工。但是该建筑公司并没有办理相关的夜间开工手续。

经环保部门监测，该工地昼间噪声为 70dB，夜间噪声为 54dB，未超过国家规定的建筑施工噪声源的噪声排放标准。于是环保部门进行了调解，并对该建筑公司未依法进行申报和办理夜间开工手续作出处罚。但是，建筑工地的噪声污染并没有得到改善，广大居民依然处于噪声污染之中。

在向律师事务所咨询以后，天通花园小区 27 户居民以相邻权受到侵害为由向人民法院提起诉讼，要求法院判令被告停止噪声污染，赔偿损失。人民法院受理后，经过法庭调查认定，某建筑公司排放的噪声尽管符合国家规定的建筑施工噪声源的噪声排放标准，但超过《城市区域环境噪声标准》中规定的区域标准限值，在事实上构成环境噪声污染，侵害了原告的相邻权。根据《民法通则》第 83 条的规定，判决被告采取措施，消除噪声污染，赔偿原告精神损失 200 元。

【问题】

（1）该案涉及的问题是否规定有事先申报制度？

（2）建筑施工是否禁止夜间施工？

（3）该案是否构成噪声污染？环境噪声污染的判断标准是什么？对本案法官的裁判应如何评价？

［参考答案］

参 考 文 献

[1] 李辉. 建设工程法规[M]. 上海：同济大学出版社，2006.

[2] 孟凡玲. 招标投标与合同管理[M]. 郑州：黄河水利出版社，2007.

[3] 中国法制出版社. 建设工程发包与承包——常用建筑法律手册[M]. 北京：中国法制出版社，2007.

[4] 李志. 建设工程法规[M]. 北京：中国电力出版社，2008.

[5] 高正文. 建设工程法规与合同管理[M]. 北京：机械工业出版社，2008.

[6] 周吉高. 建设工程专项法律实务[M]. 北京：法律出版社，2008.

[7] 田恒久. 工程招投标与合同管理[M]. 2版. 北京：中国电力出版社，2008.

[8] 夏明进. 工程建设承包与发包实务手册[M]. 北京：中国电力出版社，2008.

[9] 李启明. 建设工程合同管理[M]. 2版. 北京：中国建筑工业出版社，2009.

[10] 王双增. 建设工程监理案例分析[M]. 北京：中国电力出版社，2009.

[11] 朱宏亮. 建设法规[M]. 3版. 武汉：武汉理工大学出版社，2011.

[12] 全国一级建造师执业资格考试用书编写委员会. 建设工程法规及相关知识[M]. 3版. 北京：中国建筑工业出版社，2013.

[13]《建设工程监理合同(示范文本)》(GF 2012—0202).

[14]《建设工程监理规范》(GB/T 50319—2013).

[15]《建设工程施工合同(示范文本)》(GF—2013—0201).

[16] 蒋丽霞. 我国构建和完善争议评审制度相关问题探讨[J]. 110法律咨询网 www.110.com.

[17] 高玉兰. 建设工程法规[M]. 北京：北京大学出版社，2010.

北京大学出版社高职高专土建系列教材书目

序号	书名	书号	编著者	定价	出版时间	配套情况
	"互联网+"创新规划教材					
1	建筑构造(第二版)	978-7-301-26480-5	肖 芳	42.00	2016.1	ppt/APP/二维码
2	建筑装饰构造(第二版)	978-7-301-26572-7	赵志文等	39.50	2016.1	ppt/二维码
3	建筑工程概论	978-7-301-25934-4	申淑荣等	40.00	2015.8	ppt/二维码
4	市政管道工程施工	978-7-301-26629-8	雷彩虹	46.00	2016.5	ppt/二维码
5	市政道路工程施工	978-7-301-26632-8	张雪丽	49.00	2016.5	ppt/二维码
6	建筑三维平法结构图集	978-7-301-27168-1	傅华夏	65.00	2016.8	APP
7	建筑三维平法结构识图教程	978-7-301-27177-3	傅华夏	65.00	2016.8	APP
8	建筑工程制图与识图(第2版)	978-7-301-24408-1	白丽红	34.00	2016.8	APP/二维码
9	建筑设备基础知识与识图(第2版)	978-7-301-24586-6	靳慧征等	47.00	2016.8	二维码
10	建筑结构基础与识图	978-7-301-27215-2	周 晖	58.00	2016.9	APP/二维码
11	建筑构造与识图	978-7-301-27838-3	孙 伟	40.00	2017.1	APP/二维码
12	建筑工程施工技术(第三版)	978-7-301-27675-4	钟汉华等	66.00	2016.11	APP/二维码
13	工程建设监理案例分析教程(第二版)	978-7-301-27864-2	刘志麟等	50.00	2017.1	ppt
14	建筑工程质量与安全管理(第二版)	978-7-301-27219-0	郑 伟	55.00	2016.8	ppt/二维码
15	建筑工程计量与计价——透过案例学造价(第2版)	978-7-301-23852-3	张 强	59.00	2014.4	ppt
16	城乡规划原理与设计(原城市规划原理与设计)	978-7-301-27771-3	谭婧婧等	43.00	2017.1	ppt/素材
17	建筑工程计量与计价	978-7-301-27866-6	吴育萍等	49.00	2017.1	ppt/二维码
18	建筑工程计量与计价(第3版)	978-7-301-25344-1	肖明和等	65.00	2017.1	APP/二维码
19	市政工程计量与计价(第三版)	978-7-301-27983-0	郭良娟等	59.00	2017.2	ppt/二维码
20	高层建筑施工	978-7-301-28232-8	吴俊臣	65.00	2017.4	ppt/答案
21	建筑施工机械(第二版)	978-7-301-28247-2	吴志强等	35.00	2017.5	ppt/答案
22	市政工程概论	978-7-301-28260-1	郭 福等	46.00	2017.5	ppt/二维码
23	建筑工程测量(第二版)	978-7-301-28296-0	石 东等	51.00	2017.5	ppt/二维码
24	工程项目招投标与合同管理(第三版)	978-7-301-28439-1	周艳冬	44.00	2017.7	ppt/二维码
	"十二五"职业教育国家规划教材					
1	★建筑工程应用文写作(第2版)	978-7-301-24480-7	赵立等	50.00	2014.8	ppt
2	★土木工程实用力学(第2版)	978-7-301-24681-8	马景善	47.00	2015.7	ppt
3	★建设工程监理(第2版)	978-7-301-24490-6	斯 庆	35.00	2015.1	ppt/答案
4	★建筑节能工程与施工	978-7-301-24274-2	吴明军等	35.00	2015.5	ppt
5	★建筑工程经济(第2版)	978-7-301-24492-0	胡六星等	41.00	2014.9	ppt/答案
6	★建设工程招投标与合同管理(第3版)	978-7-301-24483-8	宋春岩	40.00	2014.9	ppt/答案/试题/教案
7	★工程造价概论	978-7-301-24696-2	周艳冬	31.00	2015.1	ppt/答案
8	★建筑工程计量与计价(第3版)	978-7-301-25344-1	肖明和等	65.00	2017.1	APP/二维码
9	★建筑工程计量与计价实训(第3版)	978-7-301-25345-8	肖明和等	29.00	2015.7	
10	★建筑装饰施工技术(第2版)	978-7-301-24482-1	王 军	37.00	2014.7	ppt
11	★工程地质与土力学(第2版)	978-7-301-24479-1	杨仲元	41.00	2014.7	ppt
	基 础 课 程					
1	建设法规及相关知识	978-7-301-22748-0	唐茂华等	34.00	2013.9	ppt
2	建设工程法规(第2版)	978-7-301-24493-7	皇甫婧琪	40.00	2014.8	ppt/答案/素材
3	建筑工程法规实务(第2版)	978-7-301-26188-0	杨陈慧等	49.50	2017.6	ppt
4	建筑法规	978-7-301-19371-6	董伟等	39.00	2011.9	ppt
5	建设工程法规	978-7-301-20912-7	王先恕	32.00	2012.7	ppt
6	AutoCAD 建筑制图教程(第2版)	978-7-301-21095-6	郭 慧	38.00	2013.3	ppt/素材
7	AutoCAD 建筑绘图教程(第2版)	978-7-301-24540-8	唐英敏等	44.00	2014.7	ppt
8	建筑CAD项目教程(2010版)	978-7-301-20979-0	郭 慧	38.00	2012.9	素材
9	建筑工程专业英语(第二版)	978-7-301-26597-0	吴承霞	24.00	2016.2	ppt
10	建筑工程专业英语	978-7-301-20003-2	韩薇等	24.00	2012.2	ppt
11	建筑识图与构造(第2版)	978-7-301-23774-8	郑贵超	40.00	2014.2	ppt/答案
12	房屋建筑构造	978-7-301-19883-4	李少红	26.00	2012.1	ppt
13	建筑识图	978-7-301-21893-8	邓志勇等	35.00	2013.1	ppt
14	建筑识图与房屋构造	978-7-301-22860-9	贠禄等	54.00	2013.9	ppt/答案
15	建筑构造与设计	978-7-301-23506-5	陈玉萍	38.00	2014.1	ppt/答案
16	房屋建筑构造	978-7-301-23588-1	李元玲等	45.00	2014.1	ppt
17	房屋建筑构造习题集	978-7-301-26005-0	李元玲	26.00	2015.8	ppt/答案

序号	书名	书号	编著者	定价	出版时间	配套情况
18	建筑构造与施工图识读	978-7-301-24470-8	南学平	52.00	2014.8	ppt
19	建筑工程识图实训教程	978-7-301-26057-9	孙伟	32.00	2015.12	ppt
20	◢建筑工程制图与识图(第2版)	978-7-301-24408-1	白丽红	34.00	2016.8	APP/二维码
21	建筑制图习题集(第2版)	978-7-301-24571-2	白丽红	25.00	2014.8	
22	建筑制图(第2版)	978-7-301-21146-5	高丽荣	32.00	2013.3	ppt
23	建筑制图习题集(第2版)	978-7-301-21288-2	高丽荣	28.00	2013.2	
24	◎建筑工程制图(第2版)(附习题册)	978-7-301-21120-5	肖明和	48.00	2012.8	ppt
25	建筑制图与识图(第2版)	978-7-301-24386-2	曹雪梅	38.00	2015.8	ppt
26	建筑制图与识图习题册	978-7-301-18652-7	曹雪梅等	30.00	2011.4	
27	建筑制图与识图(第二版)	978-7-301-25834-7	李元玲	32.00	2016.9	ppt
28	建筑制图与识图习题集	978-7-301-20425-2	李元玲	24.00	2012.3	ppt
29	新编建筑工程制图	978-7-301-21140-3	方筱松	30.00	2012.8	ppt
30	新编建筑工程制图习题集	978-7-301-16834-9	方筱松	22.00	2012.8	
建 筑 施 工 类						
1	建筑工程测量	978-7-301-16727-4	赵景利	30.00	2010.2	ppt/答案
2	建筑工程测量(第2版)	978-7-301-22002-3	张敬伟	37.00	2013.2	ppt/答案
3	建筑工程测量实验与实训指导(第2版)	978-7-301-23166-1	张敬伟	27.00	2013.9	答案
4	建筑工程测量	978-7-301-19992-3	潘益民	38.00	2012.2	ppt
5	建筑工程测量	978-7-301-13578-5	王金玲等	26.00	2008.5	
6	建筑工程测量实训(第2版)	978-7-301-24833-1	杨凤华	34.00	2015.3	答案
7	建筑工程测量	978-7-301-22485-4	景铎等	34.00	2013.6	ppt
8	建筑施工技术(第2版)	978-7-301-25788-7	陈雄辉	48.00	2015.7	ppt
9	建筑施工技术	978-7-301-12336-2	朱永祥等	38.00	2008.8	ppt
10	建筑施工技术	978-7-301-16726-7	叶雯等	44.00	2010.8	ppt/素材
11	建筑施工技术	978-7-301-19499-7	董伟等	42.00	2011.9	ppt
12	建筑施工技术	978-7-301-19997-8	苏小梅	38.00	2012.1	ppt
13	建筑施工机械	978-7-301-19365-5	吴志强	30.00	2011.10	ppt
14	基础工程施工	978-7-301-20917-2	董伟等	35.00	2012.7	ppt
15	建筑施工技术实训(第2版)	978-7-301-24368-8	周晓龙	30.00	2014.7	
16	◎建筑力学(第2版)	978-7-301-21695-8	石立安	46.00	2013.1	ppt
17	土木工程力学	978-7-301-16864-6	吴明军	38.00	2010.4	ppt
18	PKPM软件的应用(第2版)	978-7-301-22625-4	王娜等	34.00	2013.6	
19	◎建筑结构(第2版)(上册)	978-7-301-21106-9	徐锡权	41.00	2013.4	ppt/答案
20	◎建筑结构(第2版)(下册)	978-7-301-22584-4	徐锡权	42.00	2013.6	ppt/答案
21	建筑结构学习指导与技能训练(上册)	978-7-301-25929-0	徐锡权	28.00	2015.8	ppt
22	建筑结构学习指导与技能训练(下册)	978-7-301-25933-7	徐锡权	28.00	2015.8	ppt
23	建筑结构	978-7-301-19171-2	唐春平等	41.00	2011.8	ppt
24	建筑结构基础	978-7-301-21125-0	王中发	36.00	2012.8	ppt
25	建筑结构原理及应用	978-7-301-18732-6	史美东	45.00	2012.8	ppt
26	建筑结构与识图	978-7-301-26935-0	相秉志	37.00	2016.2	
27	建筑力学与结构(第2版)	978-7-301-22148-8	吴承霞等	49.00	2013.4	ppt/答案
28	建筑力学与结构(少学时版)	978-7-301-21730-6	吴承霞	34.00	2013.2	ppt/答案
29	建筑力学与结构	978-7-301-20988-2	陈水广	32.00	2012.8	ppt
30	建筑力学与结构	978-7-301-23348-1	杨丽君等	44.00	2014.1	ppt
31	建筑结构与施工图	978-7-301-22188-4	朱希文等	35.00	2013.3	ppt
32	生态建筑材料	978-7-301-19588-2	陈剑峰等	38.00	2011.10	ppt
33	建筑材料(第2版)	978-7-301-24633-7	林祖宏	35.00	2014.8	ppt
34	建筑材料与检测(第2版)	978-7-301-25347-2	梅杨等	33.00	2015.2	ppt/答案
35	建筑材料检测试验指导	978-7-301-16729-8	王美芬等	18.00	2010.10	
36	建筑材料与检测(第二版)	978-7-301-26550-5	王辉	40.00	2016.1	ppt
37	建筑材料与检测试验指导	978-7-301-20045-2	王辉	20.00	2012.2	
38	建筑材料选择与应用	978-7-301-21948-5	申淑荣等	39.00	2013.3	ppt
39	建筑材料检测实训	978-7-301-22317-8	申淑荣等	24.00	2013.4	
40	建筑材料	978-7-301-24208-7	任晓菲	40.00	2014.7	ppt/答案
41	建筑材料检测试验指导	978-7-301-24782-2	陈东佐	20.00	2014.9	ppt
42	◎建设工程监理概论(第2版)	978-7-301-20854-0	徐锡权等	43.00	2012.8	ppt/答案
43	建设工程监理概论	978-7-301-15518-9	曾庆军等	24.00	2009.9	ppt
44	◎地基与基础(第2版)	978-7-301-23304-7	肖明和等	42.00	2013.11	ppt/答案
45	地基与基础	978-7-301-16130-2	孙平平等	26.00	2010.10	ppt
46	地基与基础实训	978-7-301-23174-6	肖明和等	25.00	2013.10	ppt
47	土力学与地基基础	978-7-301-23675-8	叶火炎等	35.00	2014.1	ppt
48	土力学与基础工程	978-7-301-23590-4	宁培淋等	32.00	2014.1	ppt
49	土力学与地基基础	978-7-301-25525-4	陈东佐	45.00	2015.2	ppt/答案

序号	书名	书号	编著者	定价	出版时间	配套情况
50	建筑工程质量事故分析(第2版)	978-7-301-22467-0	郑文新	32.00	2013.9	ppt
51	建筑工程施工组织设计	978-7-301-18512-4	李源清	26.00	2011.2	ppt
52	建筑工程施工组织实训	978-7-301-18961-0	李源清	40.00	2011.6	ppt
53	建筑施工组织与进度控制	978-7-301-21223-3	张廷瑞	36.00	2012.9	ppt
54	建筑施工组织项目式教程	978-7-301-19901-5	杨红玉	44.00	2012.1	ppt/答案
55	钢筋混凝土工程施工与组织	978-7-301-19587-1	高 雁	32.00	2012.5	ppt
56	钢筋混凝土工程施工与组织实训指导(学生工作页)	978-7-301-21208-0	高 雁	20.00	2012.9	ppt
57	建筑施工工艺	978-7-301-24687-0	李源清等	49.50	2015.1	ppt/答案
	工 程 管 理 类					
1	建筑工程经济(第2版)	978-7-301-22736-7	张宁宁等	30.00	2013.7	ppt/答案
2	建筑工程经济	978-7-301-24346-6	刘晓丽等	38.00	2014.7	ppt/答案
3	施工企业会计(第2版)	978-7-301-24434-0	辛艳红等	36.00	2014.7	ppt/答案
4	建筑工程项目管理(第2版)	978-7-301-26944-2	范红岩等	42.00	2016.3	ppt
5	建设工程项目管理(第二版)	978-7-301-24683-2	王 辉	36.00	2014.9	ppt/答案
6	建设工程项目管理(第2版)	978-7-301-28235-9	冯松山等	45.00	2017.6	ppt
7	建筑施工组织与管理(第2版)	978-7-301-22149-5	翟丽旻等	43.00	2013.4	ppt/答案
8	建设工程合同管理	978-7-301-22612-4	刘庭江	46.00	2013.6	ppt/答案
9	建筑工程资料管理	978-7-301-17456-2	孙 刚等	36.00	2012.9	ppt
10	建筑工程招投标与合同管理	978-7-301-16802-8	程超胜	30.00	2012.9	ppt
11	工程招投标与合同管理实务	978-7-301-19035-7	杨甲奇等	48.00	2011.8	ppt
12	工程招投标与合同管理实务	978-7-301-19290-0	郑文新等	43.00	2011.8	ppt
13	建设工程招投标与合同管理实务	978-7-301-20404-7	杨云会等	42.00	2012.4	ppt/答案/习题
14	工程招投标与合同管理	978-7-301-17455-5	文新平	37.00	2012.9	ppt
15	工程项目招投标与合同管理(第2版)	978-7-301-24554-5	李洪军等	42.00	2014.8	ppt/答案
17	建筑工程商务标编制实训	978-7-301-20804-5	钟振宇	35.00	2012.7	ppt
18	建筑工程安全管理(第2版)	978-7-301-25480-6	宋 健等	42.00	2015.8	ppt/答案
19	施工项目质量与安全管理	978-7-301-21275-2	钟汉华	45.00	2012.10	ppt/答案
20	工程造价控制(第2版)	978-7-301-24594-1	斯 庆	32.00	2014.8	ppt/答案
21	工程造价管理(第二版)	978-7-301-27050-9	徐锡权等	44.00	2016.5	ppt
22	工程造价控制与管理	978-7-301-19366-2	胡新萍等	36.00	2011.11	ppt
23	建筑工程造价管理	978-7-301-20360-6	柴 琦等	27.00	2012.3	ppt
24	建筑工程造价管理	978-7-301-15517-2	李茂英等	24.00	2009.9	
25	工程造价案例分析	978-7-301-22985-9	甄 凤	30.00	2013.8	ppt
26	建设工程造价控制与管理	978-7-301-24273-5	胡芳珍等	38.00	2014.6	ppt/答案
27	◎建筑工程造价	978-7-301-21892-1	孙咏梅	40.00	2013.2	ppt
28	建筑工程计量与计价	978-7-301-26570-3	杨建林	46.00	2016.1	ppt
29	建筑工程计量与计价综合实训	978-7-301-23568-3	龚小兰	28.00	2014.1	
30	建筑工程估价	978-7-301-22802-9	张 英	43.00	2013.8	ppt
31	安装工程计量与计价(第3版)	978-7-301-24539-2	冯 钢等	54.00	2014.8	ppt
32	安装工程计量与计价综合实训	978-7-301-23294-1	成春燕	49.00	2013.10	素材
33	建筑安装工程计量与计价	978-7-301-26004-3	景巧玲等	56.00	2016.1	ppt
34	建筑安装工程计量与计价实训(第2版)	978-7-301-25683-1	景巧玲等	36.00	2015.7	
35	建筑水电安装工程计量与计价(第二版)	978-7-301-26329-7	陈连姝	51.00	2016.1	ppt
36	建筑与装饰装修工程工程量清单(第2版)	978-7-301-25753-1	翟丽旻等	36.00	2015.5	ppt
37	建筑工程清单编制	978-7-301-19387-7	叶晓容	24.00	2011.8	ppt
38	建设项目评估	978-7-301-20068-1	高志云等	32.00	2012.2	ppt
39	钢筋工程清单编制	978-7-301-20114-5	贾莲英	36.00	2012.2	ppt
40	混凝土工程清单编制	978-7-301-20384-2	顾 娟	28.00	2012.5	ppt
41	建筑装饰工程预算(第2版)	978-7-301-25801-9	范菊雨	44.00	2015.7	ppt
42	建筑装饰工程计量与计价	978-7-301-20055-1	李茂英	42.00	2012.2	ppt
43	建设工程安全监理	978-7-301-20802-1	沈万岳	28.00	2012.7	ppt
44	建筑工程安全技术与管理实务	978-7-301-21187-8	沈万岳	48.00	2012.9	ppt
45	工程造价管理(第2版)	978-7-301-28269-4	曾 浩等	38.00	2017.5	ppt/答案
	建 筑 设 计 类					
1	中外建筑史(第2版)	978-7-301-23779-3	袁新华等	38.00	2014.2	ppt
2	◎建筑室内空间历程	978-7-301-19338-9	张伟孝	53.00	2011.8	
3	建筑装饰CAD项目教程	978-7-301-20950-9	郭 慧	35.00	2013.1	ppt/素材
4	建筑设计基础	978-7-301-25961-0	周圆圆	42.00	2015.7	
5	室内设计基础	978-7-301-15613-1	李书青	32.00	2009.8	ppt
6	建筑装饰材料(第2版)	978-7-301-22356-7	焦 涛等	34.00	2013.5	ppt
7	设计构成	978-7-301-15504-2	戴碧锋	30.00	2009.8	ppt

序号	书名	书号	编著者	定价	出版时间	配套情况
8	基础色彩	978-7-301-16072-5	张 军	42.00	2010.4	
9	设计色彩	978-7-301-21211-0	龙黎黎	46.00	2012.9	ppt
10	设计素描	978-7-301-22391-8	司马金桃	29.00	2013.4	ppt
11	建筑素描表现与创意	978-7-301-15541-7	于修国	25.00	2009.8	
12	3ds Max 效果图制作	978-7-301-22870-8	刘 晗等	45.00	2013.7	ppt
13	3ds max 室内设计表现方法	978-7-301-17762-4	徐海军	32.00	2010.9	
14	Photoshop 效果图后期制作	978-7-301-16073-2	脱忠伟等	52.00	2011.1	素材
15	3ds Max & V-Ray 建筑设计表现案例教程	978-7-301-25093-8	郑恩峰	40.00	2014.12	ppt
16	建筑表现技法	978-7-301-19216-0	张 峰	32.00	2011.8	ppt
17	建筑速写	978-7-301-20441-2	张 峰	30.00	2012.4	
18	建筑装饰设计	978-7-301-20022-3	杨丽君	36.00	2012.2	ppt/素材
19	装饰施工读图与识图	978-7-301-19991-6	杨丽君	33.00	2012.5	ppt
规 划 园 林 类						
1	居住区景观设计	978-7-301-20587-7	张群成	47.00	2012.5	ppt
2	居住区规划设计	978-7-301-21031-4	张 燕	48.00	2012.8	ppt
3	园林植物识别与应用	978-7-301-17485-2	潘利等	34.00	2012.9	ppt
4	园林工程施工组织管理	978-7-301-22364-2	潘利等	35.00	2013.4	ppt
5	园林景观计算机辅助设计	978-7-301-24500-2	于化强等	48.00	2014.8	ppt
6	建筑・园林・装饰设计初步	978-7-301-24575-0	王金贵	38.00	2014.10	ppt
房 地 产 类						
1	房地产开发与经营(第2版)	978-7-301-23084-8	张建中等	33.00	2013.9	ppt/答案
2	房地产估价(第2版)	978-7-301-22945-3	张 勇等	35.00	2013.9	ppt/答案
3	房地产估价理论与实务	978-7-301-19327-3	褚菁晶	35.00	2011.8	ppt/答案
4	物业管理理论与实务	978-7-301-19354-9	裴艳慧	52.00	2011.9	ppt
5	房地产测绘	978-7-301-22747-3	唐春平	29.00	2013.7	ppt
6	房地产营销与策划	978-7-301-18731-9	应佐萍	42.00	2012.8	ppt
7	房地产投资分析与实务	978-7-301-24832-4	高志云	35.00	2014.9	ppt
8	物业管理实务	978-7-301-27163-6	胡大见	44.00	2016.6	
9	房地产投资分析	978-7-301-27529-0	刘永胜	47.00	2016.9	ppt
市 政 与 路 桥						
1	市政工程施工图案例图集	978-7-301-24824-9	陈亿琳	43.00	2015.3	pdf
2	市政工程计价	978-7-301-22117-4	彭以舟等	39.00	2013.3	ppt
3	市政桥梁工程	978-7-301-16688-8	刘 江等	42.00	2010.8	ppt/素材
4	市政工程材料	978-7-301-22452-6	郑晓国	37.00	2013.5	ppt
5	道桥工程材料	978-7-301-21170-0	刘水林等	43.00	2012.9	ppt
6	路基路面工程	978-7-301-19299-3	偶昌宝等	34.00	2011.8	ppt/素材
7	道路工程技术	978-7-301-19363-1	刘 雨等	33.00	2011.12	ppt
8	城市道路设计与施工	978-7-301-21947-8	吴颖峰	39.00	2013.1	ppt
9	建筑给排水工程技术	978-7-301-25224-6	刘 芳等	46.00	2014.12	ppt
10	建筑给水排水工程	978-7-301-20047-6	叶巧云	38.00	2012.2	ppt
11	市政工程测量(含技能训练手册)	978-7-301-20474-0	刘宗波等	41.00	2012.5	ppt
12	公路工程任务承揽与合同管理	978-7-301-21133-5	邱 兰等	30.00	2012.9	ppt/答案
13	数字测图技术应用教程	978-7-301-20334-7	刘宗波	36.00	2012.8	ppt
14	数字测图技术	978-7-301-22656-8	赵 红	36.00	2013.6	ppt
15	数字测图技术实训指导	978-7-301-22679-7	赵 红	27.00	2013.6	ppt
16	水泵与水泵站技术	978-7-301-22510-3	刘振华	40.00	2013.5	ppt
17	道路工程测量(含技能训练手册)	978-7-301-21967-6	田树涛等	45.00	2013.2	ppt
18	道路工程识图与 AutoCAD	978-7-301-26210-8	王容玲等	35.00	2016.1	ppt
交 通 运 输 类						
1	桥梁施工与维护	978-7-301-23834-9	梁 斌	50.00	2014.2	ppt
2	铁路轨道施工与维护	978-7-301-23524-9	梁 斌	36.00	2014.1	ppt
3	铁路轨道构造	978-7-301-23153-1	梁 斌	32.00	2013.10	ppt
4	城市公共交通运营管理	978-7-301-24108-0	张洪满	40.00	2014.5	ppt
5	城市轨道交通车站行车工作	978-7-301-24210-0	操杰	31.00	2014.7	ppt
建 筑 设 备 类						
1	建筑设备识图与施工工艺(第2版)(新规范)	978-7-301-25254-3	周业梅	44.00	2015.12	ppt
2	建筑施工机械	978-7-301-19365-5	吴志强	30.00	2011.10	ppt
3	智能建筑环境设备自动化	978-7-301-21090-1	余志强	40.00	2012.8	ppt
4	流体力学及泵与风机	978-7-301-25279-6	王 宁等	35.00	2015.1	ppt/答案

注： ★为"十二五"职业教育国家规划教材；◎为国家级、省级精品课程配套教材，省重点教材；✎为"互联网+"创新规划教材。

相关教学资源如电子课件、电子教材、习题答案等可以登录 www.pup6.com 下载或在线阅读。如您需要样书用于教学，欢迎登录第六事业部门户网(www.pup6.cn)申请，并可在线登记选题来出版您的大作，也可下载相关表格填写后发到我们的邮箱，我们将及时与您取得联系并做好全方位的服务。

联系方式：010-62756290，010-62750667，85107933@qq.com，pup_6@163.com，欢迎来电来信咨询。网址：http://www.pup.cn，http://www.pup6.cn